中國古代地理總志叢刊

# 讀史方輿紀要

八

〔清〕顧祖禹 撰
賀次君 施和金 點校

中華書局

# 讀史方輿紀要卷七十九

## 湖廣五

襄陽府，東至德安府隨州三百五十里，東南至承天府三百十里，南至荆州府四百七十里，西南至荆州府夷陵州五百七十里，西至鄖陽府四百十里，北至河南鄧州一百八十里，東北至河南南陽府二百五十里，自府治至布政司六百八十里，至京師三千七百六十里。

禹貢荆、豫二州之域，南漳縣爲荆州境，餘皆豫州境。春秋以來爲楚地，秦爲南郡、南陽地，習鑿齒曰：「秦兼天下，自漢以北爲南陽郡，自漢以南爲南郡。」漢因之。後漢末爲荆州治，劉表爲荆州刺史，徙州治襄陽縣。曹操得荆州，始置襄陽郡治宜城縣，以地在襄水之陽，故名。以爲重鎮。晉初亦爲荆州治。治襄陽，平吴後治江陵。東晉太元中僑置雍州，宋亦爲雍州治，襄陽郡皆如故。齊、梁因之，並爲重鎮。後梁蕭詧初國於此，附庸西魏，西魏得之改曰襄州。後周因之。隋初廢郡，仍曰襄州，初，西魏置襄州總管府，周、隋因之。開皇六年又嘗置山南道行臺於此。大業初又改州爲襄陽郡。唐武德四年復曰襄州，亦置山南道行臺于此，七年改爲都督府。天寶初亦曰襄陽郡，乾元初復故。山南道及山南東道節度使皆治此，詳見州域形勢，下倣此。五代梁時亦曰忠義軍。尋以延州爲忠義軍，襄州仍曰山南東道。宋仍曰襄州，亦曰襄陽郡、山南東道節度，初屬京西路，熙寧五年分置京西南路，治於此。宣和初升爲襄陽府。元曰襄陽路，明初復爲襄陽府。領州一，縣六。今因之。

府跨連荆、豫，控扼南北，三國以來，嘗爲天下重地。曹操赤壁之敗，既失江陵，而襄陽置戍屹爲藩捍。關壯繆在荆州，嘗力争之，攻没于禁等七軍，兵勢甚盛。徐晃赴救，襄陽不下，曹操勞晃曰："全襄陽，子之力也。"蓋襄陽失則沔、漢以北危。當操之失南郡而歸也，周瑜説權曰："據襄陽以蹙操，北方可圖。"及壯繆圍襄、樊，操憚其鋒，議遷都以避之矣。吴人懼蜀之逼，遽起而議其後，魏終得以固襄陽，而吴之勢遂屈于魏。自後諸葛瑾、陸遜之師屢向襄陽，而終無尺寸之利，蓋勢有所不得逞也。至于魏人之保襄陽，亦如手足之救頭目然。方吴人之攻曹仁也，司馬懿曰："襄陽水陸之衝，禦寇要地，不可失也。"魏明帝亦言："地有所必争矣。"晉人因之，而襄陽遂爲滅吴之本。羊祜鎮襄陽，進據險要，開建五城，收膏腴之利，奪吴人之資，石城以西，今承天府。盡爲晉有。又廣事屯田，預爲儲蓄。祜之始至也，軍無百日之糧，及至季年，有十年之積。杜預繼祜之後，遵其成筭，遂安坐而弋吴矣。東晉之保有東南也，强兵巨鎮，盡在荆、襄。庾亮刺荆州，聞石勒新死，議伐之，上言："襄陽北接宛、洛，南阻漢水，其險足固，其土足食，臣宜移鎮襄陽之石城，見上，時屬襄陽。乘釁齊進，以臨河、洛。"後庾翼亦表言："襄陽，荆、楚之舊。西接益、梁，與關、隴咫尺；北去河、洛，不盈千里。土沃田良，方城險峻，水陸流通，轉運無滯。進可以掃蕩秦、趙，退可以保據上流，輒量宜入沔移鎮襄陽。」議者謂襄陽去江陵步道五百里，勢同脣齒，無襄陽則江陵受敵。自庾翼鎮襄陽，田土肥良，桑梓遍野，帶以沔水，阻以重山，北接宛、洛，平塗直至，跨對樊、沔，爲鄢郢北門，部領蠻左，常爲重鎮。桓温北伐，發自江陵，道出襄陽，于是晉之號令復接于中原。太元三年苻堅遣軍争襄陽，既復以一軍出魯陽關，見河南重險三鵶。一軍出南鄉，見河南淅川縣。一軍出武當會攻襄陽，襄陽遂陷。桓沖尋舉荆州之甲兩争襄陽，而不能拔也。肥水之戰，氐秦氣喪，趙統得乘其敝，復收襄陽，而上游之藩垣始固。宋元嘉二十六年議欲經略中原，以襄陽外接關、河，欲廣其資力，乃罷江州軍府，文武悉配雍州，湘州入臺租税悉給襄陽，使隨王誕鎮焉。既而誕遣柳元景等北伐，前據潼關，使東軍不至喪敗，南國之威未必不可以復振也。廢帝子業末，袁顗謀以襄陽拒命，曰：「襄、沔地勝兵强，去江陵咫尺，水陸流通，朝廷有事，可以立桓、文之功。」齊末蕭衍以襄陽資力掃土東下，委兩弱弟以空城，而魏將元英欲取沔陰而不敢。梁中大同初以岳陽王詧鎮雍州，詧以襄陽形勝之地，梁業所基，遇亂可成大功，遂有專據一方之志。及太清末張纘代爲雍州，詧不受命。其别駕甄玄成亦曰：「樊、沔衝要，山川險固，王業之本也。」及詧與湘東王繹爲敵，求援西魏，宇文泰方欲經略江、漢，遂急應之。既藉襄陽以併江陵，即因江陵以易襄陽，而㸌固在魏人之囿中矣。隋氏因之，遂以亡陳。唐初平蕭銑，分兵出襄州道。貞觀中置山南道于此，蓋天下之要領，襄陽實握之。安、史搆禍，汴、洛沸騰，而襄、鄧無虞，故東南之資儲得以西給行在。梁崇義拒命於建中間，未幾喪敗。及淮西寇暴，實藉襄、鄧之力爲之犄角焉。唐末朱温并秦宗權，因以驅攝山南，兼有荆、郢。高氏據荆南，而襄陽屬於中朝，不得不貌爲恭順，蓋襄州江陵之咽喉也。宋兵一出襄陽，而荆南不敢旅拒矣。宋之盛時，以襄陽爲京西重地。建炎初李綱言：「巡幸之所，關中爲上，襄陽次之。」及襄陽爲羣盜所據，劉豫因以出没沔上，覬覦荆南。岳武穆上言：「襄陽六郡六郡，襄、郢、隨、唐、鄧、信陽軍也。爲恢復中原基本，時朱勝非亦曰：「襄陽國之基本也。」宜先取六郡，以除心膂之病。」於是討李成于襄陽，一戰克之，遂復襄陽、隨州、唐、鄧、信陽軍。又言：「襄陽、隨、郢，地皆膏腴，苟行營田，其利甚厚。」趙鼎亦言：「吴、越介在一隅，非進取中原之地，宜屯重兵于襄陽，爲經營大業之計。」孝宗初陳亮言：「襄、漢之地，控引京、洛，側睨淮、蔡，包括荆、楚，襟帶吴、蜀，沃野千里，可畊可守，地形四通，可左可右，此今日所當有事者。」理宗時襄、樊爲蒙古所陷，孟珙復之，奏言：「襄、樊爲朝廷根本，當加經理，如護元氣，上兵伐謀，此不争之争也。」於是留鎮襄陽，招中原精鋭分屯漢北樊城、新野、唐、鄧間，蒙古不敢與抗。及吕文德守襄陽，叛將劉整獻計于蒙古曰："攻宋方略，宜先從事襄陽。若得襄陽，浮漢入江，宋可平也。"蒙古從之，多方以悮宋，而襄、樊遂入於蒙古。其將阿里海牙亦言："荆、襄自古用武地，漢水上流已爲吾有，順流長驅，宋必可平。"而宋之亡，蓋自襄、樊始矣。荆州記曰："襄陽者舊楚之北津，從襄陽渡漢，經南陽出方關，即方城。是通周、鄭、晉、衛之道；其東津經江夏出平澤關，或曰即平靖關。是通陳、蔡、齊、宋之道。胡氏寅曰："襄陽上流門户，北通汝、洛，西帶秦、蜀，南遮湖廣，東瞰吴、越。欲退守江左，則襄陽不如建鄴；欲進圖中原，則建鄴不如襄陽；欲禦强寇，則建鄴、襄陽乃左右臂也。"林氏之奇曰："江陵，郢也；襄陽，鄢也。宜城即古鄢。自江陵而圖北方必經襄陽。襄陽，楚之北津也。"

襄陽縣，附郭。漢縣，屬南郡。後漢因之。初平二年劉表爲荆州刺史，徙州治襄陽。建安十三年劉琮以荆州降曹操，操輕兵濟漢到襄陽；既而北還，留樂進守此，始置襄陽郡治焉。吴嘉禾三年陸遜等入沔口攻襄陽，不克。晉仍爲郡治。咸和五年石趙將郭敬陷襄陽，七年陶侃使桓宣等拔之。建元初庾翼鎮襄陽。明年翼留子方之戍襄陽，還鎮夏口。太元三年秦苻丕等寇襄陽，明年襄陽陷。七年荆州刺史桓沖使朱綽攻襄陽，掠五百餘户而還。八年沖復攻襄陽不克，九年竟陵太守趙統攻取之。自是僑置雍州于此，宋元嘉二十六年遂爲實土，歷齊、梁之世雍州皆治襄陽。梁承聖末西魏取之，改曰襄州，仍治此。周、隋以後並爲州郡治。今編户三十五里。

襄陽城，今府城。相傳漢、晉時故址，背負漢水，東北一帶皆緣城爲隄，以防潰決，謂之大隄。漢樂府有大隄曲，謂此也。其西北隅謂之夫人城。晉太元三年朱序鎮襄陽，苻堅入寇，序母韓氏謂城西北角必先受敵，乃率百餘婢及城中女丁，于其處築城二十餘丈。賊來攻，西北角果潰，衆移守新城。襄陽人因呼曰夫人城。其旁又有壘城，築壘附近大城，猶今堡砦也。齊永元二年蕭衍起兵發襄陽，留弟憺守壘城。唐神龍元年漢水嚙城，宰相張柬之罷政事還襄州，因壘爲隄以遏湍怒，自是郡置防禦守隄使。會昌元年漢水害襄陽，山南東道節度使盧鈞築隄六十步障之。宋紹興二十二年襄陽大水，漢水冒城而入。乾道八年荆南守臣葉衡請築襄陽沿江大堤。明洪武初鄧愈因舊址築城，有正城，又有新城附正城舊基大北甕門，遶東北角接于正城。爲門六。北臨漢水，東西南皆鑿城爲池。弘治中復修築。正德十一年漢水大溢，破新城三十餘丈。副使聶賢督衆取石于仙女洞，縱横甃砌，楏枒向背悉如法，仍自北門起至東長門，築泊岸二百八十丈，又築子隄以護之，增修城垣一如舊制，襄陽人因呼爲聶公城。嘉靖三十年漢水復潰堤浸城，三十九年大水，相繼修完。隆慶二年堤復潰，新城崩塌。副使徐學謨請益甃老龍堤，于東、西、南城門外各去城二里築護城堤。萬曆以後屢經修築。今城周十二里有奇。

**樊城**，府城北漢江上。與襄陽城隔江對峙，志以爲即周仲山甫所封樊國也。後漢末爲戍守處。初平二年袁術使孫堅擊劉表，表遣將黄祖逆戰于樊、鄧間，堅擊破之，遂圍襄陽。建安十三年劉琮以荆州降操。時劉備屯于樊城，操至宛，備始覺，將其衆南走，樊城入于操。二十四年關壯繆鎮荆州，攻曹仁于樊，會沔水漲，羽乘水急攻之，城多崩潰，魏人恟懼。吴赤烏四年朱然圍樊，不克。晉太安二年新野王歆討江、沔亂賊張昌，至樊城，兵潰見殺。咸和五年石勒將郭敬寇襄陽，軍于樊城，守將周撫棄襄陽奔武昌，敬毁襄陽城，遷其民于沔北，城樊城以戍之。七年陶侃遣桓宣等復取樊城。齊永明十一年魏人大舉入寇，詔江州刺史陳顯達鎮樊城。建武四年後魏攻南陽，雍州刺史曹虎與南陽太守房伯玉不協，頓軍樊城。既而魏屢破齊兵，至沔，軍主劉山陽據樊城苦戰，魏兵乃退。未幾魏主宏復將十萬衆圍樊城，曹虎閉門自守，攻圍數旬不拔。魏主臨沔水望襄陽岸，乃去，如湖陽。永元三年蕭衍起兵發襄陽，使司馬莊丘黑守樊城。梁太清三年雍州刺史岳陽王詧司馬劉方貴據樊城拒命，詧攻拔之。承聖末屬于西魏，置樊城縣，又置安養縣及河南郡于此。後周省樊城縣，隋初廢郡，以安養縣屬襄州。唐武德二年李大亮拔王世充樊城鎮，即安養縣也。天寶初改爲臨漢縣。貞元二十一年移縣於古鄧城，改爲鄧城縣，而樊城如故。宋嘉定十年金兵犯樊城。咸淳九年蒙古圍樊城，久之未下。張弘範言于阿术曰：「襄在江南，樊在江北，我陸攻樊則襄陽出舟師來救，終不可取。若截江道斷救兵，水陸夾攻，則樊破而襄亦下矣。」阿术從之。初，襄、樊兩城漢水出其間，吕文焕乃植大木江中，鏁以鐵絙，上造浮橋以通援兵，樊亦恃此爲固。至是爲蒙古所斷，以兵截江，出鋭師薄樊城，襄兵不能援，樊城破，襄陽遂降。今有關城市集，與襄陽相對。城西昔鑄鐵欞，列樹隄岸，以通水道，如窗欞然，名鐵窗口。明嘉靖四十五年漢水溢，樊城北舊有土隄，城南面江一帶皆磚城，盡皆潰決。議者謂樊城潰則襄城無恙，疏塞不密，樊城之富庶漸衰。今有樊城關巡司，在府治西北三里。嘉靖中移巡司于縣東北百二十里之柳樹頭。

**鄧城**，府東北二十里。本春秋鄧國地，楚文王滅之而有其地。秦昭襄王元年大良造白起攻楚取鄧，置鄧縣，屬南陽郡。漢因之，更始二年封王常爲鄧王。建武三年岑彭破秦豐兵于鄧，進圍黎丘。晉曰鄧城縣，屬襄陽郡。太元七年桓沖伐秦攻襄陽，苻堅遣苻叡、慕容垂等救之，叡軍新野，垂軍鄧城，桓沖退屯沔南。晉末僑置京兆郡。劉宋大明末割襄陽西界爲實土，鄧縣屬焉。齊因之。永泰初魏人取沔北五郡，崔慧景等馳救，大敗于鄧城。既而魏主宏攻圍鄧城，齊將曹虎拒守，經月不下。梁承聖三年西魏宇文泰遣于謹等攻江陵，軍至樊、鄧，梁王詧率衆會之。後周時鄧城縣廢。唐武德三年以王世充兄子弘烈據襄陽，遣李大亮安撫樊、鄧，以圖襄陽，大亮遂自鄧城攻拔樊城。貞元末移臨漢縣治古鄧城，遂爲鄧城縣，仍屬襄州。乾寧五年朱全忠侵忠義帥趙匡凝，敗襄州兵于鄧城。宋亦爲鄧城縣，元省。今爲鄧城鎮。南北對境圖：「自鄧城南過新河至樊城。」一統志：「鄧城旁近有牛首、安陽、古城、紅崖、白河、沙河、漁浦、新城、淳河、滚河十城，蒙古圍襄陽，分築諸城于要津，以絶糧援，故址尚存。」又元和志：「鄧塞故城在臨漢縣東南二十二里，南臨宛口，阻一小山，號曰鄧塞。」孫堅破黄祖于此山下，魏帝于此治舟艦以伐吴。陸士衡辨亡論「魏氏浮鄧塞之舟，下漢陰之衆」，謂此也。水經注：「鄧塞者，鄧城東南小山，淯水經其東。」王氏曰：「此爲古鄧國。宋慶元二年襄陽守臣程九萬請築鄧城堰以防金兵衝突，遂爲農田灌溉之利。」○鄾城，在府東北十二里。古鄾子國，左傳桓九年「楚師圍鄾」，即此。寰宇記：「鄾城在鄧城南八里。晉置鄾縣，屬襄陽郡，後廢。」

**偃城**，府北五里。括地志云：「古郾子國也。」關羽圍樊城，魏將徐晃自宛赴救，至陽陵陂，時羽遣兵屯偃城，晃詭道欲絶其後，遂得偃城，即此。地記云：「陽陵陂在偃城西北十里，偃城在安養縣北三里。」○廢杜縣，在府西。晉渡江後僑立京兆郡及杜縣以處流民，宋因之。大明土斷，割襄陽西界爲實土。齊、梁因之，西魏末廢。

**山都城**，在府西北八十里。本南陽之赤鄉，秦置山都縣，漢屬南陽郡，吕后封王恬啟爲侯邑。後漢仍屬南陽郡。

建安初南陽韓暨避袁術之命，徙居山都山，蓋縣境之山也。晉改屬襄陽郡，劉宋屬新野郡，齊屬義安郡，後入于魏，縣廢。杜佑曰：「故城在義清縣東南。」似悞。今其地與新野接界。又常平廢縣，在府西南。隋志：「西魏置義安縣，後又置長湖郡治焉。後周改縣曰常平，大業初郡廢，縣屬襄州。」唐因之，貞觀八年省入襄陽縣。又義安廢縣，在府西北。齊志寧蠻府所領有義安郡義安縣，後没于魏。西魏義安縣蓋即蕭齊故地爲名，後梁因之，尋廢。府境又有華陰廢縣，劉宋置南天水郡，治華陰縣。沈約曰「郡寄治襄陽之巖洲」，蓋漢水中之洲也。齊因之，後廢。

新城，在府東南十里。蒙古圍宋襄、樊時所築。咸淳三年宋將夏貴救襄、樊不敢進，乘霖雨漢水溢，分遣舟師出没東岸林谷間，阿术謂諸將曰：「此虚形，不可與戰，宜整舟師以備新城。」明日貴果趣新城，至虎尾洲，爲阿术所敗。

峴山，府南七里。亦曰南峴。唐六典：「峴山，山南道之名山也。」黄祖爲孫堅所敗，竄峴山中。羊祜鎮襄陽，嘗登此。亦曰峴首山。晉建元二年梁州刺史桓宣擊趙將李羆，敗于丹水，移戍峴山。宋嘉定十年金兵犯襄陽，復圍棗陽，孟宗政午發峴首，遲明抵棗陽，馳突如神，金人駭遁。水經注：「山上有桓宣所築城。」今鳳林關在山上。○望楚山，在府西南八里。本名馬鞍山，山麓與峴山接，所謂馬鞍山道也。晉劉弘鎮荆州時改名望楚。酈道元曰：「劉宋武陵王駿屢登陟望見鄢城，故名。」南史：「孝建初朱修之爲雍州刺史，南郡王義宣叛，遣其黨魯秀自江陵來攻，修之斷馬鞍山道，據險自守，屢敗秀兵處也。」勝覽：「山高處有三磴，一名筴山。」

萬山，在城西十里。下有曲隈。或訛爲方山。劉弘牧荆州，制峴、方二山澤中不聽捕魚。杜預在襄陽，刻兩碑，一沉萬山之下。水經注：「漢水自隆中，又東經方山北，即杜預沉碑處。」蓋方山即萬山矣。宋鄧琬傳「孔道存在襄，破柳世隆于萬山」，即此。宋咸淳五年蒙古圍襄、樊，其將張弘範議曰：「襄陽未下以糧援未絶，而江陵、歸峽行旅休卒道出襄陽南者相繼也。若築萬山以斷其西，立栅罐子灘以絶其東，則斃之之道矣。」史天澤遂築長圍，起萬山包百丈山，令南北不相通；又築峴山、虎頭山爲一字城，聯亘諸堡，以爲必取之勢，於是襄、樊大困。其相近者曰九里山，起伏凡九，亦曰九里岡。○土門山，在府西四十里。其形如門。又十里爲鶴子山，旁有鶴子川。志云：縣西五里又有襄山。荆楚記：「水駕山而上曰襄。」

鹿門山，府東三十里。舊名蘇嶺，上有二石鹿，因改今名。宋景定四年，蒙古從降將劉整計，請置榷場于襄陽城外，且請築土墻以護貨物。吕文德奏許之，遂開榷場于樊城外，築土墻于鹿門山，外通互市，内築堡壁。又築堡于白鶴，由是敵有所守，以遏南北之援，襄、樊城外哨掠日至。咸淳五年蒙古將張弘範軍于鹿門，自是襄、樊道絶，糧援不繼。白鶴或作「白馬」，今府城東南十里有白馬山，上有白馬泉。寰宇記曰：「鹿門山南有霸王山，又南爲楊橋山，春秋『楚爲楊橋之役』，即此地。」悮矣。志云：楊橋山在今府東五十里。

隆中山，府西北二十五里。諸葛武侯隱此。漢晉春秋：「亮家於南陽之鄧縣，在襄陽城西二十里，號曰隆中。」水經注：「沔水東逕隆中，歷孔明舊宅北。」是也。蘇軾詩「萬山西北古隆中」，亦謂此。今府南十里有卧龍山，又府西南三十里有伏龍山，皆以武侯名也。○柳子山，在府西北七里，檀水出其下。梁簡文爲州日，泛舟窮柳子之源，即此。又有紫蓋山，在府北五里，宋時改名中峴山。襄沔記：「紫蓋山、萬山、峴山，謂之『三峴』。」

虎頭山，府南三里。一作「阿頭山」。東漢初岑彭破張揚于阿頭山。後改爲虎頭。宋末蒙古將阿术謀取襄陽，登虎頭山望漢東白河口是也。志云：府西南九里又有阿頭山。○百丈山，在府南三十里。蒙古逼襄陽，宋將來興國赴救，以百艘泊百丈山下，即此。又團山，在府西北三十里。宋嘉定中金兵犯襄陽，來自團山，勢如風雨，趙方將扈再興敗却之。咸淳中李庭芝援襄陽，舟師出青泥河，進至團山是也。旁有仙女洞，即正德中聶賢採石爲堤處。志云：仙女洞在府北三十里。

漢江，在府城北。自鄖陽府流入府境，經均州、光化、穀城縣而東，由城北折而東南，經宜城縣入承天府界。其在府境者亦曰夏水。左傳昭十三年：「王沿夏將欲入鄢。」是也。亦曰漢水，亦曰沔水。後漢建安末，關羽圍曹仁于樊城。仁使于禁等屯樊北，會霖雨，漢水溢，平地數丈，禁等七軍皆没，樊城不没者數版。羽乘船臨城，立圍數重，外内斷絶。又船據沔水，襄陽隔絶不通是也。晉咸康五年蔡謨謂「沔水以西，水急岸高」，蓋謂襄陽以西。太元三年苻秦寇襄陽，梁州刺史朱序以秦無舟檝，不以爲虞。既而秦將石越帥騎五千浮渡漢水，序惶駭，固守中城。越陷外郭，獲船百餘艘以濟餘軍。七年桓沖攻襄陽，苻堅使苻叡、慕容垂等赴救。垂爲前鋒，進臨沔水，夜命軍士持十炬繫于樹枝，光照數十里，沖懼引還。又自漢以南曰沔南，自漢以北爲沔北。蕭齊永明十一年，襄陽蠻酋雷婆思等附魏，求内徙，魏人處之沔北。時沔北猶爲齊地，婆思本居沔南，令徙沔北，于魏境爲近也。建武四年魏主侵雍州，敗齊兵于沔北，既而南臨沔水，復還新野。梁承聖中西魏屢遣兵踰漢水侵江陵，時襄陽附魏也。南北有事，争襄陽必争漢津。唐會昌初漢水溢，壞襄州民居。五代晉天福六年，安從進以襄州叛，命荆南、湖南合兵討之。荆南高從誨遣水軍至南津，楚馬希範亦遣將將戰艦入漢江，與晉軍並進。俗亦謂之襄江。宋紹興四年岳飛討李成于襄陽，成迎戰，左臨襄江，飛笑曰：「步兵利險阻，騎兵利平曠。」成左列騎江岸，右列步平地，雖衆十萬，何能爲？」乃以步兵擊其騎，以騎擊其步卒，賊大敗遁去。水利考：「古大堤西自萬山，經檀溪、土門、龍池、東津渡，繞城北老龍堤復至萬山之麓，周四十餘里。年久隄潰，而龍池、東津一帶又多浮沙，明初修截堤一道，自長門之土門，後漸頹廢。嘉靖四十五年決府西老龍隄，直衝城南而東，爲害最甚。自是并力修築，北自老龍堤至長門皆沿城砌石，南自萬山麓至土門皆仍古大堤，東南自土門至長門則仍舊截堤，而後潰決漸少。大概堤防至切者全在襄、樊二城間，蓋二城並峙，漢水中流如峽口。且唐、鄧之水從白河南注，橫截漢流，以故波濤激射，城堤爲害最劇也。」

白河，府東北十里。其上流即河南南陽府湍、淯諸水所匯流也。自新野縣流入界，經光化縣東，至故鄧城東南入于沔水。三國時于河口立圍屯。魏青龍二年吴陸遜引兵向襄陽，不克而還，行到白圍是也。宋太平興國三年，漕臣程能議開白河爲襄、漢漕渠，直抵京師，以通湘潭之漕，渠成而水不行。端拱元年治荆南漕河至漢江，行旅頗便，而白河終不可開。又寶祐五年蒙古董文蔚城光化、棗陽，進攻樊城，樊城南據漢江，北阻湖水，卒不得渡。文蔚夜帥兵于湖水狹處伐木拔根立于水，實以薪草爲橋，頃之即成，遂合圍襄陽。守將高達力戰于白河，却之。又咸淳三年蒙古將阿术等經略襄陽。阿术登虎頭山顧漢東白河口曰：「若築壘于此，以斷宋餉道，襄陽可圖也。」遂築白河城以逼襄陽。或曰白河入漢之處亦名三洲口。吴將朱然攻樊，司馬懿救樊，追吴軍至三洲口，大獲而還。又王昶屯新野，習水軍于三洲，謀伐吴。水經注：「襄陽城東有白沙，白沙北有三洲，三洲東北有宛口，即淯水所入也。」○滚河，在縣東六十里，自棗陽縣流入境；又唐河，在縣東北百里，自河南唐縣流入境，皆合白河而注于漢江。

清泥河，府西北三十里。自均、房間東出，達于漢江。後漢建安中樂進在青泥，與關羽相拒。陳大建二年，蕭巋畜舟艦于章陵之青泥，章昭達謀襲之是也。宋咸淳中荆湖帥李庭芝救襄、樊，移屯郢州。時襄、樊圍益急，庭芝聞知襄陽西北有水曰青泥河源于均、房，即其地造輕舟百艘，募死士，漢水方生，乘順流發舟，稍進團山下，又進高頭港口，結方陣，起矴出江，犯重圍至磨洪灘以上，元兵皆披靡，轉戰百二十里，遂達襄陽是也。○淳河，在府東三十里，南流入漢江。宋咸平中知襄州景望奏置營田務，襄陽縣有淳河溉田三千頃，宜城有蠻河溉田七百頃，又有屯田三百餘頃，於是歲入甚廣。又熙寧四年前知襄州史炤言開修古淳河一百六里，灌田六千六百餘頃云。又泥河，在縣東北九十里，西流入白河。

檀溪，府西四里。源出柳子山，北流爲檀溪，南流爲襄水，亦曰涑水，皆流合漢江。相傳劉先主嘗乘的盧過此。齊東昏侯時蕭衍爲雍州刺史，密修武備，多伐材竹，沉之檀溪，以爲裝艦之備。水經注：「檀溪去城里餘，北流注沔。」又襄水，在府西北三里。今皆涸。○石牌港，在府西北三十里；又有竹篠港，在府北三十里；黄龍港，在府東六十里；皆流入漢江。志云：府西南二十五里有金水港，府南四十五里有沙河港，府南五十里有土山港，又有田塍港在府東南三十里，隆盛港在府東南四十里，下流俱匯于漢江。

鬧溝，在府北。自南陽府境流入界，經廢鄧城南而入于漢。蕭齊建武末崔慧景等與魏人戰，敗于鄧城，慧景引軍南走，魏人追敗之于鬧溝。蕭子顯齊書「鬧溝與沙堨相近，蓋沙堨之水南流入于鬧溝」云。沙堨，見南陽府南陽縣。又潺溝，亦在府北。梁天監八年魏荆州刺史元志將兵寇潺溝，驅迫羣蠻，羣蠻悉度漢水來降，雍州刺史蕭昺開樊城納之，遣將朱思遠擊敗志于潯溝。溝蓋在漢水北，其水南注于漢。○魚浦潭，在府南。蒙古圍襄陽，嘗築城于其旁，所謂魚浦城也。又有習家池，在府南百里，後漢習郁所穿。晉山簡鎮襄陽，每飲於此，亦曰高陽池。府東五里又有黑龍池。

龍尾洲，在府東南三十里漢江中。宋咸淳八年張貴將援兵入襄陽，欲還郢，募二士伏水中達郢，求援於范文虎刻日發兵，駐龍尾洲以助夾擊。貴遂發舟破圍冒進，夜半至小新河與元將阿朮等力戰至勾林灘，漸近龍尾洲，援兵不至，蒙古先據洲，前後夾擊，兵敗被執處也。又虎尾洲，在府南三十里。宋末夏貴與蒙古戰，敗績于此。或曰即龍尾洲之異名也。志云：縣東五里有五娘子洲。

罐子灘，在鹿門山南漢江西岸。宋咸淳三年蒙古圍襄、樊，范文虎以舟師赴救，敗于罐子灘。既而蒙古將張弘範議立柵罐子灘，以絶宋人糧援處也。又有會丹灘。范文虎救襄、樊，舟師至鹿門，時漢水漲溢，阿朮夾江東西爲陣，别令一軍趣會丹灘犯官軍前鋒，文虎敗走。

呂堰，在府北七十里。宋紹定六年金將武仙等次于順陽，犯光化，孟珙敗却之。又敗金人于呂堰，進攻順陽，武仙敗走。今爲呂堰驛，北至河南新野縣七十里。順陽，見鄧州淅川縣。

柳關，府西北七里，以柳子山名。又府北七里爲七里店關。府西九里爲老龍堤關，堤東臨漢江，西抵萬山，府城東北之扞蔽也；又府東十里有東津渡關；爲漢江渡口二關，皆控漢江之險。○鳳林關，在府南七里。又府南九里有觀音閣關。志云：府東舊有櫃門關，蒙古圍襄、樊置關於此。宋將張貴被執見阿朮于櫃門關，不屈見殺處也。

下笮城，在沔北，直府城東北。齊東昏侯永元二年，魏東荆州刺史桓暉入寇，拔下笮戍是也。亦作「下迮戍」，梁中大通五年魏荆州刺史賀拔勝寇雍州，拔下迮戍，于是扇動諸蠻，屢敗州兵。漢南震動。○陰谷口，在府西六十里。唐天祐二年朱全忠取唐、鄧諸州，軍於漢北，命楊師厚作浮橋于陰谷口，遂引兵渡漢。忠義節度使趙匡凝逆戰于漢濱，不勝，遂奔淮南。

雙溝鎮，府北七十里，道出唐、鄧，設税課局於此，并置巡司戍守。又油坊灘鎮，在府西三十里，向爲盜賊出没之所，有巡司。嘉靖中改置於府西北百里之太山廟。又牛首鎮，在府西北四十里。又高頭堡，在團山南。府南又有石門堡。○潼口驛，在縣南五十里。輿程記：「府城西有漢江驛，府北七十里即吕堰驛也。」

赤灘圃。在府東南漢江上。宋咸淳三年蒙古圍樊城，張世傑與蒙古戰于赤灘圃，敗績。○桃林，在府南六里。晉桓沖攻襄陽屯軍於此地，時方食桃，埋其核，至春萌生，遂成茂林。

宜城縣，府東南百二十里。東南至承天府百八十里。戰國時楚鄢縣，秦因之。漢惠帝三年改爲宜城縣，屬南郡，更始封王鳳爲宜城王。後漢仍屬南郡。初平二年劉表刺荆州，時寇賊梗塞，表單馬入宜城。建安三年曹操表先主爲鎮東將軍，封宜城亭侯是也。晉初爲襄陽郡治，後仍屬襄陽郡。劉宋初廢，大明初僑置藍田縣，并置華山郡。齊因之，梁改曰率道縣。西魏屬宜城郡，隋屬襄州。唐武德四年屬都州，貞觀八年仍屬襄州，天寶七載改曰宜城縣。宋仍屬襄州。今城周五里有奇。編户十七里。

鄢城，縣西南九里。古鄢子國，楚爲鄢縣。左傳昭十二年：「王沿夏將欲入鄢。」杜預曰：「順漢水入鄢也。鄢，楚之别都。」楚世家：「頃襄王十六年與秦昭王好會于鄢。秦昭襄王二十八年大良造白起攻楚，取鄢。高誘曰：「秦兵出武關則臨鄢，下黔中則臨郢也。」秦亦爲鄢縣，漢改縣曰宜城，治此。劉宋築宜城大堤，改置華山縣，而故城遂廢。志亦謂之宜城廢縣。○邔城，〔一〕在縣北五十里。漢縣，屬南郡。邔音忌。高帝封黄極忠爲侯邑。王莽地皇二年，邔人秦豐起兵是也。後漢亦爲邔縣，晉屬襄陽郡，宋、齊因之，後廢。水經注：「沔水西南有騎城，〔二〕周二里餘，古楚邑，秦置邔縣。」又有黎丘城，在故邔城東。王莽末秦豐起兵於黎丘，自稱楚黎王。劉昭曰：「邔有黎丘城。」建武四年帝幸黎丘，使朱祐等代岑彭圍秦豐，既而祐自觀城擒豐于黎丘。水經注：「沔水逕黎丘故城西，又南過邔縣東北，觀城在黎丘東二里。」是也。杜佑曰：「黎丘在今宜城縣北。」

鄀城，縣東南九十里。春秋時鄀國自商密遷于此，爲楚附庸，楚滅之而縣其地。定六年楚令尹子西遷郢于鄀是也。秦置若縣，屬南郡，漢因之。後漢改爲鄀縣。晉仍屬南郡。宋元嘉六年以三輔流民出襄陽，僑置馮翊郡。沈約志曰：「郡初治襄陽，後治鄀。」是也。齊因之。梁中大通五年魏荆州刺史賀拔勝寇雍州，分兵拔馮翊，即此。後周郡縣俱廢。括地志：「鄀城東五里有楚王城，西南去樂鄉縣三十三里，〔三〕楚昭王遷鄀時所居。」又湫城，杜預曰：「在鄀縣東南。」左傳莊十九年「楚文王伐黄，還及湫」，即此。樂鄉，今見荆門州。○武山廢縣，在縣南百里。隋志：「梁置旌陽縣，後改名惠懷，屬武寧郡，西魏又改曰武山，隋初屬鄀州，大業初廢入樂鄉縣。」又上洪廢縣，在縣東南。劉宋僑置略陽縣，屬南天水郡，齊因之，梁置德廣郡治焉。西魏改縣曰上洪，隋初郡廢，縣屬襄州。唐武德四年屬鄀州，貞觀初省。

**漢南城**，縣北三十里，地名東洋。有古堤，又有古城。宋初築宜城大堤，大明初置華山郡及華山縣治焉。沈約志：「華山郡治大隄村。」是也。齊因之。永元二年蕭衍起兵襄陽，華山太守康絢率郡兵赴衍。梁仍爲華山郡，亦謂之大隄城。太清三年張纘赴鎮雍州，至大堤，岳陽王詧不受代。西魏改縣曰漢南，改郡曰宜城。後周廢郡。隋仍曰漢南縣，屬襄州。唐初王世充僑置華州于此，武德四年州廢，縣仍屬襄州，貞觀八年省入率道縣。曾鞏曰：「宋武帝築宜城之大隄爲城，即今縣治。」似悞。○羅州城，在縣西二十里，春秋時羅國地。杜預曰：「羅，在宜城縣西山中。」是也。郡志：在今縣東北二十五里。似悞。又襄城，在縣南二十里，志以爲古鄀子城也。

**石梁山**，縣西三十里。形如橋梁。又縣東南五十里有赤山，土石皆赤。下有深潭，名釣魚洞。志云：縣西南二十里有牛心山。其南五里爲鷂子山，有天坑。宋末與蒙古戰于牛心山，不利，士卒多坑于此。○分水嶺，在縣南六十里，與荆門州分界。又走馬岡，在縣東南六十里，俗傳關羽練兵處。

**漢江**，縣東四里。水經注：「漢水自襄陽中廬，又東南流逕黎丘故城西，又南與疏水合，又南過邔縣東北，又南逕宜城東，夷水注之。」後漢建武四年田戎據夷陵，聞漢軍圍黎丘，乃將兵沿江泝沔上黎丘，謀降漢，不果。胡氏曰：「自江下至沔口，又泝沔而上至黎丘也。」宋志：「淳熙八年襄陽守臣郭杲修護城隄以捍江流，又築救生隄，爲二牐，一通于江，一達于濠，當水涸時導之入濠，水漲時放之于江，自是水雖至隄，無湍悍泛溢之患。」郡志：救生堤在府西南五里。水利考：「縣一面據山，三面臨沔，沔江故道繞縣東四十里之天龍山、縣東南四十里之鳳凰山而下，去城二十餘里有使風、龍潭二港，接江流灌城濠，未嘗爲患。明嘉靖四十五年漢水溢，直衝迎水洲而下，改徙鴇潼河，新洪逼城五里許，又由使風、龍潭二港衝洗南北城樓，自此水漲徑撼城隄。議者謂使風、龍潭二港口不塞，城堤終難保也。」鴟潼河，志云：在縣東五里。

蠻水，在縣西南。源出鄖陽府房縣界，流經南漳縣，至縣南四十里地名破河腦入于漢江。本名鄢水，亦曰夷水，桓温以父嫌名改曰蠻水。又疏水，在縣北。出南漳縣界廢中廬縣西南，東流至縣東北入于漢水，其處謂之疏口。唐建中二年襄鄧帥梁崇義拒命，淮寧帥李希烈擊之，循漢而上，崇義遣將翟暉等逆戰于蠻水，希烈大敗之，又追敗之于疏口，遂入襄陽。○潘家河，在縣東七十里，流經石板灘合縣東三十里之陰港流入漢江。

沶水，在縣西。水經注：「沶水上通梁州沔陽縣，東逕新城之沶鄉縣謂之沶水，又東歷軨鄉謂之軨水，又東歷宜城西山謂之沶溪，東流合于夷水謂之沶口。」沶音怡。晉懷帝永嘉四年劉聰逼洛陽，荆州刺史王澄自將欲援京師，至沶口衆散而還，即此。

木里溝，在縣東。水經：「沔水又南得木里水。」是也。楚時于宜城東穿渠，上口去城三里。漢南郡太守王寵又鑿之，引蠻水灌田，謂之木里溝，逕宜城東而東北入沔，謂之木里水口，灌田七百頃。宋時陳表臣復修之，起水門四十六，通舊陂四十有九。治平中縣令朱紘修復木渠，溉田至六千餘頃。淳熙八年襄陽守臣郭杲言：「木渠在中廬縣界，擁溤水東流四十五里入宜城縣，歲久湮塞，乞行修治。」十年詔疏襄陽木渠，以渠旁地爲屯田，給民畊種。宋鄭獬木渠記：「木渠出中廬西山，擁溤水走東南四十五里，經宜城東北入沔。後漢王寵守南郡，復鑿蠻水與之合，于是溉田六千餘頃。至曹魏時彝王梅敷兄弟于其中聚民萬餘家據而食之，謂之柤中。當時號柤中爲天下膏腴，以此也。」

長渠，縣西四十里。亦曰羅川，亦曰鄢水，亦曰白起渠，即蠻水也。宋至和二年宜城令孫永治長渠。紹興三十二年王徹言：「襄陽古有二渠，長渠溉田七千頃，木渠溉田三千頃，今湮廢。請以時修復。」曾鞏有長渠記，其略曰：「荆及康狼，楚之西山也。水出二山之間，東南流，春秋之世曰鄢水，左傳魯桓公十有三年『楚屈瑕伐羅，及鄢，亂次以濟』是也。其後曰夷水，水經『漢水南過宜城縣東，夷水注之』是也。又其後曰蠻水，道元謂『桓温避父名改夷水曰蠻水』是也。秦昭王二十八年使白起攻楚，去鄢百里，立堨壅是水爲渠，以灌鄢。鄢入秦而起所爲渠不廢，引鄢水以灌田，今長渠是也。道元謂溉田三千餘頃，蓋水出西山諸谷，其源廣，而流于東南者其勢下也。」

龍潭港，縣西南里許，東通漢江。又拖鎗港，在縣東十里。志云：宋末范文虎軍敗於此，因名。又東二十里有朱家港。又二十里有王城港，俗呼黄鱔港。又清水港，在縣東南十五里。又縣東南四十里有練港，志云：源出縣東五十里之卧牛山，至赤山而入漢；又有毛家港，在縣北二十五里；俱流入漢水。○羊祜汊在縣北三十里，又縣南十里有康坡汊，縣東南二十五里有樓子汊，皆漢水旁出者也。又金沙泉，在縣東二里；縣東七十里又有珍珠泉；又東二十里曰南泉，引流爲陰港；俱流入漢江。

灌子灘，縣北二十里卧虎崖下。志云：宋末范文虎援襄陽，與蒙古將阿朮、劉整戰，敗績，即此灘云。其南曰連四洪灘，中有一灘，旁連四洪，故名。又赤灘，在縣東南五十里，亦宋末與蒙古戰處。又東南曰湍灘，亦范文虎爲蒙古所敗處也。一名湍灘腦。○交丫灘，在縣南破河腦。蠻水與漢江二水交流，故名。又南七里曰倒上洪灘，又八里曰石羊灘，皆在漢江岸側。

鄢城驛。在縣城南。又南七里有蘇家湖驛。通志云：「縣西三十里有廢宜城驛。」相傳白起堰西山澗灌此城，疑此爲舊鄢城也。

南漳縣，府西南一百二十里。西北至鄖陽府保康縣二百十里，北至穀城縣百三十里。漢南郡臨沮縣地，西魏置重陽縣，又置南襄陽郡治焉。後周置沮州，州尋廢，改縣曰思安。隋初郡廢，縣屬襄州，十八年改縣曰南漳縣。大業末王世充復置沮州。唐武德四年州廢，縣仍屬襄州，貞觀八年省入義清縣。開元十八年移荆山縣於南漳故城，復曰南漳縣。今城周三里。編户十二里。

中廬城，縣東北五十里。春秋時盧戎國，又楚之廬邑也。左傳文十八年「楚伐庸，自廬以往」，即此。漢置中廬縣，屬南郡。後漢曰中廬。晉仍曰中廬縣，屬襄陽郡。宋、齊因之。梁改置穰縣，西魏曰義清縣，又置歸義郡。後周廢郡，又省左安、開南、歸仁三縣入焉。隋仍曰義清縣，屬襄州。唐因之。劉昫曰：「縣舊治柘林，永徽初移治清良。」是也。宋初仍舊，太平興國元年復曰中廬縣，紹興五年省入南漳。顔師古曰：「故中廬縣，隋諱中，改曰次廬村。」蓋時以中廬并入義清也。今爲中廬鎮。

臨沮城，縣西南六十里。漢縣，屬南郡。後漢因之。晉屬襄陽郡。劉宋仍屬南郡，齊因之，後省。章懷太子賢曰「臨沮故城在當陽縣西北」，蓋境相近也。○上黄城，在縣東南五十里。酈道元云：「晉平吴，割中廬之南鄉、臨沮之北鄉置上黄縣，治軨鄉，屬襄陽郡。」宋屬長寧郡，孝建中又以綏寧縣并入。齊仍舊，後周廢。宋白曰：「上黄在宜城縣西。」又羅國城，寰宇記云：「在縣東南八十里。」楚使莫敖伐羅，謂此。其後遷于枝江。

**新安城**，在縣西北。齊、梁時僑置。南齊志寧蠻府有安定郡，領新安等縣，蓋齊置安定郡，治新安縣。梁中大同五年魏荆州刺史賀拔勝寇雍州，分軍拔安定，即此。又安武城，亦在縣西。梁置，屬襄陽郡。隋志：「西魏并新安、武昌、平武、安武等縣，改置重陽縣。」後周主邕封李穆爲安武公，即此城也。○荆山城，在縣西。舊唐書：「武德二年分南漳縣置荆山縣。在縣西一百五里又置重州，領荆山、重陽、平陽、渠陽、土門、歸義六縣。七年省渠陽入荆山，省平陽入重陽，又省土門、歸義二縣入房州之永清縣。貞觀元年廢重州，以荆山縣屬襄州。復移重陽縣于重州故城內，屬遷州。八年省重陽入荆山。開元十八年徙治于南漳故城。」是也。

**荆山**，縣西北八十里。禹貢「荆、河惟豫州」，「荆及衡陽惟荆州」，蓋荆、豫二州之界，所謂南條荆山也。又左傳昭四年：「晉司馬侯曰：『荆山九州之險也。』」漢志以爲漳水所出。唐六典：「山南道名山曰荆山。」其山三面險絕，惟西南一隅通人徑。頂有池，旁有石室，相傳卞和宅。上有抱玉巖。水經注：「荆山相鄰有康狼山，夷水所出。」又荆山以西岡嶺相接，皆謂之西山。梁太清三年張纘鎮雍州，岳陽王詧不受代，命助防杜岸紿纘往西山避禍，因追擒之。胡氏曰：「萬山以西中廬諸山，皆西山也。」

**老雅山**，縣南五十里。上接文陽洞，下接三泉山，周迴四十餘里，險峻幽深，人不可近，俗名老鴉山。志云：文陽洞在縣西百里。又四望山，在縣南三十里。志云：以東望襄陽，西望房陵，南望荆州，北望穀城而名。一名大府山。○八疊山，在縣東南六十里。司馬懿鑿山開道，屈曲八疊，因名。一名柤山。郡縣志：「南漳東北百八里有柤山。」

似悞。自八叠而西北，山谿阻險，古所謂柤中也。隋志義清縣有柤山。

司空山，縣西北一百三十里。山高峻，西山要口也。宋咸淳十年蒙古伯顏南寇，由襄陽入漢濟江，分三道：一由棗陽哨司空山，一由老雅山徇荆南，自與阿术等水陸趨郢州是也。又景炎二年司空山寨民傅高舉兵興復，爲蒙古將昂吉兒所襲破。明成化初賊首劉千斤寇房縣，督臣白圭由司空山進討，平之。又鷄頭山，在縣西百八十里。北臨漳水，一名臨漳山。又清溪山，在縣西南五十里。山高峻，東有泉，下流入于沮水。又縣西五十里爲五盤山。

沮水，縣西南百五十里。自鄖陽府房縣流入界，東南流入當陽縣界會于漳水。○漳水，在縣南百二十里。源出荆山，繞流至鷄頭山下，又東南流入當陽縣界會于沮水。詳見大川。

蠻水，縣西南一里。自房縣境流入，東逕宜城縣界。又清涼河，在縣東十二里。源出縣南百四十里之西溪洞，北流合于蠻河。又潮水，在縣西百里。自保康縣西南流入界，經縣南亦會于蠻河。

猫兒關。縣西四十里；又鷄頭關，在縣西鷄頭山下；又瑪瑙關，在縣西三十里；又西五十里爲隘門關：皆山谿險僻處也。志云：縣北四十里有百門堡。○七里灘鎮，在縣西七里。舊爲盜賊出没之所，向有巡司，嘉靖中移置於保康縣之常平堡。又縣西南百五十里有金厢坪巡司，縣東五十里又有方家堰巡司。

棗陽縣，府東北百三十五里。東南至德安府隨州百六十里。漢南陽郡蔡陽縣地，後漢析置襄鄉縣，後廢。晉亦爲蔡陽縣，西魏置廣昌縣及廣昌郡，并徙昌州治焉。隋初廢郡而州如故，仁壽初改縣曰棗陽，以棗陽村爲名。大業初改州爲春陵郡。唐武德三年復置昌州，五年州廢，以縣屬顯州。貞觀九年顯州廢，改屬唐州，明年改屬隨州。宋仍爲棗陽縣，紹興中升爲棗陽軍。元復爲棗陽縣，屬南陽府，至元十九年改屬襄陽路。今城周三里有奇。編户四十五里。

**春陵城**，在縣南三十里。漢縣，屬南陽郡。漢記：「元朔五年以零陵冷道春陵鄉封長沙王子買爲春陵侯，至戴侯仁請内徙，初元四年徙蔡陽縣之白水鄉，仍以春陵爲國名。望氣者蘇伯阿見春陵城嗜曰：『氣佳哉，鬱鬱葱葱！』及光武即位，建武六年改曰章陵。」古今注：「建武十八年使中郎將耿遵築章陵城，後嘗爲章陵郡。」章帝元和初幸章陵，和帝永和十五年亦幸焉。桓帝延熹七年南巡亦幸章陵。魏黄初二年更章陵爲安昌縣。晉仍曰安昌縣，屬義陽郡。宋、齊因之。北魏延昌初以蠻户桓叔興爲南荆州刺史，治安昌城。梁普通二年叔興以州來降，尋復入魏。大通二年南荆州刺史李志舉州來降，即此。魏又嘗置豐良縣。西魏改置昌州，以安昌置安昌郡，并置春陵縣爲郡治。隋開皇初郡廢，縣屬昌州，大業初以豐良縣併入。唐初仍曰春陵縣，亦屬昌州，貞觀初省入棗陽縣。

**蔡陽城**，縣西六十里。漢縣，屬南陽郡，王莽母功顯君食邑于此。後漢仍曰蔡陽縣，光武封劉本爲侯邑。晉屬義陽郡。宋初屬新野郡，大明元年省。齊復置蔡陽郡，屬寧蠻府。梁因之。後魏并置南雍州治焉，西魏改曰蔡州。隋郡廢，大業初州廢，縣屬春陵郡。唐初省。今有蔡陽店。○南陽城，在縣東南三十二里。隋志：「西魏析蔡陽置南陽縣，後改曰雙泉。又置千金郡，治瀴源縣。隋初郡廢，與南陽縣俱屬蔡州，大業初皆併入蔡陽縣。」

**清潭城**，縣南六十里。西魏置，隋因之，屬昌州。唐初亦爲清潭縣，武德五年廢入棗陽縣。隋志云縣有大洪山，蓋與隨州接界。○岑彭城，在縣北三十里。相傳彭征秦豐時築城，牧馬于此。

**資山**，縣東南六十里。其上深邃闊遠，可以畊種，修篁大木，環山之民皆資焉。今爲市集。又瀴源山，在縣南七十里。漻水出焉，西流入漢江。西魏置漻源縣，蓋以此山名。○甘泉山，在縣東北四十里。地肥而水甘，故名。杜佑曰：「縣東北界有黃山，溠水所出也。」

武王山，在縣東五十里。世傳楚武王嘗獵此。一名霸山。又赤眉山，在縣東北八十里。相傳赤眉嘗軍此山下，地名北寨。志云：縣西南六十里有青山，有礦產銀。其相近者爲平頂山黃土堰，亦產銀。○九十九岡，在縣東北二十五里，路出隨州，宋邢居實詩「岐路劇羊腸，重岡九十九」是也。又十五里岡，在縣西北。金人圍棗陽，孟宗政等敗之，追至十五里岡。

白水，縣東南二里。源出縣東北五十里之大阜山，西南流經縣南四十里與滾河合流，西注漢江。舊志：縣有光武舊宅，宅枕白水，張衡所謂「龍飛白水」也。宋嘉定十一年孟宗政守棗陽，金完顏賽不等攻圍之，許國自隨州赴援，至白水鼓聲相聞，宗政帥兵出戰，金人奔潰。水經注亦謂之洞水。大阜山，亦曰大父山。○瀘水，在縣南三十里。襄沔記：「源出隨州之瀘山。」水經注：「出縣東北之陽中山，西南流合于白水。」

滾河，縣西南四十里，合白河入漢江。宋嘉定十二年金人圍孟宗政于棗陽，扈再興自唐、鄧還兵馳救，敗金人于滾河，又敗之于城南，宗政亦自城中出擊，金人大敗。又縣西南一里有沙河；又有中河，源出縣南三十里之無量山；皆流入滾河。○華陽河，在縣南四十里。源出武王山，西流入白河。又鎮北河，在縣北十八里，西流入襄陽縣之唐河。

平堰，在縣西。宋紹定五年孟宗政守棗陽，創平堰，自城至軍西十八里，由八疊河經漸水側，水跨九阜，建通天槽八十有三丈，溉田萬頃，立十莊三轄，使軍民分屯，邊儲豐牣。

**馬磴寨**。在縣西北百餘里。宋嘉定十二年孟宗政敗金人于棗陽，追至馬磴砦，焚其城，入鄧州而還。志云：縣有鹿頭店巡司，隆慶四年設。

**穀城縣**，府西百八十里。西北至均州二百五十里，北至光化縣三十里。春秋時穀國地，漢爲筑陽縣地，屬南陽郡。晉屬順陽郡，寧康中置義成縣，并置義成郡。齊、梁因之，後周廢郡。隋開皇十八年改縣曰穀城，屬襄州。唐武德四年屬酇州，明年州廢，仍屬襄州。今城周三里有奇。編户四十八里。

**筑陽城**，縣東四里。漢縣治此，蕭何少子延封筑陽侯，後漢初世祖封吴財爲侯邑。晉屬順陽郡，劉宋大明中改屬扶風僑郡，齊因之。梁仍曰筑陽縣，隋開皇初廢入穀城縣。通典：「筑陽距酇城三十餘里。」其東有萬年城，東晉僑立萬年縣於此，屬義成郡。太元六年桓沖伐秦，攻襄陽，别將拔萬歲、筑陽。萬歲即萬年之訛也。齊、梁仍屬義成郡，後周廢。○扶風城，在縣東北二十里。其地本名筑口，漢昭烈嘗屯兵于此。沈約志：「扶風郡，晉太元中僑治襄陽，後治筑口，領筑陽、郿、汎陽三縣。」是也。齊因之，西魏廢。又涉都城，在縣東北。後漢志筑陽有涉都鄉。漢武帝平南越，封南海守之子喜爲侯邑。水經注：均水自此入沔，謂之均口云。

**穀城**，縣西北七里，即古穀國，晉置義成縣于此。晉書：「咸和中陶侃使桓宣鎮襄陽，以宣淮南部曲置義成郡，又僑置淮南之平阿、下蔡縣屬焉，是時皆寄治襄陽城内。」沈約志：「義成初治襄陽，〔四〕後治均口。」是也。宋省平阿、下蔡二縣入義成縣。梁時亦謂義成曰穀城。中大通五年魏荆州刺史賀拔勝寇雍州，分軍拔馮翊、安定、沔陽、酇城諸城，雍州刺史廬陵王續遣柳仲禮屯穀城拒却之，即此。又洛陽城，志云：在縣東十二里，蓋南北朝時所僑置。水經注：「洛陽城北枕洛谿，谿水東南注沔水，謂之洛谿口也。」○延岑城，在縣西北八里。東漢初南陽人延岑起兵武當，築城于此。又有張飛城，在縣西南五里。有故城址，相傳飛所築。

穀山，縣西北十里。上有古城，志以爲即春秋時穀伯綏國都也。又有穀城山，在縣西十里。上有石城。水經注云：「古穀國城，在穀城山上。」又開林山，在縣西北四里，水經注謂之闕林山。志云：漢蕭何子延國于其下。○赤山，在縣東南八十里，丹崖峭壁，臨漢江上。又五垛山，在縣東南九十里，天順初改名永安山。

界山，縣西北百二十里。或以爲即分磧山也。齊東昏侯初陳顯達北伐魏，拔馬圈城，魏人斷均口邀其歸路，顯達戰敗，間道自分磧山出均口南還，即此。又倒驢山，〔五〕在縣西八十里，以高峻難登而名。

漢江，縣東北二十五里。自光化縣流入界，又東南入襄陽縣界。水經注：「沔水經涉都城東北，均水入焉。」是也。唐寶應初襄鄧防禦使裴茂屯穀城，襄山南東道節度來瑱，沿漢趣襄陽，陳于穀水北，爲瑱所敗。或曰漢水在縣境内亦曰穀水。○筑水，在縣南百步。源出鄖陽府竹山縣，歷房縣南而東入縣境，又東匯于沔水，謂之筑口，即今古洋河也。志云：河在縣西南一里，縣西又有粉水流合焉。水亦出房縣境，東流入縣界。俗亦謂之粉漬水，蓋水流常濁矣。至兩河口與古洋河合，下流入漢。

均水，在縣東北。自河南淅川縣流入府境，經均州界，東南流歷光化縣界，至故涉都城東北而注于沔水，謂之均口，亦曰汮均口。晉永和十年桓温伐秦，水軍自襄陽入均口。齊東昏侯初陳顯達攻魏軍入汮均口，馮道根曰：「汮均水迅急，易進難退，魏若守隘，則首尾俱急。不如悉棄船艦于酇城，陸道並進，列營相次，鼓行而前，破之必矣。」顯達不從，進圍馬圈，魏人果斷均口，邀齊兵歸路，敗還。事聞詔以道根爲沟均口戍副，即此處也。馬圈，見河南鄧州。

乾汉河，縣西南三里。或以爲即汎水也。水經注：「汎水歷新城、上庸，又東逕汎陽故城南，晉分筑陽所置縣也，其水又東流注沔水。」今故流漸堙，漢江水漲，則乾汉河與古洋河相通，水落則乾，因名。又黑水河，在縣東南六十里；白石河，在縣西南三十里；又西南五里曰黄土河：俱注于漢江。○袁曹洲，在縣東五里，相傳曹操、袁術嘗争渡于此，故名。今亦謂之袁曹渡。

格壘。縣南十二里岡上。舊志：岡東臨漢水。漢末劉表將李氏甚富，有奴僕數百，立壘保此。○石花街鎮，在縣西五十里，有巡司戍守。又縣東南三十里有柴店鎮，下有柴店渡，臨漢江。又縣東南七十里有磚橋鎮。又高山堡，在縣南六十五里，接南漳縣界，與石花街皆爲盗賊出没處。

光化縣，府西北百八十里。西至均州百八十里，東北至河南鄧州百六十里。春秋穀國地，秦、漢爲陰、酇二縣，西魏置陰城縣并置酇城郡。後周郡廢，隋屬襄州。唐武德四年置酇州，五年州廢，縣仍屬襄州。貞觀八年省入穀城縣爲陰城鎮。宋乾德二年置乾德縣，又置光化軍治焉。熙寧五年軍廢，改縣爲光化縣，元祐初復故。元廢軍，復改縣曰光化，初屬南陽府，至元十九年改屬襄陽路。今城周五里有奇。編户三十七里。

陰城，在縣西，今漢水北岸古縣城是也。春秋時曰下陰。左傳昭十九年「楚令尹赤遷陰于下陰」，蓋遷陰地之戎于此。漢置陰縣，屬南陽郡，後漢因之。建武三年延岑將鄧仲況擁兵據陰縣降于漢。晉屬順陽郡，劉宋屬廣平郡，齊、梁因之，西魏改曰陰城縣，後又遷縣于今治。陰地之戎即所謂陸渾之戎也。見河南嵩縣。

酇城，縣東北四十里。秦置酇縣，漢因之，屬南陽郡。高祖封蕭何於此。後漢亦曰酇縣，光武初嘗封鄧禹爲酇侯，蓋以比于蕭何也。晉武帝改南鄉爲順陽郡，治酇。水經注：「城南臨沔水，謂之酇頭。」晉元帝初雍州刺史嘗寄治酇城，尋罷。隆安三年桓玄襲殷仲堪于江陵，仲堪出奔酇城。宋亦曰酇縣，屬廣平郡，齊因之。梁置酇城郡治焉。中大通五年魏荆州刺史賀拔勝寇雍州，分軍攻拔酇城，即此。後周廢郡，并廢縣入陰城。廣平，見河南新野縣。志云：縣北十二里有空城，亦南北朝時戍守處。

馬窟山，縣東五里。中有石室。相傳漢時有馬數百匹從窟中出，形小如巴、滇馬，吴陸遜攻襄陽亦于此獲馬數十匹云。又固封山，在縣西北十里。山之東舊有晉順陽城，俗訛爲順陽王城。山本名崇山，唐改今名。又三尖山，在縣西北六十里，盤折幽邃，接河南淅川縣界。縣北七十里又有杏兒山，接河南鄧州界。

漢江，在縣城西北。自均州流入界，東南流入穀城縣界。志云：縣濱漢爲城，正德中修石堤以障水，城不浸者四十年。嘉靖三十年漢水泛溢城壞，修完未幾，四十四年復圮。萬曆初于舊治東改營新城，去漢江里許。近志云：隆慶初移縣治陰城鎮，在漢水北。

陡溝河，縣南三十里，流入漢水。志云：縣東南三十里有百頃河，東南三十五里有蒿堰河，四十里有黑水河，又縣東五十五里有大梁河，六十里有棑子河，又縣南二十五里有楊林汊，其下流皆入漢水。○温水河，在縣南五里。志云：縣西南諸水皆會于温水河，流入漢。又有泥河，在縣北三里，以多泥濘而名。西北諸水皆匯泥河入於漢江。

茨湖，在縣東南。宋紹興三十一年逆亮入寇，别將劉蕚引兵入光化，荆南都統李道拒之于茨湖，蕚毁光化屋作船筏以渡江，道激厲將士鏖擊，盡奪船筏，寇遁，遂復光化是也。今湮廢。

左旗營堡。縣西北二十五里。有巡司，萬曆中遷入縣内。志云：縣有酇陽驛，今革。又縣城西北有臨江渡，北出商、鄧，南達均、房，此爲津要。又西北二十里曰杜家河渡。○黨子口，在縣西北八十里。輿程記：「由縣西北水行五十里至均州小江口易小舟，又三十里至黨子口，又三十里至陳中見埠口，又八十里至河南淅川縣。」舊志：自縣陸行至淅川百二十里。蓋水路迂回也。

附見

襄陽衛。在府治西南。正統初建。又襄陽護衛，在府城内。天順初爲襄府置。今亦置襄陽衛。

均州，府西北三百九十里。東北至河南南陽府三百六十里，西北至鄖陽府一百二十里，西至陝西興安州七百里，北至河南淅川縣百六十里。

禹貢荆、豫二州境，春秋時麇國地，戰國屬楚。秦、漢皆屬南陽郡，三國魏屬南鄉郡。晉屬順陽郡，渡江後僑置始平郡。隋志：「初置武當郡，尋改始平郡，治武當縣。」宋爲始平郡治，齊、梁因之，後周改置豐州。隋志：「武當縣嘗改置齊興郡，梁置興州，周改豐州。」按蕭齊志：齊興郡本治鄖鄉。宋白曰：「周武成元年始自鄖鄉移州治延岑城，即今治也。」隋初二郡俱廢，改州爲均州，大業初州廢，改屬淅陽郡。治南鄉縣，今見河南南陽縣。義寧二年置武當郡。唐武德初復爲均州，貞觀初州廢，屬淅州，八年復置均州。天寶初亦曰武當郡，乾元初復故。天祐二年置戎昭軍于此，三年廢。五代因之。宋仍爲均州，亦曰武當郡，宣和初賜軍額曰武當軍節度。元屬襄陽路。明初仍曰均州，以州治武當縣省入，編户二十九里。屬襄陽府。今因之。

州東連漢、沔，西徹梁、洋，肘腋宛、穰，顧盼荆、楚。蘇代曰：「殘均陵，塞黽隘。」通釋：「均陵，均州也。」蓋道出襄、隨則塞黽隘之險，北首宛、洛則入方城之郊，南北多事時，州實爲轂綰之地，未可忽矣。

武當城，今州治。漢縣，屬南陽郡。後漢建武初封鄧晨子棠爲侯邑。晉仍爲武當縣，屬順陽郡。建興末荆州賊杜曾爲周訪所敗，走保武當，訪擊斬之。太元四年苻堅寇襄陽，遣將苟池等分道出武當。七年桓沖攻襄陽，遣將郭銓等敗秦將張崇于武當。宋、齊爲始平郡治。齊永元二年蕭衍起兵發襄陽，留其弟偉等居守。時魏興太守裴師仁、齊興太守顔僧都並不受衍命，乘虚來襲，偉等遣兵邀擊之于始平，大破之，雍州乃安。梁爲興州治。後周爲豐州治。自隋以後，皆爲均州治。明初省。杜佑曰：「武當郡城，東漢初延岑所築，世亦謂之延岑城。」劉昫曰：「舊治延岑城，顯慶四年移今治，北去舊城三里。」明初因舊城修築，永樂中甃以磚石。今城周六里有奇。

安福城，州西七十里。梁析武當置廣福縣，又置廣福郡，西魏因之。隋初郡廢，縣屬均州，仁壽初改爲安福縣，大業初改屬析陽郡。唐武德初縣屬南豐州，八年改屬均州，貞觀初廢入武當縣。又均陽城，在州西北。梁置均陽縣，屬始平郡。隋屬均州。唐初屬析州，武德八年省入武當縣。又平陵廢縣，在州東北。隋義寧二年析武當縣置，屬武當郡。唐武德初屬均州，七年廢。

武當山，州南一百二十里。山周八百餘里，有天柱等峰七十二，玉虛等巖三十六，又有澗二十四，臺五，井五，泉三，潭三，奇勝叠出，不可勝紀。本名仙室山，一名太嶽山，一名太和山，又名參上山，亦名謝羅山。水經注：「歷陽謝允舍羅邑宰遯是山，因名。」羣峰最高者天柱爲之冠，巖最大者紫霄爲首。明永樂中賜名太嶽太和山，建太和、南巖、紫霄、五龍、玉虛等宫觀，又于天柱峰頂建真武神殿，備極宏麗。嘉靖中又賜名玄嶽。山之旁有小山環列數十，其得名者爲石隋、女思等山。又有鶴鳴山，在山之西；外朝山，在山後，以峰巒外向也。

牛頭山，州北六十里。山勢高險，昔人置關于上。旁有大石形如瓶，俗名油瓶關。又方山，在州北十五里。形勢方正，因名。○長山，在州西南。唐書：「中和四年均州西有長山爲襄、鄧入蜀之道，羣盜據之，抄掠貢賦，刺史馮行襲討平之，蜀道以通。」或曰長山即武當山矣。又州西南百里有白浪山，亦高大。

漢江，州北四十里。自鄖陽府流入，又東南入光化縣界。志云：漢水在州境亦名滄浪水，禹貢「又東爲滄浪之水」，正謂此矣。水中有滄浪洲，或訛爲千齡洲。州東十五里有漁梁灘，東南十五里有亂石灘，又東南五里爲石門灘，又東南十五里爲大浪灘，又州境有磧門、河口等灘，蓋皆漢水所經矣。

均水，在州東。自河南析川縣流入境，至穀城縣入于漢江。今故道已湮。○曾河，在州南六里。源出太和山，東北流經城南，下流入漢，謂之曾口。又有浪河，在州東南七十里。亦出太和山，東流入漢江。志云：州北十里又有響河，源出方山，亦流合于漢。

白龍潭，在太和山北五龍峰之頂。有水曰靈池，流爲黑虎澗，匯爲白龍潭，注于磨針澗。明末鄖陽賊據險處也。又州西南百里有鹽池，以水氣襲草如鹽也。嘉靖二年亂賊徐學保聚于此，官軍討平之。

小江口關。州東南八十里，接光化縣界，路出河南。又州北五里有槐樹渡關，州東五十里有石鼓關。其在州西八十里者曰黑虎廟，險僻多盜，有巡司戍守。○均陽水驛，在州城南。又有界山驛，在州南百二十里，路出鄖陽。

附見

均州守禦千户所。在州治東南。洪武初置，原隸襄陽衞，弘治十四年始改隸鄖陽行都司。

鄖陽府，東至襄陽府四百十里，南至荆州府歸州五百里，西南至四川夔州府六百里，西至陝西興安州五百二十里，東北至河南鄧州三百里，自府治至布政司一千二百里，至京師七千二百五十里。

禹貢梁、荆二州之界，春秋時爲麇、庸二國地，後屬於楚，戰國時爲秦、楚二國之境。秦爲漢中郡地，漢因之。後漢仍屬漢中郡，建安末置房陵郡。三國魏改置新城郡。建安二十四年先主析漢中郡置房陵、上庸、西城三郡。魏氏春秋：「建安二十五年合房陵、上庸、西城三郡置西城郡。」房陵即今房縣。晉爲魏興、上庸、新城三郡地，今郡治即古錫縣，晉屬魏興。宋因之。齊置齊興郡，治鄖鄉，即今郡治。梁置興州，西魏改豐州。周廢州。隋廢郡，屬均州。唐武德初置南豐州，七年省，改屬均州。貞觀初屬淅州，治今河南之内鄉縣。八年還屬均州。宋、元因之。明初仍屬均州，成化十二年置鄖陽府，領縣七。今因之。府西達梁、洋，東走襄、鄧，北連宛、鄧之郊，南有巴、峽之蔽。春秋時楚人滅庸。識者謂楚滅庸而秦從師，自楚莊時始。異時秦拔武關取上庸，即今日之故道也。頃襄王十九年割上庸漢北地與秦。割上庸之明年秦拔西陵，又十一年滅郢矣。楚世家：「懷王二十五年與秦盟黃棘，秦復與楚上庸。」括地志：上庸即今房州、金州地。黃棘，見河南新野縣棘陽城。又秦并六國滅趙，徙趙王遷于房陵，以其地四塞險固，飛越爲難也。曹魏置新城郡於房陵。孟達據郡歸蜀，諸葛武侯方發兵應援，而司馬懿亟攻之，新城復入魏。夫得新城則可以震動宛、洛，通達漢、沔，故漢、魏以爲必争之地。而上津者，密邇武關，蔽翼漢中，亦東西之喉嗌也。唐天寶之亂，江、淮貢獻悉取上津以達扶風。扶風，今陝西鳳翔府。德宗時李希烈叛，遣將據鄧州，南路貢獻遂絶。詔陝虢觀察使姚明敭治上津，山路置館驛，以通南方貢獻。唐史：「建中四年李希烈將封有麟據鄧州，南路絶貢獻，商旅不通，于是詔治上津山路置郵驛。」蓋南北多故，從江、漢而達梁、洋，必取道上津也。明初廢房州入襄陽。既而以封疆曠邈，山川阻深，流逋四集，每恃爲淵藪，且密邇荆、梁，上通雍、豫，一旦竊發，則禍流遠近，因增置府縣，設重臣以鎮撫之，惕前車杜後患也。成化初劉千斤倡亂，荆襄將王信以房陵險要，先據之，賊不能下。既而大軍分道進討，一從南漳，一從遠安，一從房縣，一從穀城，又斷其入川入陝之路，乃克之。郡志：元末均、房間流逋發難，殺襄州總管，時不能禁。洪武初鄧愈統兵掃其穴而空之，禁流民不得復入，既而嘯聚如故。成化初劉千斤作亂，命大臣白圭等討平之。未幾李鬍子等作亂，項忠討平之。不數年流民復煽結，都御史原傑請增設府縣司衞以便控馭，從之。尋復命大臣督兵撫治，兼督荆、襄、汝、鄧、商、洛、漢中諸境，防維漸密。弘治十三年竹山賊野王綱復倡亂，十三年羣盜何淮等作亂，正德八年廖時貴等復寇叛，皆遣兵勦滅。嘉靖二年徐學等嘯聚于均州境内，既而趙政等相繼寇叛。八年楊時政等復作亂，寇掠上津、商南、南鄭諸境。十八年平利、竹、房羣盜復起，雖以次撲平，而蠢動之勢至今未已。乃制防日壞，守衞空施。邇者賊入鄖陽，恃爲巢穴，且由鄖陽分道俱出，一自均州窺南陽，一自淅川擾鄧州，一趨商洛犯盧氏，而燎原之勢且岌岌矣。

**鄖縣**，附郭。古鄖子國，漢爲鄖關，屬漢中郡長利縣地。建安末蜀先主封申躭爲員鄉侯，即此。晉太康五年立鄖鄉縣，屬魏興郡。宋因之。齊爲齊興郡治，梁興州、西魏豐州皆治此。隋屬均州，大業初屬淅陽郡。唐武德初爲南豐州治，尋廢州改屬均州，貞觀初又改屬析州，尋還屬均州。宋因之。景定以後，縣僑徙不一。元至元十四年復置鄖縣。明初亦屬均州，成化中始爲府治。編户四十一里。

**鄖城**，在府西南。宋末嘗還治于此，元徙今治。城邑考：「郡舊無城，天順八年盜起，縣令戴琰始築土城。成化十二年撫臣原傑又改築今城，周六里有奇。」門四：東宣和；南迎薰，舊名敷惠；西平理；北拱辰，舊名水門。

**長利城**，在府西北二百里。漢縣，屬漢中郡，後漢省。晉太康四年復置，五年省入鄖鄉。唐初復置，屬上州，貞觀初省入上津。今府本長利縣地，沈約、劉昫皆以鄖鄉爲故錫縣，悮。○堵陽城，在府西四十里。唐初置堵陽縣，屬南豐州，武德八年改屬均州，貞觀初省入鄖鄉。水經注：「漢水自錫縣，又東逕長利谷南，入谷有長利故縣城，又東逕堵陽縣，又東逕鄖鄉城南，即長利之鄖鄉。」是也。

錫城，在府西界。古麇國地，春秋時曰錫穴，文十一年楚潘崇伐麇，至於錫穴是也。漢爲錫縣，屬漢中郡，後漢因之。三國魏初屬新城郡，太和二年分置錫郡。景初元年省錫郡，以縣屬魏興郡。晉、宋因之。齊屬齊興郡，西魏時廢入上津。〔六〕水經注：「漢水自旬陽又東徑錫縣北，縣有錫義山，又東徑長利縣。」是也。○齊興城，在府東。蕭齊分魏興郡東界地置齊興郡，兼置齊興縣。宋白曰：「齊永平七年置郡，治鄖鄉，齊興縣屬焉。」是也。隋併入武當縣。志云：縣東北百二十里有漢王城，相傳光武嘗屯于此。

龍門山，府南七十里。有二崖對峙如門，水從中出，名龍門河，東北注于漢江。○天馬山，在府南二里，隔江。一名天馬崖。又寶蓋山，在城西南三里。一名西山。志云：漢水逕寶蓋山下，兩崖扼束，爲控守要津。又有紅巖，在城東南四里龍滚灘側。勢高峻，色純赤，一名赤壁。又鵶鶻山，在府西北二里。高峻，多雅鶻巢，因名。

古塞山，府東南八十里。通典曰：「均州北有古塞城。」戰國時楚築以備秦，據山爲城，高峻險峭，即此山也。俗訛爲古寒山，一名大塞山。成化初官軍敗賊于鴈坪，追擊之于大塞山，賊退保格兜，憑險旅拒，督臣白圭帥諸將四面合擊，遂平之。○雷峰山，在府東北六十里，以險峻而名。其相接者曰風火山。又黎子山，在府北百七十里。昔人嘗置關山上，曰黎子關。今廢。

錫義山，府西北百八十里。一名天心山，方圓百里，形如城，四面有門，山高峪深，至爲險僻。又三臺山，在府西北八十里，山勢三疊。志云：縣西南百八十里有狼子山，下臨漢水。○尖巖，在府南百四十里，懸崖峭削，屹立千尺。又摘星坡，在府東十五里，亦以高聳而名。

**漢江**，在城南。自陝西白河縣流入境，至府城西，遶城南，寶蓋、天馬諸山皆錯列漢濱。水經注：「漢水經鄖鄉縣南謂之鄖鄉灘，又東逕琵琶谷口，梁、益二州分界于此，世謂之琵琶界。」水利考：「郡境多層山叠嶺，惟郡治孤立川原之間，正當水衝，漢江之患，獨在郡治。舊皆以城爲堤，無大潰決。嘉靖四十五年嘗決東南門外，城堤崩塌，民多漂没，尋復築塞。今城東有堤，長三百餘丈，本名捍江堤，成化十四年御史吳道宏增築，亦名吳公堤。」

**趙河**，府北七十里。源出府東北百四十里之馬喊泉。相傳光武屯兵于此，馬喊而地忽傳聲，掘之得泉也。引流爲河，至府城東爲盛水堰，溉田百畝。又將軍河，在府南百五十里，北流與紅石河合。又有神定河，在府東南二十里，自竹山縣流入界；府東五十里又有遠河：皆流入漢江。○堵水，在府西三十里。水經注：「水出建平界，逕上庸而東，又東北逕堵陽縣南，北流注漢，謂之堵口。」今水道多堙，此其餘流也。

**武陽堰**，府西五十五里。有武陽洞，懸崖深邃，水出其中，堰以溉田，爲利甚博。

**鄖關**，在府西，史記所云「南陽西通鄖關」者也。漢志長利有鄖關。又梅子關，在府東北七十里。府東北百二十里有峋峪關，府西北七十里有青桐關。又有小關，在府西北百三十里。府西南又有石門關，又西南爲九室關，府西南百八十里又有月竹關，皆險阻處也。○雷峰埡關，在府東北六十里，有巡司戍守。又硤石坪，在府境，明末官軍敗賊處。

馬山口堡。府西五十里。其相近者曰安陽口店。又府西四十里有小嶺鎮，府西北三十里有馬昌關鎮，府南七十里有白桑關鎮，皆戍守處也。又有白家營，在府東九十里。志云：縣東四十里又有雲洲渡，路出均、襄。又有時家灣渡，在府東北百二十里，爲陸走唐、鄧之道。又鄖陽水驛，在府東一里。

房縣，府西南二百十里。東南至荆州府夷陵州三百七十里，東北至襄陽府均州二百二十里，東至穀城縣二百七十里。秦爲房陵縣，漢因之，屬漢中郡。後漢亦爲房陵縣，先主置房陵郡于此，曹丕改置新城郡，晉、宋因之。齊爲南新城郡治，梁仍曰新城郡，兼置岐州。西魏改郡爲光遷國，縣亦曰光遷縣。後周國廢，改州曰遷州。隋因之，大業初改州曰房州，尋曰房陵郡，而光遷縣不改。唐武德初仍曰遷州，貞觀十年改置房州，又改縣爲房陵縣，天寶初亦曰房陵郡，乾元初復曰房州。五代因之。宋仍爲房州，亦曰房陵郡，雍熙三年升爲保康軍。元軍廢，仍曰房州，屬襄陽路。至正二年省房陵縣入州。明洪武八年改州爲縣，屬襄陽府，成化十二年改今屬。城周四里有奇。編户十五里。

房陵城，今縣治。春秋時麇國地也。或以爲即房子國，悮。左傳文十一年：「楚子伐麇，成大心敗麇師于防渚。」闞駰曰：「防即房陵也。」秦紀：「始皇使王翦滅趙，徙趙王遷於房陵。」後呂不韋之家亦徙焉，蓋秦名房陵也。漢時宗室大臣有罪者多徙房陵。建安二十四年先主遣宜都太守孟達從秭歸北攻房陵，殺房陵太守蒯祺，郡蓋劉表所置也。明年孟達降魏，魏改曰新城郡，以達爲新城太守。蜀漢建興五年孟達復來降，遺諸葛武侯書曰：「宛去洛八百里，去我千二百里。吾所在深險，司馬公必不來，吾無患矣。」司馬懿急攻下之。唐武后遷中宗于此。今城僅周四里，而濠塹嚴固，如邊方然，蓋自古爲儆備之地也。

永清城，在縣東一百十里。後魏分房陵置大洪縣，後周改曰永清。隋屬遷州，大業中屬房陵郡。唐初亦屬遷州，尋屬房州。宋開寶中廢。又沶鄉城，在縣南。晉太康中分房陵立沶鄉縣，屬新城郡。沶音祁。宋亦曰祁鄉縣，齊、梁因之，後周廢。○綏陽城，在縣西南百七十里。沈約曰：「魏置綏陽縣，尋改曰秭歸，晉太康二年復故，屬新城郡。」宋、齊因之。梁置綏州，隋初與縣俱廢。又昌魏城，在縣西南。三國魏置，屬新城郡。晉因之。宋、齊仍屬新城郡，後周廢。志云：縣南城外有廬陵王城，唐中宗廢爲廬陵王，遷房州時居此，因名。

房山，縣西南三十里。四面有石室如房，縣以此名。又南山，在縣南三里。山高秀。又南四里爲石門山，其相接者曰定山。○阜山，在縣南百五十里。左傳文十六年：「楚大饑，戎伐其西南，至于阜山。」志以爲即此山也。

景山，在縣西南二百里。酈道元以爲即禹貢荆山之首，一名鴈山，又名鴈塞山。山海經：「荆山之首曰景山。」寰宇記：「房陵有三十五溪，三十四山，景山其發源處也。」又建鼓山，在縣東南二百里。袁山松記：「登勾將山，見馬鬣、建鼓，凝然天半。」元和志：「建鼓與馬鬉山相接，冬夏積雪不消。」

白磧山，〔七〕在縣西北。宋建炎中王彦敗賊桑仲于白磧山，即此。志云：縣北百二十里有馬嘶山，最高險，馬陟其巔則悲嘶。又有楊子山，在縣北百里，亦峻險。其相接者曰黄竹山，山多竹，色皆黄。○石盤山，在縣東百四十五里，以山徑盤繞而名。又有倒驢山，在縣東二百九十里。山高險難陟，故名。

沮水，縣南五里。源出景山，東流入襄陽府南漳縣界。詳大川。○粉水，在縣東北五十里。源出房山，東流入穀城縣境。又北河，在縣北一里，流合粉水。

筑水，縣西一里。一名南梘河。源出竹山，流入界，經廢昌魏縣北，又東流過縣北，又東入穀城縣境。亦謂之彭水。左傳桓十二年：「楚屈瑕伐絞，楚師分涉于彭。」杜預以爲昌魏縣之彭水也。又有馬欄河在縣東五十里，縣東二百里又有八渡河，皆附筑水以達于漢江。

湯池關，縣東十里。相近有大、小湯池，故名。又有馬欄關，在縣東三十五里。縣東二百里又有牛心關，以在牛心山下也。又東五十里曰瑶峰關，其地有瑶峰嶺。○房山關，在縣西三十五里房山下。又有高梘關，在縣北十五里。又縣南六十里有雲峰關。志云：縣西境有平安關，宋咸平五年置。

馬口良堡。縣東南二百里。成化中建。又東南百里有望夫山堡，以山爲名。又椒園坪，在縣北百里。又縣西北百八十里有窑坪市。又有壽陽坪，在縣西南百八十里。○板橋山鎮，在縣西北百五十里。有巡司戍守。又縣北有洞庭廟。成化初官軍討房山賊，自穀城進兵洞庭廟。又縣境有大石廠、海溪寺諸處，皆劉千斤等賊倡亂處也。

竹山縣，府西南三百八十里。東北至房縣百七十里。本周之庸國，秦爲上庸縣地，漢因之，屬漢中郡。後漢亦爲上庸縣，建安末置上庸郡。魏、晉因之，宋、齊亦曰上庸郡，皆治上庸縣。梁析置安城縣，西魏改曰竹山，又置羅州于此。隋開皇十八年改曰房州，大業初州廢，縣屬房陵郡。唐武德初復置房州治此，貞觀十年州移治房陵，以竹山縣屬焉。宋、元因之。明洪武初省，十三年復置竹山縣，屬襄陽府，成化十二年改今屬。城周五里。編户四十九里。

上庸城，縣東四十里。本庸國，書所稱「庸、蜀、羌、髳」是也。左傳文十六年：「庸率羣蠻叛楚，楚滅之。」秦置上庸縣，楚靳尚謂秦將以上庸六縣易張儀。史記：「秦昭襄王二年與楚上庸。」又三十四年秦與韓、魏上庸地，即此。秦及兩漢皆爲上庸縣，建安中曹操以申躭領上庸都尉。二十四年先主遣孟達攻下房陵，又遣劉封自漢中乘沔水與達會攻上庸，上庸太守申耽降，蓋是時已分漢中置上庸郡也。〔八〕魏、晉以後皆爲上庸郡治。梁改縣曰新豐，西魏仍曰上庸，屬羅州。後周改縣曰孔陽，隋開皇十八年復曰上庸縣，屬房州。唐因之，宋開寶中廢入竹山縣。

**武陵城**，縣西五十里。漢縣，屬漢中郡，後漢廢。三國魏時復置武陵縣，屬上庸郡，晉、宋、齊、梁因之，後周廢。唐初復置，屬房州，貞觀十年廢入竹山縣。又微陽城，在縣西北七十里。三國魏置建始縣，屬上庸郡，晉武帝改曰微陽。義熙六年微陽令王天恩與桓石綏作亂，自稱梁州刺史，襲據西城郡。宋仍曰微陽縣，亦屬上庸郡，齊、梁因之，後周廢。唐初改置受陽縣，屬遷州，武德七年廢入光遷縣。續通考：「宋復置受陽縣，建炎初以胡騎蹂躪，移治竹山，紹興中又移治房陵之張羅平，後又移治竹山南境，元廢入竹山縣。」今正史不載。紀勝：「竹山南有受陽水，以受陽縣名。」明成化中官軍討鄖陽賊，追房縣西山，賊懼欲走受陽出陝西，督臣白圭檄別將往受陽截其奔軼，即故受陽城矣。○秦城，志云：在縣南三十里。昔人築塘掘地得石，云秦白起伐楚屯于此。或謂之秦王城。

**庸城山**，縣西五里。庸人昔居此，于山上置鼓，又名懸鼓山。其相連者曰橫鞍山。又竹山，亦在縣西五里，筑水所出，縣因以名。○龍祇山，在縣南二里。又南里許曰鷄公山，前仰後俯，形如鷄公。又縣東三里曰霍山，有蓮花池在山上。

**方城山**，縣東四十五里。上平坦，四面險固。山南有城，周十餘里，春秋庸地有四方城，此其一也。文十六年，楚使廬戢黎侵庸，及庸方城，即此。○白馬山，在縣西南三十里，舊傳即新城山。荆州記：「孟達爲新城守，登白馬山嘆曰：「劉封、申耽據金城千里而不能守，豈丈夫哉！」今其山重巖叠嶂，稱爲勝觀。亦名白馬塞。志云：山在縣西百里。又縣西五里有馬鞍山，亦甚高峻。

**黄茅關山**，縣西十五里。山險峻，昔置關於此，并置巡司，今皆廢。又縣西二十五里有十轉山，以山徑盤曲也。又西五里曰觀山，崔巍廣遠，泉出不窮。志云：縣西三十里有燕子山，兩山相連，勢若雙燕。又縣西九十里有女媧山。○上庸山，在縣西南四十里，上庸水出于此。又縣西北百五十里有中山，山有三峰，中峰最高。一名七寶山。又倉樂山，在縣東北百五十里。昔邑人徐元周積粟於此救饑貧者，鄉人德之，故名。元和志：「縣北四十里有長蘿山，以山勢延蔓如垂蘿然也。」其在縣北十里者曰礬石山，舊產礬，色白如雪。縣北七里又有九里岡，蜿蜒起伏，南拱縣治。

**上庸水**，縣西四十里。源出上庸山，東南流入孔陽水。一名上元水。志云：孔陽水，在縣西九十里。源出西南百里之檀溪嶺，東北流合上庸水，又東北達于漢江。志云：縣北二里有北星河，出陝西白河縣，合水坪、崑峪、觀音溝諸水，南流合庸水，東注于漢。又有武陵水，源出縣西武陵山，亦曰鳳溪；又微江水，亦在縣西；俱流合于上庸水。

**筑水**，縣西五里。源出竹山，東入房縣界。亦謂之筑江。又堵水，在縣南五十里。源出陝西平利縣界，入縣境，經城南一里亦謂之霍河，流合筑水復東北出，入鄖縣界注於漢江。又鰲水，在縣西十里鰲山下，一名龜水，流合堵水。○兩河口，在縣西南四十里。官渡、柿河二水合流于此，亦注於上庸水，即竹谿縣諸水之下流也。

**吉陽關**。縣西北二百里。有巡司戍守。又洪坪堡，在縣南二百里，路通陝西、四川諸境，有官兵巡戍。又縣南百二十里有官渡堡，縣南三百里爲鄧家壩堡，西百五十里有四莊坪堡，西北三百十里爲三界堡，俱成化已後增置，爲控馭之所。○聖母砦，在縣西百三十里聖母山下。一名取毒砦。俗傳有聖母取惡蛇棄之，因名。又中砦，在縣西北中山下。又縣南五十里有峪口市，下有峪口渡。

**竹谿縣**，府西三百六十里。西至陝西平利縣二百五十里。成化十二年分竹山縣之尹店社置。土城，周不及二里。編户七里。

**吉陽城**，縣西五十里。東晉初以益州流民置吉陽縣，又置晉昌郡治焉。宋初因之，元嘉十年仇池氏王楊難當襲梁州，破白馬，獲晉昌太守張範，時範蓋以晉昌守戍白馬城也。宋末改郡曰新興，仍治吉陽縣。齊、梁因之，後周廢。陸澄曰：「桓温平蜀，集巴、漢流民立晉昌郡于上庸之西」云。白馬，見陝西寧羌州。志云：今縣西五十里有上土城，即吉陽故址矣。○東關城，在縣北五里。亦東晉初置，屬晉昌郡。宋屬新興郡，齊、梁因之，西魏廢。今有城址，土人謂之下土城。

**五峰山**，縣東十五里。五峰並聳。山之東有白雲巖。又縣西五里有畫屏山，絶崖峻嶺，其狀如畫，一名畫屏峰。又五星峰，在縣治前。五峰相連，巒嶂層叠，縣之主山也。

**峒崎山**，縣東北六十里。上有砦，爲設險處。又連錢山，在縣西北六十里，回環相連，形若布錢。○鼓圓山，在縣南六十里。兩山對峙，南爲南鼓山，北爲北鼓山，山形甚圓，下各有洞。

**竹谿河**，縣西五里。源發縣西北三十里之鷄峰山，流合縣治河。志云：縣治河出縣西白土山，流四十里，至縣西十里合廖家河，又東會竹谿河，經縣西，又東會縣東北五里之浄峪河，至縣東三十里爲水坪河，又二十里爲龍堰河，與安燕河合，又十里合南陽河，又五里與樊定河合，入竹山縣界爲竹山江，入上庸水。○南江河，在縣南七十里。源出陝西平利縣，亦名南陽河，至縣南三十里水坪河口合于柿河。志云：柿河在縣東南百二十里，流入竹山縣界。又縣東六十里有縣河，流合柿河。當即縣治河矣。又樊定河，在縣東百四十里，亦曰樊亭河。住峪河，在縣東南六十里；又有浪河，在縣南五十里；小葛河，在縣南百七十里；又南三十里有順河及蠶河；其下流皆匯爲竹山江。

長望川，縣西三里。川深土美，一溪中出，即竹谿河也。又兩河口，在縣東南七十里，縣河與龍堰河合流處也。一名潭口。

白土關。縣西六十里。又縣西五十里有五陵關，西南五十五里有峒峪關，東四十里有磁瓦關，皆戍守處。○尹店砦，在縣東九十里，有廵司。又縣南五十里有得勝砦，六十里有楊樓砦，縣南百里有將軍砦，百二十里有紅心砦，皆成化已後增設。又縣東北六十里有中山鎮，東七十里有城關鎮。志云：縣西境有小關子，陝西平利縣、四川大寧縣接界處也。

上津縣，府西北四百八十里。南至陝西白河縣百四十里，西至陝西洵陽縣二百十里，北至陝西山陽縣百五十里。漢商、錫二縣地，劉宋置北上洛郡，齊因之。梁始置上津縣，尋改置南洛州，兼置上津郡。西魏大統末宇文泰遣將王雄分道出子午谷，拔上津，因改曰上州。隋初州郡俱廢，縣屬商州，義寧二年復置上津郡。唐武德初改爲上州，貞觀十年州廢，以縣屬商州。宋因之。宋末廢入均州。明洪武八年復置上津縣，十年省入鄖縣。三十年仍置上津縣，屬襄陽府，成化十二年改今屬。土城，周二里有奇。編户八里。縣今省。

開化廢縣，在縣西南。西魏置，兼置漫川縣，並屬上津郡。後周併入上津縣。

十八盤山，縣西北百五十里。山高峻，盤折十有八曲方至其巔。又五峪山在縣北五里，有五峰攢聚。○嵩山，在縣南五十里。山高聳，與洵陽縣諸山相接。又礦山，在縣南百里，産鐵。志云：縣北二十里有順嶺，與陝西山陽縣接界。

漢水，在縣南。自漢中府洵陽縣東流入縣境，又東入鄖西縣境。

吉水，在縣西五里鐵鵲嶺下。志云：源出秦嶺，兩山相接，水經其中，俗謂之夾河，經豐陽關入縣界，繞縣西南，順流一百三十里入于漢水。蓋即山陽縣之甲河也。豐陽關即豐陽巡司，亦在山陽縣界。○八里川，在縣西南三十里。亦曰八里河，流入吉水。又罳峪河，在縣西北五里。一名五峪河，南流入吉水。又縣東南二十里有箭河，又東南六十里有冷水河，下流俱入于漢水。

鵲嶺關。在縣西北。又有草馱坪，宋南渡後與金人分界處也。今見陝西洵陽縣。志云：今縣南五十里有楊六郎關。又有絞上關在縣東北七十里，俗名絞腸關。又江口鎮，在縣南百二十里，漢江津渡口也。向設巡司於此。○廟川堡，在縣西北百二十里，路達商洛，山深徑僻，盜賊出没處也。嘉靖八年置，有官兵戍守。又北山砦，在縣西北百五十里。姨娘子砦，在縣西南五十里。又八里門店在縣西四十里，縣南四十里又有軍營店，皆成化以後控扼處。

鄖西縣，府西北二百九十里。西至上津縣百八十里，西北至陝西山陽縣二百四十里。成化十二年析鄖縣之武陽里、上津之津陽里置。土城，周不及二里。編户八里。

黄土城，在縣東。後周嘗改置黄土縣，即今陝西洵陽縣之淯陽城。或以此爲黄土縣，悮也。志云：設縣時掘地得斷碑，曰登雲縣，亦未知所據。

黄山，在縣治北。史記「秦昭襄二年與楚會黄棘，與楚上庸」，或曰即此地也，恐悮。又北十里有槎牙山，以巖石參差而名。又牛頭山，在縣北七十里，接陝西山陽縣界。○石門山，在縣東南十五里。又東南十五里有火車山，山高險。一名火車嶺。下有火車舖。

光照山，縣西北六十里，接山陽縣界。縣西七十里又有馬鞍山，山險峻。又縣西北八十里有娘娘山，山多巖穴，出泉九處，緣山田疇，資其灌溉。

漢水，縣南五十里。自上津縣流入界，又東入鄖縣境。又天河，在縣西南一里。出縣西北界虎鳴峪，駕山而下，經縣南達漢水。如自天來，故名。又麥峪河，在縣西北三十里。縣西北七十里又有黄沙河，出上津縣東五十里之黄龍山，流入境會麥峪河而達于天河。又有水東河，在縣西北八十里，亦流匯于麥峪河。

八道河，縣東北八十里，南流合縣東五里之五里河，至縣前與天河合。又五里坪河，在縣東北十里；又激浪河，在縣東二里；又有南門河，在縣南五里南門山下：俱流合于天河。又七里溝河，在縣南三十五里。縣東南五十里又有歸仙河，縣南五十里有箭流河，與火梅溝河俱流入于漢江。

鷄嶺關。縣西五十里；又馬鞍關，在縣西七十里；皆因山以名。又李四關，在縣東南，與鄖縣之青桐關相近，皆戍守處也。○金花砦，在縣東南四十里。又東南十里爲廖家砦。又南關堡，在縣城西隅。志云：縣南五里又有馬鞍山口堡。又有黄連埡在縣南四十里，舟行自此入漢之埠口也。又廢朱家砦，在縣西南五里。高山絶頂，路徑僅通，上設城墉，基址猶存。

保康縣，府東南二百里。西南至歸州興山縣二百五十里，東至襄陽府穀城縣百里。本房縣地，弘治十一年析縣之宜陽等鄉置。今縣治潭頭坪，以宋嘗升房州爲保康軍，因以名縣。土城，周三里。編户十里。

九斤城，縣北五十里。相傳昔人秤土築城，以水土輕浮，將成復棄。今荒城猶存。

萬連山，縣北三里。高聳盤互，如萬峰之連結。又蛇峪山，在縣南一里。一名萬朝山。○天馬山在縣南十里，又南五十里曰馬鞍山，皆高峻。又司空山，在縣南八十里，與襄陽府南漳縣接界。

五臺山，縣西北五十里，高聳層峙。又西北四十里爲三尖山。志云：縣西九十里有紅巖山，峭壁千仞，其色多紅。又有梭砦山，在縣西百八十里。又有九龍鞍山，在縣西南九十里，險可避兵。○三十六岡山，在縣東南三十里。旁多岡阜，因名。又縣東南九十里有懸壺嶺。又八疊陂，在縣北四十里。

粉水，縣北三十五里。自房縣流入境，又東入穀城縣界。志作「粉清河」，蓋「粉漬」之訛也。○湯峽河，在縣西三十里。水温可療疾，一名湯洋河。又豆沙河，在縣西北五十里，流合湯峽河。又有清溪河，在縣東北五十里；掌口河，在縣北四十五里，亦曰蔣口河；俱流合粉河入穀城縣界。明史：「成化初劉千斤等據豆沙河、浪口河諸處，分爲七屯，官軍討之，自房縣進屯浪口河。」或曰浪口河即掌口之訛也。又桑坪河，在縣西百里；大市河，在縣西百二十里；下流俱入于湯峽河。

**板倉河**，縣南五十里。又南五十里有鮓魚河、歇馬河。志云：縣東南百里有深溪河，又東南五十里有鷄冠河，皆入南漳縣界合于沮水。

**馬良坪堡**，縣南百里。舊爲盜賊出没之所，成化初官軍討房陵西山賊，别將林貴從遠安進兵馬良坪是也。〔九〕又縣西南有大市坪，成化初賊黨苗龍走大市，欲出遠安，其魁劉千斤走與龍合，共保大市，即此。○望夫山堡，在縣西一百二十里，以在望夫山上而名。嘉靖中撫臣葉照議置堡于此，疏略云：「望夫山林木稠密，人烟稀少。東抵馬良坪，通遠安界；西抵柏木、壽陽，通房縣界；南抵興安，通四川地方；北抵武當，通穀城諸處。四通八達，截山小路，盜賊易于出没。請立堡分戍。」從之。

**常平堡**。縣東南九十里，東南去南漳縣亦九十里。會典作長坪店，爲控扼要地。成化中撥荆州右衛官兵戍守，嘉靖十九年移七里頭巡司置於此。○九龍砦，在縣西南九十里。因高設險，可以避兵。又館溝驛，在縣東南二十里。其地兩崖高峻，中有小溪，路出常平堡，舊嘗置驛于此。

## 附見

**湖廣行都司**，成化十二年置，治鄖陽府城内。

**鄖陽衛**。府治東一里，亦成化十二年建。又房縣守禦千户所，在房縣東，洪武初置；又竹山守禦千户所，在竹山縣東，成化八年置；俱屬鄖陽衛。

## 校勘記

〔一〕邔城　「邔」，底本原作「邖」，今據職本、鄒本改。

〔二〕沔水西南有騎城　水經沔水注作「沔水之左有騎城」。

〔三〕西南去樂鄉縣三十三里　「三十三里」，史記卷四〇楚世家正義引括地志作「三十二里」。

〔四〕義成初治襄陽　「成」，底本原作「城」，今據職本、鄒本及劉宋志卷三七改。

〔五〕倒驢山　「倒」，底本原作「到」，今據職本、敷本、鄒本改。

〔六〕西魏時廢入上津　底本原脱「上」字，今據職本、鄒本補。

〔七〕白磧山　「磧」，底本原作「碏」，今據宋史卷三六八王彦傳改。

〔八〕分漢中置上庸郡　「漢中」，底本原作「漢水」，據鄒本改。

〔九〕別將林貴從遠安進兵馬良坪　「遠安」，底本原作「安遠」。明時與此保康縣相近者爲遠安縣，此「安遠」乃「遠安」之倒誤，下文「欲出遠安」、「通遠安界」等均不誤，今據以乙正。

# 讀史方輿紀要卷八十

## 湖廣六

長沙府，東至江西袁州府四百三十里，南至衡州府四百五十里，西南至寶慶府四百五十里，西至辰州府七百里，西北至常德府四百里，北至岳州府三百八十五里，東北至江西南昌府一千一百里，自府治至布政司八百八十里，至京師五千八百七十里。

禹貢荆州之域，春秋、戰國時屬楚。秦爲長沙郡，通典：「有萬里沙祠，故名。」或云軫旁有小星名長沙，應其地而名。史記越世家：「復讎、龐、長沙，楚之粟也。」長沙其古名歟？漢爲長沙國，高帝初吴芮爲長沙王，都臨湘，傳五世國除。景帝封子發爲長沙王，國于此。後漢復爲長沙郡。漢末屬蜀，後屬吴，仍爲長沙郡。晉因之，永嘉初置湘州于此，咸和三年罷。義熙八年復置，十二年又省。宋永初三年復置湘州，元嘉八年還屬荆州，十七年復置，二十九年又廢，孝建初復置，皆治長沙國。齊改國爲郡，梁、陳仍舊。隋平陳廢郡，改州曰潭州，置總管府。大業初復改爲長沙郡。唐初爲蕭銑所據，武德四年復置潭州，初置總管府，後爲都督府。天寶初亦曰長沙郡，乾元初復故。上元中置湖南觀察使于此，中和三年升爲欽化軍節度，光啓二年又改武安節度。五代時馬氏有其地，稱楚。唐莊宗時内附，改潭州爲長沙府。周廣順初入于南唐，既而周行逢復據其地。宋平湖南，仍曰潭州。亦曰長沙郡、武安軍，荆湖南路治此。元曰潭州路，至元十三年自鄂州移行省治此，十八年還治鄂州，又自衡州遷湖南宣慰司治此。天曆二年改爲天臨路。以潛邸時所幸也。明初改潭州府，龍鳳十年改，元至正二十四年也。洪武五年又改長沙府。領州一，縣十一。今仍舊。

府南距五嶺，北界重湖，内撫蠻猺，外控黔、粤，古三苗之境也。吴起曰："三苗之國，左洞庭，右彭蠡。"春秋時楚得其地，以爲南府，故能雄長於江、漢間。楚頃襄王時秦兵數至。二十二年時秦昭王三十八年。秦白起取巫、黔中，自是楚勢益削，而沅、湘以南皆秦境矣。漢初封吴芮于此以拒塞南越，南越有事，長沙其兵衝也。唐蒙曰："今伐南粤，以豫章、長沙往。"是也。後漢時亦爲荆州大郡，吴、蜀分荆州，長沙屬吴，於是蜀之資糧恒虞不給。晉室多事，因置湘州以控壓南服。元帝謂譙王承曰："湘州據上流之勢，時荆州治武昌，湘江自西而下，故曰上流。控三州之會。"三州，謂荆、交、廣。乃使承出鎮焉。時王敦擁兵荆州，使承備之也。自宋以後，湘州嘗爲重鎮。梁、陳之間力争巴、湘，巴、湘屬陳，而江南始可固。蕭銑先得長沙，遂能南盡交阯。唐師克銑，兵入長沙，交、廣諸州相率受命矣。杜佑曰："湘州之奥，人豐土闢，南通嶺嶠，脣齒荆、雍。"是也。乾寧初劉建鋒以烏合之衆襲取潭州，馬殷繼起，遂霸有湖南，兼收嶺外。王逵、周行逢之屬因其餘緒，亦專據一隅，傳十餘祀。宋平湖南，置荆湖南路於此。劉攽云：「長沙左納夏汭，右抗荆門，控百粤而包九疑，形勢與荆州相頡頏，故嘗爲湖南之都會。」呂和叔亦云：「湘中七郡宋湖南路領七郡。詳州域形勢。彈壓上游，左振牂蠻，右馳甌越，控交、廣之户牖，擬吴、蜀之咽喉，翼張四隅，襟束萬里。」皆實録也。宋李春言「長沙都會，控扼湖、嶺，鎮撫蠻猺」，而呂氏祉則云「守長沙不足以固江陵，守江陵則足以蔽長沙」，蓋南北異勢也。寶祐中蒙古突犯鄂州，其别將兀良合台自交、廣引兵北出，進破辰、沅，遂圍潭州，中外震動。德祐初文天祥請建閫長沙，規復岳州，漸收湖北，不果。王應麟云：「長沙，湖南襟要也。指顧伸縮，皆足有爲。」是故南出則連、韶之項背可拊，東顧則章、貢之肘腋可抉，西下則黔、棘之咽喉可塞也。争南服者不得長沙無以成席卷之勢，若拮據于滇、黔、嶺嶠之間而不得長沙，雖欲執櫜鞬於中原，馬首且安托哉！

長沙縣，附郭。蘇林曰：「古青陽也。」秦始皇二十六年荆王獻青陽以西是也。秦置臨湘縣，爲長沙郡治。隋改今名。城邑考：「縣治舊在城東北，明洪武十三年徙城南湘春門内，十八年又遷北門外。」今因之，無城。編户三十五里。

善化縣，附郭。本長沙、湘潭二縣地，宋元符初分長沙五鄉、湘潭二鄉地置今縣，〔一〕元因之。明洪武九年省入長沙，十三年復置。城邑考：「縣治舊在府城南，元末毁，洪武四年徙治城内，十四年復徙南門外，成化十六年遷府治東。」今編户二十里。

龍喜城，在府東。五代漢乾祐三年楚馬希廣置，宋建隆四年改曰長豐，開寶六年省入長沙。或曰縣本置于郭内。

又南津城，在府城西南。水經注：「臨湘西有南津城，其西北有北津城。」是也。又有碧湘宫，楚馬氏所置，在府城西南碧湘門外。○臨湘城，即今府治。志云：府城西爲碧湘門；城東爲濟川門；城南爲臨湘門；又有清泰門，城西北門也；長樂門，城北門也；醴陵門，城東門也；劉陽門，城東北門也。五代漢乾祐末，楚馬希萼以朗州兵襲攻長沙，馬希廣將吴宏出清泰門，楊滌出長樂門，與朗兵戰。希萼所招蠻兵自城東縱火，潭州大將許可瓊以軍降，城遂陷。別將李彦温自駝口還救，攻清泰門不克，乃奔降南唐。周廣順初南唐將邊鎬取長沙，入城舍于瀏陽門樓。二年王逵等自朗州引軍攻潭州，唐武安帥邊鎬棄城走，吏民俱潰，醴陵門橋折，死者萬餘人。今城蓋明初因舊址修築，有門九：曰瀏陽，曰小吴，曰驛步，曰德潤，曰朝宗，曰通貨，曰正南，曰湘春，曰新門。城周十四里有奇。

大富山，府北七里。一名羅洋山。峰巒峭拔，流水縈帶，爲一郡之勝。又鵜羊山，在府北二十里。一名石寶山，又名東華山，道書以爲七十二福地之一。又智度山，在府北五十里。山高數百丈，環二百餘里，衆山羅列，其最高者曰黑石峰。志云：唐將軍劉度居此，因名。○尖山，在府西三十里，距湘江十五里。巋然一峰，秀出天表，亦曰圭峰。又西四十里曰谷山，靈谷深邃，上有梓木洞，下有龍潭。又昭山，元和志云：「距長沙南七十里，臨湘水。其下有潭曰昭潭。」

嶽麓山，在善化縣西南。高聳靈秀，時有烟雲旋繞，蓋衡嶽之北麓也。五代漢末，楚馬希萼自朗州進攻岳州，不克，乃掠湘陰而西至長沙，軍于湘西，步兵及蠻兵軍于嶽麓。盛弘之荆州記：「長沙西岸有麓山，蓋衡山之足。」又名靈麓峰，乃嶽山七十二峰之數。自湘西古渡登岸，夾徑喬松，泉澗盤繞，諸峰疊秀，下臨湘江，稱爲絶勝。有嶽麓書院，宋建，在山半抱黄洞南。山下有清風峽、蒼筤洞諸勝，山之麓有道林寺。又玉屏山，在善化縣西五里，乃嶽麓支山也，環峙如屏。又金盤山，在善化縣西北七十里。山高逼空，一峰突出，四圍環繞如盤。志云：縣南一里又有妙高峰，最高聳。又東十里爲白石尖高峰。又有峨嵋嶺，在縣南十五里。

關山，善化縣東四十五里。叠峰峭拔，有如城壁，中間道路僅通一車，謂之龍回關。唐乾寧初劉建鋒、馬殷收散卒自洪州至醴陵，武安帥鄧處訥遣邵州指揮使蔣勛守龍回關拒之，勛遁去，建鋒等入關，襲取潭州。五代時湖南常遣軍戍此。○雲蓋山，在善化縣西六十里。峰巒秀麗，望之如蓋，亦名靈蓋山。又華林山，在縣南六十里，亦高秀。志云：縣南二十里有青旗山，高聳如旗。

湘江，在府西南朝宗門外。自衡州府流入境，經湘潭縣而北，環府城而下至湘陰縣境，又東北入于洞庭。五代漢末，楚馬希萼侵長沙，軍于湘西。馬希廣遣水軍屯城北津，屬于南津，又遣將韓禮軍于楊柳橋以扼湘西之路。時希廣將彭師暠請曰：「願假步卒三千，自巴溪渡江出岳麓之後，至水西，令城南北戰艦亦渡江，腹背合擊，破其前軍，則其大軍不敢輕進矣。」希廣不從而敗。巴溪應在府城西北，或曰即麻溪。餘詳大川湘水。

瀏陽水，府北五里。源出瀏陽縣之大圍山，西流至此入於湘江。亦曰瀏江。舊有瀏口戍在府北十里，江左所置。水經注：「湘水過漢臨湘縣西，瀏水從縣西北流注之，有瀏口戍。」是也。唐天祐四年淮南將劉存等侵潭州，州將黄璠帥戰艦屯瀏陽口，會大雨，存等還至越堤，楚將秦彦暉追之，至瀏陽，璠絶江合擊，盡俘其衆。是年馬殷與荆南帥高季興擊朗州雷彦恭，淮南將李饒救彦恭，帥步騎軍于瀏陽，爲楚將許德勳所擒。胡氏曰：「瀏江之口有駱駝嘴，因亦謂之駝口。馬希萼攻長沙，希廣分兵屯駝口以扼湘陰路。」是也。越堤亦在瀏陽境内。或云在府北三里，悮。

靳江，在善化縣西南二十里。自寧鄉縣流入，至此注于湘江。志云：水流經楚大夫靳尚墓，因名。又溈水，在府北六十里。源出安化縣青羊山，流經大溈山，歷寧鄉縣合新康河，復分流合于湘水。○新康河，在府西五十里。自湘江分流，又西分爲二河，一入寧鄉縣，一入益陽縣。又澇塘河，在府北十五里，亦湘水支流也，商舟泊焉。又喬口河，在府北七十里。自益陽縣流經喬口鎮，流達于湘江。

板石湖，府西三十里。又西五里有石珠湖，又五里有月池湖，府西北鵝羊山下有鵝羊湖。志云：府境諸湖以數十計，其下流皆通于湘江。又靖港，在府西北五十里，亦流通湘江。志云：李靖平蕭銑安撫湖南時駐兵處也。

麻溪，在府城北。水經注：「麻溪水口在臨湘縣北瀏口戍南。」梁太清末，湘東王繹世子方等自江陵引軍攻湘州刺史河東王譽，至麻溪敗死，即此處也。今湮。

橘洲，在善化縣西四里。水經注：「湘水過臨湘縣西，又北過南津城西，西對橘洲。」晏殊類要：「湘江中有四洲，一曰橘洲，一曰直洲，一曰誓洲，一曰白小洲，夏日水泛，惟橘洲不没。」張舜民郴行録：「橘洲東對潭州城。」是也。舊時洲上多橘，故名。梁太清末湘東王繹鎮江陵，遣鮑泉攻蕭譽于湘州，泉軍于石椁寺，譽逆戰而敗，既又敗于橘洲，遂退保長沙。石椁寺即石廓口也。水經注：「湘水又北，左得石廓口，右合麻溪水口。」又僕射洲，在府西湘江中。五代漢乾祐元年馬希萼自朗州攻其弟希廣于潭州，希廣遣岳州刺史王贇拒之，大破希萼于僕射洲，希萼遁還。○銅官渚，在府北六十里，舊傳五代時楚鑄錢處。有山，亦曰銅官山。

碧湘宮，舊志：碧湘門側有碧湘宮，五代時馬氏置。後漢初馬希範卒，弟希廣篡位，其兄希萼自朗州奔喪，至跌石，〔二〕希廣館之于碧湘宮。跌石，王氏曰：「在潭州西北三十里。」

北關，長沙縣北十里。又縣東五里有東關，西五里有西關。又縣北鵝羊山有鵝羊砦。

喬口鎮，府西北九十里，當益陽喬江之口。五代周廣順二年，王逵等自朗州襲潭州，克益陽，進克喬江及湘陰，至潭州是也。今有喬口鎮巡司。○南岳市，在嶽麓山南。宋開慶元年蒙古兀良合台圍潭州，向士壁堅守，聞其後軍且至，遣將王輔祐視之，遇于南岳市，大戰，蒙古兵少却。又暮雲市，在善化縣南五十里，有巡司。志云：府北六十里有彤關驛，府南五里有臨湘驛。又有榔梨稅課局，在府南二十里。

楊柳橋。府城西。五代漢末楚馬希萼攻潭州，軍湘西，希廣遣其將韓禮軍楊柳橋以扼湘西之路，朗州將何敬真遣蠻兵逼楊柳橋，韓禮陣動，敬真因襲擊之，禮大敗還走。橋今圮。

湘陰縣，府東北百二十里。東北至岳州府二百七十里，東至岳州府平江縣二百里。春秋時羅國地，秦置羅縣，漢屬長沙國。劉宋爲湘陰縣地，梁析置岳陽縣，屬岳陽郡。陳因之。隋平陳廢郡，并湘陰入岳陽縣，又置玉州于此，尋改岳陽爲湘陰。開皇十二年州廢，縣屬岳州。唐因之。五代漢末馬希萼引兵攻岳州不克，自湘陰趣長沙，焚掠而過，即此。宋仍爲湘陰縣，改屬潭州。元元貞初升爲州，明初復爲縣。無城。編户四十二里。

湘陰舊縣，縣西北五十里。劉宋元徽二年割益陽、湘西、羅及巴、峽流民置湘陰縣，以在湘水南也，屬湘東郡。齊改屬長沙郡。梁置岳陽郡及羅州。隋廢州，隋平陳并廢郡，又省縣入岳陽縣。又玉山城，在縣北。梁置，屬岳陽郡，陳因之，隋省入湘陰。又赤竹城，在縣南十七里。宋紹興中嘗遷縣治于此，謂之「新縣」，今故址猶存。

羅縣城，縣東北六十里，與岳州府平江縣接界。春秋時羅國地，秦置縣，漢、晉皆屬長沙郡，宋、齊因之。梁置羅州，陳罷爲羅郡，屬南荆州，郡尋罷。隋初屬玉州，尋屬岳州，大業中屬巴陵郡，唐武德六年廢入湘陰縣。亦謂之羅川，隋末蕭銑爲羅川令，郡人董景珍奉銑起兵處也。又湘濱廢縣，在縣東北。亦梁置，屬岳陽郡，陳因之，隋開皇九年省入羅縣。

黄陵山，縣北四十里。上有舜二妃墓，括地志謂之青草山，孔穎達以爲湘山也。○玉笥山，在縣北七十里。汨水西流經其下。有屈潭，亦曰羅淵，屈原放逐自投于此。隋置玉州，蓋以山名。其相連者曰汨羅山，以下臨汨羅江也。又磊石山，在縣西北百里，旁枕青草湖，北接巴陵，下臨湘江。山石嵯峨相叠，因名。舊名萬歲山，亦名五木山，以山頂尖如五木也。

女洲山，縣南三十里。頂平而方，一名仰山。又青山亦在縣南三十里，一名仙臺嶺，上有霞峰臺、胡鼻巖及龍潭諸勝。又南二十里爲白霞山，上有百歲巖。又書山，在縣東南三十里，廣十餘里。縣東六十里又有玉池山，峰插天表，上有浴丹池，俗名爲玉池。

湘江，在縣西。自府北流經縣界，又北達青草湖，謂之湘口。志云：縣南三十五里有哀江，亦名哀江滸，旁有大哀、小哀二洲，以舜二妃哀思于此而名也。其水自湘江分流，過敖頭，經板灘至女洲，歷縣前會三十六灣水。又有文、武二洲，亦在縣南三十里水中。二洲左右相對。縣南十里曰三十六灣，湘水分派東流爲三十六折也。其水皆仍合于湘江。

汨羅江，縣北七十里。源出江西寧州之栢山，流經岳州府平江縣，至縣境分爲二水，一西南流曰汨水，一西經古羅城曰羅水，復折而北出至屈潭復合，故曰汨羅。史記「屈原自投汨羅以死」，謂此。又西流注于湘江，謂之汨羅口。

後江，縣西六十里，亦湘水支流也。上下相距六十里，其上爲汶，經江口，自縣南二十里西流入此，分流下盧林潭合湘江注于洞庭。又魁樓江，在縣南二十里，旁有懸藤港、楊子港，三水會于城南之笙竹岐，下流入于湘江。

青草湖，縣北百里。北與洞庭湖相連，亦曰重湖。旁有磊石山，水落則見山脚。水經注：「湘水自汨羅口西北逕壘石山，西北對青草湖。」梁太清三年湘州刺史蕭譽與湘東王繹等聲言援臺城，譽軍于青草湖不進，即此。又新塘湖，在縣北五十里；又有白塘湖，在縣東北百四十里；瀌湖，在縣西北百二十六里；皆與青草湖相通。○東湖，在縣南十里。其上流爲撥水江，俗名北水江。志云：縣東六十餘里有白鶴、玉池、密巖諸山，其水皆會流于同含口，經縣城東南謂之秀水，宋紹聖中改流經城南一里，因名撥水，縈紆凡三十里入東湖，爲邑之巨浸，下流入湘江。又羹膾湖，在縣西北五十里。志曰：黄水出黄陵山下，西流三十五里入湘江，即羹膾湖也。○西港，在縣西三十里，流達于湘江。又縣東五十里有東港，下流通汨水。

車輪洲，在縣北，湘江之要隘也。梁元帝承聖二年陸納據湘州，詔王僧辯討之。納遣其將吴臧等下據車輪，僧辯自巴陵進軍于車輪。納夾岸爲城以拒之，爲僧辯所敗，退保長沙。今洲圮于水。

白沙戍，縣北五十七里。齊末蕭穎冑以南康王寶融舉兵江陵，遣將楊公則向湘州，湘州行事張寶積發兵拒守。公則克巴陵，進軍白沙，寶積懼，以郡降。括地志：「縣北有黄陵廟，舜二妃廟也。」廟北即白沙戍。

營田鎮。縣北六十里，路出巴陵，向有巡司戍守。又營田驛亦置於此。又北六十里即磊石驛也。○錫江砦，在縣西北，湘江西岸。宋置砦于此。江畔有岐，平起如岡，洲島之民聚而居之，以漁爲業。亦曰錫浦。又笙竹岐，在縣城南。世傳舜採笙竹于此。今爲笙竹驛。

湘潭縣，府西南百里。西南至衡州府衡山縣百五十里。漢臨湘縣地，後漢醴陵縣地，梁始置湘潭縣，〔三〕以昭潭爲名也。隋屬衡州，唐屬潭州，宋因之。元元貞初升爲州，明初復爲縣。城周三里。編户二十一里。

湘潭舊城，在縣南二十里。梁縣治此。劉昫曰：「唐天寶八載移縣治洛口。」乾寧二年蔣勛據邵州拒劉建鋒，發兵侵湘潭，即今縣也。今故城俗謂之古戍城。建寧城，在縣北。三國吴分醴陵置，屬長沙郡，自晉至陳皆因之。隋省入湘潭，唐武德四年復置，屬南雲州。貞觀初省。○湘南城，在縣西百六十里。漢縣，屬長沙郡。吴太平二年分長沙西部置衡陽郡治此，晉因之。宋改屬衡陽郡，蕭齊省。漢志：「縣在衡山西北。」水經注曰：「湘水東北逕湘南縣東。」吴立衡陽郡，本治湘南縣，宋時太守何承天徙治湘西。是也。今俗名故城爲花石城。或以此爲建寧城，而以湘潭縣治爲湘南故縣，悮。

昭山，縣東北四十里，與長沙縣接界。舊志：昭王南征至此不復，故名。下爲昭潭，深不可測，梁取以名縣。○五頂山，在縣西七十里，頂有五峰。又昌山，在縣西南百十里。左右峰巒叠起，宛如屏障。山半有燕子崖，至冬燕集其中。

琵琶峰，縣南百里，與南嶽祝融峰相望，七十二峰之一也。其相近者曰芙蓉峰，又南三十里曰玉几峰。志云：縣北三十里有黄龍峰，峰巒層疊。又有石龍峰，在縣西南十里。又有高奇、峽峙兩峰，皆在縣界，即衡嶽諸峰也。

湘江，在縣西。自衡山縣北流入境，又北入長沙縣界。○涓水，在縣西南十里。一名易俗水。源自南嶽山，北合數溪流入縣界，經龍口東流入湘江。志云：縣西南七里有錦灣，大石屹立，色赤如錦，當上流之衝，即湘水所經矣。又兩頭沱，在縣西南四十里，湘水分流所匯也。其水深廣，溉田二千餘畝。

雲湖，縣西六十里。有九十汊、四十八泉，惟烏石泉居中，湖多雲氣，蔭田二千餘畝。其相近者爲石潭湖。志云：縣西十五里有湘鄉河，發源寶慶府邵陽縣龍山，下流經湘鄉縣入縣境，合石潭、雲湖二水東入湘江。○松湖，在縣東二十里，環繞數里。湖旁蒼松鬱然。西流合于湘水。

空靈灘，縣西南百二十里。亦作空靈峽。梁承聖初陸納據湘州，營州刺史李洪雅等請討之，爲納所敗，退保空靈灘，尋降于納。通鑑作「空靈城」，似悮。水經注：「長沙建寧縣故城南有空靈峽，湘水所經，驚浪奔雷，迅同三峽。」張舜民曰：「自醴陵江口南行十餘里到空靈岸。」謬矣。郡志云：縣西百六十里有空靈岸。營州，今永州府道州，梁置營州于此。○三門灘，在縣南百八十里。石峻水險，僅有洪路三處可通舟楫，經者股慄，比于底柱三門之險，因名。

下灄鎮。縣南二十里，下臨湘江。江中有巨石形如鐵牛，名鐵牛埠。今置下灄鎮巡司于此。又湘潭驛，在縣城南。縣南百里又有都石驛，又南二十五里即衡山縣之黄花驛矣。志云：縣東一里有中渡，西通寶慶，南出衡州，北接長沙，此爲三郡之津要。

瀏陽縣，府東北百五十里。東至江西袁州府二百五十里，北至岳州府平江縣百六十里。漢臨湘縣地，三國吴析置瀏陽縣，屬長沙郡，以瀏陽水爲名。晉以後因之，隋省入長沙縣。唐景龍二年復置，屬潭州。〔四〕五代梁開平初湖南、荆南共攻澧朗帥雷彦恭，淮南遣將救之，冷業以水軍屯平江，李饒以步騎屯瀏陽，爲湖南將許德勳所敗，破瀏陽砦，擒饒。貞明五年楚攻荆南，吴將劉信帥洪、吉等州兵，自瀏陽趣潭州以攻荆南，楚人引還。宋仍屬潭州。元元貞初升爲州，明洪武十年復爲縣。城周三里有奇。編户七十一里。

道吾山，縣北十五里。山列七十一峰，東連寶蓋，西接洞陽，狀若蓮花，亦名蓮花峰。崖溜高百餘丈，徑路二十四曲，内有龍湫。○寶蓋山，在縣東北七十里。羣山壁立，狀若張蓋。又縣西北六十里有洞陽山，有石崖石洞諸勝，道書以爲第二十四洞天也。又太湖山，在縣西三里。三峰鼎峙，中有巨湖，其深莫測。

大圍山，縣東北百五十里。舊名首禪山。山頂有白沙湖，廣袤五十餘里，流分四派：一入江西寧州，一入袁之萬載，一入岳之平江，其一即瀏水也。岡巒圍繞，盤踞四縣，因名大圍。又大光山，在縣東北九十里，北抵豫章，西接巴陵，峰巒叠翠，最爲奇觀。縣東百七十里又有七寶山，其山産鉛、鐵礦、硼砂、青膽二礬、土黄、吸針石，故名。○霜華山，在縣西南八十里。一名石霜山。南接醴陵，北抵洞陽。山峻水急，觸石噴霜，因名。

古風巖，縣東五十里。巖深數十里，溪水内出，灌田百餘畝。其相連者又有毛公、白石等巖。○九溪洞，在縣北七十里。上合下開，路通往來，有九水遶流其前。

渌水，在縣南。源出大圍山，曰大溪，曰小溪，合流而西南，過縣西曰渭水，至縣南曰渌水，又南經縣南三十五里曰清風浦，折而西入長沙縣界曰瀏陽水，入于湘江。○龍津水，在縣西三里。源出道吾山，經縣西門外入渌水。又金牌水，在縣東五里。出道吾山東麓，流經此，折而西經縣南一里，入于渌水。又有清渭水，在縣西五十里，流入長沙縣，從浦子口入湘江。其水澄澈，因名。

翟家砦。縣東百五十里，與江西宜春縣分界，有巡司戍守。宋志：「縣境有永興及舊溪銀場。」今廢。

醴陵縣，府東百八十里。東至江西萍鄉縣百二十里，西南至湘潭縣百七十里。漢臨湘縣地，高后封功臣越爲侯邑。後漢析置醴陵縣，屬長沙郡。晉、宋以後因之，隋省入長沙。唐武德四年復置縣，屬潭州，宋因之。元元貞初升爲州，明初復爲縣。土城，周三里。編户二十八里。

醴陵城，即今縣治。舊無城，正德五年創建。范成大行程記：「自袁州萍鄉縣至醴陵兩日程耳。此爲宜春之噤喉，湖南之腰膂。」陳光大元年，華皎據湘州，遣吴明徹等討之，分遣巴山太守黄法慧從宜陽出醴陵襲皎。唐乾寧初，劉建鋒自洪州至醴陵襲武安。五代周廣順元年，唐將邊鎬自袁州引兵入醴陵，楚王希崇迎降。蓋自江右趣湖南，醴陵爲必争之道也。由醴陵而西則爲長沙，西南則衡州矣。醴陵不守，湖南豈能一日安哉？巴山，見江西崇仁縣。宜陽即宜春。

小潙山，縣東二十里。衆山環遶，湍流中出，曰小潙泉，道書第十三洞天也。又章仙山，在縣東北七十里，一名彰龍山，道書七十二福地之一。○西山，在縣西五里。相傳李靖駐兵于此，石壁遺像猶存。其相近者有鳳凰、梧桐、丁仙諸山，稍南有石鷲、水簾等洞。又縣東一里有東山，上有鳳凰臺。

白雲山，縣東六十里。山勢屹立，雲氣常覆其巔。又五鳳山，在縣南六十里。高聳羅列，形類五鳳，上有天花臺。○建安山，在縣北二十里。山高三百餘丈，周十里，元末土人嘗置寨于此以避兵，曰建安寨。志云：縣東五里有佛子巖，上有石洞，泉流不竭，可以溉田。

渌江，在縣城西南。本名漉水，出縣東之漉山，西流經縣南，又屈經縣西，西北流而注于湘水，曰渌口。梁元帝初陸納據湘州，襲擊衡州刺史丁道貴于渌口，破之。唐志潭州有渌口戍，是也。輿程考：「醴陵西南至渌口九十里，長沙、衡州、袁州三郡往來之要路。又縣西百里有昭陵灘，怪石屹立，水勢洶湧，舟行每憚其險，即渌水合湘江處也。」

鐵江，縣南二十五里。源出攸縣境，西北流入渌江。水濱石黑如鐵，因名。又縣東二十里有莊步江、雙江，流合渌江。○醴泉，在縣北五里。味甘美，可以愈疾，溉田千頃。又大官塘，在縣西北五里，歲嘗修治，以備旱潦。

石門關。縣北十五里。五代時湖南戍守處也。又渌口鎮，在縣西九十五里。有渌口巡司，亦設驛於此。又縣南九十里有泗州驛，輿程記：「驛北去渌口六十里，又西南七十五里至湘潭縣之都石驛。」

寧鄉縣，府西百二十六里。西至安化縣二百九十里。漢長沙郡益陽縣地，三國吴析置新陽縣，晉太康初改曰新康，屬衡陽郡。宋、齊以後因之，隋省入益陽縣。唐初蕭銑復置新康縣，武德七年省。宋太平興國二年改置寧鄉縣，屬潭州。今城址周二里有奇。編户二十一里。

新康城，縣西二十里。吴置新陽縣治此，晉爲新康縣治，唐初亦因之。今縣治本長沙縣之玉潭鎮也。五代漢乾祐三年馬希萼侵潭州，希廣遣其將崔洪連屯玉潭，爲希萼所敗。宋初改爲縣治，明萬曆三年始城之。

大潙山，縣西百四十里。高六十里，周圍百四十里。草木深茂，四面水流深闊，故曰大潙。有香泉及大、小青龍諸泉，皆奇勝。嘉靖間土賊屯據于此，撫臣翟瓚討平之，是後嘗爲嘯聚之所。又八面山，在縣西百五十里。高聳秀拔，八面如一。下有龍潭、龍洞、龍田，號三龍池。其相接者曰雲蓋山，亦高秀。

大霧山，縣南五十里。峻巖深谷，雲霧縈回。宋建炎間金兵至境，劉廷佐駐兵大霧山，即此。其相近者曰石鼓山，上有巨石如鼓，北有石巖瀑布，秀峰峭壁，爲邑南巨鎮。又有天馬山，山勢高聳，以形似名。○嵇山，在縣東南二十里，一名嵇茄山。上有田數畝。有仰天湖，雖旱不涸。又東南十里有靈峰山，峻聳數百仞，林谷清幽，江流環遶，絶頂望見湘江。

礲山，〔五〕縣西南九十里。石徑十里，不通車馬，人緣石扳樹而行，成化間始鑿石成路。○獅顧山，在縣東二里，蹲踞江濆，玉潭水遶其下。又有玉几山，在縣治後，環抱如几。又樓臺山，在縣西北五里，秀麗層聳如樓臺，俗訛爲窑頭山。

七星嶺，縣西南六十里。有七峰插天。又羅仙峰，在縣南七十里，高峻險峭雄踞寧、湘二縣間。又縣西七十里曰九龍峰，有九峰相拱如龍。又有十泉峰，十峰並峙，峰頂皆有清泉。其西十里爲蓮花峰，亦以叢秀高聳而名。又西四十里曰罘罳峰，頂有屹石如屏，望見湘水。又西三十里曰青雲峰，以聳秀入雲也。志云：縣西四十里有響泉巖，地名泉溪，昔人嘗避兵于此。

**資江**，縣東北百里。自安化縣東北流經益陽縣，又東南流入縣界，復東北入常德府沅江縣注於洞庭湖。詳見大川資水。

**玉潭江**，在縣城西南。有三源，一出大潙山，一出縣西百五十里之芙蓉山，一出湘鄉縣北境之豐山，三水合流，繞縣治東至新康口注於湘江。志云：縣南十里有烏江，即玉潭江南源經此。臨江有石如烏，故名。又縣西四十里有玉堂江，亦即玉潭上流也。又紫溪，出縣南之方山，北流至城南爲獅子灣，透迤橫繞會入玉潭。溪旁岸土多紫，因名。○乾江，在縣西北八十里，資水枝流也。江有三峰秀聳，山下二江，一流入縣界，一流入湘鄉縣界。春秋水皆歸寧而江溢，冬夏則水歸湘而江乾，故名。

**化龍溪**，在縣治東飛鳳山之陽。源出益陽縣四方山，流至縣東，縈迴環抱，宛如束帶，合于玉潭江。又鳳凰溪，在縣南四十里，南境諸山溪之水匯流於此；縣東三十里又有雲溪：皆流合玉潭江。志云：縣城南江滸有玉潭，即江水所匯也。縣東四十里又有黄土潭，亦名雙江，或以爲乾江，水溢與玉潭江合流處。○洋泉，在縣西三里。有三派分流，溉田三百餘畝。又縣南六十里有灰湯泉，分三坎，其一沸可燖鷄鴨，一熱可濯衣，一温可濯足。又有三泉在縣西三十里，上中下三派相連，亦灌田三百餘畝。志云：縣東八十里有三停泉，泉中瀑流經八十里入湘。

**唐市鎮**。縣西百二十里。元置巡司于此，今廢。○天王寺，在縣西南。崇禎十一年土賊劉高峰等屯聚于此，突犯安化縣，官軍擊破之，又破其餘黨于大潙山是也。

益陽縣，府西北二百里。東至湘陰縣百二十里，北至常德府龍陽縣百里。秦縣，漢屬長沙國。應劭曰：「縣在益水之陽也。」〔六〕後漢屬長沙郡。三國吴屬衡陽郡，晉以後因之。隋屬潭州，唐仍舊。宋初屬鼎州，尋還屬潭州。元元貞初升爲州，明初復爲縣。城周四里有奇。編户二十二里。

益陽故城，劉昫曰：「在今縣東八十里。」後漢永壽三年長沙蠻反，寇益陽。延熹三年長沙蠻復反，屯益陽。建安二十年孫權爭荆州，遣魯肅將兵屯益陽以拒關羽，肅因築此城。晉、宋以後皆治此，唐移縣于今治。五代漢乾祐三年馬希尊誘蠻兵攻益陽，敗潭州兵。周廣順元年湖南亂，朗州帥劉言遣兵趨潭州，軍于益陽之西。二年南唐取湖南，遣將李建期屯益陽以圖朗州。既而言亦遣王逵等分道趣潭州，唐武安帥邊鎬復遣將郭載誠屯益陽，逵等克沅江，直趨益陽拔其城，即今縣也。

五溪山，縣西北五十八里。一名軍山，吴潘濬討五溪蠻嘗營于此。又浮丘山，在縣西百里。峰巒倚伏，亞于南嶽。又西百里爲九岡山，九峰如簡，立武潭津上。○龜臺山，在縣東南二里，相傳魯肅曾駐兵于此。又縣治西南二里有白鹿山，下有龍湫。志云：縣東南六十里有四方山，周圍平正，水流入寧鄉縣界，即化龍溪也。

資江，縣西南五里。自寶慶府入安化縣境，又曲折五百餘里而至縣南，又東歷寧鄉縣界，至沅江入洞庭。一名益水，縣以此名。志云：資水經縣南六十里謂之桃花江，以夾岸多桃也。至縣東二里謂之土陵江。其在縣西南五里者又有關羽瀨、青泥灣，三國時羽鎮荆州，吴使吕蒙取桂陽、零陵、長沙三郡，羽争之，軍于此。水南又有甘寧故壘云。

喬江，縣東八十里。自資江分流，經長沙縣喬口鎮而入于湘江。

白水溪，出縣西北百三十里七尖山，二峰環合，一溪中出峽口，宛如匹練，下流爲占溪，〔七〕經縣東北三十里合于資江。五代漢乾祐三年，馬希萼誘蠻兵攻益陽，楚王希廣遣指揮使陳璠拒之，戰于掩溪，璠敗死，即占溪矣。又泥溪，在縣南。自安化縣北流入界，至溪口，亦入資江。志云：縣西南九十里有梓梁崖，石壁如削，上有龍湫流爲桃花水，合桃花江亦曰桃花港。又西溪，出縣西南百三十里之子良巖，流合桃花水入于資江。

鳳凰湖，縣東五里。又縣西北五里有金華湖，東南十里有大星湖。又東湖在縣東南七十里，其相接者曰大汾湖，又東南五里曰茶湖，皆資江支流及諸山溪水所匯也。○龍迴灘在縣西南十五里，資江所經。又縣西二里有鷄子洲，西五里有青龍洲，六里有白槎洲，縣東四里又有袁家洲，東八里有楊家、孟家等洲，皆近資江濱。

竹頭市。在縣東南。五代漢末楚馬希萼爭潭州，馬希廣遣將張暉屯益陽，希萼遣兵攻之，暉懼，自竹頭市遁歸長沙，益陽遂没于希萼。○平津亭，在縣西北。五代周顯德中，湖南叛將張文表自衡州取潭州，將取朗陵，軍于平津，周保權將楊師璠破之于平津，遂執之是也。

湘鄉縣，府西南二百二十里。南至衡州府二百十五里，西南至寶慶府新化縣二百三十里。漢湘南、連道二縣地，哀帝封長沙王子昌爲湘鄉侯，邑于此。後漢置湘鄉縣，屬零陵郡。三國吴改屬衡陽郡，晉以後因之，隋省入衡山縣。唐初蕭銑復置，武德四年平銑，縣仍屬潭州。宋因之。元元貞初升爲州，明初復爲縣。城周二里有奇。編户七十一里。

連道城，縣西百六十里。漢縣，屬長沙國，後漢屬長沙郡。或曰故城亦謂之龍城，唐初嘗移湘鄉縣治龍城，即此。尋還舊治。

韶山，縣南四十里。西有三峰。其山綿亘百餘里，湘潭、湘鄉、寧鄉諸山皆其麓也。方輿記云：縣北五十里有懸鍾石，屹峙雲表，與韶山相接。其北一峰曰黄竹岐，連亘數百里，下有鯉魚峰。○龍山，在縣西南百八十里，接寶慶府邵陽縣界。漣水出其下。其並峙者曰珍璉山，漣水别源出于此，山接新化縣界。志云：縣南九十里有黄巢山，相傳黄巢嘗駐兵躍馬于此。

東臺山，縣東十里。一名鳳凰山，南連華蓋，下瞰漣水，上有平石若臺。其相近有安撫嶺，有大坪，廣數里。又梅龍山，在縣東百里。西南有梅布水，又與縣西龍山相望，因名。有梅龍崖，水如噴雪。○望嶽峰，在縣東九十里，登其巔望見南嶽祝融峰。又石柱峰，在縣南十里，巨石聳峙，如擎天然。其南又有白石峰。志云：縣東南十里有金紫峰，孤峰特出，衆山環翠，日出金紫爛然，與白石峰相對。又范鐸峰，在縣南十五里。三峰聳秀，衆山環列，相傳五代時范鐸隱此，因名。又四角峰，在縣西百二十里，以四隅高聳而名。志云：縣東十五里有司徒嶺。

漣水，縣東南四十里。水有二源，一出龍山，一出珍璉山，合流九十里，有側水流會焉，遶縣南三十里破石岡下，轉至縣南匯而爲潭，又東過石潭百餘里入于湘江。

湄水，縣西五十里。源出安化縣東境龍安山，奔流數里，有石巖當路，水入巖中伏流六七里，分爲三派流出，東入漣水。又豐溪水，在縣南二里。源出衡嶽，流至縣南二十五里之芭蕉嶺，合衆小溪水西北流入漣水。又鴨橋水，在縣南四十里。源出韶山，合沙頭水至瀼田與青陂水同流入漣。志云：青陂水在縣東十五里，源出縣東南二十里之靈羊山，合雲田水南流入漣。又堯唐水，亦出韶山東麓，衆小澗合而爲溪，南流復東折入漣。○側水，在縣西南七十里。出邵陽縣界，流經縣西定勝市入漣。

武障市，縣東五十七里。有巡司戍守。○迪田鎮，在縣北。五代漢乾祐三年楚馬希萼侵潭州，遣羣蠻攻迪田，破之，殺鎮將張延嗣，即此。

定勝鎮。縣西八十里。唐末邵州將蔣勛據州拒劉建鋒，起兵連飛山、梅山蠻寇湘潭，又遣兵屯定勝鎮以扼潭人，建鋒使馬殷擊破之。飛山，見靖州。

攸縣，府南三百六十里。東至江西安福縣三百一十里，東南至茶陵州九十里，西北至衡州府衡山縣百五十里。漢縣，屬長沙國，以水爲名。後漢屬長沙郡，晉、宋因之。蕭齊改屬湘東郡，梁仍舊。陳改爲攸水縣，隋省入湘潭縣。唐武德四年復置攸縣，兼置南雲州。貞觀元年州廢，縣屬衡州。五代梁時馬氏復屬潭州，漢乾祐初仍屬衡州。宋還屬潭州。元元貞初升爲州，明洪武二年復改爲縣。編户四十八里。

陰山城，在縣西北六十里。漢置縣，屬桂陽郡。三國吴時改置於此，屬湘東郡。晉、宋以後因之，隋省入湘潭縣。唐武德四年復置陰山縣，屬南雲州，貞觀初省入攸縣。又安樂廢縣，在縣南。新唐書：「武德四年析攸縣置安樂及新興縣，貞觀初俱省入攸縣。」

司空山，縣東四十里，南接茶陵州雲陽山。連山峻拔，左右有三十六峰。舊名麒麟山，亦名温泉山。南齊司空張岊棄官隱此，因名。縣東百二十里有鸞山，與司空山對峙。○羅浮山，縣東百四十里，與鳳嶺連麓。下有石竇出泉。志曰：鳳嶺在縣東百二十里，即鸞山矣。

大川山，縣北百里。山高聳。其旁川原開廣，因名。又縣北九十里曰明月山，峰巒特出，月出則此山先見也。又嚴仙山，在縣北八十里，亦高聳。下有七星巖。〇牛首山，在縣東二里。攸水經其下。又縣北二里爲朝天峰，有聚仙臺及泉石諸勝。志云：縣東南五十里有鴉尖嶺，接茶陵州界，亦曰丫尖峰。宋淳祐志「攸爲潭之門户，南接安仁，關隘如丫尖」，蓋謂此。

攸水，縣東十五里。一名伯水。源出江西安福縣封侯山，西流入縣界，經鳳嶺至縣東與洣水合流，又西至衡州府衡山縣茶陵江口入于湘水。〇洣水，在縣東七里。源出衡州府酃縣之洣泉，經茶陵州西北至縣東洣溪與攸水合。

陽昇江，縣東二十里。源出縣東百里之大烏山。又銀坑水亦出焉，經縣東五十里合于陽昇江，流入攸水。又縣東九十里有灌田江，鄉人引流灌田，因名；又羅浮山下有羅浮江：皆流合陽昇江。志云：縣西北七十里有陰山江，源出巖石中，曰江頭衝，經廢陰山縣散爲諸陂港，下流入于攸水。〇明月水，在縣北九十里，出明月山；又嚴僊山下有嚴僊水，流二十五里合明月水；縣東南八十里又有金水：皆流入于攸水。

新陂港，縣西二十里。江頭衝之水南流經此，洪武初築陂瀦水，溉田甚廣。又漁州港，縣西十里，流通新陂港。又龍泉港，縣西南十里。縣南九里又有橘子緑港，導源諸山溪，龍泉水流會焉。東北接李相坑港，相傳鄉人李相所導，故名。又文清港，縣南七里。下流合李相坑港，經縣南，皆有灌溉之利。

鳳嶺鎮。縣南四十五里。有巡司戍守。又縣東二十里有芙蓉寨，又東十里爲鐵釘寨，縣西六十里有香爐寨，皆居民保聚處。志云：縣南有大洲堡。嘉靖四十三年縣民劉庚甫户丁結黨爲亂，僉事苟延庚撫定，爲之立堡，歲僉茶陵衛官一人督兵民守備。

安化縣，府西三百六十里。西至辰州府四百二十五里，南至寶慶府二百七十里，北至常德府二百二十里。秦益陽縣地，自漢以後皆爲梅山蠻地。宋初立五寨，熙寧六年始置安化縣，屬潭州。元因之。今編户十二里。

梅山，在縣西南。山盤紆甚遠，蠻恃爲險。今縣南八十里梅山嶺上有泉，即其地。宋白曰：「潭州西有梅山洞，爲蠻寇之窟穴。」唐乾寧四年邵州故將蔣勛起兵，連梅山蠻寇湘潭。五代梁貞明四年梅山蠻寇邵州，楚將樊須擊走之。唐天成四年梅山蠻復寇邵州。宋太平興國元年梅山峒蠻苞漢陽寇潭境，州守翟守素發兵擊平之。熙寧五年章惇發兵開梅山道，東起寧鄉司徒嶺，西抵邵陽白沙塞，北界益陽四里河，南止湘鄉佛子嶺，皆籍户口土田歸朝是也。今山連寶慶府新化縣界，詳見新化縣。

大峰山，縣東北七十里。有七十一峰，與仙山相接。志云：仙山在縣東北六十里，有兩峰對峙，名大仙、小仙。又浮泥山，在縣北七十里。崖壁峭絶，浮壤沃饒，土人攀援而上，開畬種穀。○芙蓉山，在縣東七十里。舊名青羊山，與大潙山相接。奇峰疊聳，狀若芙蓉，中有芙蓉洞。又移風山，在縣東南七十里。梅山猺人于此從化，因名。

辰山，縣西北百二十里。其山盤旋起伏，接辰、沅界。又黄羅山，在縣西北百二十里，四面懸崖壁立，僅有小徑可緣而上，宋、元之季民多避兵于此。○司徒嶺，在縣東八十里。崇岡峭壁，鳥道崎嶇，宋時嘗置兵于此以拒猺寇。又十房洞，在縣北二十里。洞門廣丈餘，中若堂室，左右列十房，又有石田、石池之屬。縣南二十里又有寒波洞，亦深邃。又燕子洞，在縣西南三十里，中多石燕。明初賊張廣勝嘯聚于此，官兵討平之。

資江，縣西五十里。由寶慶府新化縣流入縣界，又北入益陽縣境。一名邵河。○温泉，在縣東南四十里。有二温窟出水，一清一濁，俗名爲東温、西温，流合爲一，東南入湘鄉縣合于湄水。名勝記：「溪出縣東南六十里雷鳴洞，流入資江。」恐悮。

仙溪，縣東北二十里。源出大仙山，縣境諸山谿之水並流匯焉，至縣東北敷溪口入于資江。志云：縣西南五十里浮青山，沉香溪出焉；縣南三十里豐樂崖，伊溪出焉；西南三十里橘子洞，梅子溪出焉；會流經城東南隅，入于仙溪。又善溪，在縣北百二十五里。自常德府武陵縣流入界，溪多沙石，經縣境流稍緩，可容桴，亦流入資水。

梅子口寨。縣西五里，宋太平興國中置；又七星寨，在縣東南七十里，亦宋置，熙寧六年改爲七星鎮；縣東北九十里爲首溪寨，熙寧六年廢，元祐三年置博易場；又西北百二十里爲白沙渡寨；西南九十里爲游浮寨；所謂五寨也。宋志：「五代時梅山蠻獠爲邊患，太宗討平之，因立五寨以爲防禦。」○龍塘寨，在縣西南。志云：宋時茶法甚嚴，縣境伊溪、資江濱皆産茶，民趨利攘竊，遂嘯聚爲亂，因議于資江、龍塘建砦，命將統兵戍守，民賴以安。

附見

長沙衛。在府城内東北。洪武三十五年自城北移建于此。今亦置長沙衛。

茶陵州，府南四百八十里。東至江西吉安府四百三十里，東南至衡州府桂陽州三百里，西至衡州府三百十五里。

春秋時楚地，漢屬長沙國，後漢屬長沙郡，三國吴屬湘東郡，晉、宋以後因之。隋屬衡州，唐初屬南雲州，貞觀元年還屬衡州。五代晉時馬氏改屬潭州。宋復屬衡州，紹興七年升爲茶陵軍，後爲縣。元至元十九年升爲州。明初降爲縣，改屬長沙府，成化十八年復升爲州。編户五十里。今因之。

州右翼廬陵，左蔽衡嶽，山川綿亘，民物阜繁，於衡、湘之間稱爲奥區。陳光大初以華皎據湘州，遣吴明徹等帥舟師進討，分遣别將楊文通等從安成步道出茶陵。安成，見江西安福縣。既而華皎引軍越巴陵與明徹等相持，文通等遂由嶺路襲湘州，盡獲其所留軍士家屬，皎因喪敗。蓋茶陵者，湘州之後户也。

茶陵廢縣，即今州治。漢置縣，以在茶山之陰而名。武帝封長沙定王子訢爲侯邑。後漢仍曰茶陵縣，三國吴屬湘東郡，晉以後皆如故，隋省入湘潭縣。唐武德四年復置茶陵縣，屬南雲州，貞觀初廢入攸縣。聖曆元年復析置茶陵縣，屬衡州。五代晉時馬希範改屬潭州。宋仍屬衡州，尋升縣爲軍，元又改爲州，皆不置縣。城邑考：「州城宋紹定中築，元末圮。明洪武中因舊址增築，正統中及萬曆初皆嘗修治。周八里，有門五。」

古茶王城，城冢記：「在州東五十里，漢元朔中節侯所築。」蓋即茶陵節侯訢也。又故縣城，在今州北八里。宋祥符中縣令鄧宜築，紹定中縣令劉子邁改築分城，鑄鐵犀于江岸殺水勢而城之，即今州城也。

雲陽山，州西十五里。有七十一峰，其大者紫薇、偃霞、石柱、白蓮、隱形、正陽、石耳凡七峰，其餘巖洞泉石皆奇勝。舊志云：「茶山高千五百丈，周迴百四十里。茶水發源山北，流隴下十里，合白鹿泉水以入于洣。史記：「炎帝葬於茶山之野。」茶山即雲陽山，以陵谷間多生茶茗，故名也。州南百里有白鹿原，相傳即炎帝葬處。又排山，在州西三十里。横亘若排，上多白堊。又西二十里有丫尖山，亦曰鵶尖嶺，兩峰並峙，上鋭下方，接攸縣界。

青臺山，州南五十里。卓立干雲，喬柯蔚然，上有龍湫。又百丈山，在州東南五十里。山高百丈，有龍潭，深不可測。志云：州東六十里有太和山，高峻，頂有泉。又東二十里曰登阜山，拔出衆山，日出則先射其頂。○仙女嶺，在州東南四十里。高險，有仙女泉，元末土人避兵於此。

洣江，在州西北。源出衡州府酃縣洣泉，合雲秋、沔渡二水，北流數十里入州境，又西入攸縣界合于攸水。漢志「茶陵有泥水，西入湘，行七百里」，即此水也。又東江，在州西南一里。源出州東八十里皇雩諸山，會衆水流經此，下流入洣江。嘉靖間山水決溢，大有衝齧城垣之患。

顔江，出州南青臺山，北流四十里合洣水。又洮江，出酃縣界沔渡水，北流八十里達洣。又漚江，出百丈山，西流四十里亦達洣。又有沙江，出縣南三蛟泉，西流三十里達洣。又脂水，出縣東南七十里之利山，西流十里合背江。又背江，出縣東太和山，西流二十里合腰陂水，亦達于洣江。又茶水出州西北雲陽山，下流亦達洣江。○龍化湖，在州西南十里。三國吳時有赤白龍見此，漂蕩成湖，今溢涸不時。

視渡口鎮。縣東八十里。有巡司戍守。志云：州境有花石、虎背、嚴河、古城、老虎、白石、高水、仙女、會仙、磨石等十寨，俱元末州民避兵處。

附見

茶陵衛。在州治西。洪武初置。今亦置茶陵衛。

常德府，東至岳州府四百五十里，東南至長沙府四百里，西至辰州府四百六十里，北至岳州府澧州一百八十里，自府治至布政司一千五十里，至京師六千二百一十里。

禹貢荆州之域，春秋、戰國時屬楚。秦置黔中郡，漢爲武陵郡。治索縣。後漢因之，改治臨沅縣。建安中屬蜀，尋屬吴。晉亦曰武陵郡，宋、齊仍舊。梁置武州，陳改沅州，而武陵郡如故。陳本紀：「天嘉元年分郢州之武陵、荆州之天門、義陽、南平四郡置武州，治武陵，太建七年改武州爲沅州。」隋平陳，廢郡，改爲朗州，治武陵縣。大業初復改州爲武陵郡。唐仍曰朗州，天寶初曰武陵郡，乾元初復爲朗州。乾寧五年置武貞軍節度，光化三年更曰武平。志云：光化初置武正軍，悮也。詳州域形勢。五代梁初屬于馬氏，曰永順軍。五代史亦作「武順軍」。後唐時曰武平軍。因唐舊也。宋仍爲朗州，大中祥符五年改曰鼎州，沅江下流曰鼎江，州因以名。亦曰武陵郡，政和七年升爲常德軍節度，紹興元年置荆湖北路安撫使治此，領鼎、澧、辰、沅、靖五州，三十二年罷。乾道初升爲常德府。以孝宗潛邸也。通志云：「宋升鼎州爲永安軍，又改靖康軍，後改常德軍。」今正史不載。元曰常德路，明初復爲常德府。領縣四。今因之。

府左包洞庭之險，右控五溪之要，楚之黔中地也。秦惠王時欲楚黔中地，以武關外易之。昭王八年留楚懷王于咸陽要以割巫、黔中之郡。三十五年使司馬錯發隴西兵因蜀攻楚黔中，破之。黔中拔而楚益衰。蓋黔中者，密邇荆渚，得之則伺楚於肘腋間，故蘇秦曰：

「秦一軍出武關，一軍出黔中，則鄢郢動。」而秦人于全楚時早以黔中爲意也。秦得黔中，則旁懾溪蠻，南通嶺嶠，從此利盡南海矣。漢置武陵郡以填壓巴、黔，後漢陽嘉中移荆州治此。蓋荆州之治亂視羣蠻之順逆，故統理急焉。三國初先主伐吴，使馬良自佷山通武陵，佷山，見夷陵州長陽縣。結五溪諸蠻夷。陳光大初華皎據湘州，以武州居其心腹，急攻之不克。隋、唐以來，皆爲湖北襟要。雷彦恭據有朗州，侵軼鄰境，兵鋒四出。馬氏并之，益爲雄鎮。馬希萼阻兵于此，卒殘潭州。及唐人入湖南，劉言等猶據州自固。唐主召言入都，其黨王逵曰：「武陵負江、湖之險，帶甲數萬，安能拱手受制于人？」遂與周行逢等分道進攻潭州，克之，復收馬氏故地。王氏曰：「朗州北屏荆渚，南臨長沙，實爲要會。」今自巴陵而西，江陵而南，取道辰、沅，指揮滇、黔者，郡其攬轡之初也。由江陵陸道而西南，則澧州爲必出之道。由巴陵水道而西南，則洞庭爲必涉之津。又公安縣有孫黄驛，兩京陸路由常德以達雲、貴者，此又爲會合之所，一從江陵而南，一從巴陵而西，皆自澧州達于常德云。然則常德不特荆湖之脣齒，即滇、黔之喉嗌也歟？

武陵縣，附郭。本漢武陵郡之臨沅縣，後漢爲武陵郡治，晉以後因之。梁爲武州治，陳爲沅州治。隋改置武陵縣，朗州治焉。唐、宋以來州郡皆治此。今編户四十五里。

臨沅城，在府治東。一名張若城。地記：「秦昭王三十年使白起伐楚，起定黔中，留其將張若守之，若因築此城以拒楚。後漢建武中梁松伐蠻，修張若城，自義陵移武陵郡治焉，即臨沅縣也。三國吴潘濬取武陵，以郡城大難固，又築障城，移郡居之。志云：城西又有司馬錯城，與張若城相距二里。秦使錯與張若伐楚黔中，相對各築一壘，以扼五溪咽喉。後漢馬援亦嘗修築。隋時嘗改營朗州城，後廢。城邑考：「郡城元時嘗營土城，明初龍鳳十年因舊城修築，洪武六年甃以磚石，永樂十三年復增修之，正統、正德及嘉靖中復相繼修葺。有門六，城周九里有奇。」

**漢壽城**，府東四十里。本漢之索縣，武陵郡治焉。後漢陽嘉三年更名漢壽，荆州治此。三國吴改曰吴壽，晉復舊，仍屬武陵郡。宋、齊因之，隋省入武陵縣。今爲漢壽鄉。志云：漢壽鄉在縣北八十里。又空籠城，在府東北八十里，俗傳常德舊城也。

**善德山**，府東南十五里。本名德山，道書以爲第五十三福地。杜水出焉，亦曰枉山。隋刺史樊子蓋以善卷隱此，改曰善德山。上有乾明寺，寺中有白龍井，寺後有孤峰，岡巒下瞰，當江流之衝。宋宣撫使韓宣以常德城守不固，築城於其上，謂之南城，今亦曰望城坡。○梁山，在府北三十里。舊名陽山，後漢初梁松討五溪蠻嘗經此，因名。山側有石如門，出風，亦曰風門山。其相近有大龍山，以山勢蜿蜒而名。又北六十里有龍巖山，洞壑皆奇勝。

**武山**，府西二十五里。一名河洑山，又名太和山。山畔有槃瓠石，水出其下，謂之武陵溪。又西五里曰高吾山，一名西山，武陵溪于山下流入沅江。其右有鹿山，極幽勝。○霞山，在府南百里。志云：舊有淘金場，今廢。

**沅水**，在城南。源出四川遵義府，流經辰州府界入府境，自桃源縣南東流至此，又東至龍陽縣北而注于洞庭湖。唐貞元十一年朗州江溢，即沅水也。五代梁開平二年，雷彦恭據朗州，爲楚將秦彦暉所攻，引沅江環城以自守。彦暉遣裨將自水竇入城攻之，彦恭潰走，遂取朗州。水利考：「郡當沅江下流，古多水患。蕭齊永明十六年沅水暴漲，浸城五尺，自是潰溢無時。後唐同光初，馬氏於城東南及西南二隅俱築石櫃，以障城垣。宋淳熙十六年大水，没城一丈五尺，漂民廬舍。元延祐六年復於城南築水櫃一，以殺水勢。明嘉靖初大水，隄防多壞。十二年沅江漲，幾破城垣。三十九年諸堤盡決，自是歲嘗修塞，民始有寧宇。今槐花堤在城西清平門外，花猫堤在城東朝陽門外，皆臨沅江；又有柳堤，自城東門外通北門；城西十五里有東田堤，又東五里曰長江堤，春夏水漲，常與江通；城東三十里有屠家、皂角二堤，九十里有宿郎堰堤，周九十七里有奇，以捍湖障江；又有上下二水堰，〔八〕以便蓄洩；皆境内隄防要害也。」餘詳大川沅江。

**朗水**，府南八十里。自辰州府流入，東北流注于沅水，謂之朗口。五代梁初荆南、湖南共攻澧朗帥雷彦恭，淮南將泠業帥水師來救，自平江進至朗口，爲楚將許德勳所敗。或曰今府東四十里有小江口，東南去龍陽縣亦四十里，當即朗江口。平江，即岳州府平江縣也。

**漸水**，府東北十五里。源出九溪衛，經永順宣慰司境會盤唐、柳葉、牛渚、馬頭諸湖水，入于沅江，許愼以爲九江之一也。盤塘諸湖皆在府西北。志云：縣西七里有白蟒湖，俗名白馬湖。又有馬頸湖，在縣東北百二十里。○枉水，在府南一里。源出善德山白龍井，西流至城南入沅水。一名蒼溪，又謂之枉渚，楚辭「朝發枉渚」是也。水經注：「沅水東歷小灣謂之枉渚。」又便河，在縣北一里，元人所開，南通沅江。又武陵溪，在府西三十里。一名德聖泉，源出武山，流入沅水。

永泰渠，在府北。唐光宅中刺史胡處立所開，通漕。府西北二十七里有北塔堰，開元二十七年刺史李琎增修，接古磚陂，由黄土堰注白馬湖，分入城隍達永泰渠，溉田千餘頃，郡民謂之潤禾堰。又考功堰，在府東北八十九里。本漢時樊陂，唐長慶元年考功員外郎李翺出刺郡，重開，溉田千一百頃。又右史堰，亦在府東北。本名後鄉渠，又名石英渠，唐長慶二年起居舍人温造刺郡，增修後鄉渠，經九十七里，溉田二千頃。時美其功，各以官名堰。

津石陂，城北百九十里。唐聖曆初武陵令崔嗣業所開，後温造又增修之，溉田九百餘頃。又崔陂，在府東北八十里。本名放鶴陂，後堙塞，崔嗣業復開之，因名。又槎陂，在府東北三十五里，亦嗣業所開，後廢。大曆五年刺史韋夏卿復治槎陂，溉田六百頃。今皆堙塞。○九潭，在府東四十里。志云：龍陽縣西三十里有崇神潭，即九潭也。其在武陵境内者凡二潭。今有九潭河泊所，置于府東三里。

社木寨，府東三十里。宋爲戍守處。紹興四年楊太寇鼎州，破社木寨，即此。又宋志：「郡有白塼、黄石二砦，元豐三年廢。」○岡市，在府西北二百里。志云：府西北有岡市、蔡家堰、盤塘、麻溪諸處，介于澧州之石門、慈利二縣間，通永順蠻，路小而僻，向無關隘，防守最切。

大龍驛。府北六十里。志云：府北二里舊有和豐驛，東南一里有府河驛，府西南三十一里又有新店遞運所。○麻河渡，在府北百二十里，又北至安鄉縣四十餘里。又有康家渡，在府東三十里，路達龍陽縣。

桃源縣，府西八十里。西南至辰州府三百七十里，北至澧州慈利縣二百十里。漢臨沅縣地，後漢爲沅南縣地，仍屬武陵郡，晉以後因之。隋、唐爲武陵縣地。宋乾德中析置桃源縣，以桃花源名，仍屬朗州。元元貞初升爲州，明洪武三年復爲縣。未有城。編户三十一里。

**沅南城**，縣西南百二十里。後漢建武二十六年置沅南縣，屬武陵郡。縣在沅水之陰，因名。志云：其城即馬援討五溪蠻時所築也。建武二十五年援征五溪蠻，破蠻兵於臨鄉，因築此城。明年于臨鄉置沅南縣。自晉及陳皆曰沅南縣，隋省入武陵縣。志云：縣東北二十五里有采菱城，相傳楚平王曾采菱于此。

**壺頭山**，在縣西二百里。山高險，沅水經其下，湍石齒齒，一夫守之，千人莫過。後漢建武二十五年馬援討武陵蠻，軍次下雋，有兩道可入，從壺頭則路近而水險，從充則塗坦而運遠，中郎將耿舒欲從充道，援以爲棄日費糧，不如進壺頭搤其咽喉，充賊自破，遂進營壺頭。賊乘高守險，水疾船不得上，會暑，士卒多疫，援亦中病，穿岸爲室，以避炎氣，援遂卒。今山有石窟，相傳即援所穿者。水經注：「壺頭山，〔九〕高百里，廣圓三百里，山下水際有新息侯停車處。山徑曲多險，其中紆折千灘。」劉氏曰：「壺頭爲荆南之外藩，鼎、澧之要口，戍守所當先也。」充，見澧州慈利縣。〇穿石山，在縣西百五十里。相傳馬援嘗于此穿石竅以避暑。今可通水，春夏泛溢則江水自中過。又安陽山，在縣西百二十里。高萬丈，雲氣開合，可占晴雨。

**桃源山**，縣南二十里。高五里，周三十二里。西南有桃源洞，一名秦人洞，即白馬洞也，道書以爲第三十五洞天。沅江經此曰白馬江，亦謂之桃川江。又緑蘿山，在縣南十五里，道書以爲第四十二福地。下有潭，沅江經此曰緑蘿江。志云：縣南二百五十里有牯牛山，與安化縣接界，怡望溪出焉，北流經縣南五十里，又北入沅江。〇靈巖山，在縣北七十里，有五洞相連。又縣北八十里有方山，山勢嵯峨，頂有石洞，可容數百人。

沅江，縣東南二十五里。自辰州府沅陵縣合辰、溆諸水流入境，經壺頭山下，又東流過桃源、緑蘿諸山下，而入武陵縣界。志云：縣西百二十里有大敷溪，自辰州府流入界，注于沅水。又縣南百里有小敷溪，源出縣南百餘里丫柱山，亦入于沅江。又延溪，在縣東五里，亦流入沅江。

蘇溪，縣北百里。南流二十里謂之善溪，相傳以善卷所游而名。流經花巖、白陽、吕真諸港，入沅江。又黄石溪，在縣北百二十里。出香山村，下流合蘇溪入元江。○鄒溪，在縣東四十里。源出縣東北水田村，流入沅江，商賈輻輳處也。又沅溪，在縣西南五十里。源出安化縣境，北流入沅江。

高都鎮。縣西南百二十里，有巡司戍守。又白馬渡巡司，在縣西南十里。宋志：「縣有桃源、陽口、白崖三砦，熙寧七年廢。」志云：縣西北二十里有高都驛，縣西二里有桃源驛，縣西南七十里有鄭家驛，又西南七十里有新店驛，縣東二十五里又有淥羅驛。○麻溪鎮在縣西北，又縣北有蘇溪鎮，元俱置巡司于此。今廢。

龍陽縣，府東南八十里。南至長沙府益陽縣百里，東北至岳州府華容縣二百四十里。本漢武陵郡索縣地，後漢爲漢壽縣地。三國吴析置龍陽縣，屬武陵郡，晉、宋以後因之。隋屬朗州，唐仍舊，宋大觀中改曰辰陽縣，紹興三年復故。元元貞初升爲龍陽州。明洪武九年復爲縣。土城周五里有奇。編户二十九里。

軍山，縣東八十里。三國吴將潘濬攻武陵都尉樊伷時屯兵于此，因名。又團山，在縣東百六十里洞庭湖中。志云：縣南六十里有金牛山，峰巒秀出，巖洞甚勝。○龍陽山，在縣西南八十里。舊名横山，唐天寶中改今名。又滄山，在縣西九十里，其相接者又有浪山，下各有水，相合入沅江，謂之滄浪水。又良山，在縣西南七十里。良水出焉，流合沅水。

沅江，在縣城北。自武陵縣流經此，下流入沅江縣界注于洞庭。亦名龍陽江，唐永貞初武陵龍陽江漲，流萬餘家，即此。又名鼎江。志云：縣東北百二十里有鼎口水，昔時有神鼎出其間，因名，蓋即澧水下流合沅處也。宋紹興四年王𤫉討楊太，于鼎江敗没，太乘大水攻破鼎州之社木砦。水利考：「縣北濱沅江，恃堤爲固。城北有大圍堤，周三萬五千八百餘丈，上接辰、沅諸谿洞水，下濱洞庭大湖，闔縣秋糧一萬有奇，此居其半。內有水堰五座，曰車輪，曰孔家，曰沽湖，曰伍家，曰姚家，以洩積聚之流。正統以後，屢加修築。其洪沙灣諸處，當湖北委流，隄防尤切。又李八堤，在縣北二十五里，有水堰二座。南港障堤，在縣北四十里，有水堰三座。保安障堤，在縣北五十里，有水堰一座。其在縣西一里者又有河洪堤，又三里曰陡門堤，又二里曰新堤；其在縣城東南半里者曰南城堤，又五里曰股堤；其在縣東十五里者曰肅公大堤，曰灰步堤，堤有范陽堰一座；縣西二十五里又有小汎洲堤，內有業塘堰二座；西四十里又有大汎洲堤，內有江西、金釵等堰四座：皆堤防切要，隨時修築，以護民田。」

洞庭湖，縣東百六十里，跨沅江縣界。志云：洞庭方九百里，龍陽、沅江，西南一隅耳。防險説「郡濱洞庭，盜賊出没，明初立洪沾、沅江、明山三哨，分軍防守，大約自郡東德山潭，歷龍陽天心、小河抵沅江哨，又自沅江之鄒家窖南抵長沙，歷洞庭夾而至洪沾哨，又自洪沾越南石潭而至明山哨，凡小江、武口、鼎港、古樓諸巡司胥隸焉。議者以縣東北百二十里之洞庭夾爲盜賊淵藪，隆慶初復增設水軍，戍守洪沾、明山諸處」云。

赤沙湖，縣東南三十里，接沅江縣界，東通洞庭。五代漢乾祐元年，馬希萼自朗州將水軍攻其弟希廣于潭州，軍敗，自赤沙湖通還，即此。或謂之蠡湖，云范蠡嘗遊此。又謂之赤鼻湖。〇太白湖，在縣東八十里，東北入洞庭，西南邊安樂湖達接港口入沅江。志云：安樂湖在縣東南八十里，東北會沅江縣之天心湖。

汎洲，縣西五十里。長二十里。志云：吴丹陽太守李衡種橘其上，因名橘洲。今有民居數百家，而橘不存。水經注：「沅水經龍陽汎洲，亦謂之柑洲，亦謂之橘洲。」〇湄洲，在縣西十里。亦曰眉洲，以突起中流狀若蛾眉也。五代漢末，楚王希廣遣其將劉彦滔將水軍攻朗州，朗兵逆戰于湄洲，彦滔敗還，即此。

黄城砦，在縣東南。宋志：「紹興五年移縣治黄城砦，三十年復舊。」是也。又縣境舊有堡十四：曰横山，曰黄港，曰龍渡，曰鳳橋，曰羅平，曰黄公，曰梅溪，曰城陂，曰周灣，曰陶隄，曰武坪，曰純陽，曰濠洲，曰美勝。又有礙溪、花巖等堡，俱宋置。今廢。

小江鎮。縣西北四十里。澧江枝流爲鼎水，此即鼎水入沅處。亦曰小港，有小港巡司。又縣東北二十里有鼎口鎮，亦設巡司戍守。或云鼎口即澧水分流合沅之口。又東五十里接洞庭湖，其地名洪沾洲，亦曰洪沾口，自巴陵至常德渡洞庭湖，此爲必經之地，有洪沾哨兵巡戍。〇河池驛，在縣北一里。又武口驛，在縣東北百二十里。

沅江縣，府東南二百三十里。東至長沙府湘陰縣百十里，東北至岳州府二百二十里，北至岳州府華容縣二百四十里。漢益陽及索縣地，梁置藥山縣，并置藥山郡。隋平陳郡廢，改縣曰安樂，開皇十八年又改曰沅江縣，屬岳州。唐因之，乾寧中改曰橋江縣，五代初還屬朗州，又改曰沅江縣。宋因之，乾道中改屬岳州，尋復舊。元屬常德路。明洪武十一年并入龍陽縣，十三年復置。編户五里。

下雋城，漢縣，屬長沙國，後漢屬長沙郡。晉因之，太安二年陶侃等屢破江、沔賊，張昌竄逃於下雋山，〔一〇〕蓋縣界山中也。宋、齊俱屬巴陵郡，〔一一〕梁、陳中省入巴陵縣。水經注：江水東至長沙下雋縣北，澧水、資水、沅水東流注之。〔一二〕蓋巴陵江左所設，本下雋地也。後漢建武二十五年，馬援討五溪蠻，軍次下雋，時未設巴陵，則下雋爲頓宿要地矣。太子賢曰：「下雋城在辰州沅陵縣。」悮也。

重華城，在縣東南。通典：「縣有重華城，亦謂之虞舜古城，梁因置重華縣，屬藥山郡，隋廢。」○劉公城，志云：在縣西三里，漢昭烈嘗狥武陵、長沙、零陵、桂陽四郡，立城於此。元置齊湖巡司，明初廢。又縣東南六十里有故關州，俗傳關羽屯兵處。

赤山，縣東北五十里洞庭湖邊。唐天寶中改名曰蠡山，以下有范蠡湖。亦曰赤山嶺。

沅江，縣西南里許。志云：沅水傍湖分派逆行數十里，北會鼎水入洞庭湖。鼎水即澧江也，西北自澧州安鄉縣流入界；又南爲資水，自長沙府益陽縣東北流入界；俱注于洞庭湖。又有赤江，在縣東一里，即沅江諸水下流也。兩旁岸赤，因名。志云：縣城東有沅江湖河泊所。

洞庭湖，在縣東北。志云：縣南一里有石溪湖，縣西三十里有龍池湖，西北四十里有天心湖，縣東二十里又有鶴湖，皆流匯于洞庭。○龍硤港，在縣南三十里，與益陽縣接界，亦流通洞庭湖。

白沙渡，縣北三十里，道出華容縣。又有明山、沅江二哨，在縣境內。縣濱湖，設此以防盜賊之侵軼，與龍陽縣之洪沾口稱爲三哨云。

橫龍橋。縣西十八里。或以爲橫橋也。隋開皇九年平陳，故湘州刺史岳陽王叔慎復據州舉兵，武州刺史鄔居業將兵助之，隋將薛胄平叔慎，行軍總管劉仁恩擊居業于橫橋，擒之，即此處。

附見

常德衛。府治西北。洪武初建，轄左、右、中千户所。今亦置常德衛。

衡州府，東至江西吉安府八百七十里，東北至江西袁州府七百五十里，南至廣東連州六百五十里，西南至永州府三百五十里，西至寶慶府二百五十里，北至長沙府四百五十里，自府治至布政司千三百里，至京師六千六百六十里。

禹貢荆州之域，春秋以來屬楚。秦屬長沙郡，漢初屬長沙國，又分屬桂陽郡，後漢因之。三國吴太平二年分長沙爲衡陽、湘東二郡，晉因之。劉宋爲衡陽國及湘東郡，齊仍改衡陽爲郡。晉衡陽郡治湘南，湘東郡治酃。宋衡陽郡治湘西，湘東郡治烝陽，齊因之。水經注曰：「吴湘東郡本治湘水之東，後乃徙治酃也。」〔一三〕梁、陳因之。隋平陳改置衡州，隋志「梁置衡州於含洭，〔一四〕又置東衡州于始興，隋平陳始以衡陽置衡州，而改含洭爲洭州，始興爲廣州」，蓋梁時東、西衡州皆不在今郡境也。大業初復改州爲衡山郡。唐仍曰衡州，天寶初亦曰衡山郡，乾元初復故。後嘗置湖南觀察使于此。五代時屬楚，後屬湖南。宋仍曰衡州。亦曰衡陽郡。元爲衡州路，置湖南宣慰司，尋罷。明洪武二年改爲衡州府。領州一，縣八。今仍舊。

府襟帶荆湖，控引交、廣，衡山蟠其後，瀟、湘遶其前，湖右奥區也。且自嶺而北取道湖南者，必以衡州爲衝要，由宜春而取道粵西，衡州又其要膂也。南服有事，綢繆可不蚤歟？

衡陽縣，附郭。漢承陽、酃二縣地，屬長沙國。三國吴析二縣地置臨烝縣，屬衡陽郡。晉屬湘東郡，宋、齊因之，爲湘東郡治。隋廢郡，改縣曰衡陽，爲衡州治。唐初復曰臨烝縣，開元二十年又改爲衡陽縣。今編户五十一里。

酃縣城，府東十二里，漢酃縣故城也。三國吴太平二年分長沙東部都尉置湘東郡，治酃縣。晉初因之，太元二十年省入臨烝。城邑考：「郡舊無城，五代周顯德中嘗編竹爲柵。宋咸平、紹興間版築未就，毁于兵燹。元景定中又嘗營築。明初因舊址增修，三面以江爲塹，西北一帶則鑿濠爲固，宣德、正德以後屢經修築。爲門七，周七里有奇。」

承陽城，府西百七十里。漢縣，後漢曰烝陽，屬零陵郡。三國吴改屬衡陽郡，晉因之，太元中省。其故城亦曰烝城，梁末王琳自廣州援江陵，由小桂至烝城是也。小桂，見廣東連州。○鍾武城，在府西八十里。漢置縣，屬零陵郡，後漢永建三年改爲重安縣。初平中賊區星嘗據此，孫堅爲長沙太守討平之。三國吴屬衡陽郡，晉、宋以後因之，隋省入衡陽縣。唐初蕭銑復置重安縣，武德四年縣屬衡州，七年省。又新城廢縣，在府東百二十里。陳析臨烝縣置，隋省入衡陽縣。唐初復置新城縣，屬衡州，武德七年廢。志云：府西百四十里有黄楊廢縣，或以爲蕭梁時所置，未詳。

清泉山，府東四十里。山有清泉，灌田數千頃。又界浦山，在府東二百里。以在耒陽縣界，上接浦口，故名。○大雲山，在府西八十里，跨衡陽、祁陽二縣界，雲霧常蒙其上。又雨母山，在縣西二十里。一名雲皐山，鼓江水出焉，流會烝水。又石鼓山，在府東北三里，據烝、湘之會，巖洞甚勝。舊經云：「石鼓鳴則有兵革。」

岣嶁峰，府北五十二里。衡山主峰也，故衡山亦兼岣嶁之名。湘水記：「衡山南有岣嶁峰，東西七十里，南北三十里，高千五百丈，相傳禹得金簡玉書于此，道書所謂『岣嶁洞天』也。其北麓去衡山縣亦五十里。」○迴鴈峰，在府城南。相傳鴈至衡陽，不過，遇春而回。或曰峰勢如鴈之回也。南嶽諸峰，迴鴈爲首。傍有華靈峰，俗傳華陀嘗隱此。志云：七十二峰，在衡陽境内者凡七，曰岣嶁、迴鴈、碧雲、華靈、白石、仙上、九嶺是也。

分水岡，府北百十三里，與長沙府湘鄉縣分水處。又府東有黄巢嶺。崇禎十一年臨武、藍山羣賊攻衡陽，自焦源河聯舟蔽江，踞黄巢嶺，官軍擊破之，又追敗之于白臘橋。焦源，見常寧縣。白臘橋在府南三里。

湘水，在城東。自永州府祁陽縣流入府境，經常寧縣西北，又東流至府城南，折而東北會于烝水，又北流經衡山縣界，達于長沙府湘潭縣境。詳見大川。

烝水，在城北。源出寶慶府東界耶薑山，東北流入境會清揚水，又東流經府城北會于湘水。衡州志：「吴立臨烝縣，以俯臨烝水，其氣如烝而名。」烝水東注于湘謂之烝口。烝亦作「承」。志云：府西南七十里有白塘河水，西北百十里有演陂橋水，俱流會烝水。又有柿江水、清揚水及潭邪水，俱出雨母山，東流入烝。又有梁江水，出寶慶府邵陽縣界，北流三百里會烝水。

耒水，在府城東北。源出郴州桂陽縣之耒山，西北流經耒陽縣流入界，注于湘水，謂之耒口。志云：縣西三十里有梅浦水，南流會耒水入湘水。又上潢水，在府北，源出岣嶁峰，屈曲流六十里；又有下潢水，在府北：俱流入烝水。又有斜陂水，源出府東三十里石窟山，北流百二十里會湘水。

郿湖，城東二十里。湖水周三里，深八尺，湛然緑色，取水釀酒，極甘美。晉武帝平吴，薦郿酒于太廟，吴都賦「飛輕觴而酌郿酒」是也。又宋文帝以郿酒餉魏太武于瓜步，蓋皆此水所釀云。又東湖，在府西六十五里，亦東通烝水。○客寄塘，在府西百里。湘中記：「塘周三十里，亦謂之略塘，烝水流合焉。」

松柏市。府南百二十里。有巡司。又江東鎮，在府南湘江東岸，亦設巡司戍守。○臨烝驛，在府城北。又府北六十里有七里驛，府東南六十里有新塘驛。

衡山縣，府東北百五十里。東北至長沙府湘潭縣百五十里，東南至長沙府攸縣百五十里。漢湘南縣地，屬長沙國。三國吴析置衡陽縣，屬衡陽郡。晉惠帝改曰衡山，〔一五〕仍屬衡陽郡。宋、齊因之。梁爲衡陽郡治，陳爲衡陽國治，隋改屬潭州。唐初因之，神龍中改屬衡州。五代晉天福五年復屬潭州，尋還屬衡州。宋淳化四年又改隸潭州，元仍屬衡州路。今城周二里有奇。編户二十一里。

衡山舊城，在縣西。志云：隋大業六年徙縣治白馬峰下，唐神龍中還舊治，後又以水患徙治白茅鎮。五代周廣順初湖南亂，馬希崇篡立爲武安留後，幽其兄希萼于衡山。既而衡山指揮使廖偃等共立希萼爲衡山王，以縣爲行府，斷湘江爲柵，尋入于南唐，即今縣也。○湘西城，在縣北。三國吴置縣，屬衡陽郡，晉因之。宋爲衡陽郡治，齊以後因之，隋省入衡山縣。

衡山，縣西北三十里。山周八百里，有七十二峰，其祝融、芙蓉、紫蓋、石囷、天柱等峰爲最著，皆在縣境。其餘參差羅列，得名者以數十計，蓋縣去衡山最近也。詳見名山衡嶽。

楊山，縣東南四十里。自衡嶽分脉，臨茶陵江，前有潭極深，水上常有雲氣。又靈山，在縣南七十里。山多楠木，有茶溪、安仁二河環遶其前。○開雲嶺，在縣城西北，道經衡嶽者路必出此。又弛馬嶺，在縣西北十里，道出湘鄉。山多苦竹，林深泥濘，馬力多弛，故名。又朱陵洞，在縣北四十餘里，道書以爲第三洞天也。有泉懸流，一名水簾洞。

湘江，縣東三里。自衡陽縣北流經此而入湘潭縣界。又龍隱江，在縣西二十五里，會衡山諸谿澗水流合湘江。

茶陵江，縣東四十五里，即洣水也。自酃縣流入長沙府茶陵州界，又西北經攸縣界而入攸水，又西至縣境流入湘江，謂之茶陵江口。志云：茶陵江東有赤石、楓樹、楊林、獅子、横道等灘，凡數十處。又江口有支港曰苦竹港。○陰山港，在縣東百里，與攸縣接界，其下流入于攸水。舊志云：縣東南有義塘江，亦西流注于湘江。又西溪，在縣西二里，東入湘水。或謂之鯽溪，唐中和初鯽溪人周岳聚衆據衡州，即此。

嶽津鎮。在縣城南，臨湘江，有巡司戍守。志云：縣境有雷家埠、草市諸處，皆險要，舊俱設巡司。○黄華驛，在縣東五十五里。又縣西南四十五里有霞流驛。湘州記：「縣西北百二十里有銅柱，相傳吴、蜀於此分界。」又縣西有黄幹銀場，宋置，元廢。

耒陽縣，府東南百三十五里。東南至郴州永興縣九十里。秦置耒陽縣，屬長沙郡。漢屬桂陽郡，以縣在耒水之陽也。後漢因之。先主以龐統守耒陽令，即此。晉仍屬桂陽郡，宋、齊因之，梁改屬湘東郡。隋屬衡州，改縣曰洡陰。唐復曰耒陽縣，仍屬衡州。宋因之。元至元十九年升爲耒陽州，屬桂陽路，明洪武二年復爲耒陽縣，改今屬。城周三里有奇。編户三十八里。

耒陽廢城，縣東四十五里。志云：陳移縣治鷲山口，隋因之，改曰洡陰，唐武德中復還舊治。又縣東有桂陽城，相傳後漢建武中曾移郡治此。一云城在今縣治西。又縣北八十里有金州城，南北朝時僑置城也。

馬阜山，縣北二里。高大盤踞亘二十餘里。又縣東四十里有虎踞山，岡巒秀麗，如屏障然。志云：縣東北四十里有相公山，相傳諸葛武侯曾駐兵于此，因名。

侯計山，縣東七十五里。相傳諸葛武侯憩此計兵，一名侯憩山。盤亘深遠，有七十二峰。又鷲山，在縣東南四十三里。山形獨秀，不與衆山相接。俗傳昔有白鷲翔此，因名。陳移縣治于其下。又侯曇山，在府東南八十里。一名侯堂山，跨安仁縣界。○城岡山，在縣西南五十里。岡巒秀拔，上有二峰相峙。又有清溪水，環其北麓。

耒水，在縣東十里。自郴州府境流入，經縣北，又西北入衡陽縣界。又有肥水，出侯計山，亦名溪水，下流合于耒水。志云：縣東四十里有潯江水，自安仁縣界流入，亦流合于耒水。

羅渡鎮。縣西南五十里。有巡司戍守。又縣境有朱紫堡。會典：「舊有耒江驛，今革。」

常寧縣，府西南百二十里。西至永州府祁陽縣百二十里，南至桂陽州百五十里。漢耒陽縣地，三國吴析置新寧縣，屬湘東郡，晉及宋、齊皆因之。梁改曰常寧，陳復舊。隋屬衡州，唐初因之，天寶初改曰常寧縣，仍屬衡州。宋仍舊。元至元十九年升爲州，屬桂陽路。明初復降爲縣，改今屬。城周不及四里。編户七里。

常寧舊城，縣西北三里。劉昫曰：「唐初縣治三洞，神龍二年移治麻洲，開元九年又移治宜江。」疑即此城也。元末又移今治。○新平城，在縣南。三國吴析耒陽縣置新平縣，屬湘東郡，晉因之，劉宋省入新寧縣。

英頭山，縣南十里。山峰尖鋭，因名。又四州山，在縣南六十里。疊嶠連雲，望見四州，因名。又塔山，在縣東南。山腰有白石七級，高七十餘丈，宜水出焉。○插花峰，在縣東三十五里。有八峰列戟，如簪花之狀。又古城峰在縣南八里，上有古寨。

湘水，在縣西北。自祁陽縣流入境，東北流入衡陽縣界，縣境諸水皆流會焉。○舂陵水，在縣東。源出道州之舂陵山，東流經藍山縣界，又東北流經桂陽州北，又北至縣界流注于湘水。

焦源江，縣東北六十里。源出藍山縣，北流入境，又東北會於湘水。又清溪江，在縣東五十里，流合焦源江入湘。○宜水，在縣東。源出塔山，亦曰宜溪，經縣東三十里亦曰宜江，又東有樟水流合焉，俱北注湘水。又有吴水，在縣南，自永州府流入縣境；又潭水，在縣東，自桂陽州流入縣界；俱會宜水入湘。志云：縣北有砿石水亦流會宜水。

東江，在縣城東。源出縣南六十里天窗巖，北流入湘。志云：縣南六十里有白水江，五十五里有竹頭江，三十里有大勝江、沙江，二十里有泉江，又縣東十里有浯江，二十里有青藍江，三十里有鎖石江及土陂江，又東南有黄沙江，下流俱合湘水。○湄水湖在縣南五十里，又縣東三十里有小湖、筵湖，四十里有琉璃、石頭等湖，六十里有上蓬湖，俱引流入湘。

柏坊驛。縣北三十里。下有柏坊渡。又河洲驛，在縣西三十餘里。又志云：縣境有黄茅、杉樹二堡。

安仁縣，府東二百里。東至長沙府茶陵州七十里，南至郴州永興縣百八十里。唐衡山縣之安仁鎮，屬潭州。五代唐清泰二年馬氏升爲安仁場，屬衡州。宋乾德二年升爲縣，咸平五年析衡陽、衡山二縣地益之，移治永安鎮，仍屬衡州。今城周三里。編户二十八里。

熊耳山，縣東南七十里。山高峻，狀如熊耳。有遠天洞，可容萬家。稍西有李朝洞，延袤數十里。又有大湖山，亦在縣南七十里。○楊梅峰，在縣西北十里，壁立數仞，絶頂有井。五代時馬殷將歐陽頵于此立寨屯兵以備南漢，宋沈通父子亦保鄣于此。元末鄉人壘石爲門，中爲屋室，相率保此避寇。正德十二年苗賊犯境，鄉民亦多奔避于此得免。

小江水，在縣南。源出郴州北境，流經縣界，又北至衡山縣合洣水入湘江。又永樂水，亦自郴州流入境，經縣城南，北流入衡山縣界合義塘江，亦合洣水入湘。又浦陽江，在縣東南七十里。源出郴州興寧縣，北流至黄沙田合永樂江。又排山江，在縣南五里。源出茶陵州，西流合永樂江。又油陂江在縣西南三十里，其相近者又有宜陽江，俱流合于永樂江。

潭湖鎮。縣南七十里，又縣北三十里有安平鎮，俱有巡司戍守。○月嶺寨，在縣西三十里。嶺上寬平，正德中以寇警立寨于此，以爲保障。又西有相公山寨，相傳諸葛武侯屯兵處。又縣南五十里有曹婆山寨，山勢險巇，徑路深僻，舊有寨，今爲山寇窟穴。

酃縣，府東三百九十里。西北至長沙府茶陵州七十里，東至江西永寧縣九十里，南至郴州興寧縣百里。本唐茶陵縣地，宋嘉定四年析茶陵之霞陽、常平、安樂三鄉置縣洣水之陽，取古酃縣爲名，屬茶陵軍。元屬衡州路。今城周四里有奇。編户十四里。

雲秋山，縣西四十五里。周八十里，高三千九百丈，雲氣慘淡，常若秋時。又萬陽山，在縣西南八十里。周三百里。上多古木怪石。又青臺山，在縣北十里，與茶陵州接界。○天河巖，在縣西南三十里，高峻爲一邑之鎮。

洣水，在縣東。舊有洣泉，洣水發源于此，宋時岸摧，泉遂罕見。今流合雲秋諸水，北流入茶陵州界。○雲秋水，在縣西四十里，經縣東折而北流，經茶陵州界合于洣水。又沔渡江，在縣西南。源出萬陽山，流入茶陵州境謂之洮江，亦合洣水。

桃源溪，縣西四十里。源出茶陵州雲陽山洞，流經此，北流合于雲秋水，爲桃源江口。

黄烟堡。在縣境，有衡州衛官兵戍守。

附見

衡州衛。府治西南。洪武五年置，轄千户等所。今亦置衡州衛。

常寧守禦千户所。在常寧縣治東。洪武二十八年置，隸衡州衛。

桂陽州，府東南三百里。東至郴州二百里，南至廣東連州三百五十里，西至永州府四百里。

春秋時楚地，秦爲長沙郡地，漢爲桂陽郡地，後漢因之，晉、宋以後皆屬桂陽郡。隋屬郴州，大業初復屬桂陽郡。唐仍屬郴州，後又置桂陽監。掌鑄錢。五代因之。宋初亦曰桂陽監，紹興三年升爲軍。元曰桂陽路。明洪武初改爲府，九年降爲州，以州治平陽縣省入。

編户六十三里。領縣二。今仍爲桂陽州，添置嘉禾縣，領縣三。

州翼帶湘江，連屬越嶠，山川奇勝，甲於湖南，經營楚、粤間，州亦襟要之地矣。

平陽廢縣，今州治。本漢郴縣地，晉以後因之。劉昫曰：「晉分郴縣置平陽縣及郡，陳廢。」今晉、宋諸史皆不載。隋仍爲郴縣地。唐初蕭銑析置平陽縣，武德四年平銑，仍屬郴州，七年廢。八年復置，元和以後置桂陽監于此。五代晉時縣省。宋天禧三年復置，紹興中爲桂陽軍治。元桂陽路亦治此，明初省。城邑考：「古監城宋乾德四年築，明洪武三年因舊址增修，天順中爲寇所毁，成化四年甃以磚石，周三里有奇。」

晉寧城，州北三十里。志云：晉寧縣舊治此。恐悮。今詳見郴州興寧縣。又宫市城，在州北九十里。志云：東晉置縣，尋廢。今正史不載。或曰五代時馬氏所置。

龍渡山，州南三十里。州之望山也。下有源泉，溉田甚博。一名神渡山。又金山，在州北一里。蜿蜒環繞，有如重城。州北七十里又有巖塘山，峻石巉巖，中深如塘。其相接者爲寧岡山，高峻，周圍爲桂陽水口，過此山即十八灘矣。○鹿頭山，在州東。山石似鹿，上有塔七層。

九鼎山，州西北七十里。高三里，周十里。宋時出銀、鉛，今廢。又大湊山，在州西八十里。舊出銀，坑淘者紛錯，商賈輻輳，因名。近爲土賊屯聚處。又毛壽山，在州西二十里。五代時亦出鉛，宋廢。州西北百三十里有潭流山，接常寧縣界，舊出鉛、銀、砂礦，今廢。又晉嶺山，在州南八十里，相傳晉時亦出銀、鉛、砂礦。志云：桂陽州産銀，宋天禧三年置有九坑：曰天湊岡、大板源、龍圖、毛壽、九鼎、小白竹、水頭、石笋、大富。今皆廢。

石門山，州西六十里。有巖如門，歸水自藍山穿石門西注，舟筏皆經其下。又白竹山，在州西南二十里。下有獅子巖，通九疑。志云：州西南有芙蓉山，峰巒奇峭，下有源泉。又藍山，在州西百里，跨臨武、藍山二縣界，蒼蔚蒼翠，浮空如藍。

春陵水，州北三十里。自藍山縣東北流入界，一名衡塘，亦曰鍾水，又名舂水，經寧岡山下曰黄田灘水，俗所謂十八灘也，有流渡水自巖塘山下流入焉，北入常寧縣界注于湘。○歸水，在州西。自藍山縣流入界，一名舜水，經石門山下又東至州西四十里爲桐梁水，東北合春陵水。志云：州西北有潭流水，出潭流山；又有沙溪水，在州西北二十五里；俱流合于春陵水。

湖屯水，在州南。志云：源出龍渡山之南，流經州東南五十里之湖屯市，因名湖屯水，折而東北流經鹿頭山，又東南流入郴州境合于郴水。

泗洲鎮。州北八十里，又州南六十里有牛橋鎮，俱有巡司。志云：州東百里有魚黄洞，近江西大庾縣界，正德中羣盜結聚于此，土兵破滅之。洞中田連阡陌，皆膏腴也。今居民耕種於此。又匹袍洞，亦在州東百里，接桂陽縣界，亦與江西連境。洞本上猶縣所轄，弘治中賊黨負固于此，正德十六年官兵討平之。

臨武縣，州東南百二十里。東至郴州宜章縣八十里。漢置臨武縣，屬桂陽郡，後漢因之，晉以後皆仍舊。隋屬郴州，唐因之，如意元年改縣曰隆武，神龍初復故。五代晉時馬氏省入平陽縣，宋紹興十年復置，屬桂陽軍。元屬桂陽路。今城周三里有奇。編户三十三里。

臨武城，縣東五十里。九域志：「漢縣治此，武溪水經治南，因名。」俗名姥婁城。後遷今治。自嶺南達京、洛，縣爲必經之道。

舜峰山，縣西北二里。舊名千仞山，上平而北垂，邑民避難嘗據其頂，築柵拒守。又西山，在縣西二十里，爲邑望山。水源多出於此，一名水頭山。又縣東三十里爲東山，高與西山等，有八水出其下，一名八源嶺。○羅城山，在縣南三十里，山勢如城。又金城山，在縣東四十里。山高廣，舊時土人于上壘石爲城以避寇。又華陰山，在縣西南三十里，跨藍山縣界。高秀如華嶽，因名。

金粟巖，縣西北二十里，石壁峭拔。下有溪流，合于武水。又龍巖，在縣北二十里。巖如覆鍾，有石峰數重，最幽勝。一名龍洞。

武水，在縣治南。源出西山下，地名鸕鷀石，經縣治前轉而東南流，有赤水江及石江自縣北流合焉，水漸深可通舟，流經百里入郴州宜章縣界合于大、小章水。一名武溪。

長江水，在縣東北。源出東山，北流入桂陽州境合于舂陵水。又華陰水，在縣南。源出華陰山，分爲三岐：一西北流爲貝水，經縣西南合于武水；一西流出藍山縣合于舜水；一南流入廣東連州合樂昌水。志云：縣境諸水，出西山者十之六，出東山者十之三，皆流合于武水。

石陂鎮，縣西北八十里，東接郴州界。一名兩路口，向設巡司於此。又水頭營，在縣西二十里水頭山下，亦戍守處也。又縣境有赤土巡司，今革。○太平營，在縣北官山後。又西北有走馬營，舊爲板寮營，正德中議者以地非險要，遷于走馬坪，因名。又有鷄頭營在縣南五里，又南有黄茶坪，又韭菜營在縣南三十里，皆有官兵戍守。

泗洲寨。縣西南七十里，又有芹寨、猴寨、牛寨諸處，皆在深箐疊嶺間，與藍山及郴州之宜章縣接境。崇禎十一年土賊嘯聚于此。又縣南有上馬墩，當郴州宜章之通道，爲扼要之地。

藍山縣，州西南二百里。南至廣東連州二百五十里，西至道州寧遠縣百十里。漢置南平縣，屬桂陽郡，後漢以後因之，隋省入臨武縣。唐咸亨二年復置南平縣，屬郴州。天寶初改爲藍山縣，因山爲名也。宋屬桂陽軍，元屬桂陽路，明洪武元年改屬郴州，二年仍改今屬。城周三里。編户二十八里。

南平城，縣東五里。漢縣治此，晉以後皆因之，隋廢。又有藍山故城，在縣北十五里。志云：唐置縣于此，宋徙今治。

九疑山，縣西南五十里。山接寧遠縣界，詳見名山。○黄蘗山，在縣南九十里。山出黄蘗，因名。與廣東連州接界。水經注云：「五嶺從東第三都龐嶺，在南平縣界。」一統志云：「即此山也。」又華陰山，在縣東南五十里，跨臨武縣界。宋慶曆二年桂陽蠻寇華陰峒，殺吏民，五年官軍復討蠻于華陰峒口，敗績，即此。

石柱山，縣北二十里。一名天柱山，巖洞甚勝。志云：縣北六十里有藍嶺，即藍山也，與桂陽州臨武縣相接。唐貞元中郴州藍山崩，即此。○百疊嶺，在縣東二十里，以山嶺稠疊而名。又東樓峰，在縣南五十里，歸水經其下。

歸水，在縣南。一名舜水，源出九疑山，經東樓峰東北流，合縣境諸水入桂陽州界會舂陵水。○藍水，縣北五十里，源出藍嶺。又乾溪水，在縣北八十里，亦出藍嶺，流合歸水。又縣東五十里有陰溪水，出華陰山，又華荆津水亦出焉；縣西二十里有蒙溪水，出九疑山；又縣北二十里有龍溪水，亦出九疑山；下流俱合于巋水。

大橋鎮。縣西四十里，又縣西二十里有張家陂鎮，俱有巡司。志云：縣北四十里有乾溪巡司，又縣西一里有小山堡巡司，縣東二十五里有毛俊堡巡司。○高獠原寨在縣南百里，其相近者又有紫獠原寨，皆崇山峻崖，崇禎十一年羣賊結聚于此，官兵討破之。

附見

桂陽守禦千户所，在州治東。洪武二年建，隸茶陵衛。

寧溪守禦千户所。在藍山縣西二十里。洪武三十年建，亦屬茶陵衛。今亦置寧溪所。

## 校勘記

〔一〕宋元符初　「元符」，底本原作「元和」。宋無「元和」年號，宋志卷八八云善化縣爲元符元年置，此「元和」乃「元符」之訛，今據改。

〔二〕趺石　底本原作「跌石」，今據職本、鄒本改。新五代史卷六六楚世家作「砆石」，趺、砆音同。

〔三〕梁始置湘潭縣　元和志卷二九湘潭縣下云：「本漢湘南縣地，吴分立衡陽縣，晉惠帝更名衡山，歷代並屬衡陽郡，隋改屬潭州，天寶八年更名湘潭。」則此湘潭縣非梁始置。元和志又於衡山縣下云：「梁武帝天監中分陰山立湘潭縣，天寶八年改爲衡山。」是梁置湘潭縣唐已改爲衡山矣。

〔四〕屬潭州　「潭」，底本原作「漳」，今據職本、鄒本改。

〔五〕礲山　「礲」，底本原作「礶」，字書無「礶」字，今據鄒本及嘉慶重修一統志卷三五四改。

〔六〕縣在益水之陽也　「益」，底本原作「溢」，今據職本、鄒本改。

〔七〕下流爲占溪　職本與底本同，敷本、鄒本「占溪」作「古溪」。

〔八〕又有上下二水堰　「堰」，底本原作「堷」。字書無「堷」字，鄒本作「堰」，今據改。

〔九〕壺頭山　「壺」，底本原作「胡」，今據鄒本及水經沅水注改。

〔一〇〕張昌竄逃於下雋山　底本原缺「竄」字，「山」作「州」，今據晉書卷六六劉弘傳、卷一〇〇張昌傳補、改。

〔一一〕宋齊俱屬巴陵郡　「屬」，底本原作「入」，今據職本改。

〔一二〕江水至澬水沅水東流注之　底本原缺「江」字，「澬」原作「濱」，今據職本、鄒本及水經江水注補、改。

〔一三〕晉衡陽郡治湘南至後乃徙治酃也　依上下文意，此四十八字當是注文。

〔一四〕梁置衡州於含洭　「含」，底本原作「舍」，今據職本、鄒本及隋志卷三一改。

〔一五〕三國至晉惠帝改曰衡山　元和志卷二九衡山縣下云：「梁武帝天監中分陰山立湘潭縣，天寶八年改爲衡山。」與此有異。

# 讀史方輿紀要卷八十一

## 湖廣七

永州府，東至衡州府桂陽州四百里，南至廣西平樂府六百三十里，西南至廣西全州二百五十里，西北至寶慶府三百里，東北至衡州府三百五十里，自府治至布政司一千八百二十里，至京師六千八百八十里。

禹貢荆州之域，春秋及戰國時爲楚南境。秦屬長沙郡。漢武帝元鼎六年析置零陵郡，治零陵。後漢因之。始治泉陵。晉仍曰零陵郡，劉宋爲零陵國，齊復舊，梁、陳因之。隋改置永州，初置總管府，尋廢。大業初復曰零陵郡。唐復置永州，貞觀十七年并入道州，上元二年復析置。天寶初亦曰零陵郡，乾元初復故。宋因之。亦曰零陵郡。元曰永州路，明初爲府。領州一，縣六。今仍曰永州府。

府列嶂擁其後，重江遶其前，聯粤西之形勝，壯荆土之屏藩，亦形要處也。黄巢亂嶺南，高駢謂宜守永州之險。潘美之平南漢也，由道州進克富州。富州，今廣西富川縣。明初楊璟克永州，乃南攻静江。今廣西桂林府。魏氏曰：「零陵雄郡，爲粤西門户。」允矣。

零陵縣，附郭。漢置泉陵縣，屬零陵郡，武帝元朔四年封長沙定王子賢爲侯邑。元始五年泉陵侯劉慶上書，請安漢公行天子事，即賢侯也。後漢爲零陵郡治，晉以後因之。隋改縣曰零陵，爲永州治。唐、宋因之。今編户二十八里。

泉陵城，府北二里。漢縣治此，隋改曰零陵縣，移今治。城邑考：「郡城，宋咸淳中創築，明洪武六年因舊城更拓之。東依列嶂，西臨瀟水。爲門七，周九里有奇。」

應陽城，府西北百里。晉惠帝分祁陽縣地置應陽縣，宋以後因之，隋省入零陵縣。王隱曰：「應陽本泉陵之北部，東五里有鼻墟，即舜封象處矣。」水經注：「應陽縣即應水爲名。應水東南經有鼻墟南，又東南注湘水。」○吕蒙城，在府北三里。後漢末吕蒙收瀟、湘，零陵太守郝普爲蜀城守不下，蒙築城攻之，即此。

福田山，府東北五十里。崖壁峭絶，中有孤峰聳峙。宋置福田寨于此，熙寧六年廢。又石角山，在府東北五里，亦奇峭。志云：郡治西有高山，山特峻聳。又城西二里瀟江滸有西山，其東北隅曰石城山。○萮山，在府南二十里，以高秀踰衆山而名。又陽和山，在府東南八十里，接道州界。又府東百里有杉木嶺，亦接道州界。上多杉樹，隱蔽天日，因名。

馬鞍嶺，府東三十里。嶺路險峻，通寧遠縣界，猺洞聯絡，盜賊出没之所也。又石門嶺，在府東八十里。上有雙石門，崛起如城壁。復有石如樓閣，羚羊往來其間。或曰即白芒嶺也。又鵶髻嶺，在府東南五十里。雙頂聳峙，如鵶髻然。下臨深谷，路通道州。又黄蘖嶺，在府東南百二十里，連亘道州，有蘖洞。○鳴水嶺，在府南百十里，瀑布飛泉，聲聞數里，接全、道二州界。志云：府西二百里有分水嶺，即湘、灕二水分流處。

澹山巖，府南二十五里。巖有二門，壁立萬仞。東南角有石竅，仰望洞然。相去三里，曰暗巖，秉炬而入，中廣袤可容萬人。○龍洞，在府西北六十里。唐末里人唐世旻居此，團聚鄉兵，保固里閭處也。又西北百里有承平洞，林嶺深邃，相傳中有野人。

湘江，府北十里。自廣西興安縣流入府界，東北流至湘口，瀟水會焉，内有古墻、巴州、冷水、七里等灘。亦謂之西江，明初楊璟圍永州，造浮橋于西江是也。

瀟水，在府西。源出寧遠縣九疑山，流至道州東北三江口與江華縣之沲水、寧遠縣之舜源水合，又西北流至府城外，又北流至湘口會于湘江。○永水，在府南九十里。源出府西南百里之永山，東北流入湘江，州以此名。又賢水，在府南二十里。源出澹山巖，亦流入于湘水。

愚溪，府西一里。源出府南五百里之鵶山，北流經此，東入瀟水。本名冉溪，唐柳宗元改今名。今有愚溪河泊所。又府東七十里有黄溪，府北九十里有高溪，柳宗元所謂永之勝也。

石馬潭，府北十五里湘水中。又鈷鉧潭，在西山西麓，冉溪所匯也。潭之西爲小丘，小丘之西爲小石潭，皆以宗元得名。○袁家渴，在瀟江滸朝陽巖東南。宗元云：「楚、越之間，方言謂水之反流者爲渴。」渴之西南爲石渠，渠之西北曰石澗云。

垂幔灘，在府西南。綿亘百里，枕湘江之岸，峭壁倚空，遥望如帷幔之狀。又石牌灘，在府北四十里，石皆片斷，連綴如牌筏然。又烟塘，在府東北百餘里。皆湘江所經也。志云：府東十里有蒲洲，枕瀟水旁。

湘口關，府北十里，瀟、湘二水合流處也。今爲湘口驛。會典有湘口水驛。又大橋關，在府北六十里，府西北又有黑石關，俱永州衞官兵戍守。○東鄉壘，在府西南。明初楊璟圍永州，元廣西兵來援，駐東鄉，倚湘水列營，璟擊敗之，即此。

雷石鎮，府南六十里，當道州之瀧水口，唐置鎮于此。或曰今府南有龍虎關，爲戍守要地，即雷石鎮矣。又順化鎮，在府東六十里。五代時置鎮，宋改爲順化驛，今廢。又杉木鎮，置于杉木嶺；鳴水鎮，置于鳴水嶺；皆五代時置。○高溪市，在府北七十里，向有巡司戍守，隆慶四年改黄陽堡巡司；其相近者曰方潡驛；皆濱湘江。

馳道。府東八十里，闊五丈餘，類今之河道。史記：「秦始皇命天下修馳道，以備遊幸。」此其舊迹也。又府東八十里有朱砂坑，爲歷代採砂之處。今絶。

祁陽縣，府北百里。東至衡州府常寧縣百二十里。漢泉陵縣地，三國吴置祁陽縣，屬零陵郡，晉因之。宋泰始初改屬湘東郡，五年復舊，齊、梁因之。隋并入零陵縣。唐武德四年復置，貞觀初省。四年仍置祁陽縣，屬永州。今城周六里有奇。編户十三里。

祁陽舊城，縣東北九十里。劉昫曰：「吴初置縣于此，隋廢，唐移于今治。」又永昌廢縣，在縣西八十里。三國吴析泉陵縣置，屬零陵郡，宋以後因之，隋省入零陵縣。

祁山，縣北十五里。山高峻，遠望如城壁，縣因以名。其北五里爲金華山，高數千仞，爲祁山華蓋。又北有東江石山，層巖疊嶂，稱爲奇勝。○烏符山，在縣北六十里，縣之望山也。元成宗時湖南盜詹一仔作亂，左丞劉國傑討破之，降其餘衆，相要地爲三屯，衡曰清化，永曰烏符，武岡曰白蒼，選衆耕屯，使賊不得爲巢穴，境内寧息，即此烏符山也。

四望山，縣西南百二十里，高可望衡、邵、永、道四郡。元成宗時盜詹一仔嘯聚四望山，久不能平，尋爲劉國傑所破，即此。○排成山，在縣西北七里，巖壁如城。又半天羅山，在縣西北二十里。下有羅口，路甚險要。縣西北九十里有石燕山，劉昫云「石燕岡出石燕，充貢，在祁陽縣西北百二十里」，即此山也。

白鶴山，縣東北三十里。一名白鶴嶺。舊經云：「山南接九疑，北連衡嶽，數峰卓峙，巖壑幽深，郡境名山也。」又萬羅山，在縣東七里，以萬山羅列而名。又長流山在縣南十里，其相接者爲花山、白竹、雙童諸山，皆高聳環峙。縣東南三十里又有三臺山，三山連屬。

熊羆嶺，縣北三十里。巖壑深邃，相傳熊羆所居，一名黃羆嶺。又雲頭嶺，在縣東五十里，以上凌雲漢而名。○棲真巖，在縣北三十里。上容千人，內一竅，通明出泉，可灌田。又翠巖，在縣東二里，宋岳武穆嘗提兵經此。縣西十五里又有鐵板巖，前有鐵門，深二三里，後有洞，水常不竭。

湘水，縣東二十里。自零陵北流入界，經縣南，洛溪合衆流注之，又東北入衡州府常寧縣境。江濱多灘磧，其最著者爲縣東二十二里之三門灘。○祁水，在縣治北。源出寶慶府邵陽縣界，地名餘溪，東北流九十里經此，又東入湘水。一名小東江。又白水，在縣東六十里。出縣東南二百里白水山，下流入湘水。

浯溪，縣南五里。山溪諸水匯流于此，稱爲奇勝，流入湘江。唐元結自道州歸，愛其山川，遂家于此。今浯溪摩崖碑，結所撰中興頌也。又三江，在縣東七十里，西入湘水。志云：縣東北有白河江，又有清江流合白河江同注湘水。

白水市。縣東六十里。又東四十里爲歸陽市，下臨歸陽渡，歸陽驛亦置于此。又江湘市，在縣北六十里。又北四十里爲永隆太平市。已上俱有巡司戍守。○三吾驛，在縣東十五里。縣東百里爲歸陽驛。會典：「縣有排山驛，嘉靖十七年以道州之瀟南驛移改于此。」又大營廢驛，在縣北五十里，岳武穆嘗駐兵于此。今爲大營舖。志云：縣北二十里有樂山鎮，宋置寨于此，熙寧六年廢爲鎮。又雷壇，在縣西七里。其地山巖高數十丈，可容百餘人。洞南有石門。又南數十步石巖通竅，泉湧其下。昔嘗建道觀于此，因名。

東安縣，府西九十里。西南至廣西全州百三十里，西北至寶慶府新寧縣百六十里。本零陵縣之東安驛，五代時馬氏置東安場，宋雍熙初升爲縣，屬永州。今城周不及二里。編户八里。

高山，縣西一里。上有幽巖深邃。又西四里爲赤石山。○八十四渡山，在縣西百二十里。山勢重複，流水縈紆，經此山者凡八十四渡。

諸葛嶺，縣南五十里。志云：先主牧荆州，遣武侯督長沙、桂陽、零陵三郡賦，曾屯駐于此，因名。又石坑嶺，在縣東北八十里，驛路所經，坑坎崎嶇。又獅子嶺，在縣東五十里，亦驛路所經也。○豹虎巖，在縣北四十里，深險可避兵。又九龍巖，在縣北百里。山形陡起，奇石錯立。又縣西十里有赤壁巖。

湘江，縣東南五十里。自廣西全州流入界，中多灘險，又東北入零陵縣境。○盧洪江，在縣東北一里。源出九龍巖西，東南流出江口入湘。

清溪，在縣南。源出縣西二十里之舜嶺，經縣西北，又繞流至縣南，東流四十里入湘水，即永湘口也。又縣東北有祐水，亦流入清溪，俗謂之清溪江。志云：縣北七十里有南江，百七十里有龍合江，東北八十里有西江，俱注盧洪江入湘水。又縣東二十里有白牙江，又東二十里有石期江，西北又有夏豐江，下流俱入湘水。○定田泉，在縣西二十五里。源有五竅，溉田甚衆，因名。

盧洪市。縣東南百里。有巡司及結陂市巡司，今俱革。又有石期驛，在縣東南四十里。

附見

永州衛。在府治西。洪武初建，領千户等所。又守鎮東安百户所，在東安縣治西。洪武二十九年建，隸永州衛。今亦置永州衛。

道州，府南一百五十里。東南至廣東連州五百五十五里，西南至廣西平樂府三百五十里，南至廣西賀縣二百五十里。

唐、虞時有庳國地，舜封象于此。春秋屬楚，秦屬長沙郡，漢初屬長沙國，後屬零陵郡，後漢因之。晉末分零陵置營陽郡，晉志曰：「吴置營陽郡，後省，穆帝時又置。」宋、齊因之。梁曰永陽郡，兼置營州。隋廢郡，并營州入永州。唐武德四年仍置營州，五年改爲南營州，貞觀八年又改曰道州，天寶初亦曰江華郡，乾元初復故。宋仍曰道州。亦曰江華郡。元曰道州路。明初曰道州府，洪武九年改爲州，屬永州府，以州治營道縣省入。編户三十五里。領縣三。

今仍舊。

州接五嶺之雄，挹九疑之秀，南控百越，北湊三湘，從道州而風馳于富川、臨賀之郊，則兩粤之藩籬盡決矣。

營浦廢縣，今州治。漢置營浦縣，屬零陵郡。晉末爲營陽郡治，宋、齊因之。梁改置永陽郡。隋廢郡，併縣入永陽，因移永陽縣來治。唐初復置營州，改縣爲營道，天寶初又改爲弘道縣。宋復爲營道縣，明初廢。城邑考：「州城，宋淳熙中築，元廢。明初改築于瀟江北，弘治五年增修。周五里有奇，門五。」

營道山，州西北五十里。本名營陽山，唐初曰洪道，又改曰弘道，宋改爲營道山，俗名龍山，以形若盤龍也。又營山，在州西四十五里，營水出焉。○宜山，在州北五十里，高峻盤紆。又北三十里曰上洑山，接永州界。山下水流洄洑，因名。又州西北二十五里有瀟山，俯臨大道。山下出泉，引流溉田。又壘山，在州西北五十里，亦接永州界。舊名永山，唐天寶初改今名。州西北六十里又有白鷄山，山險阻不可登。

蔣居山，州南四十里，地名四眼橋。山勢險阻，一名大尖嶺，聯絡九疑、蒼梧，至爲深僻。苗蠻據爲險阻，居民歲被其害。正德中設滴水、靖邊、周堂、中營四營于山上，以守要害。志曰：州東北里許有斌山，石峰聳秀，巉崖奇特，爲州之勝。○華巖，在州西十里。有兩巖對峙，一明一晦。又州西四十里有穿巖，形如圓廩，中可容數萬斛，東西兩門通道，儼若城門。又有進賢巖，在州北三十里。石洞幽邃，泉自中出，沿磴而上，如樓閣然。

盤容洞，在州南。五代周廣順三年，湖南道州盤容洞蠻酋盤崇，聚衆自稱盤容州都統，屢寇郴、道州。或曰洞即蔣居山深阻處。

營水，在城西。源出營山，繞流六十里與江華縣之沲水合，經州城東北與寧遠縣之舜源水及瀟水會，所謂三江口也，至零陵入湘水。○瀟水，舊在州城北。自寧遠縣北流至此，〔一〕與沲水會；又有泡水在縣西南八十里，東北流五十里與沲水合。志云：州西北七十里有下洑水，出上洑山，西流十里合上洑水，下流亦入于沲水。

濂溪，在州西五十里營樂鄉。有山曰安定，溪出山西石竇中，周茂叔先生所居也。溪水東流，亦合沲水，至州東北宜陽鄉，宜水出焉，上源諸水並會于此，謂之瀧灘。水流石中湍急曰瀧也。自瀧灘至庫亭謂之「入瀧」，至零陵界之瀧白灘謂之「出瀧」，雷石鎮當其口。瀧名凡二十餘。昔時春夏水漭，漕運者多病之。宋嘉定中太守林致祥命工沿瀧鑿山開道，澗水所限處則爲橋以濟，自庫亭達永之雷石，遂爲水陸通途云。又龍遥水，在州西北四十里，亦南流合于宜水。○左溪，在城東下津門外；又右溪，在城西營川門外；俱入于營水。二溪皆以元結名。

鼻亭，州北七十里。舊有象祠，唐元和中刺史薛伯高毁之。宋類苑云「道州、永州之間有地名鼻亭，窮崖絶徼，非人跡可歷，去兩州各二百餘里。舜封象于有庳，蓋此地」云。

鎮南營。在州南蔣居山下。嘉靖初建。又州西北有白鷄營，在白鷄山下；州西又有營樂營，在營樂鄉；俱有官軍戍守。○濟川橋，在州南門外，南北跨絶凡千五百餘尺。宋嘉定中爲方舟三十有四，櫛比連鏁，横渡江面，後廢。明初復造浮梁以濟往來，亦謂之大浮橋。又州北六十里有麻灘驛。

寧遠縣，州東七十里。東至桂陽州藍山縣百十里。漢營道縣地，屬零陵郡，晉末屬營陽郡，自宋以後皆因之。唐初移營道于營州郭下，乃于此置唐興縣，屬營州，尋屬道州。長壽二年改曰武盛縣，神龍初復曰唐興，天寶初改曰延唐。

五代梁初馬氏改爲延昌縣，唐同光初復曰延唐，晉天福七年改延喜縣。宋仍舊屬道州，乾德三年改爲寧遠縣。今城周四里。編户六十二里。

**泠道城**，縣東南四十里。漢縣，晉末改屬營陽郡，宋、齊因之，隋廢入營道縣。蕭銑改置梁興縣，唐初更名唐興。劉昫曰：「隋廢泠道縣，于故城内置營道縣，唐移營道于州郭内，因置唐興縣于此。」吴氏曰「唐改梁興曰唐興，移治泠道故城，尋還舊治」，即今縣也。又大曆城，在縣北六十五里，亦泠道縣地，唐大曆二年析延唐縣置。劉昫曰：「時湖南觀察使韋貫之請于道州東南二百二十里春陵故城北十五里置縣，因以大曆爲名，仍屬道州。」今里道似不同也。五代因之，宋乾德三年廢入寧遠縣。

**春陵城**，縣北五十里。漢泠道縣有春陵鄉，武帝封長沙定王子買爲侯國，後遷于南陽。三國吴于此立春陵縣，屬零陵郡，晉因之，宋、齊屬營陽郡，隋省入營道縣。

**九疑山**，縣南六十里。山有九峰，參差相峙，又有九溪出其下。詳見名山。○天門山，在縣南四十里，平地直上百餘丈，自下望之，迥若天門。

**春陵山**，縣東北七十五里。五山相接，山勢秀拔，春陵水出焉。又大富山，在縣東北五里，有大富洞。俗呼爲黄馬山。○玉琯巖，在縣南二十里古舜寺側。漢哀帝時零陵郡文學奚景得玉琯十二于舜祠後石室，因名。又斜巖，在縣城南。古木蒼煙，石田碁布。有竇圍二丈許，深不可測。

**舜源水**，縣南六十里。出九疑山中舜源峰，流至縣東西折而北，至道州城外與沲水、瀟水合流，至零陵入于湘。○

瀟水，在縣北。源出九疑山，自縣西引而北合于舜源水。

春水，在縣東北八十里，亦曰春陵水。源出春陵山，東流入桂陽州藍山縣界，下流至衡州府常寧縣入于湘水。又縣有都溪水，水經注：「都溪水出春陵縣西。」縣有五山，山有一溪，五水皆會于其間，故云都溪。○冷水，在縣西六十里。南出九疑山，北流經縣西南，又北流入于營水，謂之冷口。

白面寨。縣北八十里。有巡司戍守。志云：縣北又有太平營及扼蠻、永安、桂里、大陽等營，皆正德中置，爲控禦蠻猺之所。又縣南演口爲演武營，其地濱江，山谷險遠，嘉靖中置營于此，募兵戍守，以杜猺患。又有望墩、振膽、大富、銅鈴、勇敢、三斗、平定等七營，俱嘉靖中建。又有隆坪營，隆慶三年增置；逍遥、新田二營，萬曆二年增置。○盪寇將軍壘，在縣東六十里。南齊以李道辨爲南道開拓南蠻大使，築壘于此。

江華縣，州南七十里。東至廣東連州三百十五里，南至廣西賀縣一百六十里。漢蒼梧郡之馮乘縣地，三國吴屬臨賀郡，晉因之。宋屬臨慶郡。齊仍屬臨賀郡，梁、陳因之。隋屬永州。唐武德四年析置江華縣，屬營州，貞觀十七年改屬永州，上元二年還屬道州，文明初改爲營溪縣，神龍初復曰江華。今城周二里。編户四里。

馮乘城，縣西南三十里。漢縣，孫吴以後因之。隋屬永州，唐屬賀州，宋省。今亦見廣西富川縣，蓋境相接也。志云：縣東北百二十里有施洞城。未知所據。

吴望山，縣南五十里。或曰秦人嘗于此避亂，舊名秦山，孫權未建號時山忽開洞穴，石有文采，權以爲瑞，唐天寶中改名吴望上。有秦巖。又冬冷山，在縣南百二十里，接廣西賀縣界，山高廣多寒。又南四十里有半逢山，水出山中，至半瀧與沲水合。○禾田山，在縣東南一百七十五里，高險難升。旁多沃壤，歲嘗豐。志云：縣西三十五里有岑山，山小而峻。

白芒嶺，縣西一里。通典江華縣有甿渚嶺。今謂之白芒嶺，五嶺之一也。見前「南連嶺嶠」。○陽華巖，在縣北七里回山南面，下有大巖。

沲水，在縣治東。源出九疑山石城峰，流至縣別爲二水，又十里復合爲一水，北流入道州界。又砅水，在縣東南。源出九疑山女英峰，流與沲水合。中多石，湍激有聲，故名。○秦水，在縣南。源出吴望山，東南流與冬冷水合；又有折水，出廣西賀縣界，東流四十里合冬冷水；俱有灌溉之利，下流合于賀江。

錦田寨。縣東二百里。宋志：「道州有楊梅、勝岡、錦田三砦，熙寧六年廢。」此即錦田故砦也。明初置巡司于此。又縣南六十里有錦江鎮巡司，百里有濤墟巡司，設兵戍守，以控扼蠻猺。隆慶四年改濤墟巡司爲九疑魯觀巡司，屬道州。志云：縣境有營二十四，曰高寨、神仙、山爻、白芒、金鶏、車下隘、大關、平賴、得勝、永昌、虎威、豹韜、鎮遠、折衝、克敵、静南、鎮中、矮嶺、見龍、牛礳、富累、望高、大源、五里是也。輿程記：「高寨在縣西南，去賀縣二百二十里。」似悮。

永明縣，州西七十里。南至廣西富川縣百四十里，西至廣西恭城縣百五十里。漢零陵郡營浦縣地，蕭齊末置營陽縣，梁改曰永陽，屬永陽郡。隋廢郡，縣屬永州。唐初屬營州，貞觀八年省入營道縣。天授二年復置永陽縣，屬道州。天寶初改爲永明縣。宋嘗廢縣爲鎮，尋復舊。今城周二里。編户二十里。

營浦廢縣，在縣西。蕭齊末置，隋移治故永陽郡。劉昫曰：「隋末置營道縣于州郭内，乃移永陽之名于州西南百十里，即故治也。」志云：今縣南有廢縣城，或以爲唐所置永陽故縣也。

限山，縣東五里。一名礷山。志云：自都龐嶺分支三十里，過縣治後，東南隔瀟水，若城墉之限。往時路沿山下，尋圮于江。江溢時舟濟者多覆溺之患，宋紹興中復鑿山通道，人以爲便。

荆峽鎮山，縣南八十里。兩山對峙，中通小江，泄桃江、扶靈之水，實邑之關險。宋時設官鎮守，熙寧中省，仍置寨兵屯戍。又南十里爲荆子嵴山，羣山連亘如城，其斷處若關鎖然。南中有警，守此可以遏衝突。○青山，在縣西六十里。其最高者曰天門，竹木蓊鬱，四時嘗青。又有層山，在縣西南五里。其陰有層巖，洞穴高廣數丈，澗出其中，橫紆如帶。又有石梁、石崖諸勝。志云：山有洞巖，中寬廣可容千人，或以爲即層巖矣。

都龐嶺，縣北五十里。杜佑曰：「五嶺之一也。」東北連掩山，西南連荆峽鎮。王象之曰：「山之絶頂曰都逢，土人語訛曰龐也。」一名永明嶺。其南五里有回山，石壁峭絶。餘見「南連嶺嶠」。

瀑帶水，在縣北。志云：源出縣北二十五里之神光遇廖山，其下流自高注下者爲瀑水，平川順流者爲帶水，同流異名，東北至東安縣界入湘水。○遨水，在縣南。源出廣西富川縣之木馬山，流經縣界東流注于湘水。

掩水，在縣城南。源出縣西北三十里大掩山，有石掩穴口，因名。又有警水出縣西青山，本名青水，唐天寶中改今名，東流合掩水，又東合江華縣之斜水。志云：縣北有瀑布水，源出縣西北二十五里之三山嶺；又有涷水出縣西北火焰嶺，東流合古澤等水；下流皆會于瀟水。又有桃川、扶靈二水，在縣西南，流入富川縣界合于富江。

白象鎮。在縣南。本白象堡，宋開寶三年潘美伐南漢，自道州而進，次于白象。或作「白霞」，悮也。向置巡司于此，今革。又桃川市在縣西南，縣西又有白石墟，今皆置巡司于此。一作「白面」。志云：縣有營十三，曰鵝山、道家、斗罡、巖口、靖西、石螺、土寨、小水、苦子、茶柘、養牛山、罡楊柳、叉山是也，舊皆爲備禦蠻猺之所。輿程志：「鵝山營在縣西北十里白鵝山下，小水營在縣南，又南去富川縣七十里。又縣西南有泊藪，去富川縣百四十里，亦爲戍守處。」

附見

寧遠衛。在道州治西。洪武初置道州守禦千户所，尋改置今衛。又寧遠縣治西有守鎮寧遠左千户所；又江華縣城南有守鎮江華右千户所，亦有土城，周一里；俱洪武二十九年建。今亦置寧遠衛。

琵琶守禦千户所，在永明縣東南四十里。洪武二十九年置。有石城，周五里。西南至廣西富川縣百里。今亦置琵琶所。

桃川守禦千户所，在永明縣西南四十里。洪武十四年置。土城，周四里，有四門。亦曰桃川關，西南至廣西恭城縣七十里。今亦置桃川所。

守鎮錦田千户所。在江華縣東二百里。洪武二十九年置。土城，不及二里，門二。東去廣東連州百二十里。以上三所俱隸寧遠衛。今亦置錦田所。

寶慶府，東至衡州府二百五十里，南至永州府三百里，西至靖州五百三十里，西北至辰州府六百里，東北至長沙府四百五十里，自府治至布政司一千五百五十里，至京師五千三百九十五里。

禹貢荆州之域。春秋、戰國時屬楚，秦屬長沙郡，漢屬長沙國，後漢屬零陵郡。三國吴寶鼎初分零陵北部都尉置邵陵郡，晉以後因之。梁爲邵陵國，陳復爲郡。隋廢郡屬潭州。唐武德四年置建州，尋改南梁州，貞觀十年又改邵州，天寶初曰邵陽郡，乾元初復故。五代晉天福中馬氏嘗改曰敏州。宋仍曰邵州，大觀九年賜郡名曰邵陽郡。寶慶初升爲寶慶府。以理宗潛邸也。元曰寶慶路。明初曰寶慶府。領州一，縣四。今因之。

府東距洞庭，南連五嶺，〔二〕接九疑之形勢，控三湘之上游，唇齒長沙，彈壓蠻粤，亦湖南之衝要也。

邵陽縣，附郭。漢置昭陵縣，屬長沙國，武帝封長沙定王子重爲洛陽侯。〔三〕括地志云：「即昭陵也。」後漢屬長沙郡，三國吴寶鼎元年改昭陵曰邵陵，爲郡治，晉以後因之。隋廢郡，改縣曰邵陽縣，屬潭州。唐復爲邵州治。五代晉時曰敏政縣，漢復舊。今編户四十六里。

昭陽城，在府東五十里。後漢析昭陵縣置昭陽縣，屬零陵郡。晉武改曰邵陽縣，屬邵陵郡，劉宋以後因之。隋廢入邵陵縣，因改邵陵曰邵陽。唐武德四年于此置邵陵縣，七年復并入邵陽。城邑攷：「今郡城，洪武六年創築，天順中重修。有門五，周九里有奇。」

新城，府東九十里。志云：三國吴置新城縣，屬邵陵郡，晉并入邵陽。又建興廢縣，在府西。晉太康初置，屬邵陵郡，宋、齊因之，隋廢。志云：府北二里有建州城，郡舊治此，隋嘗爲建州治，唐移治水南，今府治是也。又境内有白公城，相傳楚大夫白善所築。未知所據。

龍山，府東八十里。秀峰四出，望之面面相類。頂有龍池，泉如湧潮，分爲二派，一入湘鄉爲漣水，一入邵陽爲邵水。湘鄉，今長沙府屬縣也。○洛陽山，在府東北五里，資、邵二水合流其下。有石室，深邃莫測。以漢洛陽侯重得名。志云：唐洛陽道士申泰芝居此，因名。似悮。又府東有耶薑山，蒸水所出。

高霞山，府南二百八十里，根盤永州東安、祁陽界。又四望山，與高霞山相接，周回四十里，山極高峻。○石門山，在府北六十里，横亘數十里，兩山相夾如門，爲郡水口。又頓家山，在府北二百餘里，抵辰州府溆浦縣界。志云：縣南五里有碁盤嶺，相傳諸葛武侯嘗駐此，與客對奕云。

資水，在府城北。自靖州綏寧縣流經武岡州界，又東北流經府城北合于邵水，又北流經新化縣東而入長沙府安化縣境，禹貢九江之一也。詳見大川。○邵水，在府東。源出龍山，流經城北合于資水。志云：昔時邵水自東而南，城居其北，故曰邵陽，唐時始移治水南。今城東邵水上有青龍橋，稱雄勝。

茱萸灘，府北四十里。資江水勢險惡，昔人置銅柱于岸側以固牽挽，俗謂五十三灘、四十八灘，此其首也。亦名三百里灘。梁承聖末西魏圍江陵，邵陵太守劉棻將兵入援，至三百里灘爲部曲宋文徹所殺。明初楊璟遣將取寶慶，敗賊于茱萸灘，遂克其城。志云：府西四十里又有白羊灘、孔雀灘，皆資江所經，水勢峻急。

彩塘，在城東。溉田三千餘畝。又城西三十里有野鷄塘，以石岸斷處形似野鷄而名。

巨口關，府北十里。又府東北五十里有白馬關。又龍回鎮，在府北八十里，今有巡司。又境内有白水、沙坪、永靖三堡，俱設官兵戍守。

十五寨。志云：邵陽縣有十五砦。宋初以蠻寇抄掠，命將討平之，置寨戍守：曰武岡、真田、白沙、水竹、界岡、三堂、羅尾、盆溪、塘兒、古限、查水、新興、安定、三門、砂口。環列縣境，遺址猶存。

新化縣，府北百八十里。東北至長沙府安化縣百四十里，西南至辰州府漵浦縣二百里。漢長沙國益陽縣地，自晉以後皆爲蠻地。宋太平興國中發兵平大徭洞，以其地置五寨，熙寧五年始置新化縣，屬邵州。今土城周三里有奇。編户二十四里。

新化舊城，志云：在縣北八十里。宋熙寧中置新化縣於白沙白石坪，或謂之白溪，舊縣即其地也。紹聖中移今治。又高平廢縣，在縣南百里。三國吴置縣，屬邵陵郡，晉以後因之，隋省入邵陽縣。今石脚里是其地。〇武陽城，在縣東北。宋志：「熙寧五年築武陽、開峽二城，〔四〕置新化縣，隸邵州。」是也。

梅山，在縣南五里。五代至宋初梅山洞蠻屢爲邊患，蠻姓蘇氏不通中國，其地東接潭，南接邵，西接辰州，北接鼎、澧，最爲强梗。熙寧五年章惇制置湖南，遂開梅山，悉降其衆。吴致遠記曰「荆、湖之間有兩梅山，新化爲上梅山，安化爲下梅山，其山相通接」云。餘見長沙安化縣。

牛欄山，縣南百里，爲控扼之處。其相連者曰梅山楓嶺。又南三十里曰石槽山，崔嵬聳立。山半有瀑布飛泉。宋章惇開梅山時道經山下。〇熊膽山，在縣北百里。多異獸，迤邐延袤，西接巴、黔之界。下有青雲洞，瀑布飛流，深不可測。

文仙山，縣西二十里。相傳晉高平令文斤得仙于此，一名文斤山。上有三峰，層巒峭絶。山半有石橋、石室、龍洞、雙泉諸勝。邑志：縣東一里有崇陽山，高峻甲於諸山。又縣南五里有月照巖，石壁臨江，形如初月。下爲月塘，溉田甚溥。又縣東十里有青峰巖，縣南十里有馬蹄巖，皆臨資江。

資江，縣東南十里。自邵陽縣流入境，又北入長沙府安化縣界，經萬山中。其間羣溪環合，灘險鱗錯，昔人所云三百里灘，縣其中道也。今境内黄家諸灘，以數十計，皆險急爲患。

黄連溪，縣北二十里。縣北六十里曰游溪，七十里曰白溪，八十里有株林、鄧家等溪，百里有李溪；縣南三十里有珂溪，九十五里有龍溪；縣東二里有鯉魚溪，十里有青峰溪；縣西十五里有鼎溪，三十里有楊溪、葦溪，六十里有蕎溪，八十里有白水溪；皆有灌溉之利，下流悉入于資水。

蘇溪鎮。縣北百里，向設巡司，并置公館于此，北達安化縣。志云：縣境有隘五：曰黄柔、樟木、石門、鼇鼻、道田。有堡三：曰黎平、花橋、紙錢。皆有官兵戍守。又龍溪鎮，在縣南九十里，當往來孔道，亦置公館于此。○五砦，在縣境。宋志：「新化有惜溪、柘溪、滕溪、深溪、雲溪五砦，皆太平興國中所置也。」

城步縣，府西北百四十里。西至靖州綏寧縣百三十里，北至辰州府溆浦縣二百七十五里，南至廣西全州二百六十里。宋武岡軍及綏寧縣地，熙寧六年置城步砦于此。明初爲城步巡司，弘治十七年始析置縣，即故城步巡司爲縣治，屬寶慶府。土城，周二里有奇。編户十三里有奇。

南城，志云：在縣治南。相傳諸葛武侯曾駐此，亦名諸葛城。一云城在縣南二十里，悮。

羅溪山，縣東十三里。有十八山相連。又縣東二十里有楠木山，多楠木。縣東三十五里又有巫山，以巫水所出也。又青角山，在縣東百里，峰巒聳秀。○生風洞，在縣北四十里，石路九曲而進中寬平，容數百人。志云：縣北有三十六峰，洞壑皆相通。

巫水，在縣東。源出巫山，分爲二派：東經縣東七十五里之威溪入于資江；西經城南之南江，又西經城西三十里之烏龍江入靖州會同縣之洪江。○真良水，在縣東三十五里，經縣城南與巫水合。志云：城南門外有蔣家渡，即巫水、南江合流處。又石井水，在縣東五十里石嶺中，引流溉田，下流合于巫水。

連荷山隘。在縣境。志云：縣當蠻洞隘口，有苗路四：曰風界，曰塔溪衝口，曰大古山，曰連荷山；又有大水洞苗路三：曰舊宅界溪山，曰斜頭山，曰洞頭山：俱有兵民戍守。

附見

寶慶衛。府治西。明初置衛于長沙府益陽縣，洪武六年徙于此。○城步守禦千户所，在縣治東。明初置。

武岡州，府西南二百八十里，東南至永州府二百里，南至廣西桂林府四百里，西至靖州三百十里。

春秋時楚黔中地，秦屬長沙郡，漢屬零陵郡，後漢因之。三國吴屬邵陵郡，晉以後因之。隋屬潭州。唐屬邵州，宋初因之，熙寧五年始升爲武岡軍。元曰武岡路。明初升爲武岡府，洪武九年降爲州，以州治武岡縣省入。編户四十里。領縣一。今仍爲武岡州。

州接畛粵嶠，連壤蠻獠，溪山環衛，有括囊之固，形勝雄遠，得控馭之權，亦西南要地矣。

**武岡廢縣**，今州治。漢都梁縣地，晉太康初析置武岡縣，屬邵陵郡，宋、齊以後因之，隋省入邵陽縣。唐初置武攸縣，武德四年復曰武岡，屬南梁州，尋屬邵州。宋爲武岡軍治，元因之，明初省。城邑考：「州有舊壘，明初增築。今城周四里有奇，門四。」

**都梁城**，州東五里。漢縣治此，武帝封長沙定王子遂爲侯邑。後漢仍屬零陵郡，三國吳屬邵陵郡，晉以後因之，隋廢入邵陽縣。○夫夷城，在州東北百四十里。漢縣，屬零陵郡，武帝封長沙定王子義爲侯邑。後漢仍屬零陵郡，三國吳屬邵陵郡，晉以後因之，隋廢入邵陽縣。

**武岡山**，州北五里。郡國志：「岡接武陵郡界，因名。」酈道元曰：「武岡縣有左右二岡對峙，間可二里。後漢武陵蠻爲漢所伐，來保此岡，因名武岡。」一云東漢伐五溪蠻時，與民同保此山，故亦名同保山。唐元和中黔、巫蠻獠寇亂武岡，潭帥柳公綽招降之，勒銘于岡上。志云：山有同保巖，容數千人，昔時避兵處。

**雲山**，州南三十五里。山有七十一峰，道書以爲第六十九福地。峰巒巖洞，奇勝不一。自麓至巔，盤回石磴幾二十里。又金城山，在州東南五十里，道書以爲第六十八福地。○寶方山，在州南五里。舊名資勝山，巖洞泉石，皆極勝。又州東南十五里有南山，山半有泉，溉田千頃。又連山，在州南十二里，峰巒連接。其上高平，昔人避兵處。

**風門山**，州西四十里，極高峻。或以爲即風陽山也。五代漢乾祐二年，楚將徐進敗蠻于風陽山，斬首五千級，即此。其相近者曰太源山，岡原平衍，泉流深闊，溉田甚廣。○廣福山，在州北三十里。山峰峻拔，石洞深邃。又望鄉山，在州北百四十里。巉巖高峻，界于辰、沅。志云：州北百八十里有角尖山，山有二，曰大角尖、小角尖，其狀如角，周圍森聳，路通沅江。

都梁山，州西百里。山高聳，泉流環遶，漢以此山名縣。名勝志云：「山在州東百三十里。」似悮。又竹坪，在州西南百八十里，高峻環遶，爲州之勝。○唐糾山，在州西南百里。漢志注：「都梁縣有路山，資水所出。」水經注云：「即唐糾山也。」今山接綏寧縣界。

資水，在州北。自靖州綏寧縣流入界，又東北入邵陽縣界。○都梁水，在州西南。源出都梁山，東北流有夫夷水流合焉，經州北入邵陽縣界合于資水。志云：州城西有黄塘坡，即都梁水所匯也。引流溉田凡四千餘頃。

石羊關，州東二十里。又州東百五十里有紫關，在紫陽山上。亦曰紫陽鎮，有巡司戍守。○石門鎮，在州南六十里，又州西北有蓼溪鎮，俱有巡司。

硤口鎮。州北百四十里，亦曰四硤口，昔時戍守處也。宋志：「武岡縣有山塘等寨，熙寧六年廢，元祐四年置赤水砦，紹興元年置神仙砦，崇寧二年置通硤砦，大觀元年置硤口砦。」元以後漸廢，明初置四硤口巡司于此。志云：州境有堡六，曰桐木，曰九溪，曰白倉，曰歇嶺，曰太平，曰安樂，皆有官軍戍守。

新寧縣，州南九十里。東南至永州府東安縣百六十里，南至廣西全州百五十里。漢都梁縣地，唐邵陽縣地，宋紹興二十五年析置新寧縣，屬武岡軍。今土城周二里餘。編户六里有奇。

新寧舊城，在縣東四里金城村。宋紹興中于水頭江北置新寧縣，即此。明景泰初遷縣于今治。

樟木山，縣西南四十里，綿亘八十餘里。下多猺民，皆鳥語夷服，風化不通。或作「樟水山」，悮。又八十里山，在縣南三十里。志云：山南北延袤幾八十里，山麓南抵全州四十里，北抵縣治亦四十里，石磴峻峭，儼若蜀道。宋隆興十年全州言：州密邇猺峒，徑途非一，如永州之東安、武岡軍之新寧盆溪及八十里山，皆可徑達是也。盆溪或以爲即花溪山。

金峰山，縣東五里。上有大、小芙蓉嶺，亦名大、小金峰山。嶺側有飛瀑泉。四旁斗峪，絶頂正平，可容數百人，有石屋户牖皆天成。又花溪山，在縣東南七十里，猺、獠環居其下，新寨水出焉。○九子嶺，在縣東七十里，上有九峰。又有嘯巖，在縣東百四十里，内寬廣。寇亂時居民避此，險不可攻，寇至望嘯而去，因名。

夫夷水，縣南里許。源出廣西全州界，流入境，下流會于都梁水。又新寨水，在縣東南。出花溪山，流經縣南石門洞合于夫夷水。志云：縣西十里有長湖，自都梁山發源，匯流于此，東入夫夷水。

楓木嶺關。縣東百二十里。舊爲戍守處。又靖位鎮，在縣東北九十里，舊屬武岡州，有巡司戍守。志云：縣境鄰接蠻猺，時被劫掠，正德六年調長沙、衡州二千户所于縣城内爲哨守之備，後皆因之。○陽洞砦，在縣西。志云：武岡有陽洞蠻與廣西全州延洞蠻接，即其地也。

附見

守禦武岡千户所。在武岡州治東北。隸靖州衛。

辰州府，東至常德府四百六十里，東南至寶慶府六百里，西至貴州鎮遠府六百六十里，北至永順宣慰司三百十里，自府治至布政司一千七百里，至京師七千一百里。

禹貢荊州之域。本南蠻地，春秋時屬楚，秦屬黔中郡，漢爲武陵郡地，後漢因之。三國時爲吳、蜀之郊，晉以後並屬武陵郡。陳分置沅陵郡，治沅陵縣。陳本紀：「天嘉元年以武陵都尉所部六縣爲沅州，別置通寧郡，以刺史領太守，治都尉城。大建七年改武州爲沅州。」按水經注：「沅水自辰陽，又東經沅陵縣北，又東經沅陵縣故治北。」都尉府蓋即舊治置，陳初沅州、通寧郡皆治此。大建中以武陵爲沅州，以沅陵爲沅陵郡也。隋廢郡置辰州，煬帝復爲沅陵郡。唐又爲辰州，景雲二年置都督府，開元二十七年罷。天寶初曰盧溪郡，乾元初復故。宋仍曰辰州。亦曰盧溪郡。元爲辰州路，明初改曰辰州府。領州一，縣六。今仍舊。

府控壓羣蠻，障蔽潭、朗，重岡複嶺，帶水縈紆，險要固塞之地也。史記：「秦昭襄二十七年使司馬錯，張若發隴西兵因蜀攻楚黔中，拔之。三十年蜀守若取江南爲黔中郡，于是築城置戍，控扼五溪。」後漢初五溪蠻爲亂，劉尚討之不克，馬援至臨沅，擊破諸蠻。建武二十五年宋均受羣蠻降，而後武陵無事。唐景雲中增置都督府于辰州，豈非以咽喉溪洞故耶？宋熙寧中章惇經制荊湖，盡拓取羣蠻地，而朗、澧之寇患息焉。明初辰州境内羣蠻及川、貴諸蠻相結煽亂，命胡海討平之。數百年來，即有竊發者，亦疥癬矣。夫辰、沅之於荊、湖、川、貴，若犬牙然，綢繆未雨，固其所也。

沅陵縣，附郭。漢縣，屬武陵郡，高后封長沙王芮子陽爲侯邑。後漢仍爲沅陵縣，晉以後因之。陳爲沅陵郡治，隋爲辰州治，唐、宋因之。今編户五十八里。

黔中城，府西二十二里。括地志：「秦黔中郡治此，漢改黔中爲武陵郡，移理義陵，今辰州溆浦縣也。後漢移理臨沅，今朗州治也。自隋以涪陵蠻地爲黔州，而黔中之名始亂，秦、漢之黔中寔在郡境。」城邑考：「辰州故城，宋隆興中水漲城圮，明初因舊址改築。成化七年霖雨水浸城復潰，因復增築之。弘治以後相繼修葺，爲門六，城周八里有奇。」

酉陽城，府西北百二十里。漢置酉陽縣，屬武陵郡，以在酉水之陽因名。後漢因之。晉、宋以後仍屬武陵郡，隋廢。又黔陽城，在府西北。孫吴置黔陽縣，屬武陵郡，晉、宋因之，蕭梁時廢。水經注：「酉水北岸有黔陽縣。」○劉尚城，在府西南百三十五里，相傳後漢建武中尚征武陵蠻時所築。今城雖廢，猶足以控扼諸蠻。郡志「今辰溪縣東南五里有劉尚城」，即此城也。

大酉山，府西北四十里，道書第二十六洞天也。上有龍湫。又小酉山，在府西北五十里。山下有石穴，相傳中有書千卷，昔人避秦隱學于此。梁湘東王繹賦云「訪酉陽之逸典」，謂此也。一名烏遬山。○茗山，在府北二百三十里，深險阻絶。其南爲運茗山，奇峭高峻，山多松柏。

壺頭山，府東百三十里。山連武陵、桃源界，沅水經其下。志云：以山頭與東海方壺相似，故名。水經注：「山高百里，廣圓三百里。山下水際紆折千灘，馬援征武陵蠻停軍處也。」今詳見前桃源縣。又漱流山，在府東百四十里，以溪流湍激而名。又有明月山，在府東百五十里。下有明月池，兩岸素崖峭立，如披霜雪，松篁池澗，種種幽勝。二山即壺頭之支阜也。○三峿山，在府東二里，一名懷德山。三峰鼎峙，萬木陰森，辰水出焉。一統志：「山在縣東二百四十里。」似悞。

南山，府南三里，隔江。一名客山，周十餘里，西枕鵶溪，北瞰大江，縈紆峭拔，拱揖郡治。下有石磯，亦名南岸。巖前有箭潭，深不可測，相傳馬援投矢其中。又怡客山，在府東南一里，峰巒奇秀。縣西南七里又有龍騰山，高聳突出。志云：縣西十里有白田頭山，亂峰嵯峨，每雪霽後，山頭積素，望若圖畫。〔五〕又有洪山，在縣西南三十里，有層巒疊嶂之勝。

七盤嶺，府東南四十里。崒嵂當道，行者仄足。又白霧洞，在縣東南五十里。崖壁峻險，洞深五里。又府東南九十里有柘溪洞，山勢連空，懸崖壁立，石穴深邃，池水澄瀅。又楠木洞，在府西北二百里。元時叛蠻嘗據此寇掠府境。○燕子崖，在府西三里。有石穴如屋，土人貿易于此。下爲虎溪。又西二里曰龍爪崖。志云：縣西五里有光明山，一名龍門，有丹砂井，夜半光明燭天，山下即龍爪崖也。

沅江，府西南三里。自沅州東北流入境，經城下，大小羣川皆流匯焉，又東北入常德府桃源縣境。志云：沅江經府西百四十里，有雷洄灘，以江流觸石，其聲如雷也；又東流二十里曰清浪灘，灘口又有三門灘、閃電洲；又流經縣東十里曰百曳灘，相傳後漢劉尚征蠻至此，江流峻急，以百夫曳之，不能進；又東十里爲高湧灘；又十里爲九磯灘，磯凡有九，環峙中流，長可二里；又經府東南四十里曰横石灘，水底有石梁横亘，亦名横石澗；至府東八十里曰北斗灘，怪石凡七，隱立若斗杓也。沅濱灘險鱗比，數灘其最著者。餘詳見大川沅水。

府界。

辰水，府城東一里。源出三峿山，西南流至辰溪縣界入沅江。一名辰溪，即禹貢九江之一也。按漢志：「辰水出辰陽縣三山谷，南入沅，行七百五十里。」又水經注：「辰水出三山谷，東南流逕辰陽縣北，縣舊治在水之陽，故名，右合沅水。」俱與今水不合，蓋傳訛久矣。○朗水，在府東南。源出溆浦縣界，合諸山溪之水流入境，又東北入常德府界。

西水，府西北十里。源出四川酉陽宣撫司界，東流入境，經府西三里入沅水。一名酉溪，亦禹貢九江之一也，志亦謂之北江。漢志注「酉水出充縣酉原山」，蓋酉水别流，非即此水也。應劭曰：「沅水出酉陽，東入湘。」水經注：〔六〕「酉水導源巴郡臨江縣，東經遷陵縣故城北，又東經酉陽故縣南，又東經沅陵縣北，南注沅水。」宋泰豫初酉溪蠻王田都等怨畔，武陵内史蕭嶷遣將破平之是也。充縣，見前澧州茲利縣。臨江，今四川忠州也。遷陵，亦見四川酉陽宣撫司。

施黔水，府西北百二十里。志云：自施州黔陽江分流，至縣西北百里有會溪水流合焉，東入沅江。又施容溪，在府西北百十里。志云：又西北百三十里有羅油溪，有茗溪，皆匯于施黔水。

明溪，在府東北百里。其相近者曰麻伊溪。明，古作「樠」。水經注：「五溪曰雄溪、樠溪、酉溪、潕溪、辰溪。」此即樠溪也。五溪環流于沅陵、辰溪、盧溪三縣之界，而注于沅水。又府東南百里有容溪，西南四十五里有荔溪。又淘金溪，在府西南五十里；楊溪，在西南六十里；與西南七十里之野溪俱匯于沅水。○蒸魚澗，在府東七十里。水經注：「沅水又東與諸魚溪水合。」水北出諸魚山，與澧陽分嶺，南流入沅，即此水也。又河上洲，在府東五十里。一名金魚洲。志云：洲塞五溪水口，上有民居數十家。府西又有河陰洲，亦在沅江中。

**南水關**，府城南門外。又城西有西關，爲近郊防禦處。○明溪砦，在府西北百二十里。宋志：「辰州有明溪、豐溪、余溪、新興、鳳伊、鐵爐、竹平、木棲、鴻速、騍子、西溪等砦堡，熙寧九年俱廢，尋復置明溪砦。」今爲明溪巡司。又鎮溪砦，在府西三百里。宋熙寧三年置砦，今爲鎮溪巡司。又池蓬砦，在府東百三十里。宋嘉祐三年置砦，今爲池蓬巡司。其相近有麻伊洑寨，宋置，元亦置巡司于此，明初廢巡司，仍爲守禦處。又城北二十里有西溪寨，宋廢寨也，元置巡司于此。府西北四十里有新店寨，東八十里有楠木寨，元皆置巡司，明初俱廢。

**辰龍關**，在府境，要地也。吴三桂遣玀玀守之，年餘糧竭遁歸。土人云：賊守關時，蔡毓榮知居民久苦賊，導大軍從黄竹村入，守關者聞栅後炮起，遂奔散，大兵遂克辰州。又有亂石關，山少林木；逾數里，高岡複嶺，萬木森羅，至馬鞍關陟峭千尺；過此皆萬仞峻巖，松栢交蔭，下臨深澗，不止數丈，隔岸峰巒對峙，盤紆深曲，引人入勝；過芙蓉關宿馬底驛，辰龍關以西皆十里一亭。

**會溪鎮砦**，府西北二百里。或曰五代時馬氏徙溪州治此。宋熙寧八年置會溪城，爲守禦處。元因之。今有會溪巡司。又府西北三百里有高巖鎮；西三百里有大剌鎮，近保靖司境，地名蝦里坪；皆有巡司戍守。志云：府東百八十里有浦寨，即宋初所置水浦寨也；百九十里又有黑栗寨；皆苗蠻出没處，向設官兵戍守。又有慢水寨，在府西。宋初置，熙寧七年廢。志云：慢水即西溪别名也。○清水堡，在府西二百五十里。永樂初建，有營壘房屋，設官兵戍守。又府西四十里有廢麻溪堡，或云元置。

怡容驛，在府城東。又辰陽驛，在府城南隔江。又馬底驛，在府東北六十里。元置堡，明初改爲驛。○界亭驛，在府東北百三十里。又北溶驛，在府東六十里。清浪驛，在府東百二十里。會典：「嘉靖四十五年併清浪入北溶，移結灘地方。」志云：府西南二百三十里有港口驛，又府西五十里有楊溪廢驛，東二十里又有荔枝廢驛。

犵狫犵獠不狼寨。在府西北大西山口。其名皆犬屬，蓋盤瓠子孫。志云：府有廢淘金場、廢水銀場七、廢鐵冶四，蓋皆山溪所產。今否。又有銅柱，在會溪鎮隔江。五代史：「晉天福四年，黔南巡内溪州刺史彭士愁寇辰、澧州，爲楚將劉勍等所敗，以溪、奬、錦三州降楚，楚王希範因徙溪州于便地，表彭士愁爲溪州刺史，鑄銅柱立之溪州。」胡氏曰：「會溪城西南一里有桐柱。」是也。

盧溪縣，府西六十里。西南至麻陽縣百五十里。漢沅陵縣地。志云：梁天監中置盧州。今正史不載。唐武德四年析沅陵置盧溪縣，屬辰州。今無城。編户十二里。

盧溪廢縣，在今縣西。宋紹興七年，前知辰州章才邵言：「靖康中盧溪諸蠻多故，因移縣治于沅陵縣之江口故地，遂爲蠻所竊據。」是也。又招諭廢縣，在縣西南百二十里。本沅陵縣地，唐垂拱三年析麻陽縣地置招諭縣，屬錦州，後没于蠻。宋太平興國七年復置招諭縣，屬辰州。熙寧七年改屬沅州，八年縣廢。尋置招諭寨。元因之。今仍爲戍守處。志云：招諭廢縣去麻陽縣九十里。

連竭提山，縣南四十里。峰巒秀拔，連接羣山。又古城山，在縣西五十里。又西三十里曰居住山，有石室，苗、獠所居。縣西百二十里又有頭悌山，巉巖聳秀，施溪水經其下。其相近者曰無時山，山多茶樹，鄉俗當吉慶時聚會歌舞于此。

思門山，縣西百五十里。二峰對峙，峭壁如門，最爲險峻。又縣西百八十里有武山，俗傳槃瓠所居，武溪水出焉。○辛女巖，在縣西三十里大江之左。奇峰絶壁，高峻插天，有石屹立如人，俗傳高辛氏女化石于此。

沅水，在縣南。自辰溪縣流經縣界，東入沅陵縣境，灘險錯列，至爲峻急。

武溪，縣西百三十里。亦曰盧江，縣以此名。太子賢曰：「武溪，五溪之一也。」自武山發源，東流經此，下流入于沅水。後漢建武中，武陵蠻反，遣劉尚討之，泝沅水入武溪，一軍皆没。馬援征蠻亦至此，有歌云「滔滔武溪一何深」？謂此也。亦曰潕溪，熊氏以爲即漢志無陽縣之無水，誤。○土橋溪，在縣南六十里。其相近者又有浦溪。又熊溪，在縣西六十里，亦以爲雄溪也。唐志：「永貞元年熊、武五溪溢。」又有潭溪、古迪溪，俱在縣西五十里。縣東三十里又有仲溪。志云：縣境大小諸溪以數十計，俱參差流會于沅水。

河溪寨，縣西九十里。有巡司戍守。又院場坪巡司，在縣西南三十里。溪洞堡巡司，在縣南六十里。志云：縣北三里有虎頭寨，元末築此以保障民居。又縣西二十里有猺獠寨，西北百五十里有騾子砦，皆宋所置故址也。苗蠻恒出没于此，明仍置兵守禦。

蠻溪堡。縣南三十里。又南十里爲新池堡。又浦口鎮堡，在縣南六十里。宋隆興中章才邵言：「沅陵之浦口，地平衍膏腴，多水田，又當沅、靖二州水陸之衝，一有蠻隙，爲害不細。」是也。今旁接溪洞堡巡司。志云：縣境砦堡皆辰溪衛官兵防戍。○武溪驛，在縣城東。又船溪驛，在縣西三十里。

辰溪縣，府西南百二十里。西至麻陽縣八十里，南至黔陽縣二百十里。漢武陵郡辰陽縣，晉、宋以後因之，隋改曰辰溪縣，屬辰州。今城周五里。編户八里。

辰陽城，在縣西北。漢縣治此，梁、陳間移今治。隋改曰辰溪。五代時馬氏嘗析辰溪置辰陽縣，蓋因漢舊名，尋復廢。宋白曰：「後漢建武二十五年置辰陽縣，本漢之辰陵。」考漢志無辰陵有辰陽，白悮也。又云縣北有靈州城，未知所據。

建昌廢縣，在縣西北。隋志：「梁置建昌縣，南陽郡治焉。陳因之。隋廢郡，改置壽州，開皇十八年又改充州，大業初州廢，併縣入辰溪。」又蕭梁時于辰陽縣境置夜郎郡及縣，隋廢郡，改置静人縣，尋并縣入辰溪。

五城山，縣北四十里。相傳楚威王使莊蹻定黔中，因山築城，故名。又縣東三里有時住山，相傳諸葛武侯曾駐此。又房連山，在縣東四十五里。連峰接岫，廉隅峭厲，如房室然。

黿山，在縣西，隔江。山盤礴高聳，下有鍾鼓洞，深里許。又五峴山，在縣西南四十里，有五峰相峙。縣南百二十里有仙靈山，巉崖峭壁，仙靈所居。志云：縣西南三十里有九峰嶺，以九峰層疊也。

沅江，在縣西一里。自沅州流入境，又東北流入盧溪縣界。志云：縣東南十里有辰溪，蓋自沅陵西南流入沅江也，縣因以名。○桑溪，在縣東二十里。志云：自辰溪分流，合于沅江。又助溪，在縣東五十里；嵩溪，在縣南六十里；洞水溪，在縣西南十五里：俱流合于沅江。

龍門砦。縣西三十里。宋初置寨于此，熙寧七年廢。尋復置，元廢。志云：砦旁有龍門澗，接麻陽縣界，巖石峭峻，澗水深阻，砦因以名。聞見録云：「縣南二十里有天保砦，山勢危峻，昔居民避兵處。」又普市鎮，在天保砦南十里，諸貨聚集，向設巡司。○渡口鎮，在縣東南一里。有巡司，今革。志云：縣西南一里有辰陽驛，東南三十里有山塘馬驛。

溆浦縣，府南二百七十里。東北至寶慶府新化縣二百里，南至寶慶府城步縣二百七十五里。漢武陵郡義陵縣地，隋爲辰溪縣地，唐武德五年析置溆浦縣，仍屬辰州。土城，周九里有奇。今圮。編户三十四里。

義陵廢縣，在縣北。漢置縣，屬武陵郡，高帝封長沙柱國吴郢爲侯邑。後漢廢。常林義陵記：「項羽殺義帝，武陵人縞素哭于招屈亭，高祖聞而義之，故曰義陵。」今郡東南亭舍是也。晉書：「潘京曰：『武陵郡本名義陵，在辰陽縣界，光武時始移東出。』」括地志：「漢武陵郡初治義陵，後漢始移臨沅。」是也。輿地紀勝云：「縣南一里有車靈故城。靈，吴叛臣也，入溆溪以自保，吴將鍾離牧討殺之。城址尚存。」志云：今縣東二里有廢盧城。未詳。

盧峰山，縣西二十里。峭峰巋然，爲衆山表，有鎖子、對馬諸洞。又西二里有大豐山，峰巒秀異，林木鱗次，縈繞磅礴，如屏障然。又大溆山，在縣西三十里，洞穴深阻。其西二十里又有叙溪山。又嵯峨山，在縣西北六十里。盤旋聳秀，一名磨槎山，元和志以爲巍峨山也。○桃花山，在縣城北。山高險，可以守望。其北有桃谷，岡巒秀麗，溪流遶其下。

鄜梁山，在縣東。漢志「義陵縣有鄜梁山，序水所出，西入沅」，即此山也。又金井山，在縣東南十二里。舊有淘金坑，今廢。又頓家山，在縣東五十里，接寶慶府界。貨茶者多佃于此，故茶以溆浦名。○波滿山，在縣南四十里。巖巒層疊，勢如波浪。又穿雲峰，在縣北六十里。有巨石穴，狀若城門，通往來。又崖門，在縣東二十里。兩崖夾峙，商旅經其中。

紅旗洞，縣東南二十里。五代馬希範遣兵收武陵諸蠻，至此見洞中紅旗隱見，遂屯兵于上。其山高聳而脊平，可屯數萬人。○墨巖洞，在縣北十里，中深黑。有水下流，溉田甚廣。又北十里有楠木洞，洞深五里，石壁峭立，梯竹以登，行未半，有漲水謂之龍池。有楠木羅洞門，故名。下瞰流水，名無盡溪。

溆水，縣西三十里。漢志作「序水」，一名溆溪，又名溆川，楚辭所謂溆浦也。源出鄜梁山，西北流入沅。志云：今縣南有雙龍江，其水一自縣南百二十里之龍潭發源，一自縣東二十里龍灣發源，流經縣南二里之龍堆合流，而西入于沅水。今縣西二十里有大沉滩灘，又西有小沉滩、莎衣、油眉、半倉等灘，蓋即溆水所經矣。

桃溪，縣西南八里。源出盧峰山，流繞縣治入雙龍江，灌溉民田凡千餘畝。又黄沙溪在縣南百五十里，鄭家溪在縣東二十五里，來溪在縣東三十里，俱流合于雙龍江。○青江潭，在縣西五十里。相近又有盧深潭，溉田甚溥。

龍潭堡。縣南百二十里龍潭上。其水自黔陽縣界東流至此，匯而爲潭，深不可測。宋元豐二年置堡于此，元因之。今爲龍潭堡巡司。又鎮寧堡，在縣東六十里。或曰即宋元豐初所置懸鼓寨也，元改爲鎮寧堡。今亦置巡司于此。○據老寨，在縣南四十里，又南十里有桶溪隘，又十里爲順溪隘，皆設險處。志云：縣北二十里爲長坡隘。又北六十里爲白霧隘，亦曰白霧團，宋天禧初辰州都巡檢使李守元攻破蠻兵于白霧團是也。亦嘗置驛于此，後廢。縣東六十里爲思溪隘，又東二十里爲油良隘，又二十里爲苦練、黄梅等隘，縣東北六十里爲瀼口隘，皆有官兵戍守。

## 附見

辰州衛，在府治東南。明初龍鳳十三年建，領千户等所。

鎮溪軍民千户所，在盧溪縣西二百三十里。本宋鎮溪寨地，明初置巡司于此。洪武二十八年復置所，以鎮崇山、沿場、高巖等處，分轄蠻長、石答衝等百四十二寨，隸辰州衛。所無城。編户三里有奇。

崇山，所西六十里。蜿蜒高峻，山頂瀑布聲聞若雷，志以爲即舜放驩兜處。元置崇山衛于山下，明初改置崇山守禦千户所，尋廢。通志：「山在盧溪縣東南十里。」悮。又竹寨山，亦在所西。山高多竹，蠻獠嘗結二寨于山上。○張家山，在所東南三十里；醜陀山，在所東五十里；山皆高峻，有蠻砦。

鎮溪山，所東南二十五里，巍然爲羣山表，鎮溪水出焉。名勝志：「所東北有浮舟山，山形横亘如舟，下有巖洞，水流成溪。」○思麻山，在所南六十里。兩山夾立相向，水流爲思麻溪。又巖碌山，在所南二百里，産石碌。又盧峰山，在所東二百三十里。三峰屹立，林壑掩映。又東二十里曰青竹山，茂林修竹，望之鬱然。又踐伏山，在所東三百二十里。盤亘綿遠，偃伏藏奇。所北二百里曰楠木山，山多楠木。志云：所境羣山環遶，皆蠻獠據險立寨處也。

鵶溪，所西北十五里。又鎮溪，在所東南三十里。思麻溪，在所東南七十里。志云：所西之水自崇山發源流爲鵶溪，下流與羣山溪之水合于武溪，流注沅江。

陰隆江堡，所西南七里。又四十里爲爆竹堡。志云：所西四十里爲寨陽堡，西南五十里爲洞口堡，六十里爲都溶堡，七十里爲牛隘堡，七十五里爲南陽堡，八十五里爲大凹堡，皆隸辰溪衛，有官兵戍守。

董朵寨。在所西北。志云：鎮溪叛苗有董朵、董其、亞糯、噉冷、噉勒、亞酋、十八箭、紅庄、小梢、小米、沙流、板凳、茅岡、下水、彪山、小鉛場、盤朵、龍亭、悶洞、東那等凡二十寨。

沅州，府西南二百七十里。東南至靖州三百里，西至貴州思州府一百九十里，北至保靖衛三百里。

春秋、戰國時楚地，秦屬黔中郡，兩漢以後屬武陵郡。陳爲沅陵郡地，隋屬辰州。唐初因之，貞觀八年析置巫州，治龍標。天授三年改曰沅州，開元十二年復爲巫州，天寶初曰潭陽郡，乾元初復曰巫州，大曆初又改爲溆州。宋初没于蠻，蠻號懿州，即溆州之訛也。熙寧七年收復，仍置沅州。亦曰潭陽郡，治盧陽。元初曰沅州，尋爲沅州路。明初曰沅州府，洪武八年降爲州，以州治盧陽縣省入。編户二十七里。領縣二。今仍曰沅州。

州連接溪峒，扼塞羣蠻，西南一隅，仰此氣息，誠藩籬之要害，而黔、楚之巨防也。

盧陽廢縣，今州治。舊縣在州城東北。漢無陽縣地，唐爲潭陽縣地，宋初田氏據此，謂之懿州，熙寧中章惇破平之，置盧陽縣爲沅州治。元因之，明省。宋史云：「北江蠻彭氏有州二十，南江蠻舒氏有州四，田氏有州五，向氏有州五，自太祖以來，受朝命隸辰州入貢。熙寧五年章惇經制荆湖，蠻皆納地，惟田氏有拒命者，惇進兵破懿州，南江州洞悉平，遂置沅州，以懿州新城爲治所。」城邑考：「州城，明初創築，弘治、正德中相繼修葺，周六里有奇，門四。」

潭陽廢縣，州西七十里。唐先天二年分龍標縣置潭陽縣，屬沅州。宋初没于蠻，縣遂廢。熙寧中改置盧陽縣。○

龍標城，在州西南五十里。漢無陽縣地，梁置龍標縣，屬南陽郡，隋屬辰州。唐初廢，武德七年復置，仍屬辰州。貞觀八年置巫州于此，後州郡皆治焉。五代時爲蠻所廢。

峨山廢縣，州西百里。唐貞觀五年分龍標縣地置夜郎縣，屬巫州。長安四年置舞州治焉。開元十三年改爲鶴州，二十年改爲業州，又改夜郎爲峨山縣。天寶初曰夜郎郡，乾元初復爲業州，大曆五年改爲獎州，皆治此。五代以後没于蠻，爲獎州砦。宋熙寧中亦曰獎州舖，屬盧陽郡。○渭溪廢縣，在州西南百八十里。唐天授二年分夜郎置渭溪縣，屬沅州。長安四年改屬業州，後屬獎州。五代以後爲蠻所廢。志云：州西二百五十里有廢峨溪城，宋初諸蠻所置也。

舞陽城，在州北。漢置無陽縣，屬武陵郡。縣在無水之陽，因名。後漢省，三國吴復置，仍屬武陵郡。晉曰舞陽縣，〔七〕劉宋因之。蕭齊曰潕陽，仍屬武陵郡，隋廢。通典：「巫州在巫水之陽而名，治龍標。」漢無陽縣蓋以「巫」爲「無」也。

明山，州北二十里。周迴二百里，岡巒層疊，環遶州城。又高明山，在州東百三十里。磅礴高峻，爲諸山之冠。又保牢山，在州東百里。蠻獠據此，資其牢險。○雙髻山，在州西南五十里。二峰並聳，狀如雙髻。其南有板門山，山巖對峙如門也。宋時爲向蠻據守處。又疊石山，在州東南二里。山下有灘名疊石灘。

沅江，州西南五里。自貴州番界流入州境，又東經黔陽縣及靖州之會同縣界而入辰溪縣境。○潕水，在州南四里。一名潕溪，亦曰巫水，自貴州思州府流入境，合于沅江。漢志注：「無陽縣有無水，首受故且蘭，南入沅，行八百九十里。」許慎以爲九江之一也。志云：潕溪一水五名，曰無，曰潕，曰舞，曰潕，曰巫，其寔一水也。熊氏以辰州之武溪爲無水，誤。

渭溪，州西南五十里。出雙髻山下，東北流至州東南二里入沅水。又峨溪，在州西南二十里。烏溪，在州西南八十里。楊溪，在州南十里。志云：板門山下有板門溪，其相近者又有豐溪，又西溪在州西百五十里，其下流俱入于沅水。○龍門溪，在州東六十里，又州東四十里有連溪流合焉，其下流入于辰水。

便溪砦，州西五十里。本奬州地，宋崇寧三年置砦于此。今爲便溪馬驛。一作「便水」。又若溪砦，在州西二十里。宋至和中溪州蠻彭仕義作亂，寇辰州界，據守若溪地。既而其兄師晏攻殺之，歸若溪地，并以皮白洞來獻。洞蓋在若溪西也。崇寧三年始置若溪寨，屬盧陽縣。今仍爲戍守處。志云：州西南一里有西關渡，明初置關于此，設渡口巡司。今革。

鎮江砦，州西南五十里雙髻山下。宋初蠻置富州于此，謂之富州新城，熙寧中收復，改置鎮江砦，元豐三年并入黔陽縣。今仍爲戍守處。又安江砦，在州東南百九十里。宋初蠻置峽州，謂之峽州新城。或訛爲洽州，熙寧中章惇取懿、洽，即此也。尋改爲安江砦。今亦爲安江驛。詳見黔陽縣安江堡。又銅安砦，在州東北三百四十里。本蠻寨，宋熙寧七年廢，宣和元年復置銅安砦。今爲銅安驛。○懷化砦，在州東百二十里。本蠻砦，宋置懷化舖。今爲懷化馬驛，并置遞運所于此。又竹砦，在州東南百四十里。宋置。今爲竹砦驛。

羅舊站堡，州東四十里。又州西四十里爲白茅灘哨堡。五十里爲冷水站堡。九十里爲晃州站堡，堡故蠻州也，亦宋熙寧中收復。今有晃州馬驛，并置巡司于此。志云：已上四堡俱隸沅州衛。○鮎魚站堡在州西百二十里，又西十里爲南寧哨堡，又西五十里爲平溪站堡及太平哨堡。志云：已上四堡俱隸平溪衛。又岳州哨堡在州西百九十里，又西十里爲梅溪站堡，又十里爲梅花哨堡。志云：已上三堡俱隸清浪衛。又平蠻哨堡在州西二百三十里，又西十里爲得勝哨堡及永平哨堡，又西十里爲武安哨堡，又十里爲大勝哨堡，又二十里爲相見站堡。志云：已上六堡俱隸鎮遠衛。又柳塘站堡在州西三百五十里，又西三十里爲蒼平哨堡。志云：已上二堡俱隸偏橋衛。

**沅水驛**。州城南二里。又州東北八十里有盈口驛，東南八十里有盧黔水驛。又羅舊馬驛置于羅舊堡。餘詳見上。

**黔陽縣**，州東南八十里。東南至靖州會同縣九十里。漢鐔城縣地，屬武陵郡。梁爲龍標縣地，唐貞觀八年析置朗溪縣，屬巫州。五代時縣廢。宋熙寧七年置黔江城，元豐三年升爲黔陽縣，屬沅州。今城周不及三里。編户二十二里。

**鐔城廢縣**，在縣西。漢縣治此，後漢因之，晉末省。唐改置今縣。志云：縣有諸葛古城二：一在城南四十里，其地有卧龍嶺；一即城東九十里之安江堡，俗亦謂之諸葛營，相傳武侯撫綏溪洞諸蠻嘗駐于此。又縣東南有馬王城，相傳五代時馬氏征溪蠻築此城，爲控扼處。

**羅公山**，縣東南百六十里，昔有羅姓者隱此而名。山周五百里，四面險絶，絶頂有池廣數十里。南有砂溪，與武陽江合，北流分爲兩溪，入沅。宋熙寧間土豪舒光起寨于此，爲傜人所破。山西北有地平廣數百畝，歲大旱此處獨稔，號曰「熟平」。○金龍山，在縣南百里。山勢峻拔，有風出空巖中。又赤竹山，在縣東百四十里。岡隴盤紆，多赤竹。又白雲山，在縣東六十里，高二十里，白雲常繞其上。又龍標山，志云：在縣治東城内，沅、黔二水會流經其下。

鈎巖山，縣北七十里。削壁懸崖，倒垂如鈎。中有泉，世謂之鈎崖水。又紫霄山，在縣北十里。峰巒聳秀，其勢凌霄，洞中常有紫雲出入。

雙石崖，縣南九十里。有二石對立，又名屏風崖，三面如一。相傳石根隨水高下，土人神之，舟楫莫敢犯。明景泰中苗寇弗靖，人皆避其上，因築寨置戍，名爲安江雙崖城。○卧龍巖，在縣南四十里。旁即諸葛古城。有洞深數里，石壁如垣，泉湧不竭，相傳武侯駐兵處也。又牛角坡，在縣西四十里。坡連環如牛角，路通沅州。

沅江，在縣城南。自沅州東流合縣境諸水，又東流歷會同縣境，復東北折而入辰溪縣界。○黔江，在縣西南三里，亦曰黔水。志云：源出牂牁，經縣南一里七寶山下合于沅江。縣南三里有獅子灘，水勢深闊，湍流瀲灩。

大龍溪，縣東南百里，源出羅公山；又有小龍溪，出縣東南九十里之柘木隘；二溪水脉相通，皆流入于沅水。又稔禾溪，亦出羅公山，經縣東南百里西北流，亦入沅水。志云：縣東南二百里有砂溪，源亦出羅公山；縣東百六十里又有洪江溪，源出縣東溪洞古城；下流皆入沅水。洪江溪蓋即會同縣之洪江矣。〔八〕

栗子關，在州西，甚陡峻。又陟回龍坡，石立如峰，頗似關口。

鷄鳴關，平溪衛西。高峰奇削，勢最峻嶒。五十里度焦溪。

托口寨，縣東南四十里，當九溪諸蠻之衝，宋置托口寨于此。今亦爲戍守處。又洪江寨，在縣東南五十里。宋元祐五年置，以洪江溪名。盧氏曰：「托口、洪江皆瀆沅水，與會同縣接境。」又竹灘堡，在縣南二十里。宋熙寧中置鋪于此，元豐八年罷，元祐五年復置砦。今仍置堡，恃爲控禦。通志云：「托口在縣西南四十里。」一云竹灘在縣西北二十里。似皆悮。又有黔陽堡，在城北。

安江堡。縣東南百里，即州境之安江驛也。一名安江鎮。明初置巡司于此，屬今縣。志云：黔陽、竹灘、安江三堡，皆景泰初以溪洞蠻獠出没爲患，增設戍防，俱沅州衛官軍哨守。○菱托鋪，在縣東百六十里。志云：自安江至菱托鋪，皆溪洞猺賊出没要道。宋置寨鋪以爲捍禦，今多因舊址。又銅安鋪，在縣東北二百五十里。今見沅州銅安驛。

麻陽縣，州北百三十里。西至施溪長官司八十里。隋沅陵、辰溪二縣地，唐武德三年析置麻陽縣，屬辰州。宋因之，熙寧七年改屬沅州。今城周三里。編户七里。

龍門廢縣，在縣東北。唐垂拱四年析麻陽縣地置龍門縣，屬辰州，尋廢。或曰陳天嘉中于麻溪口置戍，唐因置麻陽縣，又于舊戍城置龍門縣。盧氏曰：「龍門蓋在辰溪境内。宋置龍門砦，熙寧七年嘗改隸沅州，當即唐之龍門縣。」通志云：「在縣西三十里。」悮也。

盧陽城，縣西三十里。劉昫曰：「唐垂拱二年分麻陽地并開蠻洞置錦州，理盧陽縣。天寶初曰盧陽郡，乾元初復曰錦州。」後廢于蠻。宋爲錦州寨，熙寧八年廢爲鋪，屬麻陽縣。又渭陽廢縣，在縣西五十里。亦唐垂拱二年置，屬錦州，後廢于蠻。郡志作「黄陵城」，悮也。○常豐城，在縣西南。唐垂拱二年置萬安縣，屬錦州，天寶初改爲常豐縣，後廢于蠻。

齊天山，縣東南五十里。峰巒秀異，高出雲表。宋置齊天舖于山下。一名霽天山。又西晃山，在縣南二十里。峰巒秀拔，爲邑之鎮。○都督山，在縣北九十里。相傳唐置都督府于辰州，鎮撫溪苗，嘗提兵駐此，因名。又羅甕山，在縣西北八十里。山石紆迴，層疊突起如甕。舊產硃砂，今絕。

龍門山，縣東北百里。連山參差，崩石對峙，勢欲傾仆，最爲險絕。唐置龍門縣，蓋以山名。東接辰溪縣界。志云：縣東北五十里有巖門山，石磴崖險，舊有巡司。又苞茅山，在縣東九十里。產茅三脊，可以縮酒，相傳楚貢包茅，蓋出于此。○萬山，在縣西南七十里。峰巒峻拔，澗壑縈紆。又石梯山，在縣西百十里。山峻聳，石磴如梯。

蠟爾山，在縣西北百三十里。蠟，俗作「蜡」。山之東北屬盧溪縣鎮溪千户所及保靖衛箄子坪長官司，山之西屬貴州銅仁府銅仁、平頭二長官司，山之西北與四川酉陽宣撫司鄰，而無所屬。地東西二百里，南北百二十里，諸苗蟠聚凡七十四寨，而麻陽爲戍守之衝。防險説：麻陽蠟爾、鎮箄、銅平諸山，爲苗蠻巢穴，周迴千數百里，懸崖鳥道，叢箐櫛比，嵐瘴蒸鬱，陰雨恒多，視諸溪峒獨稱阻絕，往往乘晦冥據險爲亂。嘉靖初山酋龍求兒叛稱苗王，南結貴州土獠，西誘酉陽諸蠻，連亘各寨，流毒三省，命臺臣萬鏜等進討，尋攻克之。鏜上言：「此蠻自宣德七年及正德七年皆嘗用大兵攻勦，臣博訪各賊巢穴，如蠟爾等山洞接連三省，當其險絶之處，晦冥之時，一夫拒守，百夫莫前，冒險倖功，非良策也。因以勦之威行撫之恩，今雖平定，然苗蠻易動難静，不可不廣施方略，以杜後患。」鏜又嘗與朝士書曰：「苗賊巢穴如蠟爾、雷公等山，接連湖、貴、四川，周迴千數百里，猩猸所居，人跡罕至。其懸崖鳥道，莫可躋攀。且竹箐叢生，彌望無際，幽巖曲澗，在在皆然，人非側肩傴背，莫能入也。賊從内視外則明，每以伏弩得志；我從外視内則闇，雖有長技，皆無所施，此地利之難也。又苗巢所居，率皆險僻幽翳，雖天氣晴明，亦惟亭午稍爲開霽，一遇陰霧，則咫尺莫辨；又雨潦眥多，山嵐瘴濕，穢氣鬱蒸，此天時之難也。先年駕馭得宜，牢籠尚易。自正德以來，邊方多故，釁弊萬端，土兵有難用之虞，調集增繁擾之害，此事勢之難也。從來軍臨則散漫潛藏，軍退則突出劫掠。賊云：不怕官府兵多，只怕官府糧多。蓋兵雖多而山箐深險，力未易施；糧多則圍困久長，勢將自斃耳。」二十七年苗復竊發，用大兵征勦，兩省騷動，三十一年始就平。

**錦水**，縣西三里。亦名錦江。自貴州銅仁發源，東流入境，經錦州故寨，又東經縣南，至龍門山下入辰溪縣界合沅水。

**龔溪**，縣南四十里。源出西晃山，東北流入辰溪縣界。又犀迷溪在縣西南七里，粱源溪在縣西十二里，白旗溪在縣東五十里，俱流入錦水。又龍門溪在縣東北三十里，源出龍門山，縣東北四十里又有西溪與龍門水合流，俱入辰溪縣界注于沅水。

**鴉剌關**，縣西北四十里，與貴州叛苗接界，爲控扼之所。萬曆中廢。又灣溪堡，在縣西南。宣德六年鎮筸砦苗叛，總兵蕭綬討之，奪其池河營，賊降，乃設灣溪、安江等十六堡。嘉靖二十七年復討平筸子坪、蠟爾山諸苗賊，罷灣溪等堡，改設乾州等十三堡是也。又安溪堡，在縣東南八十里，或曰即安江堡。志云：縣境諸堡，俱萬曆中廢。

**巖門砦**，在縣東北五十里巖門山下。今有巡司戍守于此。又龔溪砦，在縣南。宋熙寧六年置砦，尋廢爲舖。志云：麻陽自巖門砦以下有民砦、苗砦凡五十四，錯列縣境。

小坡營。在縣西。嘉靖二十六年湖廣及川、貴諸苗皆叛，掠晃州便水驛，破小坡營，遂掠銅仁、思南、石阡諸境。又眉亮營，在縣北，亦戍守要地。其相近有爆木、大梢等營。二十七年官軍分扑諸苗，屯鵶剌、眉亮、爆木、大梢四營，剿回保崖崮、毛岡、板栗、昔朗、冷水、紅巖、下水、坡攙、略變九砦，皆湖廣諸苗砦也。

附見

沅州衞，在州治東。洪武初建。

平溪衞。沅州西百五十里。洪武二十二年建，城周九里有奇，南至貴州思州府三十里。今亦置平溪衞，併詳見貴州。

## 校勘記

〔一〕自寧遠縣北流至此　「寧遠」，底本原作「寧遼」，今據鄒本改。

〔二〕南連五嶺　「南」，底本原作「西」，鄒本作「南」。輿地紀勝卷五九、大明一統志卷六三引邵州圖經均作「西連五嶺」，然明之寶慶府，大致即今之湖南邵陽地區，按實際方位，五嶺之中，大庾、騎田二嶺在邵陽東南，都龎、萌渚、越城三嶺在邵陽之南，故「西連五嶺」之説不確，今從鄒本。

〔三〕子重爲洛陽侯　史記卷二一建元已來王子侯者年表「重」作「章」，「洛陽」作「洛陵」。漢書卷一五上王子侯表又作「路陵侯童」。

〔四〕熙寧五年築武陽開峽二城　「開峽」，宋志卷八八作「關峽」。

〔五〕望若圖畫　「圖」，底本原作「圓」，今據職本、鄒本改。

〔六〕水經注　底本原無「注」字，今據鄒本補。下引見水經沅水注。

〔七〕晉曰舞陽縣　「舞」，底本原作「無」，今據職本及晉志卷一五改。

〔八〕洪江溪蓋即會同縣之洪江矣　底本原無「溪」字，據上文「又有洪江溪」補。

# 讀史方輿紀要卷八十二

## 湖廣八

郴州，東北至江西吉安府七百五十里，東南至江西南安府三百里，南至廣東韶州府四百里，西南至廣東連州三百五十里，北至衡州府三百里，自府治至布政司一千八百八十里，至京師七千三百里。

禹貢荆州地，春秋、戰國時楚地，秦屬長沙郡。項羽徙義帝于長沙，都郴，即此。漢初置桂陽郡，後漢因之。治郴。劉昫曰：「後漢嘗移郡理耒陽，尋還郴。」三國吴亦曰桂陽郡，後漢建安中吴、蜀分荆州，以湘水爲界，桂陽以東屬吴是也。晉、宋、齊仍舊。梁、陳亦爲桂陽郡。隋平陳改置郴州，大業初復爲桂陽郡。唐武德四年復置郴州，天寶初亦曰桂陽郡，乾元初復爲郴州。五代晉天福初馬氏改曰敦州，漢乾祐初復曰郴州。周廣順初南唐取其地，仍曰郴州。宋仍爲郴州，亦曰桂陽郡。元曰郴州路。明初改爲府，洪武九年降爲州，以州治郴陽縣省入。編户十二里。領縣五。

今仍曰郴州。

州北瞻衡嶽之秀，南當五嶺之衝，控引交、廣，屏蔽湖、湘。項羽謂懷王曰：「古之帝者必居上游。」乃徙義帝于郴。形勝記曰：「州在五嶺以北，萬山之内，湘楚上游也。」漢建初八年鄭弘爲大司農，舊交阯七郡貢獻轉運，皆從東冶汎海而至，風波艱阻，弘奏開零陵、桂陽嶠道，至今爲常路。此桂陽于楚、粤之交，有咽喉之重也。唐末黄巢亂廣南，高駢建議，請遣兵于郴州守險，時不能用。劉氏之據廣南也，亦知守嶺北，始足以固嶺南，乃規取郴、連二州，以重兵屯戍。宋將潘美南伐，自湖南進兵，先拔郴州，而嶺南膽落矣。昔人云：韶、連二州爲粤東北門，而郴州又韶、連之北門也。

郴陽廢縣，今州治。秦置郴縣，漢爲桂陽郡治，後漢以後因之。隋、唐皆爲郴州治。五代晉天福初馬氏改曰敦化縣，尋復舊。宋仍爲郴州治。元至元十三年改爲郴陽縣，明初廢。城邑考：「州城漢初所築，歷代因之。明初因故址修築，景泰、正德間相繼修築。有門四，城周五里有奇。」

黄岑山，州南三十六里，即五嶺之一，從東第二騎田嶺也。嶺高千餘丈，絶頂一望，郴、桂皆在目中。宋慶曆七年桂陽蠻遁入郴州黄岑山，由趙洞轉寇英、韶，依山自保。趙洞，蓋在宜章南也。山中湧泉深廣，溉田甚多。其支曰摺嶺，爲楚、粤之關，與諸嶺連屬，横截南北，寒燠氣候頓殊。寰宇記：「黄岑山一名黄箱山，其東爲仰天湖，其北郴江之水出焉，其同出者爲桂水，爲寒溪水。」史載高祖置桂陽郡于上嶺山，又後漢書郴有客嶺山，皆黄岑也。今亦見宜章縣。

魚絳山，州東三十里。自山而東南有七十一峰，亦謂之東嶺，相傳與南嶽止增一峰云。又馬嶺山，在州東南二十餘里。巖洞幽勝，一名蘇子嶺，以有漢蘇耽升仙遺跡也。又五蓋山，在州東南六十里，五峰如蓋。○靈壽山，在州南二十里。舊名萬歲山，出靈壽木，可爲杖，唐天寶間改今名。千秋水出焉，流注城南，東合于郴水。又文明山，在州城南一里。上有塔。又南四里曰香山，城東一里曰東山。張舜民曰：「州在百重山內。」練亨甫曰：「郴環山而爲州。」是也。

雲秋山，州東北二百餘里。雲氣凝結，黯淡如秋，與衡州府酃縣接界。或云山有黑風洞，宋嘉定四年黑風洞民羅世傳倡亂，官軍討平之，即此。○曹王寨山，在州北三十里郴江口。山勢壁立，可以避兵。又坦山，在州西三十里。有萬花巖，澗水自巖而出，下流入郴水。

郴水，州東一里。一名郴江。源發黄岑山，北流經此，水清駛，下流會耒水及白豹水入湘江，韓文公謂「郴山奇變，其水清瀉」是也。○棲鳳水，在州北五十里。源出桂陽州南之龍渡山，東北流入州境，至州北五十里之棲鳳渡，因名棲鳳水，入永興縣界合白豹水。又桂水，在州東南六十里。源出魚絳山，東流入桂陽縣界會于耒水。志云：桂水亦出黄岑山，在州西南五十里。似悮。

牙江水，州東四十里。源出五蓋山，北流經此，灌田八十頃，又西北流入于郴水。又州西二十里有寒溪水，源亦出黄岑山，灌田三十頃，北流入郴。○三川水，在州南一里。源出坦山，流經州西三里通陂堰分爲三派，繞城内外，其下流皆入于郴。志云：州西三十里有騾溪水，下流入郴；州東百里有黄袍水，下流會于耒水；俱有溉田之利。

北湖，州北一里。湖面渺闊，唐韓愈所云「北湖之空明」，即此。其水流七里入郴水，灌田甚廣。○温泉在州北二十里，平地湧出如湯，東流合郴水。荆州記：「郴縣西北有温泉，其下流有十數畝田，常十二月下種，明年三三月穀登，一歲三熟。」又銅坑泉，亦在縣北二十里。兩旁巖壁如束，迅流斗折，合于温泉。相傳泉旁産銅，因名。宋志郴縣有新塘、浦溪二銀坑。今皆廢。

石陂鎮。州西八十里。一名兩路口，山徑險阻，有巡司戍守，與桂陽州臨武縣接界。正德十二年討烏春賊，副使惲巍等駐兵兩路口，爲諸軍策應是也。亦見前臨武縣。○蠔石鎮，在州境。五代周廣順二年湖南王逵攻郴州，與南漢兵戰于蠔石，爲南漢將潘崇澈所敗，即此。

永興縣，州西北八十五里。西北至衡州府耒陽縣九十里，北至衡州府安仁縣百八十里。漢置便縣，屬桂陽郡，後漢因之。晉仍爲便縣，劉宋初省入郴縣。陳復置，隋又廢。唐開元十三年析郴縣北界置安陵縣，屬郴州，天寶初改曰高亭。宋仍屬郴州，熙寧六年改爲永興縣。今城周二里有奇。編户二十里。

安陵城，縣西南五十里。今縣治，即漢便縣城也。唐析郴縣置安陵縣，尋曰高亭，皆治此。宋熙寧中太守李士燮以古便縣基據郴江上，舟楫往來，貿易相通，可建邑居而設場市，乃更徙治焉，名曰永興。今安陵城址尚存，周一里有奇。亦謂之高亭城，置高亭鎮，有巡司戍守。

白豹山，縣西九十里。山險峻，高數百丈，周百餘里，接衡州府耒陽縣界。又高亭山，在縣西三十里，周迴百十里，亦接耒陽縣界。頂有仙亭，高數丈。唐以此山名縣。又天竺山，在縣西二十里。山亦高聳。○龍耳山，在縣西十五里，周亘五十餘里，南接郴州界。又土富山，在縣西南二十里。志云：山舊有銀井，鑿之益深，因名。一統志云：「山在縣東南三十里。」

四十八峰山，縣北九十里。有四十八山拱峙攢簇。又縣北八十里有八仙山，以八峰並峙也。○連珠山，在縣東五十里，以圓峰層疊而名。志云：縣東北有天株山，頗稱要害。縣東四十里有九折洞，路徑逶迤，凡八十一盤。又觀音巖，在縣西北十五里，下瞰郴江。又有五峰嶺，在縣西北二十里。

郴水，在縣城東。自郴州北流至此，又西北白豹水合焉，會于耒水，謂之郴口，又西入耒陽縣界。○白豹水，在縣西二十里。源出白豹山，流合郴水。志云：縣有長安水，出西南六十里鬱鳳山，西流七里，灌田三十頃，又北入于郴水。水旁舊有長安館。

潦溪水，在縣北。源出縣東北之黄沙泉，北流經衡州府安仁縣界，爲永樂水之上源。又潮水在縣西八十里，舊有日夜兩潮，後鑿渠引水，潮遂絶。又四十二渡水，源出縣西之乾溪，流四十里，灌田八十頃。俱西入耒陽縣界注于耒水。○紫泉，在縣北。泉紫色，重于他水，銅壺漏取此以定時刻。亦曰紫井。

安福鎮。縣西北八十里，與縣西南高亭鎮並爲戍守處，俱有巡司。

宜章縣，州南九十里。西南至廣東連州二百三十里。漢郴縣地，隋末蕭銑置義章縣，唐武德七年省入郴縣。明年復置，仍屬郴州。五代周廣順初，南漢攻郴州，敗南唐兵于義章是也。宋太平興國初改曰宜章縣。今城周不及三里。編户七里。

義章城，縣北四十里。今城本高平廢縣也。劉昫曰：「唐長壽元年分義章南界置高平縣，開元二十三年廢高平，仍移義章治高平廢縣。」是也。

黄岑之支山也。

黄岑山，縣北六里，北連郴州界。又摺嶺，在縣北三十五里。志云：嶺西南連黄岑山，北入永興縣，東入桂陽縣，嶺高百丈，其路盤疊；又縣北十里有野石巖，巖壁峭立，正臨官道；又北二十里曰仙人掌山，亦以巖壁峭峙而名：皆

莽山，縣西南百里，接廣東韶州府及連州界，延袤六十里，有九十九峰。山形如寒蘆在宿莽，因名。宋乾道元年宜章盜李金作亂，劉珙帥湖南，遣兵討之，追破之于莽山，其黨執金以降是也。志云：縣西六十里則近莽山諸猺，又四十里則近長塘諸賊云。又漏天山，在縣西九十里。萬山環合，多雨少晴。○桄榔山，在縣東一里。山舊多桄榔木，因名。其旁有蒙巖，又縣南三里有艮巖，皆有泉壑之勝。

章水，在縣北。有大章、小章二水，俱出黄岑山西麓，東至縣北二十五里合流，又東合縣境大小諸溪水，經流入江西崇義縣界爲贛江西源，支流入廣東樂昌縣界爲三瀧水。

武水，縣東三十里。源出桂陽州臨武縣之西山，東流入縣會于大、小章水。又平禾水，在縣北三十里，亦流合章水。志云：平禾水出縣西北戴家源，經十二渡至石門，出爲瀑布，下流經冷水灣至縣東合章水。又寶雲水，在縣西七里，出縣南寶雲山；長樂水，出縣西莽山：下流皆入于章水。

仰天湖，縣北十里黄岑山東。平曠無山阜，湧泉蓄水，周迴三十里。又玉溪水，在縣城南。其源一自黄岑山西北，一自寶雲山東，至城西一里兩源合流，名曰兩河口，至縣南繞流東出，舊志所云玉溪三曲水也。溪濱多白石，故名。

下流亦達于章水。

白沙鎮，縣西南八十里，又赤石鎮在縣東六十里，皆設巡司戍守。志云：縣南八十里有笆籬堡，洪武中置。縣東八十里又有里田堡，正德中置。又縣北爲召募堡，本宋之永戍寨，明成化八年設守禦千户所，調茶陵衛官兵守禦，堡尋廢，所移置于縣城東；又縣西南九十里爲黄沙堡；俱洪武二十七年置。又縣西南六十里爲鳳頭營，東二百二十里糍粑營，東三十里爲紫溪營，俱有官兵戍守。又有瞿塘、荆州二哨，正德中調官軍輪戍，設守備一人，治縣城内。志云：縣南有栗源堡，西北有香口堡，皆戍守處，而香口尤爲險要。

桃油坪寨。在縣西。宋慶曆中官軍討桂陽蠻唐和等，覆其桃油坪、熊家原等寨，尋又敗賊于銀江源，降賊甚衆。

盧氏曰：「其地皆在縣境，與廣東諸山相連。」

興寧縣，州東北百里。東南至桂東縣百五十里。漢郴縣地，後漢永和初析置漢寧縣，屬桂陽郡。三國吴改縣曰陽安，晉太康初又改曰晉寧縣，仍屬桂陽郡。宋以後因之，隋廢。大業末蕭銑復置晉興縣，唐武德四年平銑，縣仍屬郴州。貞觀八年縣廢，咸亨三年復置，改曰資興。五代時廢入郴縣爲資興寨。宋嘉定二年復置資興縣，紹定二年又改曰興寧，仍屬郴州。今城周二里有奇。編户一十四里。

漢寧城，縣西二十五里。漢縣治此。孫吴以後縣名屢易，而縣治不改。宋復置資興縣，初亦治此，紹定初徙治管子壕，改曰興寧，而故城遂廢。

浦溪山，縣南六十里。一名瑶岡嶺，高萬丈，周二百里。頂有鴈池，俗名天鵝池。又秋溪山，在縣東南三十里，周百里。山勢層疊，接桂東、桂陽二縣界。志云：山在縣西三十里。似悮。○石城山，在縣西三十里。志云：山在資興舊治西，高聳如城，亦名西城山。又縣西四十里有九鼎山，以九峰如列鼎而名。

八面山，縣東五十里。山接桂東縣境，峭險壁立，延袤二百餘里，登之可見郴、衡、吉、贛諸郡。又山中有上洞、中洞及雷家洞，皆深險，素爲賊窟。嘉靖末傜賊黄積珠等據險肆掠，尋就擒。隆慶二年傜賊謝福通復猖獗于此，官軍討平之，因置堡戍守于此。

資興水，縣東南二十里。發源州東百餘里之古鏉泉，其泉方廣十餘里，四旁石壁峭立，西北流五十餘里至舊縣前，横流十里合瀘渡江。○瀘渡江，在縣西南三十五里。源出桂東縣萬王山，西流入桂陽縣界，北入縣境合資興水。興程記云：「瀘渡水自桂陽縣東北唐延里北流至豐樂，又二十里至沿潭接縣界，六十里至高活，水勢險惡。其旁鑿山通道，行者必舍舟從陸以避險。自高活五里至結魚，又六里至瀘渡，又十五里至耒江口瀧頭，凡十二灘。巨石堆疊，舟師非盪舟不能渡。又十五里至東津渡，又七十里合郴江口，即耒江正流也。」

程水江，縣西四十里。有四源合流于此，地名潭州江口，亦西流會于郴江口。○醽醁泉，在縣東北四十里。其水清冽甘美，釀酒極佳，即程水正源也。昔置官釀于此，名曰酒官水。其酒亦曰程酒，獻同酃酒。劉杳云：「程鄉有千里酒，飲之至家猶醉。」謂此也。〔一〕又龍泉，在縣西二十里。有二竅，東流出縣西二十五里之雙溪，西流出程水，溉田甚廣。又玉泉，在縣西四十里。上有玉泉館，洪武十二年建。

乾坑關，在縣西北，通宜章縣，爲谿峒出没之處，防守最切。志云：縣西南程水、雙溪等處，皆戍守要地。

滁口鎮。縣南五十里，又縣北三十里有州門鎮，皆設巡司戍守。志云：縣南有竹篙嶺，路近猿坑，又與上、下連峒相接，設滁口巡司以巡緝之。又八面山通桃源塘、金壠等峒，設州門巡司巡緝之。俱稱要害。○瑪瑙堡，在縣東八面山上，隆慶二年平猺亂，因置堡于此。其旁又有永安堡，亦設官軍守禦。又新溝隘，在縣東南八十里。正德中傜、僮爲患，官軍討之，屯于新溝以扼其要路，遂殲賊于此。

桂陽縣，州東南二百四十里。東至江西上猶縣二百四十里，西至宜章縣百六十里，南至廣東仁化縣百五十里。漢郴縣地，後漢漢寧縣地。東晉置汝城縣，屬桂陽郡。宋、齊因之。陳天嘉初改曰盧陽縣，并置盧陽郡。隋廢郡，縣屬郴州。唐因之，天寶初改爲義昌縣。五代唐同光初馬氏改曰郴義縣。宋太平興國初又改曰桂陽，仍屬郴州。今城周二里有奇。編户十五里。

耒山，縣南五里，四面孤絶，耒水所出。又南十里爲烏龍白騎山，湘中記：「山黑石如龍，白石如馬，因名。」○白雲山，在縣南四十里。高聳磅礴，周二三百里，頂有石巖，旁有九曲池，四時雲氣常暗，晴霽登望，廣、韶、郴、桂咸在目中。其並峙者曰屋嶺山。嶺最高，水分南北，其北匯流爲耒水，南爲屋嶺水。

筋竹山，縣東北七里。峰巒聳峙，竹木蓊鬱，重岡複水，迴抱左右。又文筆山，在縣東北十五里。一名黄岡尖，高出衆山。○洞靈山，在縣東十七里，有巖洞池泉之勝。又東三里曰君子嶺。相近者曰龍頂坳，一名東岡尖。巔有清泉，東流入江西，南流入廣西，流合于耒水。又義通山在縣北九十里，一名百丈嶺。

耒水，縣西十里。發源耒山，西北流經興寧縣界，合資興水，又西北會郴水，經衡州府耒陽縣界，下流注于湘水。○

淇江水，在縣北二十里。自桂東縣南流經此，合河橋水北入興寧縣界。或曰即瀘渡江之上源也。志云：縣南十里有壽江水，北流入城，其下流西入耒水。宋時縣有延壽銀坑，蓋以此水名。

屋嶺水，縣南六十里。源出屋嶺山，南流百餘里入廣東仁化縣界，下流會于郴水。○孤山水，在縣東南二十里。源出縣南十七里獨秀峰，俗謂之孤山嶺，其水屈曲北流，凡百五十里入江西上猶縣界，即猶水上源也。又東坑水，在縣東七十里，亦流入上猶縣界合于猶水。志云：縣南五里有周塘泉，分上、中、下三塘，溉田百餘頃。

益將鎮。縣東四十里，道出江西，以銀嶺爲汛地；又山口鎮，在縣南四十里，道出廣東，亦曰長樂山口，以老虎峒爲汛地；又濠村鎮，在縣東北四十里，以金豆、永豐爲汛地；鎮安鎮，在縣西北六十里，以百丈嶺爲汛地；俱有巡司戍守。○馬山砦，在縣東南二百餘里萬山中。正德十二年官軍討烏春山賊，賊首龔福全遁保馬山禾倉石寨，官軍進克之。志云：縣境如上莊、姜陽、延壽峒，鄰廣東樂昌縣，龍虎峒、三江口近廣東仁化縣，熱水、魚王、石峰寺接江西崇義縣，與猿坑、虎住等峒皆峻險處也。

桂東縣，州東百八十里。東北至江西龍泉縣百九十里，西北至衡州府酃縣百七十里。宋桂陽縣地，嘉定四年析置桂東縣，治上猶砦，元因之。今城周不及二里。編户四里。

三峰山，縣南六十里。三峰聳秀，蜿蜒十餘里。一名石峰山。又萬王山，在縣東五十里。山高峻，有萬王廢城，未詳所自。○鳳凰山，在縣西十里，志以爲縣之主山。又縣西南五里有鵝公山，山高直，縣境水口山也。

烏春山，在縣南境，接江西、廣東境内諸山，峰巒攢聚，道徑險僻。正德中土人龔福全等倡亂，據烏春山、臘栗寨等處。十二年官軍分道自桂東、桂陽、郴州、臨武等路合擊，遂平之。○清石洞，在縣南七十里。有石橋長百餘丈，非人力所創，名曰仙女橋。

洪江水，縣南八十里。出三峰山，流入桂陽縣界。又嚴溪水在縣南三十里，經縣南鵝公山下流入興寧縣境，西注資興水。

煙竹堡。縣北五十里，又北接酃縣梅花、萬王等山峒。又有寒口堡，在縣東南三十里。又新坑堡，在縣南四十里，南接江西上猶、崇義縣疋袍猴子嶺，向有官軍戍守。又分置守鎮百户所屯于此。○高分堡，在縣東八十里，接江西龍泉縣燕塘、長河，向有巡司。舊志：縣西接興寧縣界，當八面大山之衝，又有九磴諸隘，俱稱峻險。

附見

郴州守禦千户所，在州治西，洪武初置；又宜章後千户所，在縣城東，成化二年置：俱隸茶陵衛。

廣安守禦千户所。在桂陽縣治東北。洪武末置于城東八里，成化三年徙入縣城，亦隸茶陵衛。今仍置廣安所。

靖州東至寶慶府武岡州三百十里，西南至貴州黎平府二百三十里，南至廣西融縣二百八十里，西北至辰州府沅州三百里，自州治至布政司一千八百五十里，至京師六千一十里。

禹貢荆州之域，秦爲黔中地，漢屬武陵、牂牁二郡。後代皆爲蠻地，唐爲溪洞誠州。州境在唐時爲叙州之境。五代時馬氏有其地。初馬希範擊破諸蠻，蠻皆降附。後周時楊正巖以十洞稱徽、誠二州。宋初爲羈縻州，熙寧九年收取其地，時章惇平南江州洞，進兵城徽州，蠻酋楊氏以二十三州洞歸附，因置靖州。元豐四年仍爲誠州。移治渠陽。元祐二年改爲渠陽軍，三年廢爲寨，屬沅州。五年又爲誠州，繼而辰溪蠻叛，復據有之。崇寧中遣將收復，改誠州爲靖州。崇寧二年蔡京使舒亶知荆南，開拓境土。亶奏誠、徽州楊晟臻等納土，因改置靖州。元升爲靖州路，後降爲州，屬辰州路。見一統志，元史不載。明洪武元年改爲靖州軍民安撫司，三年改爲靖州府，九年降爲州，以州治永平縣省入。編户二十三里。領縣四。今仍爲靖州，直隸布政司。

州南連粵右，西接黔陬，障蔽湖南，隔礙蠻服，山川險阻，南服要區也。

永平廢縣，今州治。本蠻地，宋時蠻名古誠州貫保新寨，熙寧中收復。元豐三年置貫保寨，屬沅州。八年改屬誠州，七年改置渠陽縣，尋移縣爲州治。元祐二年州廢爲渠陽軍，三年廢軍爲寨。五年復置縣爲州治，崇寧二年改縣曰永平。舊治郭外，紹興八年移入州城。元因之，明初省。城邑考：「州舊有土城，宋淳熙中增修，明初因舊址展築。爲門五，城周五里有奇。」

誠州城，在州東。五代時蠻酋楊氏所置，亦曰楊氏城。宋熙寧中亦爲誠州治，元豐中始移治渠陽。志云：故城址今名渠水灘頭。又故渠陽城在渠江東岸，與今城對，遺址猶存。今州城，宋崇寧初舒亶選純福坡地所建新城是也。

飛山，州西北十五里。俗呼勝山，比諸山特高，突出雙峰，四面陡絶十有餘仞。其上平廣。蠻人保險于此，曰飛山蠻。唐乾寧二年蔣勛謀據邵州拒劉建鋒，起兵連飛山、梅山蠻寇湘潭。五代梁開平五年飛山洞酋潘全盛遣其黨楊承磊略武岡，馬殷使呂師周討之，攀藤懸崖，直抵飛山，分軍布柵，全盛大駭，承磊來戰，師周破其軍，縛降者爲鄉導，襲斬全盛，盡平巢穴。今環山壕塹遺址尚存，俗呼爲馬王城。宋大觀初亦于此置飛山堡。志云：馬王城在州西十里。又香爐山，在州北十五里。志云：亦諸苗負固之所。

寶溪山，州東北五十里。林木繁鬱。下有溪，中産金，故名。志云：城東二里有五老山，五峰連峙。又城南五里有侍郎山。一統志：「侍郎山在州南百八十里，與廣西分界，以宋紹興中侍郎程敦厚以言事竄謫，嘗遊此而名。」○九疊山，在州南二十里，山勢盤紆，九峰相次。州西南二十里又有青蘿山，烟羅蒼翠，一名大青山。又古城巖，在州西北三十里，洞穴深廣可六七里。又有中洞巖，在州西北百里來威寨中。

渠河，在州城東。源出通道縣之佛子嶺，下合衆流環州城而東北出，會于會同縣之郎江入沅水。

淇溪，在州西南。源出古城巖，流達于渠河。又有六王溪，在州南五十里，亦流合于渠水。○龍井澗，在縣北十里。源出飛山，繞流經城西達于渠河。又洗馬池在飛山上，味鹹，可煮爲鹽。

零溪鎮，州西百二十里。宋政和三年置零溪堡于此，今有巡司。又州北四十里有金灘堡，一百五十里有矛營堡，俱爲戍守處。志云：州西有廢糾坡堡，道出銅鼓衛。○貫保寨，在州北三十里。宋元豐中置寨于此，尋改爲渠陽縣，移入郭下，復置寨于此。今有貫保渡。

石家堡，州南三十里。宋元豐四年置堡於此，今爲石家驛。志云：州境有石家、滙村、多星、大田、天村五堡，皆宋元豐中置，元祐三年俱廢。崇寧三年復置，又增羊鎮、木寨二堡。大觀以後又置飛山、零溪等堡云。○西樓驛，在州南六十里。宋淳熙三年中峒賊姚民敖作亂，州兵守州西南之密崖及西樓驛以斷寇路。既而郡守邢遷益兵守西樓進擣中峒，覆其巢，略大、小汶川，還取桃溪堡，傜、僮懾服。其地皆在州南境，今置驛于此。又銅鼓驛，在州南百八十里。志云：州南三里爲永平驛，九十里爲三里坪驛，百二十里爲江團驛，百五十里爲鐵爐驛，諸驛皆有百户一人領兵哨守，屬于五開衛。

楚湘臺。在州城南。洪武三十年楚王、湘王奉詔討苗，嘗駐軍于此。○諸葛營，在州西。志云：諸葛武侯撫溪峒諸蠻駐軍處也。

會同縣，州東北百里。西北至沅州黔陽縣九十里，西至貴州思州府二百五十里。宋渠陽縣狼江寨地，崇寧初置三江縣，二年改曰會同縣，屬靖州。今城周二里。編户二十七里。

金龍山，縣東五十里。峰巒峻絶，狀若飛龍。又金鳳山，在縣北百里。山勢昂聳，若飛鳳然。又雲盤山，在縣東百二十里，峰巒層疊。縣南百十里又有雲環山，以高聳迴環而名也。○尖崖山，在縣西十五里，尖峰如削。又旺溪山，在縣西百六十里，四山相聯二十餘里。溪内嘗産金，宋時淘採，元廢。又崖屋山，在縣西北二里，有石巖如屋。

沅江，縣西五十里。自沅州黔陽縣流入境，又北入辰州府辰溪縣界。志云：沅水入境，過長潭、雲潭、文溪、金溪，至托口與郎江合。

郎江，縣西南百里。源出貴州湖耳長官司山中，流入縣境，經縣北合于沅江。志云：郎江入縣界，過郎坡横流入狼洞，會于三江口，上受渠河、潭溪之水，至托口入沅江。或作朗江，隋志作「郎溪」，又作「狼江」，宋以此名寨。

洪江，縣東百里。志云：源出寶慶府界，即九溪中之雄溪也。九溪，曰朗、曰潕、曰雄、曰龍、曰辰、曰叙、曰桂、曰武、曰西，而雄居其一，與渠河、潭溪、郎江諸水匯流而注于沅江。又若水，在縣東八十里。志云：水有兩源，一出州北貫保寨旁楠木山下，一出綏寧縣界，會爲若水，入于洪江。○文溪江，在縣西北二十里。志云：源亦出湖耳長官司，流爲潭溪，又北至雲潭，又北至文溪寨，其下流亦會郎水入沅江。

清陂湖，縣南十里，周十餘里；又南有玉山潭；其水皆會于渠河入于郎江。○三江渡，在縣南五里。又縣西北四十里有朗江渡。西北百里濱沅江有江東渡，今置江東巡司于此。

豐山堡，在縣西。南宋時蠻置豐山新堡，熙寧中收復。元豐三年改爲豐山寨，屬沅州。尋屬渠陽縣，八年廢。崇寧初復置豐山堡。今仍爲戍守處。○若水寨，在縣東九十里，宋崇寧初置，今因之；又縣西九十里有鎮遠寨；皆有巡司戍守。志云：縣南三十里有連山堡，東北五十里爲洪江堡，西北六十里爲郎江堡，西百里爲遠口堡，北三十里爲五招堡，六十里爲相見堡，與豐山堡爲九堡，俱永樂中置，皆靖州衛官軍戍守。

地靈堡。縣西南六十里，西七十里爲黄强堡，六十里爲黄檐堡，又西三十里即鎮遠巡司也，接貴州諸蠻，皆有官軍戍守。○文溪寨，在縣西南。宋置，亦名文村堡。元祐中誠州叛酋楊晟臺寇文村，即此。又洪江驛，在縣東百二十里。

通道縣，州南百里。西至貴州潭溪長官司百三十里，南至廣西融縣百七十里。本蠻地，宋元豐八年置羅蒙寨，元祐三年廢。崇寧初置縣，二年改爲通道縣，屬靖州。今城周不及二里，編户五里。

福湖山，縣北六十里。下臨渠河，林木鬱然，宋元豐中通道廣西經此，因取材以供建置。又佛子山在縣東南百里，與廣西分界，亦名佛子嶺。下有五虎潭，潭旁五石相對如虎。

**渠水**，在縣東。出佛子嶺，北流經此，經縣東北七十三里門峽中而入州界。志云：縣南七十里有芙蓉江，來自綏寧界，下流入廣西懷遠縣之古州江。○羅蒙江，在縣西四十里。志云：江源有三，一出佛子嶺爲羊鎮堡江，一出縣南天星里爲天星江，一出貴州洪州泊里長官司界爲洪州江，合流經此，西南流至廣西懷遠縣入古州江。

**多星江**，縣西四十里。源亦出貴州界，流合羅蒙河。宋元豐六年置多星堡，蓋置于江濱。又鑿字溪，在縣西南二百里，接廣西界。宋元豐中于溪旁得古碑，乃唐久視中遣將王思齊率兵征蠻過此，隔礙山險，負舟而濟，鑱字以記歲月，蠻人因目爲鑿字溪。

**收溪寨**。縣西南五十里。宋元豐八年置收溪寨，元祐三年廢，崇寧三年復置。志云：州至廣西融縣古無通途，宋知誠州周仕隆始遣人由收溪小徑趣廣西，觀山川形勢。今自寨而南三十里至佛子坡，即廣西界也。向設巡司戍守。○播陽寨，在州西北五十里，亦有巡司。志云：縣城外有長安、流源二堡，俱嘉靖中置，調常德衛官兵戍守。

**綏寧縣**，州東百十里。南至廣西義寧縣二百七十里，東至寶慶府城步縣百三十里。本唐溪洞徽州地，宋初爲羣蠻所據，太平興國中内附，置蒔竹縣，屬邵州，尋又没于蠻。熙寧九年收復其地，元豐四年仍置蒔竹縣，隸邵州。八年縣廢，崇寧二年復置蒔竹縣，尋改曰綏寧，紹興十一年屬武岡軍。元屬武岡路，明洪武三年改今屬。城周不及二里。編户三十三里。

**綏寧廢縣**，縣東北二十里。本武陽寨，宋熙寧六年置，紹興十一年移綏寧縣治武陽寨，二十五年復還舊治。今仍名武陽寨，爲戍守處。○臨岡城，在縣西南百二十里。宋蒔竹縣地，隸邵州。元豐四年縣廢，置臨口寨。崇寧五年改寨爲臨岡縣，隸武岡軍。紹興初夫夷洞蠻楊再興據縣爲亂，事平，復廢縣爲臨口寨。今有巡司戍守。

風門山，縣東百二十里。比諸山特高，有大小二風門嶺。山之東麓入武岡州界。其相接者曰金紫山，志云：金紫山在縣東百三十里。又唐糾山，在縣東南百里，資水所出，亦接武岡州界。○斬龍坳山，在縣東十里。上有土堆五，一大四小，狀如龍爪。

藍溪山，縣東北八十五里。崇巒疊嶺，草木蔭翳，澗水縈紆，爲蠻猺出没之所。其相接者曰蓮荷山。○楓木嶺，在縣南百三十里，最高險，爲羣蠻出没之所。縣東六十里又有菖蒲嶺，縣南百里有鷓鴣嶺。又有天塘嶺、鎖子嶺，俱在縣東北六十里。

西門河，在縣西關外。其上源匯諸山溪之水，自西南而東北出，達于會同縣之洪江。一名小洪。又雙溪，在縣東五十里，有雙溪渡。又茶溪在縣南五里，大金溪在縣東五里，大凍溪在縣西十里，俱流合于西門河。

東關，在城東。城西又有西關。又黄石堡，在縣東北四十里。志云：縣東北有關峽堡，宋熙寧六年所置，後廢。明嘉靖中增築黄石、關峽、藍溪、多龍、江口等五堡，調九溪、荆州衛及城步所官兵戍守，皆在縣東北境。

清坡寨。在城東八十里，有巡司。又有老鼠隘，在縣東北百里，亦爲控扼之所。

天柱縣，州西北二百里。本蠻地，洪武二十五年置守禦天柱千户所于此，萬曆二十五年改置縣，又割綏寧、會同兩縣地益之。縣未有城。編户八里。

小坪寨，在縣西。洪武三十年古州蠻作亂，楊文討之，至沅州，伐山開道二百里抵天柱，遂涉苗境，營小坪，而以偏師別由渠陽零溪西山徑啣枚夜發，犄角以進，分道夾攻，直抵洪州泊里、福禄、永從諸洞，大破之。貴州帥顧成亦勦平臻剖、六洞、螃蟹、天柱、天堂、大坪、小坪諸蠻。洪州泊里諸處，俱見貴州黎平、鎮遠二府境，蓋縣與貴州接界云。

墨溪寨。在縣西，苗寨也。天順元年湖帥方瑛等自天柱進討苗賊，克天堂、小坪、墨溪等二百二十七寨，即此。又谷種寨，亦在縣西境。天順三年湖督白圭議以谷種諸處山箐諸蠻雜處，爲東苗羽翼，乃分軍進討，一軍進青崖，一軍進牛皮箐，一軍進谷種，一軍進鬼山，所向皆捷，克水車壩等一百四十七寨；復會兵青崖，進攻石門山，克擺傷等三十九寨；又分兵四路，進攻董農、竺蓋及甲底，一路破羡塘及金配、江甕、擺省等四百三十七寨，賊首千把豬等退據六美山、翁受河等處，復檄各路會兵進勦，遂生擒之。其地蓋皆生苗之境，與貴州接界。

附見

靖州衛。在州治東。洪武三年建。今亦置靖州衛。又守禦天柱千户所，在天柱縣城内。洪武中建，萬曆中增置縣，所因而不改。○銅鼓衛，在州東一百里。今亦置銅鼓衛。仍詳見貴州黎平府。

屯鎮汶溪後千户所。州城西北二百五十里。洪武三十三年建，無城。

施州衛軍民指揮使司，東北至荆州府巴東縣五百里，西南至四川酉陽宣撫司九百里，西至四川彭水縣六百里，西北至四川石砫宣撫司七百五十里，自衛治至布政司一千七百里，至京師四千一百五十里。

禹貢荆、梁二州之域，春秋爲巴國境，戰國爲楚巫郡地，秦屬南郡，兩漢因之。三國吴屬建平郡，晉以後因之。後周置清江郡，併置施州。治清江縣。隋亦爲清江郡，移治鹽水縣。〔三〕義寧二年復置施州。仍治清江。唐因之，天寶初改曰清化郡，通典作「清江郡」。乾元初復曰施州。五代時爲前、後蜀所據，宋平蜀仍曰施州。亦曰清江郡。元因之，屬夔州路，以清江縣省入。至正十七年没于僞夏。明洪武四年仍置施州，十四年兼置施州衛，二十三年并州入衛，改爲施州衛軍民指揮使司，編户三里。屬湖廣都指揮使司，領軍民千户所一，宣撫司三，安撫司八，長官司八，蠻夷長官司五，而容美宣撫司亦在境内。今仍置施州衛。

衛外蔽夔峽，内繞溪山，道至險阻，蠻獠錯雜，自巴蜀而瞰荆楚者，恒以此爲出奇之道。宋末蒙古搭海入蜀，荆湖帥孟珙遣兵屯施州以備之。又蒙古兵渡萬州湖灘，萬州，今四川萬縣。施、夔震動，蓋施、夔表裏大江，而清江源出彭水，中貫衛境，至夷陵、宜都而合大江，其取逕尤捷也。明隆慶五年湖廣撫臣言：「荆州去施州道里險阻，不便巡歷。夷陵以西有明初潁國公傅友德所闢取蜀故道名百里荒者，抵衛僅五百餘里。請移巴東之石柱巡司于野三關，在衛東北四百里。施州衛之州門驛于河水鋪，在衛東北三百餘里。三會驛于古夷鋪，在衛東北二百餘里。俾閭井聯落，而于百里荒及東北隴仍創建哨堡，各令千户一員督夷陵、長寧二所，長寧所設于歸州治東。班軍各百人更番戍守，庶無險遠之慮。」此亦平時效籌者所當知也。

清江廢縣，今衛治。漢巫縣地，三國吴分置沙渠縣，屬建平郡，晉以後因之。後周于縣置施州及清江郡。隋開皇初郡廢，五年改沙渠縣曰清江，大業初州廢，屬清江郡，義寧初爲施州治。唐因之。宋亦爲施州治，開慶初郡守謝昌元徙州治于城東十五里之倚子山。元至元十三年仍還舊治。二十二年以清江縣省入州。二十五年復置，尋又廢。城邑考：「衛城宋所築，因山爲基。明洪武十四年復改築，東北帶清江，南環溪水，天然壕塹。爲門四，城周九里有奇。」

鹽水廢縣，衛東百七十里。吴沙渠縣地，後周置鹽水縣，并置資田郡及亭州治焉。隋初郡廢，縣屬亭州，大業初爲庸州治，尋爲清江郡治。唐初改屬江州，武德四年廢。亦曰亭州城，以都亭山爲名。或曰在衛東四十里，悮。○開夷廢縣，在衛北六十里。後周置烏飛縣，屬施州。隋改曰開夷縣，大業初屬清江郡。唐初仍屬施州，麟德元年廢入清江縣。志云：衛西百七十里有銀山廢縣，衛南七十里有信陵廢縣。恐未足據。銀山，佷山之悮也。見前夷陵州長陽縣。信陵，見歸州巴東縣。

都亭山，衛東北二百里。崇岡深麓，映帶左右。山之下多良田廣囿，後周以此名州。○倚子山，在衛東十五里，峰巒環峙。宋開慶初郡守謝昌元移城治此，以據險要。今亦名州基山。志云：衛東二里有連珠山，五峰相峙如貫珠，亦名五峰山。其相接者曰龍首山，控清江之口。又文筆山，在衛南二里，亦名雙翠山。山之西南爲翠濤山，峰巒如波濤層湧。又有通明山及丹鳳、玉女諸山，俱與文筆山相接。衛城西北又有碧波等峰，環抱而東，曲折逶迤如波濤之層疊。城中有回龍、象耳諸山，皆高秀。俗呼象耳山爲舵樓山。

東門山，衛東南二百餘里。舊有關在山之東，名東門關，相傳夷夏嘗以此山分界。○銀山，在衛東八十里。頂有峰，高數十丈，昔人于此避兵。又銀礦山，在衛南三十里。一名青山箐。相傳舊出銀，西有鐵冶。志云：衛東五十六里有天樓山，山勢聳拔，如危樓倚天。又有天成山，在衛南十五里。上有天生橋。又羊角山，在衛東南百四十里。尖峰高峙，卓立天半。

石乳山，衛西百七十里。周百餘里。山石層疊，多生石乳而名。又紅崖山，在衛西南七十里。東有寨名鼓樓，昔人避兵處。志云：衛西一里有宜山，俗名宜姑寨。○客星山，在衛西十里。複嶺重嶂，蜿蜒盤礴，南連猿啼山。山甚奇秀，亦名雪嶺，以冬常積雪也。又藥山，在衛西二十里，下瞰麒麟溪，山多藥物。

賀山，衛西三百餘里。明初諸蠻煽亂，胡海討之，自九谿、大庸渡、天火嶺、六古卑洞，大敗蠻兵，還次賀山，分道勦捕散毛諸洞，皆大勝之。時羣蠻自慈利以西及辰、沅、川、貴之間羣起爲寇也。○七曜山，在衛西北三百里。上有梅子關。

大石嶺，衛東北四百里。志云：山頂有池，又有大石，一名仙掌嶺。其東即南陵山，與巫山縣分界。又衛西七里有瘦驢嶺，嶺高路險。又衛東十五里有通天巖，亦曰通天洞。又有雙城洞，在衛北四十五里。又石通洞，在衛東百三十里，接四川建始縣界。○班鳩崖，在衛東百八十里。崖長五十里，望之若城郭。

清江，在衛城東北。亦曰黔江。自四川黔江縣流入界，繞城東而北出，衛境諸水皆流合焉，又東北至夷陵州宜都縣入于大江。蜀江水濁，此水獨清，因名。一名夷水。

**麒麟溪**，在衛城南。源出衛西境諸山巖洞中，奔流成溪，至夏水極冷，亦名冷水河，經客星山下，又北經城南入清江。又衛城西有腰帶溪，亦出西山中，流經宜山，曲折縈帶遶城下入麒麟溪。○九度溪，在衛北。源出四川石柱宣撫司，流入衛境，至都亭山下又東入清江。居民多引水溉田。又有九龍溪，出紅崖山下，東北流，亦合于清江。一名甘平溪。又金印溪，在衛南。源出銀礦山，東流合覆盆水，又東合石板溪，北流三十里入清江。又有盤龍溪，在衛東北。源亦出衛西諸山，流至都亭山下入于清江。

**黄連溪**，衛南三十里，一名芭蕉溪；衛西南二十里又有硃砂溪，流合焉，經天成山石橋下，又東北流二里入于清江。又巴公溪，亦在衛南。其源一出藥山，一出城南三十里鼓樓山，合于翠濤山下，至城南二里入清江。又衛東有通潮溪，源出東南七十里之龍洞，經連珠山下入于清江。○龍平溪，在衛東南二百餘里。又有細沙溪，出東門山，流合龍平溪共注清江。又菖蒲溪，源亦出東門山，西流經歌羅寨會黄姑溪，其下流合于西溪。旁多菖蒲，因名。

**木李溪**，衛東三百里。源出長望洞，曲折數百里，沿溪萬山深僻，旁地平曠可耕作，元末土民多避難于此；又紅楠溪，在縣東班鳩崖；下俱流入清江。志云：衛東四百里有靈陽溪，出容中山，其地與容美通。○龍馬溪，在衛北百里。一名沱河，俗名帶河。相傳牧馬河濱，嘗生龍駒，因名龍馬溪。經衛北二十五里之觀音崖入于清江。

**朝貢水**，在衛西。源出石乳山，一名丹陽溪，東流六十里亦名龍溪，下流入于清江。又龜溪，在衛西北。源亦出石乳山，西北流至四川雲陽縣界，凡三百餘里入于岷江。○馬公泉，在城東一里。宋嘉祐中運使馬公按部至州，以城跨山，不可鑿井，乃相視水脉，以竹引此泉入城中，公私賴之。

五峰關，在衛城東連珠山下。有官軍戍守。又東門關，在東門山上。今廢。石乳關，在衛西石乳山上。梅子關，在衛西北七曜山上。衛西北三百五十里又有銅鑼關。石乳以下三關，俱四川奉節縣官兵防守。志云：衛西三百里又有老鷹隘，亦爲戍守處。

歌羅砦，衛西南百九十里。宋置，又嘗置驛于此。又尖木砦，在衛西南。宋咸平六年丁謂帥夔州，招撫叛蠻置尖木寨于施州界以控扼之。宋志清江縣有歌羅、永寧、細沙、寧邊、尖木、夷平等六砦。熙寧六年省施州永興寨，置夷平砦。元豐三年又廢永寧砦，置行廊、安確二砦是也。○暗利砦，在衛南二百餘里。又南七十里有七女砦。宋史：「祥符初夔州路言：五團蠻嘯聚謀劫高州，請令施州暗利寨援之。乾興初順州蠻田彦晏寇施州暗利寨，知夔州史方發兵擊之，追至七女寨，降其衆是也。」志云：忠建司西二十里有七女寨。

施王屯。衛南十五里。東晉末桓誕自稱施王屯據于此，因名。○三會驛，在衛東百二十里。又衛東清江門外有施州馬驛。又盤龍橋，在衛北盤龍溪上。有石崖極高，昔人鑿石架木爲橋，行者股慄，目眩不能俯視。

大田軍民千户所，衛西三百五十里。本蠻地，宋爲羈縻柔遠州。元曰散毛洞。洪武五年定其地，二十三年始置散毛千户所，明年改曰大田軍民千户所。城周不及三里，隸施州衛。今仍置大田所。

小關山，所東百里。古置關其上，遺壘尚存。志云：所城北門外有朝陽、積翠二山。又有秀屏山，在所城南。青峰高聳，若屏嶂然。○朝霞嶺，在所東五十餘里，巍峨高聳。又有行者峰，在小關山南五里。

西北河，所西二十里。有二溪合流，下入山洞中。其上有石如橋，高十餘丈，名天生橋。又頭渡河，在所東十里。源出所東十五里之龍洞口，流爲河。○萬頃湖，在所西南二百里，與酉陽接界。其湖深陷，行之周迴動摇。

深溪關，所南百五十里，當酉陽路口。

硝場。所北百里。懸崖數千丈，下有河渡。其半崖一孔，勢若城門，上産硝土。志云：縣北百里有韓信坡，相傳信嘗經此，土不生草。

施南宣撫司，衛東百里。本巴蠻地，宋爲羈縻蠻地。元初置沿邊溪峒招討司，至正二年更爲施南道宣慰使司。十七年爲明玉珍所據，改爲宣撫司。洪武四年復爲施南宣慰司，尋復爲蠻所據。二十三年定其地，永樂三年改爲施南長官司，明年復升宣撫司，領東鄉五路、忠路、忠孝、金峒四安撫司，隸施州衛。

筆架山，在司治南。有五峰高聳。又南一里爲馬鞍山。又金龍山，在司東里許。司西里許曰來龍山，下有醴泉。○天柱峰，在司東三十里。衆山中有石屹立，因名。

石壁石板溪，司西里許。其旁有九曲溪，合流入施州界，下流注于清江。○白沙溪，在司北；又有白石、三花等溪；下流俱入于清水。

懷來峒隘。在司西。明初藍玉引兵至此受夷款，因名。其相近者又有石寶寨，一名通天洞。

東鄉五路安撫司，本蠻地。宋置細沙寨，北去施州二百八十里。元仍爲細沙寨。明玉珍改置東鄉五路宣撫司。洪武六年更爲安撫司，二十三年廢。永樂五年復置安撫司，宣德三年分領搖把峒以下長官司三，鎮遠、隆奉蠻夷長官司二，仍隸施南宣撫司。

楊平山，司東二里。司東十五里又有龍津山。又臥龍山，在司北六十里。又司南十五里有東坡山，司西十五里有那岔山。

細沙溪。司東二十里。自施州界東門山流經此，下流入龍平溪。

搖把洞長官司，志云：元爲又把洞，至元中嘗置又把安撫司。

上愛茶洞長官司，

下愛茶洞長官司，志云：二長官司元爲懷德府，至順中升宣撫司，至正中又嘗升軍民宣慰司。

鎮遠蠻夷長官司，

隆奉蠻夷長官司。

忠路安撫司，本蠻地。宋爲羈縻龍渠縣。元曰忠路寨，屬施州。明玉珍時更置忠路宣撫司。洪武四年改爲安撫司，二十三年廢。永樂五年復置忠路安撫司，宣德三年分領劍南長官司，仍隸施南宣撫司。

石旗山，司南一里。志云：司旁有鳳凰、獅子、龍洞、金紫諸山，皆高峻。

革井溪。司東一里。又司旁有中應溪，去司五里又有兩會溪。

劍南長官司。

忠孝安撫司，本蠻地。宋爲羈縻西高州地。元置大奴管勾等峒長官司，至正十一年改爲忠孝軍民府，十五年又更爲忠孝軍民安撫司。明玉珍時改爲宣撫司。洪武四年復爲安撫司，二十三年廢。永樂五年復置忠孝安撫司，隸施南宣撫司。

石門山。司南一里。志云：司西一里有龍泉。

金峒安撫司，本蠻地。宋祥符初黔州言磨嵯、洛浦蠻歸順，此即磨嵯蠻地也。元置金峒寨，屬施州。明玉珍時改爲鎮邊五路總管府。洪武中金峒蠻叛，二十三年討定其地，永樂五年始置金峒安撫司，宣德三年分領西萍蠻夷長官司，仍屬施南宣撫司。

積玉山，司北二里。山高峻，積雪經春不消。其南一里曰十三盤，以登陟盤曲也。志云：積玉山旁有黑洞，儼若城門，水從中流二里許始出山，繞司北爲青崖、塞谷等溪。其上又一小洞，伐木爲闌，洪武間涼國公征蠻嘗經此。

兩會溪。司北五里，即積玉山溪澗所會流也。

西萍蠻夷長官司。

中峒安撫司。志云：嘉靖初增設，隸施南宣撫司。

散毛宣撫司，衛西三百二十里。本蠻地，五代時爲羈縻感化州。宋爲羈縻富州地，尋爲柔遠州地。元初因之，尋曰散毛洞，至元三十一年升爲散毛府，至正六年改爲散毛誓厓等處軍民宣撫司。明玉珍時更爲散毛沿邊軍民宣慰司。明洪武四年改爲散毛沿邊宣撫司。十四年定散毛地，尋復叛。二十三年發兵勦捕，尋復定。永樂九年置散毛長官司，十三年復升宣撫司，宣德三年分領龍潭、大旺二安撫司，仍隸施州衛。

西溪，在司南。自四川酉陽宣撫司流入境，下流至辰州府合于沅水。

散毛關。在司南，亦曰散毛路口。本名師壁洞，元至元中置師壁宣慰司，尋改宣撫司，領師壁鎮撫所、師羅千户所。至正中又立長官司四、巡簡司七。明初復廢爲師壁洞。今改爲散毛關。

龍潭安撫司，本蠻地。宋屬施州。元置龍潭安撫司，明玉珍時爲龍潭長官司。洪武四年更爲安撫司，尋叛，發兵討平之。二十三年廢。永樂五年復置龍潭安撫司，屬散毛宣撫司。

白鳳山，司西十里。

黔水。在司治南，即清江也。志云：流經四川彭水縣，至涪州入岷江。悮。

大旺安撫司，本蠻地。元時以大旺地大翁迦洞屬師壁洞安撫司，明玉珍時置大旺宣撫司。洪武五年大旺蠻叛，討平之。六年仍置大旺宣撫司，永樂五年改爲安撫司，宣德三年分領東流、臘壁洞二蠻夷長官司，〔三〕仍隸散毛宣撫司。

達車溪，司東一里。其相近者又有芭蕉溪。

野猫關。志云：在司境剌若洞路口。

東流蠻夷長官司，

臘壁洞蠻夷長官司。

忠建宣撫司，衛東二百五十里。本蠻地。宋爲羈縻保順州，元置忠建軍民都元帥府，明玉珍因之。洪武四年内附，六年改爲忠建宣撫司，尋叛。十四年討平之，更爲安撫司。永樂四年復爲宣撫司，領忠峒、高羅二安撫司，仍隸施州衛。

連珠山，司北一里。又司西十里有師壁山，司東百五十里有奴闌山。

車溪，司南二十里。志云：源出木册長官司，下流入西溪。又有弄羅溪在司南二十五里，相近者又有車弄溪，下流亦俱入西溪。

勝水關。司東南三百里。又司境有虎城關、野熊關及野牛關。志云：諸關各去司三百里。

忠峒安撫司，本蠻地。宋爲羈縻順州，元改置湖南鎮邊宣慰使司，明玉珍更置沿邊溪峒宣撫司，明初廢。永樂四年復置忠峒安撫司，隸施州宣撫司。

連珠山，司南二里。上有砦。又司東三里有墨達山，志云：土人謂天爲墨，言山高接天也。又明珠山，在司西六里。其西又有三十六峰，羣山環峙，亘司前後。

西溪，在司南。志云：自容美流入司界名大水，下流經鎮南界亦名慢水。又有毋古溪，在司南四里。源出高羅安撫司，流入西溪。

土地關。志云：在忠建路口。又有覃山砦，在司北一里。

高羅安撫司，本蠻地。宋初爲羈縻珍州，開寶初改曰高州，尋曰西高州。元更置石溪洞長官司，尋爲高羅寨長官司，又升爲宣撫司。明玉珍改爲安撫司，明初廢。洪武六年復置高羅安撫司，明年叛廢，尋討平之。永樂四年改置安撫司，分領木册長官司，隸忠建宣撫司。

墨把山，司西十里。有七峰聳拔，亦曰墨把峰。又通積山，在司西三里。司北里許又有勞喜山。

白鳳溪，在司南。源出東門山，流會西溪，名三江口。

水心寨。司南三里。有水心山砦據其巔。又司西三里有樹斜洞。

木册長官司，本蠻地。元置木册安撫司，明玉珍改曰長官司，明初因之，隸高羅安撫司。

棲鳳山，司北十五里。又司東四里有蒲載山，二十里有低罕山，司西三十里有木册山。

車溪。志云：源出木册山，流入忠建境内。

思南長官司，成化以後增置，亦隸高羅安撫司。

鎮南長官司，衛南二百五十里。本西溪蠻地，元初置毛嶺峒，至正十五年置宣化鎮南五路軍民府，領提調軍民鎮撫所、蠻夷軍民千户所，尋更爲湖南鎮邊毛嶺峒宣慰使司。明玉珍改爲鎮南宣撫司。洪武四年内附，二十三年廢。永樂五年復置鎮南長官司，直隸施州衛。

鎮南山，司南一里。

西溪。志云：自忠峒司流經司界，又東南入辰州府境。

唐崖長官司。本五溪西界地，元置唐崖長官司，尋更爲軍民千户所。明玉珍改爲宣撫司。洪武六年仍置長官司，後廢。永樂四年復置，直隸施州衛。

萬峰山，在司境。亦曰杉篁峒。頂有池流爲杉篁、杉碧、壘子等溪。

黔水，在司南，即清江上源也。又乾溪在司北一里，司東里許又有普樂溪，俱流入于黔江。

百節峒。司南里許。又司境有蠻王峒。

容美宣撫司。衛東南二百十里。元至正十五年立四川容美洞軍民總管府。明洪武四年置宣撫司，尋廢。永樂四年復置，領長官司四，隸施州衛。

椒山瑪瑙長官司，洪武六年置，十四年廢。永樂五年復置，隸容美宣撫司。下倣此。

五峯石寶長官司，

石梁下峒長官司，

水盡源通塔平長官司。

盤順安撫司。成化以後置，隸容美宣撫司。

永順軍民宣慰使司，東至澧州慈利縣三百九十里，西南至保靖州宣慰司二百二十里，南至辰州府三百十里，北至永定衛三百九十里，自司治至布政司二千里，至京師七千三百里。

禹貢荆州之域，秦黔中郡地，漢以後爲武陵郡地，隋爲辰州地。唐天授二年析置溪州，天寶初曰靈溪郡，後復爲溪州。五代時馬氏有其地。宋初爲羈縻永順州，又爲上、中、下溪三州，志云：宋時有羈縻州二十，皆置刺史，而以下溪州刺史兼都誓王，十九州皆隸焉，謂之誓下州，彭氏世爲之長。熙寧中招納誓下等州，改隸辰州。元時彭萬潛自改爲永順等處軍民安撫司，後彭天寶又改宣撫司。明洪武二年内附，六年升爲永順等處軍民宣慰使司，隸湖廣都司，領州三，長官司六。

司東抵荆、湘，西通巴、蜀，南近辰陽，北距歸峽，四通五達之郊也。唐天授二年析辰州置溪州，爲控禦羣蠻之地。五代史：溪州西接牂牁、兩林，南通桂林、象郡，馬希範取其地，因立銅柱以爲表。銅柱見前沅陵縣。宋仁宗嘉祐三年下溪蠻彭仕義叛，既而乞内屬，詔遣雷簡夫往視之。簡夫度仕義未即順命，督諸將進兵築明溪上下二寨，據其險要，拓取故地五百餘里，仕義計窮遂降。熙寧九年章惇經制荆湖，暫下三州蠻悉内附，詔築下溪州城，而五溪悉平。明初蠻酋歸順，因而撫之。萬曆中廖道南建議曰：「國家肇平南土，即設永順、保靖于湖，酉陽于川，而施、夔、貴竹各有安撫、宣撫、長官諸司，兼收並蓄，納汙包荒，治之以不治。繼而經制漸疏，苗酋倡亂，謂宜設重臣以鎮撫之。如南、贛之兼閩，鄖、襄之兼蜀，以制永、保、酉、竹諸司，則蠻獠、傜、僮有所顧忌，而不敢肆矣。」其後特簡重臣鎮撫偏、沅，蓋自道南發之也。

大鄉廢縣，司西南一百七十里。漢沅陵、酉陽二縣地，梁分置大鄉縣，隋屬辰州，唐初因之，天授二年置溪州治此。五代時馬氏改置溪州于辰州境上，既而蠻復還舊治，此即下溪州城矣。宋熙寧中溪酋歸附，詔修築下溪城，即此也。今司城即古永順州治，明初仍置司于此，下溪州地併入焉。

三亭城，在司西南。漢武陵郡酉陽縣地，梁爲大鄉縣地，唐貞觀九年分置三亭縣，屬辰州，天授二年改屬溪州，五代時没于蠻。又洛浦廢縣，在司南。本大鄉縣地，唐天授二年分置洛浦縣，屬溪州，四年改屬錦州。五代時爲蠻所據，所謂洛浦蠻也。

明溪城，在司東南。宋康定中辰州蠻彭仕義叛，命雷簡夫討之。簡夫至辰州進築明溪上下二寨，奪其險要，拓取石馬崖故地五百餘里，即此城也。

黔安戍。在司西。宋熙寧初彭師晏以誓下州來歸，詔修築下溪城，并置砦于茶灘南岸，名曰黔安戍是也。或云茶灘即黔江所經。

南渭州，本蠻地。宋爲羈縻南渭州，元因之，屬新添葛蠻安撫司，尋廢。明洪武二年復置州，改今屬。

施溶州，蠻地。宋爲羈縻州，元爲會溪施溶地，屬思州軍民安撫司，後廢。洪武二年置施溶州，改今屬。

上溪州。蠻地。宋爲羈縻上溪、中溪、下溪三州，後廢。洪武二年置上溪州于此，又改今屬。

臘惹洞長官司，元置，屬思州軍民安撫司。明改今屬。下做此。

麥著黄洞長官司，

驢遲洞長官司，〔四〕

施溶溪長官司，

白崖洞長官司，元置，屬新添葛蠻安撫司。〔五〕明初改今屬。

田家洞長官司。明初置，屬永順宣慰司。

保靖州軍民宣慰使司，東至辰州府鎮溪所界一百八十里，西至施州衛大田所界三百里，西南至四川酉陽司界一百八十里，東北至永順司界四十里，自司治至布政司一千九百七十里，至京師七千三百里。

禹貢荆州之域。自漢以後爲武陵郡地，隋爲辰州地，唐爲溪州地，宋爲羈縻保靖州。元因之，屬新添葛蠻安撫司。明初置保靖州安撫司，洪武六年升軍民宣慰使司，隸湖廣都司，領長官司二。

司四山環抱，澗水中流，控禦苗蠻，與川、黔之酉陽、銅仁相爲表裏，山藪藏疾，功在刊除矣。

五寨長官司，宣慰司南百八十里。唐時爲宋沱洞、烏引洞、蘆荻洞、杜望洞、白巖洞五寨，命田氏世官之，以控蠻裔。宋以來仍舊。明初五寨官田文歸附，因置是司。

密峰寨。在司東。嘉靖二十四年督臣馮岳言：「五寨在麻陽、保靖之中，宜移鎮筸參將駐此，以便控制。且寨東有密峰寨，西有牛拗脚，又諸苗出入之衝，宜各立哨堡一座，分兵防守」云。

筸子坪長官司。宣慰司南百五十里。永樂三年置。

茅岡隘冠帶長官司，成化以後置，屬保靖宣慰司。下做此。

兩江口長官司，

鎮遠臻剖六洞橫坡等處長官司。〔六〕本屬貴州境内鎮遠衛。通志云：「新置，屬保靖宣慰司。」俟考。

烏牌寨，在司西。志云：筸子坪叛苗二十七：洞頭、中略、留絞、亞保、谷耻、〔七〕大略、琴圖、盤營、回砦、大塘、爆木、巖口、盤那、孟瘦、大唐、池巳、烏牌、小五圖、惡黨、古藏、板栗、冷水、排那、廖鐵、烏巢、老菜、巖洞等寨是也。

陰隆江鎮。在司境。志云：保靖境内有陰隆江、杜望、滑石江三巡簡司，俱隸湖廣都司。

## 校勘記

〔一〕謂此也　「此」，底本原作「之」，今據職本、鄒本改。

〔二〕移治鹽水縣　「鹽」，底本原作「監」，今據職本、鄒本改。

〔三〕領東流臘壁洞二蠻夷長官司　各本均脱「長」字，今據下文「東流蠻夷長官司」、「臘壁洞蠻夷長官司」補。

〔四〕驢遲洞長官司　「遲」，底本原作「達」，元志卷六三、明志卷四四並作「遲」，今據改。

〔五〕屬新添葛蠻安撫司　底本原脱「蠻」字，今據職本、鄒本及元志卷六三補。

〔六〕鎮遠臻剖六洞横坡等處長官司　明志卷四六作「臻剖六洞横坡等處長官司」，並云：「本臻剖、六洞、横坡三長官司，洪武二十二年置，屬鎮遠衛，後并爲一司。」則此「鎮遠」二字爲衛名，不當列入長官司名内。

〔七〕留絞亞保谷耻　職本、敷本與底本同，鄒本作「留綫、亞保、谷耶。」

# 江西方輿紀要敘

江西之有九江也，險在門户間者也，此夫人而知之也。江西之有贛州也，險在堂奥間者也，此夫人而知之也。棄門户而不守者敗，争門户之間而不知堂奥之乘吾後者敗；棄堂奥而不事者敗，争堂奥之内而不知門户之擣吾虚者敗。然則重門户而固堂奥，遂可以必不至於敗乎？曰：不能。何以知其然也？重門户，人知我之專事門户也。强鄰壓吾西，勁敵扼吾東，欲於門户之外闢方寸之地，而不可得，則門户爲無用矣。固堂奥，人知我之專事堂奥也。墻垣溝池，可以阻寇之來，而寇亦即限我於墻垣溝池之内，甚且或伺其旁，或乘其隙，堂奥可終恃乎？且以十萬之衆萃於江沱，以十萬之衆屯於嶺下，自大庾至潯陽，南北懸絶千八百有餘里，而饒、信諸州以東，袁、吉諸州以西，敵來之路凡十餘處，四面拮據，必有一懈，懈則敵乘之而入矣。且夫轉輸則農業廢，救援則兵力疲，陸行病於沮澤之多，水行苦於灘險之遠，敵縱未入吾境，而我先坐困，猶謂江西之地可以坐保一隅而無患哉？然則戰乎？曰：以九江戰則跼蹐於水濱，以贛州戰則崎嶇於山谷，戰未可以必勝也。然則何取於江西？曰：以江西守，不如以江西戰。戰於江西之境内，不如戰於江西之境外。何以知其然也？從來善用兵者，如風如雨，如雷如霆，如猛獸之發，如鷙鳥之擊，而後可言戰。敵人備武昌我則攻皖口，敵人備皖口我則攻武昌。我方攻武昌，皖口之防未密，我即下皖口。我方攻皖口，武昌之備必疏，我即下武昌。事在金陵，則不攻武昌，不攻皖口，而疾捲金陵可也。不然出淮東以震山左，出淮西以動中州可也。或沿江而下乎？或泝江而上乎？或逾江而北乎？我之所攻者一，敵之所備者十，敵必不能以備我矣。然則江西遂棄不守乎？曰：非不守也，守易而戰難。以九江、贛州城高池深，苟得其人，雖疲兵敗甲猶可守也。次則袁州、廣信，各留數千人守之，與南昌互爲形援足矣。且我方提兵四出，橫行中原，敵必心懾氣沮，未暇爲潛師入境之謀。即或有之，吾平日之節制，尚足以維持於不敗。甚而敗焉，吾得淮南、山左之一郡，不以易江西之全壤也。且與其以守失之，毋寧以戰失之。向使舉一二千里之地，數十萬之人，而束戈弢刃，置之於無所用，如趙括之於長平，馬謖之於街亭，求與敵一戰而死亦不可得，不亦哀哉！然則可戰之勢，獨在九江乎？曰：然。自昔用九江者，其成其敗，亦燦著矣。吾獨怪劉宋之子勛，其舉事於江州也，亦既有四方之全勢，而卒死於江州，則子勛幼穉，鄧琬庸下之過也。近時陳友諒之用江州也，吾滋惑焉。友諒以徐壽輝之欲遷隆興爲非策也，既殺壽輝，遂都江州。當其初恣睢暴横，氣吞江東，似乎知用上流之勢。即師徒再喪，西據武昌，亦未爲失計。何以舉軍而東，不爭江州而爭洪都，自速其亡也？使友諒疾擊江州，東扼湖口，洪都必震。更或順流直下，徑襲安慶，吾意是時安慶方恃江州之蔽，備必稍怠，襲之可得也。既得安慶，江州友諒故都爾，翻城相應，事所宜有。洪都之去金陵千五百餘里，道路懸隔，勢不相救，不且爲友諒囊中物哉？計不出此，乃以舟師悉指洪都，前有堅城之拒，後有湖口之隘，使我得從容赴救，一戰而斃之。兵法師雖深入，還道宜利，友諒固未之前聞也。或曰洪都鄰接武昌，友諒攻之，似爲肘腋慮。使友諒既東，洪都舉軍而踰脩水，越西塞以爭武昌，奈何？曰：吾又知其不然也。自洪都以西，道皆僻遠，勢未易達，友諒雖東，武昌其根本之地，守亦必嚴。且友諒既長驅江上，兵力雄盛，爲洪都者亦自固不暇，何暇攻武昌哉？曰：贛州於南昌如何？曰：贛州又非九江比也。宸濠以南昌之衆奪南康、九江，疾趨而東，是也。使不攻安慶竟掩金陵，王守仁雖舉勤王之兵，自吉安而北，復南昌，向九江，而濠之勢已成，天下向背正未可知。幸天奪其魄，周章狼戾，一至此也。然則贛州於南昌有時可以不慮，南昌於江西有時可以不守。贛州有變，固守南昌以拒之可也。甚則急扼湖口，力固尋陽，使不得軼出於大江，而後圖所以制之可也。昔華歆以豫章敗於孫策，何無忌以豫章敗於徐道覆，操師乞以豫章敗於劉子翊，林士弘以豫章敗於蕭銑，鍾匡時以洪州敗於秦裴，南昌不必爲險固之地也。林士弘失豫章而保餘干，恃彭蠡之阻也。又棄餘干而保虔州，恃贛州之險也。然贛州自守或易，攻人亦難。五代盧光稠據虔州而事中朝，支吾不過數年，及譚全播之時，卒并於淮南矣。徐道覆出南康而北，陳霸先出南康而北，蕭勃之衆亦出南康而北，時勢各殊，成敗迴異，未可同日語也。王守仁之出贛州，亦時勢宜然。論者不察，謂贛州與南昌有不兩存之勢。嗚呼！何其暗於大計哉？惟九江在江西誠爲噤吭之地，自三國迄今，從北而南，未有不得尋陽而可以圖洪州者。明太祖一克江州，而隆興以南望風款附。陳友諒越江州而攻洪都，一敗而不復振矣。嗚呼，知贛州之可不慮，而後可以用南昌也。知南昌之可不守，而後可以用江西也。知用江西者，不徒戰守於贛州、九江之間，而後可以有事於天下。嗚呼，可不鑒哉？

# 讀史方輿紀要卷八十三

## 江西一

禹貢曰揚州，周職方亦曰：「東南惟揚州。」詳見南直。春秋時爲吴、楚之交，戰國時屬楚，其在天文斗分野也。秦并天下，屬九江郡。漢武置十三州，此亦爲揚州地。後漢因之。三國時爲吴地。晉初亦屬揚州，後割荆、揚二州地增置江州，宋志：「惠帝元康元年始置江州，領十郡，治豫章。成帝咸康六年移治尋陽。」通釋：「惠帝始置江州，傅綷爲刺史，治武昌。」是江州初置於武昌，其後或移豫章，又移尋陽也。宋以後因之。隋仍屬揚州，大業末爲蕭銑及林士弘所據。唐分十道，此屬江南道，開元中分置江南西道，治洪州，今境内州郡悉屬焉。唐末併於淮南，後屬於南唐。宋屬江南路，天聖中亦分爲江南西路。仍治洪州，紹興初嘗移治江州，尋復舊。元置江西等處行中書省，至元十四年置，十五年移省於贛州，明年復還龍興。十七年并入福建行省，十九年復故。後陳友諒竊據其地，明初平之。洪武九年置江西等處承宣布政使司，領府十三，屬州一，屬縣七十七，總爲里九千九百五十六里有奇，夏秋二税約二百六十一萬六千三百六十九石有奇。而衛所參列其間。今仍爲江西布政使司。

南昌府，屬州一，縣七。

南昌縣，附郭。新建縣，附郭。豐城縣，進賢縣，奉新縣，靖安縣，武寧縣。

寧州，

瑞州府，屬縣三。

高安縣，附郭。上高縣，新昌縣。

南康府，屬縣四。

星子縣，附郭。都昌縣，建昌縣，安義縣。

九江府，屬縣五。

德化縣，附郭。德安縣，瑞昌縣，湖口縣，彭澤縣。

饒州府，屬縣七。

鄱陽縣，附郭。餘干縣，浮梁縣，樂平縣，德興縣，安仁縣，萬年縣。

廣信府，屬縣七。

上饒縣，附郭。玉山縣，弋陽縣，貴溪縣，鉛山縣，永豐縣，興安縣。

建昌府，屬縣五。

南城縣，附郭。南豐縣，新城縣，廣昌縣，瀘溪縣。

撫州府，屬縣六。

臨川縣，附郭。崇仁縣，金谿縣，宜黄縣，樂安縣，東鄉縣。

吉安府，屬縣九。

廬陵縣，附郭。泰和縣，吉水縣，永豐縣，安福縣，龍泉縣，萬安縣，永新縣，永寧縣。

臨江府，屬縣四。

清江縣，附郭。新淦縣，新喻縣，峽江縣。

袁州府，屬縣四。

宜春縣，附郭。分宜縣，萍鄉縣，萬載縣。

贛州府，屬縣十二。

贛縣，附郭。雩都縣，信豐縣，興國縣，會昌縣，安遠縣，寧都縣，瑞金縣，龍南縣，石城縣，定南縣，長寧縣。

南安府，屬縣四。

大庾縣，附郭。南康縣，　上猶縣，　崇義縣。

東通浙、閩，

廣信府東與浙江衢州府接界，南與福建建寧府接界，而建昌、贛州亦皆與閩之邵武、汀州爲鄰。

南盡大庾，

大庾嶺以南即廣東境。今南安府南六十里至大庾之嶺，又南六十里至廣東之南雄府，〔一〕二郡蓋分據嶺之南北。

西連荆楚，

九江、南昌、袁州、吉安、南安諸郡，皆與湖廣接界。

北至大江。

大江横亘於九江府北，廣二十里。江之北岸西入黄、蘄，東接安慶，大江實爲之限。

其名山則有廬山，

廬山在南康府西北二十里，九江府南二十里。高二千三百六十丈，周二百五十里，疊嶂九層，川流九派。禹貢「過九江此九江謂湖廣洞庭湖。至敷淺原」，説者謂廬山高，而其中原田連亘，即敷淺原矣。史記：「太史公南登廬山，觀禹所疏九江。」名山記：「山南濱宫亭湖，北對小江，山去小江三十餘里。其大嶺凡七重，圓基周迴，垂三五百里。」豫章古今志：山本名南嶂，亦曰障山，俗又訛爲天子都、天子障。殷、周時有匡俗兄弟七人結廬於此，故曰廬山，俗字君平。一作「匡續」，字子孝，秦、漢間人。或謂之靖。廬山亦曰輔山，相傳周武王時有方輔先生於此山得道仙去，惟廬存，因名。世皆謂匡俗所居，亦曰匡山，亦曰匡廬，亦曰匡阜，亦曰康廬。圖經云：「宋開寶中避太祖諱，更匡山爲康山。」道書爲第十八洞天，第三十六福地。漢廬江郡之名本此。又漢祀典以廬山貳於灊嶽，郡縣志：「漢武封廬山神爲南極大明公，俗號廬君。」蓋南方巨鎮也。梁天監初江州刺史陳伯之起兵尋陽，其長史程元冲失職家居，因聚衆襲攻伯之，不勝，逃入廬山。唐六典：「廬山，江南道名山之一也。」今峰巖洞壑，在南康界者不可悉數，而最著者曰五老峰、府北三十里。石山骨峙，突兀凌霄，如五老人駢肩而立，爲廬山盡處。石鏡峰、府西二十五里。紫霄峰、府北二十五里。一名上霄峰，下有上霄源。凌霄峰、府北四十三里。鐵船峰、府西北二十五里。漢陽峰。漢陽峰者，在廬山絕頂，望數百里，極目江、漢，故名也。一名漢王峰，相傳漢武曾登此。漢陽峰之水，西流爲康王谷之谷簾泉，谷在府西三十五里，相傳秦并六國時，有楚康王者逃難谷中，因名。水流爲谷簾泉，其水如簾，布巖而下，凡三十餘派。東流爲開先寺之雙瀑。寺在府西十五里廬山麓，本梁昭明太子棲隱處，南唐主李璟建寺。李白云：「掛流三百丈，噴壑數十里。」是也。廬山之南，瀑布以十數，而開先之雙瀑爲最勝。五老峰下爲棲賢谷。府北十五里。唐貞元中李渤隱於此，因名。其西爲三峽澗，澗受大小支流九十九派，水行石間，聲如雷霆，擬於三峽之險。相近曰白鹿洞，亦李渤與兄涉隱處。南唐昇元中建學館於其下，石晉天福五年，南唐昇元四年也。時遣宦者祭廬山，學館蓋建於是時。宋時爲白鹿書院。郡志：白鹿在谷簾泉山澗中，〔二〕書院在五老峰下，相去十餘里。又有白雲洞，在府西四十里山頂上。南唐主李璟嘗遊此。原曰栗里原，在府西三十六里。爲晉陶潛隱居處。此南康之勝也。

其在九江界者曰雙劍峰，在府南五十里，形勢插天，宛如雙劍。蓮花峰，府東南三十里。香鑪峰，府西南五十里。峰形圓聳，南有巨石卓立，一名石人峰。石耳峰，府南七十里，有二峰並聳。大林峰，府西南五十里，相近爲天池、鐵船二峰。上霄峰。上霄原亦在廬山絶頂，有石室，相傳大禹石刻藏其中。又有石梁瀑布，秦始皇嘗登其上，謂與霄漢相接也。志云：峰有秦皇、漢武刻，又太史公嘗登此，蓋即南康府之紫霄峰。又石門，在廬山西南，雙闕壁立千仞，瀑布出其中。山疏云：「石門者，山之天池、鐵船二峰對峙如門也。」慧遠詩序略云：「石門一名障山，雙闕對峙其前，重巖映帶其後，七嶺之美，蘊奇於此。」周景式云：「石門澗水出康王谷，谷東北去府六十里。吐源深遠，爲衆泉之宗。每夏霖秋潦，轉石發樹，動數十里。」此九江之盛也。廣記云：「廬山三面阻水，西臨大陸，爲羣山所奔輳。山無主峰，蜿蜒蟬連，指列調敷，各自爲勝，濱湖距江，回環垂五百里。亦嘗爲盜賊藪，正德中廬山左湖、溢塘賊作亂，指揮周憲討平之。山藪藏慝，由來舊矣。」

懷玉。

懷玉山，在廣信府玉山縣北百四十里，高四百餘丈，盤亘饒、信、衢三郡，當吴、楚、閩、越之交，爲東南望鎮。一名輝山，相傳山有異光夜燭也。縣舊置輝山驛，以此。唐賈耽華夷圖：「懷玉山上與雲際，勢連北斗，又名玉斗山。循山之麓升降凡十有五里至大洋坂，地寬廣約數百畝，而奇峰峻嶺，怪石深池，環列於前後左右，仙靈之窟宅也。志云：山有龍潭一十八漈，又有二十四奇，曰玉耶峰、銀尖峰、獅子峰、石牛峰、雲蓋峰、天門峰、飛泉峰、屏風峰、蟠龍岡、金雞墩、洗墨池、望香墩、七盤嶺、九蓮池、誓坡石、浴佛池、彩霞巖、過雲洞、連理木、天聖松、金剛嶺、石鼓山、羅漢峰、志初巖，俱稱絶勝。山之水西出則入於江，東出則入於淛，蓋江、淛山水之宗也。」李翺南來録：「自常山至玉山八十里，陸道謂之玉山嶺；自玉山至鄱陽七百有十里，順流謂之高溪。」又有三清山，志云：與懷玉並峙，名勝志：「山高七百餘丈，周迴二百餘里，江、淛之水蓋源於此。」蓋懷玉之支峰而異名者也。

其大川則有九江，

九江即大江也，在九江府城北。其上流自湖廣興國州東流入瑞昌縣界，又東南流，北岸爲湖廣黄梅縣之新開口鎮，東南流六十里，經府城東北之潯陽驛，又六十里爲湖口縣之彭蠡驛，又東北六十里爲彭澤縣之龍城驛，又百十里即南直望江縣之雷港驛也。亦曰潯陽江，蓋大江之隨地易名耳。禹貢：「九江孔殷。」又曰：「過九江。」蓋今之洞庭湖，而說者以爲在潯陽。司馬遷曰：「余南登廬山，觀禹疏九江。」淮南王安曰：「禹鑿江而通九路。」班固曰：「九江在潯陽南，東合大江。」應劭曰：「江自廬江潯陽分而爲九。」鄭玄曰：「江至潯陽分爲九道。」郭璞江賦：「源二分於崌崍，流九派於潯陽。」潯陽地記：「禹疏九江，一烏白江，二蜯江，三烏江，四嘉靡江，五畎江，六源江，一作「沙源江」。七廩江，八隄江，九箘江。箘一作「箇」。張須元緣江圖云：「一三里江，二五州江，三嘉靡江，四烏土江，五白蜯江，六白烏江，七箘江，八沙隄江，〔三〕九廩江，參差隨水短長，或百里，或五十里，始於鄂陵，終於江口，會於桑落洲。」張僧監曰：「九江一名白馬江，去州五里，是大禹所鑿九江，分流三百餘里，至桑落洲合流。」孔穎達曰：「大江分爲九江，猶大河分爲九河。」賈躭曰：「江有八洲，與江爲九。」宋白曰：「九江在江州西北二十五里。」晁公武曰：「九江一水而名九者，猶太湖一湖而名五湖，昭餘祁一澤而名九澤耳。」又劉歆言：「九江者，湖漢九水入彭蠡澤也。」湖漢水即今貢水。酈道元則云：「自沔口以下有湖口水、加湖江水、武口水、烏石水、舉水、巴水、希水、蘄水、利水，皆南流注於江。」皆可傅合九江之說。宋曾氏云：「豫章之川如彭水、即今章水。鄱水、塗水之類凡九，合於湖漢，東至彭蠡入江，九江之名，或取諸此。」蓋傳疑久矣。今府治後百餘步有庾公樓，其磯石突出江千百許步，爲岷、嶓以下滔滔東流之少駐。自六朝以來，州常爲中流雄鎮，得其人守之，未易越潯陽一步也。至於江中洲嶼，節節有之，自舟行附南岸者謂之內路，附北岸者謂之外路。宋晉安王子勛將劉胡自鵲尾見南直寧國府。敗還潯陽，於江外夜趨沔口。蒼梧王初以黃門郎王奂鎮夏口，恐過潯陽爲桂陽王休範所劫，留使自太子洑竟去，太子洑見湖廣黃梅縣。蓋即江外趨沔口之路。今江防之設，始自尋陽，蓋大江越梁、荆而來，小水附入者益多，波流衍溢，汊港縱横，且東近金陵，風帆易達，故爲備不可緩也。

贛水，

贛水亦曰南江，其上流分二源，西出者爲章水，東出者爲貢水。志云：章水出湖廣郴州南三十五里之黄岑山，自宜章縣流入南安府崇義縣界，經聶都山，漢志謂之彭水；漢志注：「彭水出豫章南埜縣，東入湖漢水。」是也。又東經府城南亦謂之横江，亦謂之横浦；東北流經南康縣城南亦謂之芙蓉江；又東北經贛州府城西，環城而北，會於貢水。貢水出福建汀州府西六十里新路嶺，流入贛州府瑞金縣界，經縣南，漢志謂之湖漢水；又西經會昌縣北謂之湘洪水；又北達雩都縣西，而府東北寧都、石城二縣之水，府南安遠、龍南、信豐三縣之水，又北興國縣之水皆匯焉；西北流至府城東，環城而北，會於章水，始名爲贛水。漢時亦謂之領水。淮南王安上書言：「越人入中國必下領水。」領水之山峻峭，漂石破舟，不可以大船載糧下也。」亦謂之大庾嶠水。庾仲初云「大庾嶠水北入豫章，注於江」，即此。以其自南而北，通謂之南江。梁末陳霸先起義師討侯景，軍於南康，尋自南江出湓口會王僧辯之師。又自南康至豫章，其地皆謂之南川，陳初臨川周迪欲自據南川是也。從贛城北至吉安府萬安縣，江中有一十八灘，謂之贛石。舊志：虔州城至萬安縣凡一百八十里。一云贛石之險，凡三百里。五代梁貞明四年，楊吳遣兵擊譚全播於贛州，時嚴可求以厚利募贛石水工，故吳兵奄至城下，虔人始覺。又東北經泰和縣至府城南，折而北，遶吉水縣城西而東北流，亦謂之吉水；入臨江府峽江縣界，經縣城南亦謂之峽江；又東北經新淦縣城西，又東北經府城南，亦謂之清江；又東歷樟樹鎮入南昌府豐城縣界，經縣城西北而至府城西，亦謂之章江；遶城而流，廣十里，度江之北曰石頭口，又東北流入於鄱湖，北出九江府湖口縣西而入於江。唐十道志：「江南大川一曰贛水。」自南昌以南諸郡之水悉流合於贛水，而委輸於鄱湖。地勢南高而北下，上流之重恒在南方，故嶺嶠發難，贛江上下千里之間皆爲戰地，振古如茲矣。

鄱陽湖。

鄱陽湖即彭蠡湖，在南昌府東北一百五十里，饒州府西四十里，南康府城東五里，九江府東南九十里，周迴四百五十里，浸四郡之境。禹貢：「彭蠡既豬。」史記：「吳起曰：『三苗之國，左洞庭，右彭蠡。』」又漢武帝浮江出樅陽，過彭蠡。樅陽，見南直桐城縣。後亦謂之揚瀾左里，晉末劉裕破盧循於左里，即彭蠡湖口也。今南康府都昌縣有左里城。水經注：贛水總納十川，同湊一瀆，注於彭蠡，清潭遠漲，緑波凝净，而匯注於江川。自隋以前概謂之彭蠡，煬帝時以鄱陽山所接，兼有鄱陽之稱。大業十二年劉子翊討鄱陽賊林士弘，戰於彭蠡湖，敗死。唐十道志：「彭蠡，江南之大川也。」六典曰：「彭蠡一名宫亭湖。」圖經：「鄱陽湖東至饒州餘干縣之康郎山，西至新建縣之荷陂里，南至進賢縣之北山，北至南康府都昌縣，其南入南昌界者則爲宫亭湖。」饒州志：「鄱陽湖收江、饒、衢、徽之流，會大江入海，長三百里，闊四十里。中有鴈泊小湖，每春漲則與鄱江連接，水縮則黄茅白葦，曠如平野。湖中之山，其最大者曰康郎山，在湖西南涯；其近湖西北岸者曰鞋山，曰大孤山。又湖之西北近南昌、南康之界有狹處，謂之罌子口。」明初陳友諒攻洪都，太祖赴救，至湖口，友諒聞之，解圍東出，與明師遇於鄱陽湖之康郎山。友諒屢敗，欲退保鞋山，明師先至罌子口，横截湖面，友諒不得出。既又移泊於左蠡，截友諒於湖口，友諒旋敗死。混一海内之業，肇於鄱陽一戰。

其重險則有大庾嶺，

大庾嶺，在南安府西南二十五里，廣東南雄府北六十里，磅礴高聳，爲五嶺之一。水經注云：「漣溪山即大庾嶺也。」秦始皇三十三年以謫徒五十萬戍五嶺，大庾其第一塞之嶺。又秦紀「秦使屠睢將兵十萬守南埜之嶠」，謂此矣。廣記：「大庾在五嶺最東，亦名東嶠。」圖經云：山延袤二百里，上有横浦關，秦末趙佗欲據越，移檄告横浦諸關曰『盜兵且至，急絶道聚兵自守』者也。及漢武帝時吕嘉反，函封漢節至塞上。塞上即謂大庾。使楊僕討之，出豫章，下横浦，蓋踰嶺而南也。在秦時謂之塞上，亦名塞嶺。漢伐南越時有監軍庾姓者城此，故名大庾。又漢志亦名爲臺嶺山，以嶺上有石如臺也。或以形如廩庾，故謂之庾嶺。又謂漢庾勝者，本梅鋗將，爲漢守臺嶺，築城嶺下，因有大庾之名。晉義熙六年徐道覆以劉裕方北伐南燕，勸盧循乘虚襲建康，時循爲廣州刺史，道覆爲始興相。曰：「若裕平齊之後，自將屯豫章，遣諸將帥鋭師過嶺，恐君不能當也。」或謂之南康山。道覆謀爲亂，先使人伐船材南康山中，蓋嶺在南康郡境也。梁太清末陳霸先爲始興太守，起兵討侯景，遣其主帥杜僧明屯於嶺上，霸先旋發始興，至大庾。隋開皇十年，番禺黎帥王仲宣反，圍廣州，遣其黨據大庾，立九栅。詔裴矩巡撫嶺南。矩至嶺，擊破之。唐十道志：「江南名山曰大庾。」張九齡集云：「初，嶺東廢路人苦峻極。志云：東嶠古路在今安里之遊仙徑。崎嶇犖确，入踰六七里，兩山對峙，螺轉而上，周圍九磴，至頂而下又踰七里，始平。上有横浦關。此古入關之路。開元四載冬，俾使臣左拾遺内供奉張九齡緣磴道，披灌叢，相其山谷之宜，革其坂險之故，人始便之。自九齡鑿新路後，兩壁峭立，中途坦夷，上多植梅，因又名爲梅嶺。一云本漢初梅鋗曾將兵至此，故有梅嶺之名。白居易云：「大庾多梅，南枝既落，北枝始開。」是也。僖宗時黃巢入廣南，高駢請帥重兵由大庾擊賊於廣州。自五代後驛路又復荒遠，室廬稀疏，而梅嶺之名亦虛。張九成謂嶺並無梅，蓋蓁蕪已久也。宋嘉祐八年蔡挺詳刑江西，弟抗漕廣東，乃商度工用，陶土爲甓，各甃其境。北路廣八尺，長一百零九丈；南路廣一丈二尺，長三百一十有五丈。仍復夾道種松，以休行旅，遂成車馬之途。又立關於嶺上，植柱揭名梅關，以分江、廣之兩界。章穎詩云「兩州南北護梅關，盡日人行石壁間」，蓋實録也。景炎元年叛將呂師夔等導蒙古兵度梅嶺，〔四〕敗宋軍於南雄。二年，蒙古將塔出等復以步卒入大庾，追二王。既而廣州復爲宋有，蒙古將李恒復以步騎由梅嶺襲廣州，至清遠，今廣東廣州府屬縣。敗宋兵，遂入廣州。明初陸仲亨以贛州之師踰大庾，破韶州。嶺誠噤喉要地矣。又南安志：「大庾嶺東北爲白猿洞，洞北爲梅關，關側爲雲封寺，俗名掛角寺，今祠張曲江於其處。」祠左有霹靂泉，一名卓錫泉。明初張以寧云：「庾嶺之巔，折而東有一峰，甚奇秀，稍下平爲姮娥嶂。」〔五〕新修嶺路記：「成化十五年郡守張弼病嶺路狹隘，復謀開道。凡巨石之扼路者火而斧之，流泉之浸路者溝而分之，土石之積者剔而平之。螺轉之磴，因其高下，爲級一百二十餘，長短參差，務適於平。嶺路始爲寬平。」輿程記：「南安南行六十里至大庾嶺，上有紅梅關，郡志：府至嶺二十五里，又五里至南雄府紅梅舖。又南行六十里爲南雄府城。嶺據南北之咽喉，爲戰守必爭之地。今關有官軍戍守，猶秦、漢之舊跡也。」

湖口。

湖口，在九江府東六十里，今爲湖口縣。其地上據鐘石，旁臨大江，彭蠡之水匯章、貢及羣川之流，北注於江，湖口其委輸處也。劉宋時置湖口戍。齊東昏侯末蕭衍引兵東下，前鋒鄧元起將至尋陽，江州刺史陳伯之退保湖口。由齊、梁至陳，皆爲戍守重地。唐武德五年安撫使李大亮以其衝要，特置湖口鎮。乾符五年王仙芝餘黨王重隱陷洪州，江西觀察使高湘奔湖口。南唐始立縣。蓋湖口之緩急，江南之盛衰，江南有事，欲保固江右，則湖口不可以無備也。或曰湖口即古之鈎圻。水經注：「贛水歷鈎圻邸閣下，而後至彭澤。」劉宋時南江運米，皆積於鈎圻是也。今江西之運凡四十餘萬石，悉自湖以達於江，所謂糧運資儲，仰此氣息者非乎？且自皖口泝江西上，則越小孤徑彭澤，不待叩尋陽之城，而直掩湖口，江西已岌岌矣。湖口於九江又獨當東南一面之險也。元至正十二年星吉復江州，遣别將栅小孤山，自據番陽口，綴江西要衝，以圖恢復，既而爲賊所敗。鄱陽蓋即湖口云。

按江西地當吴、楚、閩、越之交，險阻既分，形勢自弱，安危輕重，常視四方，然規其大略，本非無事之國也。是故九江雄據上游，水陸形便，足以指領東西，非特保有湖濱而已。南、贛爲南方藩屏，汀、漳、雄、韶諸山會焉，連州跨郡，林谷茂密，盜賊之興，斯爲淵藪，故設重臣臨之，豈徒扼閩、嶺之襟喉哉，抑且臨南昌之項背矣。九江、南昌皆與湖廣連壤，而袁州逼近長沙，逋民客户，頗難譏察。自吉安以南，益與郴、桂相比，稱巖險焉。饒州東北與新安相錯，而廣信東通衢、婺，爲江、浙之門户。其南則路入建寧，又江、閩之津梁也。建昌與閩亦爲鄰境，而驛騷之患，視廣信爲稍殺焉。夫廬阜爲之山，彭蠡爲之澤，襟江帶湖，控荆引越，形勝有由來矣。

## 校勘記

〔一〕又南六十里至廣東　底本原無「南」字，據鄒本補。

〔二〕谷簾泉　「谷」，底本原作「水」，據鄒本及輿地紀勝卷二五改。

〔三〕沙隄江　「隄」，底本原作「提」，今據上文「隄江」及鄒本改。

〔四〕景炎元年　「炎」，底本原作「延」，今據職本、鄒本改。

〔五〕姮娥嶂　敷本、鄒本作「嫦娥嶂」。「姮」，本作「恒」，俗作「姮」，因避漢文帝劉恒諱改稱常娥，通作嫦娥。

# 讀史方輿紀要卷八十四

## 江西二

南昌府，東北至饒州府二百四十里，東南至撫州府二百四十里，南至臨江府二百七十里，西南至瑞州府二百里，西至湖廣平江縣五百五十里，西北至湖廣武昌府一千里，北至南康府二百六十里，自府治至京師四千一百七十五里。

禹貢揚州地，春秋、戰國時並屬楚。秦屬九江郡，漢改九江爲淮南國，而分置豫章郡。吳芮王長沙，兼得其地。文帝後七年地入於漢。據漢紀，景帝初議削吳豫章、會稽郡，則豫章吳地。或曰南境屬長沙也。後漢亦爲豫章郡，三國吳因之。晉初仍舊，元康初置江州治焉。後移治潯陽。詳見州域形勢，下倣此。宋、齊以後並爲豫章郡。隋平陳，廢郡置洪州，煬帝復改爲豫章郡。唐武德五年平林士弘，復爲洪州，置總管府，八年改爲都督府。天寶初曰豫章郡，至德初以代宗在東宫，諱豫，止稱章郡。乾元初復曰洪州。有南昌軍，乾元二年置，元和六年廢。又建中以後置江南西道，觀察使治此。咸通六年升爲鎮南軍節度。五代初屬於淮南，亦曰鎮南軍。周顯德六年南唐升爲南昌府，建南都。時交泰二年也。宋建隆元年李璟遷都此，子煜仍還金陵。宋復曰洪州，亦曰鎮南軍，天聖八年以後江南西路治此。隆興三年升隆興府。以孝宗潛邸也。元至元十四年改府爲路，二十一年曰龍興路。明初曰洪都府，尋爲南昌府。今領州一，縣七。

府包絡江、湖，左右吴、楚，東南一都會也。春秋時吴、楚相攻，必有事於豫章。酈道元曰：「左傳昭七年：楚令尹子蕩伐吴，師於豫章，即此地也。」夫江、湖沮洳，春秋時舟楫便利未逮今日，吴、楚所争，實在淮、漢之間，酈氏之言非篤論矣。自漢高建郡以來，常爲控扼之地。後漢末許劭謂劉繇曰：「豫章北連豫壤，西接荆州，形勝之處也。」繇不能用，坐并於江東。東晉之末，盧循自嶺外入犯，道出豫章，江州刺史何無忌自尋陽引兵拒之。長史鄧潛之諫曰：「國家安危，在此一舉。聞循兵船大盛勢，居上流，宜決南塘守二城以待之。二城，胡氏曰：「謂豫章、尋陽也。」此萬全策也。」無忌不聽，與賊遇於豫章，敗死。賊乘勝東出，建康震動。陳氏締造之初，蕭勃首發難於嶺外，其徒歐陽頠、余孝頃者連兵而争豫章，非周文育力戰，豫章必不守，豫章不守，霸先成敗之數未可知也。隋之亡也，羣賊操師乞、林士弘相繼據豫章。蕭銑惡其逼也，急取豫章以爲東藩。唐李靖自荆、楚而東，先略豫章，庚嶺以北刻期盪平矣。建中間曹王臯帥江西，屢破賊兵於黄、蘄間。議者以南昌爲百粤上游，三楚重輔，豈虚語哉？淮南襲下洪州，乃規鄂渚。及南唐之衰，以兩淮既失，金陵淺露，上游完固，莫若洪州，於是有南都之建，然而南唐非真能用洪州者也。宋之南也，女真突入洪州，蹂躪實甚。繼而羣盜李成等據江州，有江、淮、湖、湘十餘郡，又遣其黨馬進據筠州。詔張俊討之，以豫章介江、湖間，急趨之，既入城，喜曰：「吾已得洪州，破賊必矣。」韓世忠之平閩賊也，閩賊范汝爲。聞豫章方爲羣賊所窺伺，乃旋師永嘉，若將休息者，忽由處、信逕至豫章，連營江邊數十里，羣盜出不意，多引降。豈非以豫章在江右爲咽喉之地乎？元末陳友諒傾國以争洪都，太祖擊滅之，而荆湖南北次第入版圖。劉宋雷次宗曰：「豫章水陸四通，山川特秀，南接五嶺，北帶九江，咽扼荆、淮，翼蔽吴、越。」唐王勃云：「襟江帶湖，控荆引越。」封敖曰：「洪州當淮海之襟帶，作吴、楚之把握。」宋王應麟曰：「南昌爲鍾陵奥區、楚澤全壤。」信東南大藩矣。

南昌縣，附郭。在府治東偏。漢縣，爲豫章郡治，後漢以後因之。隋改縣曰豫章，爲洪州治。唐武德九年分置鍾陵及南昌縣，又於南昌縣置孫州。八年州廢，省鍾陵、南昌二縣。寶應初以肅宗諱更豫章曰鍾陵，貞元中又改曰南昌。宋因之。今編户六百四十三里。

新建縣，附郭，在府治西偏。晉太康中分置宜豐縣，屬豫章郡，後省。志云：陳又分置西昌縣，隋省入豫章縣。唐初亦嘗置西昌縣，後又并入豫章縣。宋初爲南昌縣地，太平興國六年置新建縣於郭内。今編户百十三里。

豫章城，今郡城也。或以爲春秋之豫章。按古豫章大抵在江、漢之北。左傳昭六年：「楚伐吴師於豫章，次於乾谿。」十三年：「楚師還自徐，吴人敗之豫章。」二十四年：「楚子爲舟師以略吴疆，越大夫胥犴勞王於豫章之汭。」三十一年：「吴圍弦，楚救弦及豫章，吴師還。」定二年：「楚人伐吴師於豫章，吴人見舟於豫章，而潛師於巢，以敗楚師於豫章，遂圍巢克之。」四年：「吴人舍舟於淮汭，而自豫章與楚夾漢。」杜預曰：「豫章皆當在江北淮南。」柏舉之役，豫章又似在漢東江北，豈自昔由江、漢之間以達於淮，豫章實爲要害，而今不可攷歟？又按乾谿在今南直亳州，徐在泗州，弦在光州，則豫章當在近淮之地，光州、壽州之間，與漢之豫章全不相蒙也。古今記：「漢豫章城，潁陽侯灌嬰所築，亦曰灌嬰城，即今城東之黄城寺。又有劉繇城，在今府城東北三十里，相傳漢揚州刺史劉繇所築。」水經注：「孫策略地至曲阿，揚州刺史劉繇奔豫章，築城自保處也。」又有西城，在子城西，劉繇嘗使豫章太守朱皓攻袁術所用太守諸葛玄，玄退保西城，即此。城邑攷：「漢城周十里八十四步，開六門，南曰南門、松陽門，西曰皐門、昌門，東北二門各以方隅爲名。晉咸安中太守范甯更闢東北、西北二門。唐初築城之西南隅，垂拱元年洪州都督李景嘉又增築之，凡八門。貞元十四年觀察使李巽復營治，元和四年刺史韋丹更築城東北隅，於是廣倍於漢城。宋築洪州城，又倍於舊，周三十里，門十六。紹興六年李綱帥洪州，以城北歲湧江沙，截城之東北隅入三里許，爲十二門。元因宋舊，其城西面瞰江，不利守禦。元至正十八年僞漢陳友諒以大艦乘水漲附城而登，城遂陷。二十二年明太祖定洪都，乃命都督朱文正改築，移城去江三十步，後友諒至，遂不能近。建七門：東曰永和，又名曰澹臺，以門内有澹臺墓也。舊曰壇頭，有黄紫庭仙壇云。東南曰順化，舊名琉璃，以門内延慶寺有琉璃古像而名。南曰進賢，舊曰撫州，俱以道路相通而名。亦曰望仙，以漢梅福曾爲縣尉也。又南曰惠民，輓輸惠民，倉路由此。舊名寺步，以近隆興寺云。西南曰廣潤，舊名柴步，亦曰橋步。西曰章江，以近江濱。舊曰昌門，孫策遣虞翻與郡守華歆交語於此。北曰德勝，舊名望雲，李綱移築於此。又名新城。其舊城西之濱江者有宫步門，〔一〕亦曰遵道井步門，亦曰德遂倉步門，亦曰惠濟官步門，亦曰利步，與洪喬等五門，俱廢城之址，展東南二里許，視舊城殺五之一，周不及十二里。」郡志：城中故有子城，一名牙城，三國吴五鳳二年太守張俊於城東南造雙闕，亦曰雙門。唐垂拱間都督李景嘉增修，周二里二百四十步，爲東西二門，官署營舍皆在其内。南唐保大十六年建南都，明年遂遷居之，俗呼雙門爲東、西華門，仍舊都之號也。宋淳化及熙寧間皆嘗修葺，建炎三年兵燬。紹興中復營治，其南面雖有門樓，而故塞不啓。元亦建行省於子城内。至正十八年陳友諒陷隆興，毁城門，惟東南二門樓存。明朝洪武二年亦建行省於内，九年改布政司。永樂元年爲寧王府，正德十四年宸濠反，府廢，乃闢中爲道，通行旅。舊記：子城東門樓舊名鎮南軍。宋趙鼎作帥時立東門樓，舊名隆興都督府。宋鄧祚作帥時立南昌門，舊名南樓，左望大江，下臨闤闠，爲一郡之盛。今廢改不一，而滕王閣在章江門城上，唐顯慶四年滕王元嬰爲洪州都督時所造也。明朝駕幸南昌，宴從臣於此，尋改建西江第一樓，在章江門外迎恩館。

**椒丘城**，府北百四十里。後漢建安四年，孫策破劉勳於尋陽，欲謀取豫章，太守華歆築此城禦之。吴志：「孫策自沙羡還狥豫章，屯於椒丘。」表傳「策在椒丘，遣虞翻説華歆」，即其地也。○齊城，在府東二十里。吴孫權立其第五子奮爲齊王，都武昌，諸葛恪徙奮於此，因號爲齊城。又昌邑城，在府西北六十里，豫章記：「漢昌邑王賀封海昏侯，就國築城於此。」

**蹠口城**，府西南七十里。城邑志：「陳永定元年廣州刺史蕭勃遣從子孜及其將歐陽頠、傅泰等出兵南昌趨豫章，傅泰據蹠口城，與周文育相持。既而文育使其將丁法洪攻蹠口城，擒泰。」一云城在吉安府北七十里，似悮。蹠亦作「摭」。○南昌廢縣，在府西北。唐武德五年析豫章縣地置南昌縣，又置孫州治焉。六年洪州總管張善安叛陷孫州，即此。八年州縣俱廢。

西山，在城西大江之外三十里。一名厭原山，又名南昌山。高二千丈，周三百里，跨南昌、新建、奉新、建昌四縣地。宋余靖云：「西山在新建縣西四十里，巖岫四出，千峰北來，嵐光染空，連屬三百餘里。」郡圖經：「初濟江十里爲石頭津，並江北行，有銅山，即吳王濞鑄錢之所。山有夜光，遠望如火，以爲銅精也。自石頭西行二十餘里得梅嶺山，嶺峻折，羊腸而上，十里有梅仙壇，即梅子真學仙處。自嶺紆徐南行六七里，得葛仙峰山，下有川曰葛仙源。自葛仙羊腸而下，高下行三十里有洪厓，石壁陡絶，飛湍奔注。下有煉丹井，亦曰洪井。自井南繞溪五里，有鸞岡。岡西五里最高一峰曰鵠嶺。又有大蕭、小蕭二崖，亦曰蕭史峰。又蛇行十里得天寶洞，洞爲西山最勝處。又自梅嶺而北上下行四十五里得吴源水，高下十堰，每堰溉田千餘頃。其極源至山椒得風雨池，風雨池者，能出雲氣作雷雨云。度西山之勢，高與廬阜等，而不與之接，餘山則枝附耳。志云：天寶洞在府西八十里，道書所載第八洞天也。洞門噴泉如縷，名玉簾泉，泉水注入山下金鍾湖。又秦人洞，在府西五十里齊源嶺側，亦幽邃。其風雨池則在府西北七十里。豫章記：風雨池是西山絶頂，四面懸絶，人迹罕至，中通洪井。寰宇記：「梅子真種蓮其中，亦名梅福池。」城西三十里吴源水，乃風雨池之餘波也，下注十餘里，爲陂十有一。明太祖幸南昌，放陳友諒所畜鹿於西山云。

雞籠山，府西十里。其山盤旋聳秀，下枕大江。晉義熙六年何無忌與徐道覆遇於豫章，賊令彊弩數百，登西岸小山邀射之。會西風暴急，飄無忌所乘小艦向東岸，賊乘風以大艦逼之，無忌敗死處也。相近者又有釣磯山。〇罕王山，在府西六十里，峰巒高聳。府西南八十里又有逍遥山，道家以爲第四十福地。

**几山**，府東北百四十里，屹立鄱陽湖中。上有仙巖。志云：府北百八十里有吉州山，其上居民數千家，相傳秦時移此。〇漸山，在府東南六十八里，聳如卓筆，南接進賢縣界。

**梅嶺**，在府西。祝穆云：「西山極峻處也。」漢元鼎五年樓船將軍楊僕請擊東越，屯豫章梅嶺以待命。明年秋東越王餘善反，發兵距漢，道入白沙、武林、梅嶺，殺漢三校尉。索隱云：「豫章西三十里有梅嶺，在洪厓山，當古驛道。」一云索隱非也。括地志：「梅嶺在虔州虔化縣東北百二十八里，此嶺以梅福得名。」〇龍岡，在府城北，帶江。亦曰龍沙。水經注：「贛水北經南昌縣城西，又北經龍沙。沙甚潔白，高峻透迤，若龍形，連四十里，舊爲九日登高處。」郡志：沙踞府城之背，面臨章江，環亘五里，居人時見龍迹於沙上。沙南有豫章臺，明太祖破陳友諒駐蹕南昌，築臺朝父老於此。亦名龍沙臺。

**章江**，在府城西。一名贛江。從臨江府流入豐城縣界，又北流至城南之南浦始别爲支流，沿城南陬而復合。中裂三洲，民居其上，爲石橋以濟。自南浦西北出，下流入鄱陽湖。李瑨云：「章江發源於贛，遶郡城前，從西北流入西鄱湖，俗名西河是也。撫河發源於盱，遶郡後，從東北流入東鄱湖，湖即宫亭湖也。兩水爲郡之經，而鄱湖爲水之聚。其在郡西南者，一由撫水入，曰曹溪水，出接溪港；一由劍水入，曰殷家渡，出荆林與接溪合，逕南浦入章江。其在郡東南者曰西洛水、武陽水、三陽水，皆自撫水入，至郡城北出東鄱湖，又至康山始合樵舍、昌邑之水會西鄱湖出口」云。

鄱陽湖，府東北百五十里，即禹貢之彭蠡也。饒、信、徽、撫、吉、贛、南安、建昌、臨江、袁、瑞、南康數郡之水皆匯於此。詳見前大川。○南湖，志云：在府東五十里，源出進賢縣羅溪嶺，東北流八十里合三陽水入鄱陽湖。

東湖，在府城東南隅。周廣五里，舊通章江。後漢永平中太守張躬築塘，以通南路，謂之南塘。晉義熙六年，盧循自嶺外入犯，鄧潛之勸何無忌決南塘水拒之。水經注：「豫章城東大湖十里二百二十六步，北與城齊，南緣迴折至南塘，本通章江，增減與江水同，張躬築堤通路，兼遏此水。」時盧循舟船大盛，若決南塘，則循舟兵無所用，可以堅守，而待其敝也。劉宋少帝景平元年，太守蔡興宗於大塘之上更築小塘，以防昏墊，并遏湖水，令冬夏不復增減。隋義寧初賊帥張善安歸林士弘於豫章，士弘疑之，營於南塘上。尋襲士弘，焚其郛郭而去，士弘因徙南康。唐元和二年，江西觀察使韋丹又於南塘築捍江隄，長十二里，派湖入江，節以斗門，以疏暴漲，凡爲陂塘五百九十八所，灌田萬二千頃，俗呼爲南塘塍。郡志：東湖今又分爲西、北二湖，故豫章城中有三湖九津之說。九津者，三湖水所派洩也，與章江水僅隔一綫，而不相參互，乃由内水關穿廣潤、章江、德勝、永和四門城濠而過之，東北匯蜆子、艾溪二湖以入於東鄱湖。又東湖沿隄植柳，名萬金隄。湖之北岸曰百花洲。

武陽水，府東南三十五里。源出盱江，自南豐縣流經建昌、撫州境，入府界，支流達豐城縣境東北出，經此爲武陽渡，一名辟邪渡，又東北達宫亭湖。明初太祖與陳友諒決戰於鄱陽，先遣人調信州兵守武陽渡，防賊奔逸，即此。又西洛水，在府南七十里，即盱、汝二水下流也，流經此，又東北入武陽水。○蜀水，在府西南六十里。一名筠河。

自瑞州府東流入境，至象牙潭，吴源水自西山來會焉，入於章江。或謂之黄源水。志云：府西六十里有瀑布水，亦出西山中，狀如玉簾，曰瀑布泉，流合吴源水。

象牙潭，府南八十里。亦曰象牙江，即章江西曲水也。五代梁開平三年危全諷以撫州兵攻洪州，屯象牙潭不敢進，營柵臨溪，亘數十里。淮南將周本隔溪布陳，全諷兵涉溪攻之。本乘其半濟擊之，全諷兵大潰，又分兵斷其歸路，遂擒之。象牙江之下有金口，亦曰金溪口。陳永定三年周文育擊余公颺、余孝勱於新吴，軍於金口，進屯三陂。既而王琳遣將曹慶等救孝勱，分遣兵敗别將周迪，文育復退據金口是也。金口、三陂，應近奉新縣界。胡氏曰：「自豫章西南入象牙江，至金溪口。」是也。

生米潭，府西四十里。相傳西山天寶洞之南門也，亦曰生米渡，上有市曰生米市。晉義熙六年何無忌討盧循，與循黨徐道覆相遇，握節被害於此。宋紹興元年賊李成將馬進犯洪州，連營西山，岳飛謂張俊曰：「賊貪而不慮後，若以騎兵自上流絶生米渡，出其不意，破之必矣。」俊從之，賊敗走筠州。志云：生米市旁有翻車岡。

蓼洲，在城西里許南塘灣外。兩洲相並，水自中流入章江，上有居民數百家，酈道元所云「贛水又經谷鹿洲，號蓼子洲」，即此。唐天祐三年淮南將秦裴攻洪州，軍於蓼洲，諸將請阻水立寨，不許。洪州將劉楚據之，裴擊擒之，謂諸將曰：「楚若守城，則不可猝拔，吾以要害誘致之。」○百花洲，在城東東湖北，宋紹興中嘗習水軍於此。城西章江門外江中有鳳凰洲，横亘而西北，抵石頭口，如鳳翼然。又黄牛洲，在府西南十里。又有吴家洲，在府西南二十里。相近有滕家、郭家二洲，俱南北相去十數里。

黄家渡，府東三十里。正德中宸濠作亂，贛撫王守仁討之，克南昌。伍文定擊賊於黄家渡，敗之。輿程記：「自黄家渡東四十里爲趙家圩，又東四十里爲團魚洲，又東達饒州府餘干縣界。」

石頭驛，在章江門外十里。有石頭渚，亦曰投書渚，即殷羨投書處。水經注：「贛水經豫章郡北，水之西岸有盤石，謂之石頭，津渡之處。」汪藻曰：「自豫章郡絶江而西，有山屹然並立而出者，石頭渚也。阻水負城，十里而近。」陳永定初，蕭勃起兵廣州討陳霸先，遣歐陽頠等出南康，屯豫章之苦竹灘，別將傅泰據蹠口城。余孝頃時爲南江州刺史，亦附於勃，遣其弟孝邁守郡城，自出豫章據石頭。既又與蕭勃從子孜同拒周文育於石頭，築二城，各據其一，多設船艦，夾水而陳。霸先遣侯安都與文育水陸進攻，孜降，孝頃走還新吴。志云：陳永定中嘗置南昌縣於此，隋廢。唐初復置，旋廢縣，因置石頭驛。明初陳友諒圍南昌急，張子明以小漁舟夜從水關潛出，越石頭口告急於建康是也。今爲石步鎮。○南浦驛，在府城西南廣潤門外。又府南六十里有市汊驛，在章江濱，南去豐城縣之劍江驛凡百里。市汊巡司亦設於此。輿程記：「自市汊驛而西南七十里至松湖，又西六十里即瑞州府。」

樵舍驛，府西北六十里，近昌邑王城。有巡司。正德中宸濠作亂，王守仁克南昌，宸濠攻安慶未下，聞之，遂移兵嬰子口。其先鋒至樵舍，守仁遣伍文定等擊之，敗賊兵於黄家渡，賊退保八字腦。既而宸濠敗保樵舍，文定等四面合攻，遂擒之。又破餘黨於吴城，江西遂平。嬰子口，在府東北鄱陽湖濱。八字腦，見饒州府。○吴城驛，在府北百二十里，臨江，有吴城巡司，即伍文定破宸濠處。志云：吴城山在府東百八十里，臨大江，驛蓋以山名。又武陽驛，在府東南六十里，道出撫州府。又府東七十里有趙家圩巡司。

芊韶鎮。府南百里。陳永定初周文育擊歐陽頠等，自豫章僞遁，由間道兼行據芊韶。芊韶上流則苦竹灘諸營，下流則蹠口城、石頭諸營。文育據其中，築城饗士，頠等大駭，退入泥溪是也。泥溪，見臨江府新淦縣。姚思廉云：「芊韶在巴山界。」似悞。

豐城縣，府南百六十里。西南至臨江府百三十里，東南至撫州府百四十里。漢豫章郡南昌縣地，三國吴分置富城縣。晉太康初移治豐水西，改曰豐城縣，仍屬豫章郡。宋以後因之。隋平陳縣廢，開皇十二年復置，改曰廣豐，屬洪州，仁壽初復曰豐城。唐因之，乾寧三年改曰吴皐，淮南因之。南唐復曰豐城，宋因之。元至元二十三年升曰富州。明初復爲豐城縣。今編户三百七十七里。

富城舊縣，在縣南六十里富水西。後漢建安中孫氏置縣於此，一名黄金城，有黄金陂。晉初移縣於今縣西南三十里豐水西劍池側，因曰豐城。梁侯景之亂，南昌民熊曇朗聚衆據豐城爲柵是也。唐永徽初遷於章水東，始爲今治。元延祐初築土隄以遏暴漲，周圍十里，環郭六門，池濠四繞，中有子城，周不及二里，後皆圮。志云：舊縣城在縣西二十里，唐以前城也。縣東南又有廣豐縣，梁大同二年分豐城縣置，尋廢。隋因改豐城縣爲廣豐。今有廣豐鄉。

赤岡山，縣西北十五里。瀕江壁立，土石皆赤。一云富城縣舊治此。又始豐山，在縣南七十五里，道家以爲第三十七福地。○鳳凰山，在縣東九十里。晉書：「穆帝升平四年鳳凰將九雛見於豐城山，因名。」縣東南之苦竹村又有九子池。

龍門山，縣南百里。旁有龍湫，西北與道人山相接。志云：道人山在縣西南八十里。又羅山，在縣南百二十里。

晉羅文通學道於此，因名。山頂有池，冬夏不竭，亦名池山，富水所出。其東爲堯山，與羅山相接。〇杯山，在縣南百三十里。高二百丈，周迴百里，形如覆杯，豐水所出。

章江，縣西南三里。有斗門堤，至縣東北十里爲曲江，形如半月，中分三潭，岸旁民居凡數百家，薄晚波平，江浮金碧，舟航雲絶。有磯頭山，李夢陽云：「贛江北奔入彭蠡湖，千里猶建瓴然，至豐城觸磯頭岡則俛而東，又折數里而北達，故曰曲江。」磯頭山之濱有金花潭，民居繚繞，榆柳成行，水波瀲灩，動摇金碧，漁舟上下，宛然圖畫。宋隆祐太后以金花投潭，祈風於此，因名。志云：曲江有灘，舊嘗出金。

蛟湖，縣南十五里。源發劍池，東北流五里許匯爲此湖，流入長樂港，灌田數百頃，下流入於章江。志云：縣西南三十一里有劍池，晉雷焕得龍泉、太阿二劍處。池前有石函，長踰六尺，廣半之，俗呼其地爲石門。

豐水，縣南百八十里。出自杯山，西北流繞劍池而入贛江。一名劍水。又富水，在縣東南百五十里。源出羅山，西北流合於豐水。縣東南百十三里又有雲韶水，源出撫州横汊河，東北入縣界，合於贛江。

苦竹灘，在縣南。亦曰苦竹洲，洲多竹。陳初廣州刺史蕭勃遣其將歐陽頠軍苦竹灘，陳霸先遣周文育擒之。一統志：「縣東南有苦竹村。」名勝志：「苦竹洲在縣上游十里許。」〇楊子洲，在縣西二十五里章江中，周廣二十里，居民二百餘家。通志云：「洲在府北九十里。」又三洲，在縣北三里，濱大江。志云：縣北隄之趾有小港，港外爲三洲，上洲曰楊林，中曰牛宿，下曰金雞。又有龍霧洲，在縣東北四十里大江中，上皆橘林。宋時有漁者得金鍾於此，因名金鍾口。

劍江驛。在縣治北。又縣北有市源巡司，縣西南有江滸巡司。

進賢縣，府東百二十里。東南至撫州府九十里，東至饒州府餘干縣百四十里。漢南昌縣之東境，晉太康初分置鍾陵縣，尋省入南昌。唐武德五年復析置鍾陵縣，屬洪州，八年廢爲進賢鎮。宋崇寧二年升鎮爲縣。舊無城，正德五年創築，十二年復甃以石，十六年增修，城周六里有奇。編户二百四十二里。

港南山，縣南十里。其山平夷，旁即驛路，南接雲橋，北通羅溪。又鍾山在縣南五里，臨水。昔嘗破裂爲二，得銅鍾十二於此。一名上下破山。縣西南三十里又有金山，地産金。有淘金井，界於臨川。○漸山，在縣西六十里。山多石壁，俗呼「石倉」。宋時於此置驛，更十里爲武陽渡，乃漸山盡處，入南昌縣界。

北山，縣北百里。地濱彭蠡湖，四周皆水，與天無際。其上平夷，利畊作，居民常千餘户。縣東九十五里又有棲賢山，山幽勝，唐撫州刺史戴叔倫棲隱於此。○羅溪嶺，在縣西二十五里。其麓有羅溪，通鄱陽湖。又十五里爲玉嶺，公館在焉。又縣北二十里有雙乳峰，雙峰如乳，因名。其下即日月湖。

三陽水，縣北六十里。上源在縣西，曰南陽、洞陽、武陽，合流經此，故曰三陽，又東北入鄱陽湖。李瑄曰：「進賢縣之水惟以鄱陽爲統會，而水之經則曰三陽。」今縣西北三里有三陽渡，亦曰師過渡，相傳吴子胥爲吴伐楚，師嘗經此。○院澤水，在縣東南五里。源發臨川縣界之㭎山，下會於臧溪，灣旋九曲，下流東北出入鄱陽湖。

日月湖，縣東二十里。水涸則分爲二，漲則合爲一，中有石人灘。又軍山湖，在縣北四十里，亦鍾水處也。志云：縣境之水二湖最大，而總歸於鄱陽湖，鄱陽湖蓋浸北山之趾。○龍馬洲，在軍山湖畔，亦曰龍馬坪。宋德祐三年蒙古兵逼撫州，州將密祐逆戰於進賢坪，進至龍馬坪，力戰不屈，爲敵所執，即此。

**鄔子寨**。縣東北七十里。有鄔子巡司。又鄔子驛亦置於此，爲濱湖要地。○潤陂巡司，在縣東。又縣北有龍山巡司。

**奉新縣**，府西百二十里。南至瑞州府九十里，西北至靖安縣五十里。漢豫章郡海昏縣地，後漢中平中分置新吴縣，三國吴及晉、宋以後因之。陳初置南江州治此，尋廢州而縣如故。隋平陳，復省縣入建昌。唐武德五年復置新吴縣，屬南昌州，八年仍省入建昌縣。永淳二年復置。南唐昇元元年改今名。今編户一百五十里。

**新吴城**，縣西三十里。舊志：漢高平定海内，分徙江東大族置之他郡，於是遷塗山氏於此，號曰新吴，以舊地楚，今新屬吴也。後漢靈帝時置新吴縣。陳初豫章太守余孝頃别立城栅於新吴，與江州刺史侯瑱相拒。瑱遣其從弟奫守豫章，悉衆攻孝頃，不能克，梁因授孝頃爲南江州刺史。尋廢州，隋并廢縣。唐復置新吴縣，神龍初移縣治於馮水南，即今治也。長慶三年嘗築土城，後圮。明朝正德六年以華林盜起，復築土爲城，間以磚石。正德十六年以淫潦圮壞，嘉靖初修復，自是以時營葺。今城周五里有奇。又越王城，在縣西五十里，相傳勾踐伐楚時嘗屯兵於此。

**太史城**，縣西二十里。孫權以太史慈爲建昌都尉，委以南方之事，督治海昏時築此城，周回三里，西南有城角山，東南有盤山，北枕江水，其地險固，基址尚存。類要云：「隋大業十年建昌縣嘗移理於此。」又余城，在縣西十五里。梁書「于慶入洪州，進攻新吴，余孝頃起兵拒之，因築此城，周圍三里一百五十步，孝頃因號新吴洞主」云。

**登高山**，縣治北。一名龍山。其巔平坦，舊爲射圃，下視居民千甍鱗次，每九日士女登高於此。山北有井曰馮井。

井上有墻，延袤數百尺，俗呼倉城，漢時馮氏倉場故址也。志云：漢遷江東馮氏之族於海昏西里，賜之田曰馮田，故水曰馮水，井曰馮井。

**華林山**，縣西南五十里。三峰秀拔，崔嵬險峻，迴迴百里。古浮丘君隱此，一名浮雲山。其南峰又名浮丘巔。山有投龍洞，本浮丘公遊息之地，號浮丘石室。又有李八百洞及劍池、丹井諸蹟。志云：李八百洞在縣南三十里，高安郡圃亦有八百洞，與此相通。正德中羣賊陳福一等作亂，結寨山中，攻破瑞州。指揮周憲攻賊於仙女寨，拔之，又克雞公巔，進薄華林，山谷險峻，憲深入敗没。南昌守臣李承勳尋擊賊，平之。

**藥王山**，縣西北五十里。其山盤險，而升至頂平闊可二十里，有湖澄深無底。一作「越王山」，亦曰越王嶺。正德二年靖安賊胡雷二等據越王嶺瑪瑙寨，南昌守臣李承勳擊平之。又九仙山，在縣西八十里。山北有温泉池，其湯一温一沸，湧出道旁，往來者皆得浴焉。○百丈山，在縣西百四十里。馮水倒出，飛下千尺，因名。又以其勢出羣山，名大雄山。其相接者曰駐蹕山，相傳唐宣宗迎回時嘗駐蹕於此。

**龍溪水**，縣西二十里。源發藥王山，縈迴數里，合馮水。又有華林水，發源華林山，至馮田渡與龍溪水合，注於馮水，下流入南康府安義縣界爲奉新江，注修水入於章江。

**上牢水**，縣東北百里，接南康府建昌縣境。陳初周文育擊歐陽頠等，屯豫章，軍少船，余孝頃有船在上牢，文育遣將焦僧度襲之，盡取以歸。上牢，蓋上繚之訛也。詳見建昌縣。

**羅坊鎮**。在縣西。有巡司，明初置以防山寇。○藏溪橋，在縣東十里，長五丈五尺。又東二十里有陽烏橋，其地連綿，五橋相續，横截川原，亦戍守處也。

靖安縣，府西北百六十里。西至寧州百九十里，東北至南康府安義縣八十里。隋洪州建昌縣地，唐廣明中置靖安鎮，楊吴乾貞二年改爲場，南唐昇元元年割建昌、奉新、武寧三縣地升爲縣，仍屬洪州，宋因之。舊有城，後圮，明朝正德六年以寇亂復築土垣防禦，周三里有奇。今編户三十八里。

葛仙山，縣西北四十里。四面險阻，人跡罕到，中多名勝，相傳葛洪嘗隱此。其相近者有桃源山，幽勝如武陵桃源，上有仙姑壇及龍鬚、藥臼、車箱等九洞。又有石門山，山有寶蓮峰。○繡谷山，在縣北五里。一名幽谷山，嵯峨深秀，瀑布飛懸。

雙溪。在縣南。源出寧州之毛竹山，東北流入縣界，分二支，復合流而繞縣前，又東北出安義縣界，匯奉新江諸水注於修水。志云：縣西北四十里有名山，長溪出焉，其下流亦入於脩水。

武寧縣，府北三百二十里。東至南康府建昌縣百四十里，西北至湖廣通山縣二百八十里。漢海昏縣地，後漢爲建昌縣地，建安中又分置西安縣，皆屬豫章郡。晉太康初改曰豫章縣，宋、齊以後因之。陳立豫寧郡，隋廢郡，以豫章縣并入建昌。唐長安四年復析置武寧縣，景雲初仍改曰豫章，寶應元年以代宗諱復曰武寧，隸洪州。宋因之。元至元二十三年置寧州治此，大德八年徙州治分寧，縣還屬龍興路。明朝因之。舊有土城，周不及二里，相傳唐天寶中築，洪武三年因故址修治，尋復圮。正德六年復營土城，十五年以後屢經營繕，周七里有奇。編户五十九里。

西安廢縣，縣西二十里。後漢置縣於此，晉以後曰豫寧，宋王僧綽封豫寧侯是也。陳爲豫寧郡。南史：「陳初周迪統南川八郡。」八郡者，南康、宜春、安成、廬陵、臨川、巴山、豫章、豫寧是也。隋郡縣俱廢，唐改置今縣。志云：縣南甘羅村有豫寧城，唐豫寧縣本治此，天寶四載遷於今治。

玉枕山，縣北八里，狀若枕。其北有四望山，與玉枕山高下相等。又柳山，在縣西五十里。峰巒峭拔，甲於羣阜，以唐柳渾嘗隱此而名。○九宮山，在縣西北百八十里，與湖廣通山縣接界。上有瀑布，下有温泉。又太平山，在縣西九十里，亦與湖廣興國州接界。二山俱見湖廣。

汾水。在縣北。源出縣東北七十里之梅崖，亦曰分水泉，西流七十里入興國州界，下流會於長河。志云：分水泉西入興國州界陽新河，下流灌田千餘畝。又白石山水，在縣南五十里。源出諸山澗，北流經縣治南爲腰帶河，經縣東四十里有羊腸灘，又三十里爲三洪灘，亂石横列，俗呼和尚原，下流入南康府建昌縣之脩水。

寧州，府西三百六十里。東北至湖廣興國州三百里，南至袁州府四百二十里，西至湖廣平江縣二百五十里。

春秋時楚地，漢屬豫章郡，晉以後因之。隋屬洪州，大業初屬豫章郡。唐仍屬洪州。宋屬龍興府。元至元二十三年置寧州，初治武寧縣，後移治此。明初州廢。弘治七年復建爲州，編户九十八里。仍屬南昌府。

州武昌之南屏，豫章之右臂，控引潯陽，旁通湘、岳，民殷物阜，稱爲奥區。

分寧廢縣，今州治。本漢豫章郡艾縣地，後漢中平中分置永脩縣，晉、宋以後因之。隋平陳，省入建昌縣。唐爲武寧縣地，貞元十六年析置分寧縣，屬洪州。宋仍舊，元屬寧州，大德八年移州治此，以縣并入。明初改州爲寧縣，弘治中復升爲州。舊有土城，周不及二里，今圮。

艾城，州西百里，地名龍岡坪。左傳哀二十年「吴公子慶忌出居於艾」，即此。漢置艾縣，屬豫章郡，後漢延熹五年艾縣賊攻長沙郡縣是也。晉仍屬豫章郡，宋、齊以後因之，隋省入建昌縣。

旌陽山，州東一里，隔水。山勢壁立，烟雲迴薄，横截水口，上有旌陽觀，因名。又南山，在州治南，隔溪。跨橋穿石竇而入，懸崖峭壁，下瞰脩水。州治西北有鳳山，多靈草仙藥。秀水出焉，出浮橋渡而會脩水。○鹿源山，在州西八里。有九峰，迴環高聳。志云：州西五里有雞鳴峰，青嵐峭絶。又二里爲瀑布水，從雞鳴峰西流，出脩水北岸石下，飛流直下三十餘丈。又里許即鹿源山也。

毛竹山，州南百二十里。産毛竹。圖經云：「此山路塞，宋治平間有金襃者，出家財鑿山徑至爛泥坪，通奉新道。」山周三百餘里，高千仞。○黄龍山，在州西百八十里。山之西南有鳴水洞，水行兩石間，高數十丈，直下聲如雷，流十餘里始達平田。其相近者又有青龍山。

幕阜山，州西百九十里。山接湖廣通城及平江二縣界，周圍數百里，脩水出焉。後漢建安中吴太史慈拒劉表從子劉磐，置營幕於此，因名。今詳見湖廣境内。又柏山，亦在州西。汨水出焉，流入湖廣平江縣界。○清水巖，在州東北二十里。有南北二巖，黄魯直以爲天下絶勝處。岩前平衍，可坐千人。

脩水，州西六十里。源出幕阜山，分東西二流：西流入湖廣通城縣界，合雋水；東流屈曲六百三十八里出建昌城，又百二十里入於彭蠡。以其流長而達章江，故曰脩。水經注：「脩水出艾縣南。」寰宇記：「脩水在寧縣南二百步。」

鶴源水，州東北七十里。源出武寧縣九宫山下，南流與脩水合，冬夏不涸，田疇藉以灌溉。〇雙井，在州西二十里。志云：南溪心有一井，土人汲以造茶，絶勝他處，宋黄庭堅稱爲草茶第一。

杉市。在州西。有巡司。聞見録：「州有銅鼓營，近黄龍山，其地險阨，姦豪嘗保據於此。」

附見

南昌衛。在府治南。志云：洪武八年置南昌左衛，永樂初改爲護衛，以寧府故也。天順初復爲左衛。又有南昌前衛，在府治東。洪武十九年置。正德十四年宸濠叛，二衛官軍多從逆，事平，王守仁奏請并省，於是改爲一衛，垂爲永制。

瑞州府，東北至南昌府二百里，南至臨江府百十里，西至袁州府萬載縣三百里，北至南昌府奉新縣九十里，府治至布政司見上，至京師四千九百六十五里。

禹貢揚州之域，春秋屬吴，戰國屬楚，秦屬九江郡，漢屬豫章郡，晉、宋以後因之。隋屬洪州。唐武德五年置靖州，七年改爲米州，又改筠州，八年省入洪州。南唐保大十年復置筠州，時五代周廣順二年也。宋因之，紹興十三年賜郡名曰高安。寶慶初改曰瑞州。避理宗諱也。元曰瑞州路。明初洪武二年改爲瑞州府，領縣三。

府山川明秀，原隰沃衍，居列郡之中，爲襟要之地。

高安縣，附郭。漢置建成縣，屬豫章郡，武帝元光四年封長沙定王子拾爲侯邑。後漢仍爲建成縣，晉、宋以後因之。隋屬洪州。唐武德五年改今名，避隱太子諱也。又置靖州治焉，尋爲筠州治。八年州廢，縣仍屬洪州。南唐以後仍爲州郡治。今編户三百里。

建成廢縣，〔二〕即今府治。漢置，唐始改曰高安。五代梁開平三年危全諷以撫州兵攻洪州，請兵於楚，馬殷遣軍圍高安，淮南將周本敗楚兵於上高。宋亦爲高安縣。志云：郡舊有土城，唐初築，宋元豐中修築，建炎間又復增葺。元初毁，至正末亦嘗營治。明朝正德六年改營郡城，甃以磚石，又濬濠爲固。有門九，城周十四里有奇。又城中舊有子城，宋時土築，環城爲濠，周三里，有門四，元毁。明朝正德元年增修，緣碧落山後築墻，以圍府治。六年經華林賊焚燬，郡守鄺璠重建，甃石爲墻，頗稱嚴固，周一里有奇。

華陽廢縣，府西四十里。唐武德五年置，屬靖州，尋屬筠州，八年與州俱廢。○雲棚城，在府北三十里。又府北五里有斷水橋城。隋大業末蕭銑、林士弘攻掠江西，土人應智頊拒賊於華林山，築雲棚等城，召義兵保安，此土二城即其故址云。

碧落山，在府治後。下臨井邑，盡在目中。一名鳳凰山。山後有五龍岡，前臨蜀水。又有李八百洞，久塞，亦曰迷仙洞，在郡之後圃。山之西脉曰逍遥山。又有大愚山，在府治東南朝陽門外，門據山爲固。又有龍化山，在府西南上蔡門外。○米山，在府北二十五里。豫章記：「此山四面流泉，土地膏沃，生禾香茂，爲米精美，唐因以名州。」

敗伏山，府南百里。相傳梁末陳武帝起義兵，破賊伏軍於此，因名。又荷山，在府南二十五里，中有池，多紅蓮。山之南有琴嶺，其形如琴。○鳳嶺山，在府西七十里。志云：唐初靖州刺史應智頊屯兵之地，山勢峭拔，遠望如鳳。相近者又有飛霞山，亦聳秀。

華林山，府西北七十五里。有玄秀峯。相近有主嶺、南北嶺、三寶嶺，皆山勢危峻，正德七年官兵分屯於此，進討華林山賊，諺云「若要華林敗，三寶去立寨」；少南曰南山；皆華林之岡阜也。志云：華林山周百里，與奉新縣接界。又白雲山亦在府西北七十餘里，有澗泉瀑布諸勝。其相接者曰白鶴山，亦幽勝。○謝山，在府西北百里。奇峯怪石，甲於羣山。

龍珠嶺，府西北四十里；又府西南六十里有鷄籠嶺，高數百仞；皆以形似名。舊志：高安縣有石炭嶺，産篁竹，唐因改州爲筠州。今府治北鳳凰山下有大石，色黑，碎之若炭。永和山川記：「建成縣西有羊山，山産燃石。」豫章記：「建成縣有葛鄉，有石炭二頃，可燃以爨。」疑即石炭嶺矣。

蜀江，在府治北。源出袁州府萬載縣境龍河渡，流至上高縣凌江口合新昌縣鹽溪，歷郡城中而東出，匯於南昌之象牙潭而入章江。亦曰錦江。相傳晉許遜以蜀中江水授邑人投水上流，愈疫癘，因名蜀江，亦曰錦水，水經注亦謂之濁水。自州西南來，折而東注，界爲兩崖。漢、晉舊有城池，世遠圮塞，唐武德中李大亮始築土城，濬濠以受之。今郡城分南北，錦江中貫，市南溪設三閘，而城跨其上，以爲防衛。宋樂史云：「蜀江東流五百五十里而入章江也。」○鍾口江，在府南三十七里。源出荷山，流入蜀江。蕭梁時嘗獲古鍾於此，因名。

清湖，府東十五里，其水四時瑩徹；又珠湖，在府南十八里，俗傳有仙遺珠於此；又府西南二十五里有藥湖，相傳以呂仙棄藥湖中而名。」其下流皆入蜀江。

**鳴水**，府西北六十里。發源山谷中，流經此，北流入奉新縣界，合龍溪諸水而爲奉新江。碧澗飛流，空谷振響，因名。又曲水，在府南六十里。源出上高縣之蒙山，流出潦滸口，東入贛江。其勢迴環縈曲，因名。○華陽水，在府西南百里。源出臨江府新喻縣界，東北流入蜀江。又龍口水，在府西六十里，一名談口水。志云：高安縣西界有蛟湖，引流爲龍口水，北流至花園埠入於蜀江。又務農溪，在府東三十里。源出新建縣界，至府城南流入蜀江。

**陰岡嶺鎮**。府南六十里。有巡司。○仁濟橋，在府治東。舊有浮橋，宋淳熙十二年改建石橋，於兩岸作石隄以捍流，壘八墩於深淵，以畱水勢，墩之上架木爲梁，甃以石版，梁之上覆以廈屋六十餘間，往來者便之。後修廢不一，元季燬於兵燹。明弘治九年因舊址復建，長數十丈，屹爲津要。又府東有青湖、艤口等渡，皆蜀江津口也。

**上高縣**，府西南百里。東南至臨江府新喻縣九十里，南至袁州府分宜縣百四十里，西北至新昌縣五十里。本建成縣地，後漢中平中汝南上蔡民分徙於此，因立上蔡縣，屬豫章郡。晉太康初改曰望蔡縣，以上蔡人思其故土也。宋、齊以後因之，隋復省入建成縣。唐僖宗時鍾傳以故縣地置上高鎮，南唐昇元中改鎮爲場，保大十年升爲縣，屬筠州。今編户百七十五里。

**上蔡廢縣**，今縣治西。晉曰望蔡，隋廢。五代志：「唐中和末鍾傳以其地在高安上游，因置上高鎮。」宋白曰：「以地形高上而名也。」天祐四年淮南將呂師周等戍守於此，以備湖南。既而師周奔湖南。五代梁貞明三年，楚馬殷遣弟仔攻上高，大掠而去。南唐升爲縣。有城，周五里。宋嘉熙中增修，元廢。明朝正德七年鑿池樹柵，立四門，議循舊址修築，未果。○米城，在縣西北十五里顧城山下，或云唐末淮南所置戍守處也。

鏡山，縣東二里。山有三端，圓如鏡，相對而峙，中有徑可通人行。縣東五里又有屏山，山勢連亘如屏，因名。○寶蓋山，在縣南二十五里，嵌巖岌嶪，靄翠玲瓏。稍南曰靈峰山，峰前有銅丁嶺，一名銅精嶺。又南五里有寶珠嶺。

蒙山，縣南三十五里。周一百四十里，峭壁横險，喬木千尋，常有烟霧蒙蔽其上。山有多寶峰及上下兩洞。志云：宋慶元間嘗産銀鉛，故峰名多寶，并置蒙山務於山下。○九峰山，在縣西北五十里，接新昌縣界。其峰有九，曰雲末、飛雲、香爐、翠霞、蒼玉、芙蓉、清流、峨眉、天竺。縣西六十里又有末山，與九峰相連，以聳峙天末而名。其相近者曰謝君嶺，高數百仞，接萬載縣界。

天嶺，縣西二十里。嶺最高，行者若登天然。志云：縣北三里有敖嶺，亦曰敖峰，高峻，爲近郊之勝。〔三〕又禮架嶺，在縣西北六十里。高峻，多石洞，深且闊，兵燹時土人避此，寇不能近。縣西北七十里又有蓬萊嶺，草木蒙密，雲霧杳靄。又有黄鳳嶺，在縣西九十里。相傳昔有黄鳳集於此。○慈光洞，在縣西四十里，懸梯而下始有門可入。唐乾符二年黄巢之亂，民逃避於此，壁間題字猶存。又旺賢岡，在縣北二十里，一名黄田岡。

蜀江，縣治西。自萬載縣流入，至縣西北二十里淩江口，新昌縣水亦流入焉，又東南流經縣治南，又東流入高安縣界。又斜口水，在縣西十里。源發蒙山，入於蜀江。

鸕鷀洲，縣治東南，當蜀江水口。又仙姑洲在縣西六十里，縣境又有八疊洲，皆在蜀江中。又章樹潭，在縣治西。其水澄澈而淵深。

離婁橋鎮。縣西七十五里。有巡司。○蒙山務，在縣南四十里，蒙山之南麓也。宋置爲採煉銀鉛之所，今廢。

新昌縣，府西百二十里。西北至寧州二百里，西南至袁州府萬載縣百里。漢建成縣地，三國吴析置宜豐縣，仍屬豫章郡，晉因之，宋初廢。唐武德五年復置宜豐縣，屬靖州，八年廢入高安縣。南唐以宜豐舊地爲鹽步鎮。宋太平興國六年以地廣勢險，於宜豐故城置今縣，屬筠州。元元貞初升爲新昌州，明初仍爲縣。編户百二十九里。

宜豐縣，縣北三十里。孫吴置縣治此，唐改置於今治。宋因之，改曰新昌。有土城，元圮，明朝成化間因舊址修築，尋砌以磚石，周五里有奇。

康樂城，縣東二十里。本建成縣地，孫吴黄武中析置陽樂縣，晉太康初改曰康樂，仍屬豫章郡。劉宋封謝靈運爲康樂侯，即此。齊亦曰康樂縣，梁、陳因之，隋廢。志云：上高縣北十五里有陽樂城，蓋地相接云。

三峰山，縣西五里，與縣治前鹽嶺相接。志云：鹽嶺高出羣山，下瞰邑市，鱗鱗可數。縣東門外又有折桂峰，奇石聳秀。俗呼火焰山，歲多火災，後平其頂，改今名。○吉祥山，在縣北五十里。一名瑞雲山。山高聳，中有聰明泉。又尉山，在縣西七十里，盤亘數里，相傳南昌尉梅福棲隱處。

黄岡山，縣西八十里。山勢磅礴聳秀，爲新昌諸山之冠。又八鬱山，在縣西北九十里。山形盤鬱，疊嶂縱横，斷而復續，因名。又縣西百里有黄蘗山，一名鷲峰山，泉石奇勝。唐宣宗與僧黄蘗觀瀑布於此。○五峰山，在縣西北百里。山有歸雲、積翠、羅漢、月桂、佛巖五峰。志云：縣西五十里有九峰山，與上高縣接界。

西嶺，縣北六十里。望東面諸山兀起蹲伏，若翔舞狀，亦曰拜龍山。又縣東北七十里曰北嶺，截出雲外，如屏障，峰巒相倚，紫翠萬疊，有飛瀑三四道，頗爲奇觀。

鹽溪，在縣治西。一名若耶溪。源出南昌府寧州界，流入縣境，至縣南三十里出凌江口入上高縣界，東流而入蜀江。又治西南有小斜川，亦流合於鹽溪。○濯湖，在縣東二里。相傳晉旌陽令許遜濯衣於此，因名。

大姑嶺鎮。縣西三十餘里。有巡司，洪武五年置。

南康府，東至饒州府三百里，南至南昌府二百六十里，西至九江府德安縣百三十里，北至九江府百八十里，自府治至布政司見上，至京師四千六百七十五里。

禹貢荆、揚二州之域，春秋時爲吴、楚之郊，戰國屬楚，秦屬九江郡，漢屬豫章郡，後漢因之。晉初仍屬豫章郡，尋又兼屬尋陽郡，宋、齊以後因之。通志云：「陳爲豫寧郡地。」隋屬洪州，大業中屬豫章郡。唐仍屬洪州，後兼隸江州。五代時南唐亦爲江州地。宋太平興國六年置南康軍，元曰南康路，明初改爲西寧府，時爲元至正二十一年。尋曰南康府。元至正二十四年改。領縣四。

府負匡廬之勝，面彭蠡之險，引湖口之舟航，屏南昌之肩背，勢雄吴、楚，澤接江、湖。劉裕敗盧循之衆，王守仁破宸濠之軍，道皆出此云。

星子縣，附郭。漢彭澤縣地，屬豫章郡，宋以後因之。五代時楊吴以境内有落星石，置星子鎮，屬德化縣。宋太平興國三年升爲星子縣，屬江州，六年置南康軍治焉。今編户二十八里。

南康城，即今郡城也。宋太平興國中置軍，築土城，周五里有奇，尋圮。元末徐壽輝、陳友諒等相繼寇掠，郡無城郭，屢復屢陷。明朝正德七年復築，明年甃以磚石，以防寇亂，東西環濠，南臨湖。嘉靖以後屢經修治，爲門五，城周六里。

廬山，府西北二十里。其峰嶺巖谷洞石之屬，在境内者奇勝以百計，北與九江府接界。詳見前名山。○玉京山，在府西七里。一名上京山，當湖之濱，一峰最秀，其東西雲山烟水數百里，浩渺縈帶，皆列几席間。有層城山，在府西五里。一名烏石山，亭然獨秀。下有蒲溪灣，流入彭蠡湖。府西南十里又有鳳凰山，蜿蜒特起，水漲山浮，如鳳翔然。一名流星山。

鞋山，府北六十里。獨立湖中，形如鞋，高數十丈。尋陽記：「神禹嘗刻石紀功於此。」明初陳友諒敗於康郎山，其將張定邊挾之退保鞋山，爲我師所扼。本名大孤山，與九江府接界。○龍塘山，在府北三十里，峰巒峭拔，環抱湖灣。又西北十里有屏風山，丹崖紫壁，環繞磅礴，如屏障然。志云：府北四十五里曰吴章山，與廬山接，嶺峻峽隘。或謂之吴障山，以其爲吴之障也。嶺北爲德化縣界。

宫亭湖，府東五里，即彭蠡湖也。一云在府南一里，接南昌、饒州二府界。梁承聖二年豫章太守蕭尹將兵討陸納於湘州，軍至宫亭湖而潰，蓋道出湖中也。志云：湖之西北有落星湖，湖中有石山如星，相傳星墜水所化也。梁王僧辯破侯景於落星灣。宋建炎三年李邴等自建康扈從隆祐太后如洪州，過落星灣，暴風覆舟，宫人溺死無數，惟后舟無虞。一云落星石高五丈，在城南五里湖中。宋孟后過此，立落星寺。夏秋之交水漲，石泛於波濤之上，隆冬水洄，可以步涉。後改寺爲福星院，又爲法安院。

靈溪，府西三十里。又府西南五十里有龍溪，府南二十里有沙溪，六十里有渚溪。又有鸞溪在府西二十五里，又西一里有石鏡溪，俱源出廬山諸峰，下流皆入於彭蠡湖。○藿藤港，在府西南二十六里，源出府南三十里之黄龍山；又謝思港，在府東九里，源亦出廬山；俱流入鄱陽湖。又谷簾水，在府西三十五里。源出廬山康王谷曰谷簾泉，下流入於彭蠡，陸羽茶經品爲天下第一。桑喬山疏云：「康王谷在府西六十里，泉在谷中曰谷簾，其源出廬山絶頂之漢陽坡，懸注三百五十丈。」今亦見九江府德安縣。

渚磯，府南七十里，當鄱陽湖之西渚。明初與陳友諒相持於鄱陽湖，既而明師泊左蠡，友諒亦移泊渚磯，即此。渚或作「瀦」。輿程記：「府南十里爲爪蠡，又六十里爲渚磯，又六十里即南昌府之吴城驛也。」又黄婆磯，在府治東南二里，濱湖。宸濠爲伍文定所敗，嘗退保於此。○芙蓉洲，在城西二里，與玉京山相連。又鼉河洲，在府南十五里藍車山下，濱鄱水，蜿蜒若鼉。府西六十里又有火燒洲，接新建、建昌二縣界。相近又有綿絛洲，與大洲相連，亦接建昌縣界。

石隄，府治南。江滸舟楫之衝，每風濤驟至，艤泊無所。宋元祐中知軍吴審禮始柵木爲障，崇寧四年孫喬年以石爲隄，延袤百五十丈，横截洪流之衝，中開爲門，以通出入，内浚二澳，可容千艘。歲久浸圮。淳熙七年朱熹來爲守，歲適歉，遂捐金，募飢民增築之。明景泰五年、嘉靖四十三年亦相繼增築。志云：城西有西灣，在石隄内，宋徐端輔、朱熹知軍事，相繼作石閘以泊客舟處。當夏秋水漲，商旅牽舟，縈紆循繞，人力疲乏，故又號爲西疲灣。又湖西北有神林灣，多林木，中有神廟，商賈阻風泊此，必祈禱而去。○田公隄，在府治南一里。萬曆二十一年以石隄迤東一帶湖水盪囓，漸及城址，郡守田琯因築石隄，長數百丈以衛之，民因謂之田公隄。

長嶺鎮。府東北三十里。有巡司，明初洪武十一年置於府東二十里廢延慶縣，尋移置於府南三十里之渚溪鎮，萬曆中又移置於青山鎮，仍曰長嶺巡司。○匡廬驛，在府治南一里。志云：府東一里有錦岡嶺，宋置錦岡驛於其上，明初改置今驛。

都昌縣，府東百二十里。北至九江府湖口縣百四十里，東至饒州府百三十里。本彭澤縣地，唐武德五年置都昌縣，屬浩州，八年州廢，改屬江州。大曆間徙治彭蠡湖之東，屬饒州。宋太平興國中改屬南康軍。舊無城，嘉靖三十七年創築，四十一年始就，周五里。編户五十九里。

都昌舊城，在縣北九十里王家市，唐初置縣於此。志云：唐以彭澤縣地置浩州，又分楊梅嶺以南更置都昌縣屬焉。一云李大亮割鄱陽西鴈子橋之地置此縣。紀勝云：「鴈子橋，饒州之北壤也。唐始立縣，在獅子峰之南。」其地先有古城，莫知年代，遂因之創縣。以地名都村，遠與建昌相望，近與南昌相接，遂號都昌。後移今治。今猶謂故城曰衙前。○彭澤故城，在舊縣北四十里。舊志云：古縣蓋治此，晉陶潛爲彭澤令，即此城也。

左里城，舊縣西南九十五里，今縣西北五十里。晉義熙六年盧循爲劉裕敗於大雷，走還尋陽，將趨豫章，乃悉力柵斷左里，裕攻柵而進，循復敗走。陳永定三年侯安都擊余孝勱於新吳，軍至左里，適王琳將曹慶等救孝勱還，與安都遇，安都擊敗之。杜佑曰：「地在章江之左，因名。」元和志：「楊瀾湖北曰左里。」郡志：縣西北八十里有左蠡山，以臨彭蠡湖東而名。明初與陳友諒相持於鄱陽湖，明師自嬰子口移泊柴棚，去敵五里許，諸將以湖水淺，請移舟扼江上流，乃泊於左蠡。正德九年河南盜由湖廣至江西，掠星子，都指揮趙鉞敗之於左蠡，即此。今設巡司。又檀道濟城，在縣西北七十里，相傳道濟討謝晦時經此所築城也。今其地有城山。

松門山，縣南二十里。俗呼岧嶢山。明初陳友諒圍南昌，太祖帥舟師赴救，自松門入鄱陽湖，戰於康郎山是也。一統志：「松門山在南昌府北二百十五里，上有石鏡。」○石壁山，在縣治西，臨大江，有石如壁。一云山在縣西南十里。又大磯山，在縣西七里。一名望仙山，頂平石可以眺遠。其西南里許爲小磯山。志云：縣北十里有芙蓉山，其山大小相對，形若芙蓉也。

華山，縣東北九十里，突然峭拔，高壓衆山，擬於太華。縣東北百里又有黄金山，頂有龍湫，下有大石，飛泉噴落，謂之圜水巖。○元辰山，在縣西四十里。相傳晉蘇耽居此得仙，一名蘇山，道書以爲第五十一福地。又土目山，在縣西北八十五里，臨大湖。巨浪衝激，成孔如目，因名。

鄱陽湖，縣東南二十里。遠近羣川，皆匯於此，西北入湖口縣，注大江。春夏浩蕩無涯，謂之東鄱陽，至冬則水束如帶。又縣北二十里有郭山湖，一名郭家湖；縣西北二十餘里有石流、吴江諸湖；八十里有左蠡湖：皆鄱陽之支委也。

新開河，縣治西一里。宋紹聖中綱運船泊湖邊，以大、小磯湍急，請開此河以避風濤，因名。又後港河，在縣北六十里。自左蠡石流嘴引入縣西北二十五里之吴江湖，又由縣北二十里北廟湖至王家市有九十九灣，春夏水泛，廣通舟楫。志云：縣東南三十五里有山田港，臨鄱陽湖，引水溉田。○陳令塘，在縣治南一里。唐咸通元年邑令陳可大築塘以阻潦水，因名。聞見録：「縣南四十里又有四山塘，由餘干縣康山入縣境之道也。」

柴棚鎮，縣東南七十里鄱陽湖中。今有柴棚巡司。明初與陳友諒相持於鄱陽湖，既而明師自嬰子口移泊柴棚是也。輿程記：「自縣至饒河口六十里，又十里爲柴棚，又十五里爲釣臺，又五里爲周溪，又十里爲打石灣，又十里爲棠陰巡司，饒州府鄱陽縣界也。」又左蠡巡司，在縣西故左里城。明初置。

四望山寨，縣東南六十里鄱湖中。宋、元時置巡簡砦於此，以備逋盜，今廢。志云：縣西北七十里有彭蠡戍，西臨彭蠡湖，陳末置戍於此。唐武德五年以江湖闊遠，遂置鎮，景龍元年復爲戍，以扼要衝。又有檀山戍，在縣北九十里，與馬頰相對。唐武德五年以水陸之衝置戍。寰宇記：「檀頭山有石室，以宋檀道濟嘗領兵登望而名。」其地蓋與城山相近。

團山驛。縣西南一里。洪武初置。志云：縣西十五里舊有白石驛，縣東二十五里有磯子驛，縣西四十里有赤石驛，七十里有游賢驛，西北八十餘里有土目驛，俱宋、元時置，明初廢。○聖駕墩，在縣治西三里。明太祖征陳友諒駐蹕於此，軍士築土爲墩，一夕而成，因名。

建昌縣，府西南百三十里。北至九江府德安縣七十里，西至南昌府武寧縣百四十里。漢豫章郡海昏縣地，後漢永元十六年分置建昌縣，仍屬豫章郡。晉因之。劉宋元嘉二年廢海昏移建昌治焉，齊、梁因之。隋屬洪州，大業末林士弘置南昌州於此。唐武德五年并其地爲南昌州總管府，尋曰都督府，七年府廢，八年并廢州，仍爲建昌縣，屬洪州。五代時因之。宋太平興國七年仍屬南康軍，元元貞初升爲建昌州，明初仍降爲縣。今編户八十四里。

**海昏城**，今縣治。漢初屬豫章郡，宣帝廢昌邑王爲海昏侯，國於此。東漢亦爲海昏侯國，尋又析西南境置建昌縣。或云縣在今奉新縣界。建安初孫策分海昏、建昌六縣以太史慈爲建昌都尉，治海昏。晉亦爲海昏、建昌二縣，並屬豫章郡。劉宋以建昌治海昏城，遂并海昏入焉。齊、梁以後並爲建昌縣。一云隋置當陽府於此，悮也。類要云：「大業十年縣又移理於縣西太史慈故城。」太史城，亦見奉新縣，蓋唐初復還今治也。宋因之。舊無城，明朝正德十三年營土城，嘉靖四十一年改甃以石，周四里有奇。

**昌邑城**，志云：在縣北六十里，漢昌邑王改封海昏侯時所築城也。豫章記：「城東十二里江邊名慨口，出豫章大江之口也。昌邑王每乘流東望，輒憤慨而還，因名。」

**鳳棲山**，縣西十五里。山勢旋伏，狀如棲鳳。又雲居山，在縣西南三十里，紆迴峻極，頂常出雲。一名歐山，世傳歐岌先生得道於此。志云：歐山湫澤湧洩，垂流三十餘丈，形如曳布，謂之布水，在縣西南四十里。○迴城山，在縣西五十里。中有高峰嵬峨，望之如城闕。又城門山，在縣西八十里。山形雙峙，遠望如城門。中有飛泉，溉田甚廣。

**長山**，縣南五十里，與安義縣龍安城相對。宋岳武穆屯兵於此，賊李成屯於龍安北。武穆登山望賊陣，邀擊於樓子莊，大破之。樓子莊蓋在山西南。宋書：〔四〕「紹興元年岳飛敗李成將馬進於筠州，進奔南康，飛夜引兵至朱家山，斬其將趙萬，又破李成於樓子莊，追斬馬進，遂復筠州。」朱家山或曰即長山。

修水，縣治南。亦曰帽帶水，以映帶縣治東西也。自寧州東流，屈曲數百里入縣界，經此又東百二十里入於彭蠡。以其遥達章江，故曰修。邑人亦謂之西河水。或云修水故名繚水，水經注「潦水導源建昌縣東，經新吴縣，又經海昏縣謂之上潦水」，即繚水也。後漢建安三年孫策使太史慈覘華歆於豫章，慈還言：「歆爲太守，海昏上繚不受發召。」蓋是時縣民數千家相結聚於上繚，推劉氏一人爲主，謂之宗帥。四年孫策忌盧江太守劉勳兵强，紿之攻上繚，即此。亦曰海昏江。

蛇子徑水，縣南二十里。舊晉吴猛殺大蛇，蛇子穿地成穴，流水灌通，唐儀鳳中始通小舟，今水勢屈曲尚如蛇形。又潯陂水，在縣南五十里，源出奉新縣界，北流入境；又寶峰水，出縣西九十里寶峰山下，赤石水亦出焉；縣南百里又有斛源水，出靖安縣界；下流皆匯於修水。志云：縣西十里有楓林水，二十里有西江水，又五里有白沙水，縣西四十里有南舍山水及醴坑水，七十里又有雲門水，皆出雲居山，流入修水。○向家山水，在縣北三十里，流經九溪灣；又北三十里有檀陂水，源出德安縣；皆南流合修水。

明月湖，縣西四十里，其水泓涵澄澈，瑩然如月；縣境又有南湖及東白、大岸等湖；皆導流入於修水。○捍水堤，在縣治南一里。唐會昌六年縣令何易于築。西二里又有堤，咸通二年令孫永築，因亦謂之孫公堤。

蘆潭鎮。縣東六十里。有巡司，明初吴元年建。又縣西七十里舊有谷源巡司，百二十里有河滸巡司，今皆廢。志云：縣東四里有鎮遏營，漢建安八年孫策使太史慈築以拒劉磐。又上繚營，在縣南十七里，相傳昌邑王賀所築。今皆爲民地。○城子驛，在縣北二十五里，唐置。又豐安驛，在縣南二十里。志云：隋置。今皆廢。縣南一里又有炭婦鎮，今爲妙明觀，相傳許旌陽試弟子處。又太平鎮，在縣西北四十里。今亦廢。

**安義縣**，府西南二百五十里。西南至南昌府靖安縣八十里，南至南昌府奉新縣九十里，北至建昌縣八十里。本建昌縣地，正德十三年議者以地廣民頑，境壤旁接，依山據峒，嘯聚不時，奏請割五鄉置今縣。從之，因安義鄉爲名。明年築磚城，濬隍，十五年功始就。嘉靖以後屢經修築，周四里有奇。編户四十六里。

**龍安廢縣**，縣東北三十里。唐武德五年析建昌縣地置龍安縣，屬南昌州，八年縣廢。今爲龍安鎮。舊志：龍安城在建昌縣南六十里。○永脩廢縣，在縣西南四十里。沈約曰：「後漢中平中置，吴、晉因之，仍屬豫章郡。」宋、齊以後仍曰永脩縣，隋平陳，并入建昌縣。唐武德五年復置，屬南昌州，八年復省入建昌。又孫慮城，在縣南三十里。吴志：「慮字子智，權第三子，黄武七年封建昌侯，築城於此。」

**西山**，在縣西南，即南昌府城西山也。蜿蜒綿亘，北入縣界，爲境内之巨鎮。又兆州山，在縣東南四十里。崖巘磊落，其形如兆，下多良田，民居有如州郭，因名。○文山，在縣南十里，峰巒秀麗。又筆架山，在縣東四十里，秀麗與文山相匹。志云：縣東二十里有睡虎山，又仰天獅山在縣南二十里，皆以形似名。

**龍江水**，縣南一里。源出靖安縣境，流入界，北會修水達於彭蠡。縣東南四十里又有兆州水，源出兆州山，奉新江之水自奉新縣流入境，合於兆州水。志云：縣東二十里有東陽新逕水，源出靖安縣，與奉新江、兆州二水合，俗謂之義興三合水，亦曰三合口，縈迴九轉而成大川，徑達東陽津口注修水以合章江。○湖陂水，在縣南三十里，源亦出靖安縣，險不通舟；相近又有馮水，自奉新江分流入縣界；皆北注修水。又皎源水，在縣西北二十里。源出建昌縣寶峰山，險不通舟，亦東流合修水。

龍安驛。即故龍安縣，宋慶曆中置，今廢。又娉婷鎮，在縣東三十里。志云：唐大和中女仙吴彩鸞舞鶴於此，因名。又縣南二十里有龍潭鎮。

## 校勘記

〔一〕濱江者有宫步門　「江」，底本原作「海」，今據職本、鄒本改。

〔二〕建成廢縣　「成」，底本原作「城」，今據職本、鄒本及漢志卷二八下改。

〔三〕爲近郊之勝　底本原作「近郊爲之勝」，今據職本、鄒本乙正。

〔四〕宋書　據下文「紹興元年岳飛敗李成將馬進於筠州」，此「宋書」當作「宋史」。事見宋史卷三六五岳飛傳。

# 讀史方輿紀要卷八十五

## 江西三

九江府，東至南直池州府五百五十里，東北至南直安慶府四百十里，東南至饒州府四百三十里，南至南康府百八十里，西至湖廣興國州二百里，至武昌府五百四十里，西北至湖廣蘄州百八十里，自府治至布政司三百里，至京師四千六百里。

禹貢荆、揚二州之境，春秋時爲吴、楚之郊，戰國時屬楚。秦屬九江郡，漢初屬淮南國，尋分屬豫章郡，文帝時又分屬廬江郡。後漢因之。建安中其地南境入吴，屬彭澤郡，北境入魏，屬廬江郡。後盡入吴，屬武昌郡。晉爲廬江、武昌、豫章三郡地，永興初置尋陽郡。治柴桑縣，郡屬江州。沈約志：「晉元康初置江州，治豫章，咸康六年移治尋陽。」今詳州域形勢，下倣此。宋以後因之。志云：梁移江州治湓城。隋平陳廢郡，仍置江州，大業初改江州爲九江郡。唐復爲江州，天寶初曰潯陽郡，乾元初復曰江州。五代時屬吴，朱梁龍德初，楊吴於江州置奉化軍節度。後屬南唐。宋仍曰江州，亦曰潯陽郡，建炎元年升定江軍節度，二年以江、池、饒、信爲江州路，紹興元年復故，自是常以安撫制置等使治此。元曰江州路，明朝洪武初改爲九江府。領縣五。

府南面廬山，北負大江，據江、湖之口，爲噤喉之地。漢伍被謂淮南王：「有潯陽之船，守下雉之城，（下雉，見湖廣興國州。）結九江之浦，絶豫章之口，强弩臨江而守，以禁南郡之兵。」三國吴潯陽常爲津要，置都護領之。自晉置江州，以潯陽中流襟帶，倚爲重鎮。永昌初王敦叛，自武昌逼建康，時甘卓鎮襄陽，其從事樂道融説卓分兵入江州，斷彭澤，使敦上下不得相赴，卓不能從。咸和三年蘇峻逼建康，温嶠自武昌入救，軍於潯陽。元興元年桓玄舉兵江陵，過潯陽不見官軍，意甚喜，將士之氣亦振。三年劉裕等討桓玄，玄自建康走潯陽。劉毅帥何無忌等追玄，玄留其黨何澹之守湓口，無忌等攻拔之。義熙五年徐道覆説盧循乘虚襲建康，（以劉裕方北伐燕也。）曰：「君若不從，便即帥始興之甲，直指潯陽。」（時道覆爲始興相。）宋元嘉末江州刺史武陵王駿發潯陽，東討元凶劭。昇明初沈攸之舉兵江陵討蕭道成，道成召其子賾於郢州。賾以夏口重地，使柳世隆嚴爲之備，行至潯陽，乃曰：「潯陽地居中流，密邇畿甸，若留兵湓口，内藩朝廷，外援夏首，保據形勝，控制西南。今日會此，天所置也。」遂留鎮湓口。道成聞之喜曰：「真吾子也。」齊東昏侯末，蕭衍下江州，引兵東下，留别將鄭紹叔守潯陽，謂曰：「卿我之蕭何、寇恂也。」紹叔受命，比克建康，紹叔督江湖糧運，未嘗乏絶。蓋自宋之武陵王駿以江州建義，其後臧質、桂陽王休範、晉安王子勛及齊陳顯達之徒，相繼疊起，六朝之間，潯陽未有三十年無事者。梁大寶二年王僧辯等討侯景，進克潯陽，湘東王繹命僧辯屯潯陽以待諸軍之集。明年諸軍發潯陽，舳艫數百里，遂成破竹之勢。隋氏平陳，亦以湓城爲必争之所。自唐以來，潯陽、武昌並爲濱江重地。宋曹彬既克南唐，曹翰始平江州。建炎中羣盗李成寇潯陽，而江左震動。呂氏祉曰：「江西道爲州者十，而其鎮則九江。」蓋自豫章以西，江與鄱陽之浸浩瀚吞納，而匯於湓口，則九江爲之都會。晉桓冲謂：「潯陽北撫羣蠻，西連荆郢，亦籓任之要。」今自襄陽、江陵、武昌而東，形勝莫切於潯陽。屯潯陽而江之東西可以襟帶，上游之勢成，而後可以根本建康，左右淮、浙，是潯陽爲東南重地也。明初陳友諒據此，爲上流患。既而洪武伐之，克安慶，劉基請竟抵江州，覆其巢穴，從之。江州既克，而江西州郡望風款附，敵雖强戾，不能爲我難。正德中宸濠作亂於南昌，襲陷九江，亦知爲必争之險也。九江不保，而南昌之患在頭目矣。九江爲全省之噤喉，又爲湖廣、江南之腰膂也。郡志云：九江左挾彭蠡，右傍通川，陸通五嶺，勢拒三江，襟帶上流，乃江西之重鎮。圖經云「郡西挹武昌，東引皖口，襟帶中流，舟車衝要，亦一都會」云。

德化縣，附郭。漢廬江郡尋陽縣地，後漢及晉因之。永興初置尋陽郡，治柴桑，縣屬焉。永嘉以後爲柴桑縣地。梁析置汝南縣，仍屬尋陽郡。隋平陳改置尋陽縣，爲江州治。開皇十八年改曰彭蠡縣，大業三年又改湓城縣。唐武德四年復曰尋陽，皆爲州郡治。五代時南唐改曰德化縣，宋仍舊。今編户十六里。

尋陽城，府西十五里，此六朝之尋陽也。漢尋陽縣在縣北，屬廬江郡，三國吴屬蘄春郡，晉太康元年省蘄春郡，以尋陽屬武昌郡，明年還屬廬江郡，永興初屬尋陽郡。尋陽記：「今蘄州界古蘭城亦謂之潯水城，即漢尋陽縣也。」班志注：「禹貢九江在尋陽縣南，皆東合大江。」漢武南巡，自尋陽浮江，射蛟江中；後漢永嘉初廬江賊攻尋陽，建安十四年孫權以吕蒙領尋陽令；三國吴建興二年諸葛恪圖起田於尋陽，皆此。志云：尋陽後漢時爲豫章、廬江二郡界，三國時尋陽爲督護要津。廬山記：「尋陽縣在大江北，尋水之陽也。」晉永嘉末琅琊王睿使周顗鎮江州，顗屯潯水城，爲賊杜弢所困。武昌太守陶侃遣兵救之，顗出潯水投王敦於豫章。是時尋陽猶在江北，咸和以後始移於江南。杜佑曰：「温嶠所移也。」王氏曰：「惠帝永興初分廬江、武昌立尋陽郡，治豫章之柴桑，而尋陽之名亂。成帝咸和中移江州治尋陽，而江南之尋陽著，江北之尋陽益晦。後遂廢漢尋陽縣入柴桑縣，自是以後皆以尋陽郡城爲尋陽城矣。」義熙八年孟懷玉築尋陽城，亦曰懷玉城，即此城也。宋、齊以後皆爲尋陽郡治，梁又置汝南縣治焉。隋又改爲尋陽縣，後因水患移州縣於今治。或云晉義熙八年始廢江北之尋陽縣；又云隋尋陽縣在郭外，以水患移縣入郡城，爲附郭；皆非也。唐亦爲尋陽縣，江州治焉。郡城蓋隋、唐間築，長慶中因故址修築，宋、元時皆因舊城營繕。至正十九年陳友諒都此，增築城垣。二十一年明師攻克之。二十三年復爲友諒所陷，城益傾壞。明朝洪武二十二年築城於城東北隅，鑿濠爲固，餘則列栅臨江，或憑濠或樹栅而已。永樂十年始周砌磚城，宣德中增修，成化四年、二十年俱經修葺。弘治三年復營治，正德六年又增修之。十四年爲逆濠所陷，城多殘毁，事平修復。嘉靖三年圮於淫潦，旋營葺如故。七年以後屢經修治。有門五，後增爲七。城周十二里有奇。

柴桑城，府南九十里。漢縣，屬豫章郡，後漢因之。建安十三年曹操自江陵將順江東下，孔明見孫權於柴桑。孫吳以縣屬武昌郡，赤烏五年諸葛恪屯於此，太元元年陸抗屯焉。晉永興初爲尋陽郡治。元興二年桓温篡位，遷帝於尋陽，即柴桑也。宋昇明初沈攸之舉兵江陵，時江州治尋陽，蕭賾以尋陽城不足固，表請鎮湓口，留别將戍尋陽。齊永元三年蕭衍克郢城，進向江州，命鄧元起引兵先下，楊公則徑掩柴桑。梁仍爲柴桑縣，隋平陳郡縣俱廢，改置尋陽縣。唐武德五年於舊城置楚城縣，貞觀八年省入尋陽，置楚城驛於此。

湓口城，府西一里。自昔爲戍守處。宋昇明元年沈攸之舉兵江陵，蕭賾自郢州還至尋陽，欲留鎮之，或以湓口城小難固，周山圖曰：「今據中流爲四方勢援，不可以城小難之。苟衆心齊一，江山皆城隍也。」賾遂鎮湓口。齊隆昌初蕭鸞弑昭業立昭文，江州刺史晉安王子懋謀討。鸞知其謀，密遣軍主裴叔業等襲尋陽，子懋亦遣軍守湓城。叔業揚言爲郢府司馬，泝流直上，至夜回襲湓城，遂下之。東昏侯末蕭衍命鄧元起向尋陽，江州刺史陳伯之退保湖口，留其子虎牙守湓城。梁太清二年侯景犯臺城，江州刺史蕭大心謀入援，移鎮湓城。明年景陷臺城，蕭範自合肥西詣江州，大心以湓城處之。既而大心與範相猜忌。範卒，衆推其弟恬爲主，仍屯湓城。大心尋使其黨徐嗣徽夜襲湓城，不克。大寶初侯景將任約略地至湓城，大心以江州降。二年王僧辯克郢州，乘勝東下，遂克湓城，賊將范希榮守尋陽，棄城東走。紹泰二年江州刺史侯瑱不附陳霸先，霸先遣周文育擊其湓城，瑱尋降於霸先。陳永定三年吴明徹與梁王琳相持，襲其湓城，琳敗走。隋江州亦治此，既而尋陽縣亦徙治焉。大業初改曰湓城縣。唐武德四年改湓城爲尋陽縣，又分置湓城縣於此。八年復省入尋陽，改置湓城戍。後廢。

半洲城，府西九十里。晉所築。咸康五年庾亮以弟懌爲梁州刺史，鎮魏興，後以魏興險遠，命懌徙屯半洲。八年褚裒爲江州刺史，鎮半洲是也。○郭默城，在府東北，晉將郭默反時所築城也。梁大寶初侯景將于慶自鄱陽還豫章，爲梁降將侯瑱所拒，走江州，據郭默城。梁將王僧辯乘勝下湓城，前軍襲慶走之。時景將范希榮亦棄尋陽走郭默城，既而敗走。亦謂之陶公壘。志云：陶侃討默築壘攻之，因名。

松滋廢縣，在府東。沈約志：「東晉成帝時以江左流民寓尋陽，僑立松滋郡，遥隸揚州。安帝省爲松滋縣，屬尋陽郡。」齊廢。時尋陽又有弘農縣，亦晉成帝時僑立弘農郡，後改爲縣，屬尋陽郡。宋元嘉十八年併入松滋。又有安豐僑縣，亦晉置，宋屬尋陽郡，齊廢。○新蔡城，在府境。晉志：「元帝渡江於江州立新蔡郡。」宋曰南新蔡郡，領苞信等縣。齊因之，後廢。苞信本屬汝南，亦僑置縣也。苞一作「褒」。又九江廢縣，在府西。東晉初置縣，宋元嘉初省。又有巢湖城，在府東四十二里。志云：楚有二巢，在廬江六縣，此其一也。一名南巢，俗訛爲湯放桀處。

廬山，府南二十五里。峰巒巖谷洞石之屬，其在境内者以數十計，與南康府接界。詳見前名山。○天花井山，在府東南。志云：山雖居廬阜之末，然支散爲諸岡阜，東北行爲烏稍，爲丫髻。丫髻之散，其支有九，大者爲鳳凰、栗樹、長嶺諸山。長嶺之支復西踰磨刀澗，委蛇盤旋，自潯東門入，而盡於湓浦。小支則自栗樹嶺益西，爲城南石塘舖諸岡阜，而盡於孫家湖。山勢踴躍軒翥以趨於尋陽，昔嘗鑿斷山岡以泄其氣，今東門外隴有大渠通老鶴塘者是也。長嶺蓋在府東五里，一名鳳凰嶺，又西二里即磨刀澗。又吴障山，在府東三十里，亦當匡山之末。一名吴章山，與南康府接界。

大孤山，在府東南四十里彭蠡湖中，與南康府分界。西面洪濤，一峰獨聳，唐顧況云「大孤山盡小孤出」，蓋彭澤之小孤山與此山相望也。山形似鞋，一名鞋山。明初陳友諒敗於康郎山，欲退保鞋山，即此。○龍門山，在府西南五十里，與駱駝山相對如門。湓水出於瑞昌縣之青湓山，流經兩山間而入大江。志云：駱駝山在府西四十里，盤據一峰，形如駱駝。又有大、小石門山，亦在府西南五十里。二山對峙，兩旁有石如屏障四面相向，俗呼大、小城門。

柴桑山，府西南九十里。漢以此名縣。晉陶潛家於柴桑，即此。其相近有面陽、馬首、桃花尖諸山。又高良山，在府西南八十里，高聳秀拔，爲諸山最。其脉爲株嶺山，以尖秀如木株而名。下有白鶴洞，門高二丈許，其深無際，四時出泉，灌田百頃。志云：株嶺山在府西南六十里。又有義門山，在株嶺、高良二山間，東去府城七十里，昔義門陳氏居其下。○七里岡，在府南五十里。横亘平曠，袤七里。又清泉洞，在府西九十里。洞深如屋，水源不竭，可灌田百餘頃。

潯陽江，在府城北，即大江也。自湖廣廣濟、黄梅縣南流經此，東經湖口、彭蠡二縣北，而入南直宿松、望江二縣界。輿程記：「自府北渡大江廣二十里有太陽廟，又四十里爲黄梅縣，東北百餘里則宿松縣矣。」沈約曰：「尋本水名，在江北，南流入大江，漢因以名縣，而江遂得潯陽之稱。」餘詳見前大川九江。

彭蠡湖，府東南九十里。亦曰宫亭湖，彭蠡之下流也。又北接於潯陽江。志云：江水遶郡城而東下，四十里得彭蠡水是也。詳見大川彭蠡。

甘棠湖，在府城南。一名景星湖。唐長慶二年刺史李渤徑湖心爲隄，長七百步，人不病涉，又立斗門以蓄洩水勢，因名李渤湖。又以其德方召伯，名甘棠湖。修城志：「九江城，國初由西門至南門迤東皆邊甘棠湖，無濠塹，東折而北，始引湖爲濠是也。李勃隄久廢，嘉靖中增修，復圮，夏秋則苦泛濫，秋冬則病淺涸。萬曆四十一年兵備副使葛寅亮築石隄長一里，名西城隄。又建石閘以便蓄洩，亦曰西城閘。」志云：府城西一里有龍開河，長百五十里。源發瑞昌縣清溢鄉，東流入大江。水漲則由大江逆入，溢爲鶴問湖，舟楫停泊，以避江濤之險，俗傳龍開此河也。鶴問湖，在府西十五里，世以陶侃葬母，異人化鶴事而名。○官湖，在府西三十里赤松鄉。一名梅家湖，臨大江。春夏之交，江水泛漲，茭葦叢生，不容舟楫。中產魚，多菱芡。河泊所設其旁，因名。又有芳蘭湖，在府東二十里。源出廬山澗水，東流入彭蠡湖。水漲爲湖，水退爲溝，岸草如蘭，因名。

溢浦港，府城西半里。源出瑞昌縣清溢山，亦名盆水，流入境，又東經城下，西通龍開河，北接大江，淵深不測，昔爲商旅泊舟處。俗傳昔人常洗盆於此，忽水漲，有龍啣盆而去，因名。其入江處謂之溢口，自昔爲戍守處。晉咸和三年祖約以壽春叛，合於蘇峻，時荆、江二州軍皆東下討峻，約遣祖渙等襲溢口以踦其後，過皖，爲毛寶等所敗而還。五年郭默殺江州刺史劉胤，還屯尋陽，陶侃、庾亮討之。亮自蕪湖西上，兵至溢口，默爲其下所殺。隆安二年殷仲堪舉兵荆州，前鋒楊佺期、桓玄奄至溢口，江州刺史王愉惶遽奔臨川，玄遣軍追獲之。五年桓玄鎮江陵，遣其將皇甫敷等戍溢口。元興三年桓玄自建康敗奔尋陽，留其黨何澹之等守溢口，西還江陵。劉裕遣劉毅等攻拔之，進據尋陽。宋元嘉末武陵王駿討元凶劭，遣柳元景統十二將軍發溢口。又荆、湘、郢三州之運俱積於溢口，孝建初江州臧質擅用溢口鈎圻米，臺符屢加簡詰，漸致猜懼。溢口有城，所謂溢城也。唐亦置溢口戍。乾符四年賊帥柳彥璋陷江州，以戰艦百餘固湓江爲水寨，江州刺史劉秉仁擊平之。一云湓浦口舊在府西十五里，恐悮。今其地居民叢聚，舊流壅塞，僅餘一溝，不復通江矣。

女兒港，府東南三十五里。源出廬山，東北流二十五里入彭蠡湖，水漲可容百餘艘。因大孤在其側，俗訛孤爲姑，故有女兒之稱。亦曰女兒浦。其東北曰金沙洲，洲本白沙水磧，初日照之，燦然作黄金色。明太祖征陳友諒，有術士嘯風揚沙，既而風忽轉，大殲敵軍於洲上。

白水港，在府西。亦曰白水浦。梁王琳破陳侯安都於沌口，引兵下至湓城，屯於白水浦是也。今亦曰白水湖，水溢成湖，水落爲港。又小港，在府西南七里。一名官牌夾，濱江，可以泊舟，有水江市。○濂溪港，在府南十五里。自廬山蓮花峰下導流而西北，合龍開河入江。以宋儒周子嘗寓此而名。

桑落洲，在府東北，過江五十里。昔江水泛漲，有一桑流至此，因名。舊志云：洲在湓城東北大江中。晉元興三年劉裕遣何無忌等西追桓玄，敗玄將何澹之於此。義熙六年劉裕討盧循，戰於桑落洲，敗績。宋泰始初長史鄧琬奉晉安王子勛舉兵江州，令子勛建牙桑尾，即桑落洲之尾也。洲之西曰白茅灣。陳霸先討侯景，自南江出湓口，會王僧辯於白茅灣，蓋其地與南直宿松縣接界。志云：府北二十里隔江有夾洲，袤七八里，可治舟楫。其北爲楊家穴市。○白石磯，在府東北三十里江濱，白石巉巖。又回風磯，在府東北四十里。舟楫至此，俱轉蓬避風，因名。

秋水隄，在府東。唐大和三年刺史韋珩築。府西有斷洪隄，會昌二年刺史張又新築以窒水害。志云：府西五里有海天隄，一名海船窩，元時海運造船處也。路通瑞昌，舊爲湖澤，行者必資舟楫以濟。正德初始募築隄，長五六里，植楊柳千株，以防崩潰，行者便之。以春夏水漲，若海之連天而名。近爲水圮，乃移置於東關禪寺之側。又李公隄，在府城北。正德十九年郡守李從正甃石爲隄，以護庾樓磯一帶城址。又謝公隄，在府城西門外泥汊觜。其地界龍開河、官牌夾之間，二水衝激，崩陷無常，嘉靖間兵備使者謝迪築隄長半里以備之，因曰謝公隄。

**封郭洲隄**，府東北十里。隆慶中邑令俞汝爲築隄，自李家口起至小池口一帶，綿亘三十餘里，民田三萬六千畝，及南昌、九江、蘄州之屯田皆藉此隄以捍濱江侵齧。後漸圮，萬曆三年增築，三十六年又建石閘，以爲蓄洩。四十一年淫潦，堤閘多崩壞，兵備副使葛寅亮修築堤閘，高廣完固。其後相繼營葺。○嚴家閘，在江北三十里，接黄梅縣界。萬曆間建爲蓄洩之利。又有赤松閘，在府西七十里。萬曆四十八年建。堤内淤瀨，皆成沃壤。

**南湖嘴鎮**，府東四十里，臨彭蠡湖口。旁有港曰將軍套，明初師扼陳友諒，作浮梁於此以渡兵，且樹柳以遏奔衝，洪武初置巡司於此。嘉靖四十一年以江湖多盜，增設官兵，置南湖營。南岸起下巢湖，東至馬當山，計三百二十五里；北岸起湖廣廣濟縣龍平鎮，東至南直宿松縣界沙灣角，計二百四十里；皆爲汛地。由湖嘴南二十里至女兒港，即彭蠡湖北出之道也。○城子鎮，在府西四十里大江北，有巡司，亦洪武初置；又有龍開河鎮，在府西，亦洪武初置巡司；皆爲濱江戍守處。

**鶴問寨**，府西南十五里。志云：即故尋陽縣，宋、元時置寨於此，以近鶴問湖而名。今爲河泊所。又小池、小江河泊所，在封郭洲，去城十里大江北。洪武初置，舊有沙池。高頭湖、桑落洲二處河泊所，正統五年併入焉。又官湖旁有官湖河泊所，城西龍開河渡口有魚苗廠，皆官收魚税處。○尋陽驛，在府城東北。宋、元以來皆置於府城西，明初因之，萬曆四十一年改置於此，瀕江，以便行旅。志云：城西二里有九江抄關，景泰初置户部分司，以榷商税。嘉靖初議者以關右磯險湍厲，請立新廠於海天隄，商舟泝流者泊龍開河，隨流者泊官牌夾，公私便之。既而以荒遠誨盗，多水患，復還舊所。

稽亭。在府城東。寰宇記：「使客經過於此，歷覽江山勝概，爲之稽留時日，因名。」齊江州刺史晉安王子懋以蕭鸞擅政，謀舉兵内向，鸞使裴叔業等襲取湓城。子懋先已具船稽亭渚，聞之，乃據州自衛。又梁鄱陽王範因侯景之亂，自合肥退軍至湓城，江州刺史尋陽王大心使徐嗣徽築壘稽亭以備範，市糴不通，範軍大困。範尋卒，衆推範弟恬爲主，遣其將裴之横攻稽亭，嗣徽擊走之，即此。○置馬亭，在府西。後漢志注：「尋陽有置馬亭。」孫策攻廬江太守劉勳，勳士衆散於此。

德安縣，府西南百五十里。東至南康府百二十里，西南至南昌府武寧縣百七十里，南至南康府建昌縣八十里。漢爲歷陵縣，屬豫章郡，後漢因之。晉屬武昌郡，東晉初省入柴桑。隋爲湓城縣地，唐爲尋陽縣地，貞元中置蒲塘場。五代楊吴順義七年升德安縣，屬尋陽郡。今編户十八里。

歷陵城，今縣治。春秋楚東鄙，曰蒲塘。漢置縣，王莽改曰蒲亭，後漢復故，東晉初廢。唐武德八年置蒲塘驛，貞元中改爲場，尋廢。咸通五年復爲場。五代時楊吴升置今縣，移場於縣治東北。縣無城，明朝正德六年始築土城，嘉靖十二年甃石爲址，尋復圮。四十年增築，自是以時修治。城周三里有奇。

博陽山，縣南十二里。孔安國禹貢注：「敷淺原一名博陽山。」漢書注：「歷陵縣有博陽山，根盤三十餘里，奇峰疊秀，爲一邑之重鎮。」杜佑云：「蒲塘驛前有敷淺原，原西數十里即博陽山。」○烏石山，在縣北十里。旁有獅子巖，兩巖相對如門，一名烏石門。其中平疇曠野，水流環遶。相近又有孤山，以山勢孤突而名。

百家山，縣西北四十里。其山紆回旋繞，盤踞數十里。相近有大塘山，山塢有塘約數十畝。又史君山，在縣西北五十里，高二百丈。志云：唐江州刺史李渤置書院於此，因名。○東隹山，在縣西北八十里。上有白石巖，其下爲紫巖，中有泉石潭洞，深窈奇勝，凡數十里。

博陽川，在縣治南。一名敷淺水。寰宇記：「敷淺水在長樂下鄉，碧色清泠，長流不息，源接瑞昌及鄂州永興縣界，屈曲流二百餘里方至縣南，三時通舟楫，惟冬水涸，僅容小舠。」唐時於敷淺水南立蒲塘埸，是也。○盧山河，在縣東北二十里。或曰即谷簾水之下流。自南康府流入界，爲東溪，西南經烏石門，又南合博陽川。又黄姊河，在縣北三十里。源出德化縣界高良諸山，流經黄姊畈，至烏石門合盧山河。又有西河，自縣西北流至烏石門與盧山、黄姊二河合，謂之三港口。

金帶河，在縣西。舊從西南流合盧山諸河，四面旋繞如帶。後以山溪瀑漲，衝決城西，入城西北之箬山河而會東北之水，縣西之水遂竭。嘉靖二十六年開濬如舊。○硤石泉，在縣東北二十里，地名峽石嶺。泉水下流，灌田三百餘畝。又静泉，在縣西北七十里。以平地湧出，寂然無聲而名，亦灌田三百餘畝。

靖安堡。在縣東北。舊爲戍守之所。志云：縣東北一里即故蒲塘驛，楊吴改置於此，宋仍舊，明初廢。今謂之驛頭。

瑞昌縣，府西九十里。北渡江至湖廣廣濟縣百四十里，西至湖廣興國州百二十里，南至德安縣八十里。漢柴桑縣地，三國吴曰赤烏鎮，仍屬柴桑，晉以後因之。隋爲湓城縣地，唐爲尋陽縣地，建中四年以尋陽縣西偏僻遠，立赤烏場，南唐昇元三年升爲瑞昌縣。舊無城，正德八年始營土城，周僅二里。編户十四里。

清湓山，縣西七十里。高四十丈，周三十里，湓水源於此，爲縣境羣山之冠。志云：縣西六十里有愁山，嵯峨陡峻，行者患焉，因名。○白龍山，在縣西十里。山麓有白龍泉，出縣西二十里懸崖洞中，繞流山麓，溉田甚廣。

羊腸山，縣西北三十五里，險峻。又縣西北五十餘里有馬脊山，俱以形似名。志云：縣西北二十里有連山，九峰相接。○赤顔山，在縣西北百二十里，蛇徑鳥道，登陟甚艱。志云：縣西七十里有玉華洞，泉湧如雷，洞蓋與山相連。

大江，縣北三十五里，對岸即湖廣廣濟縣之武家穴也。西接興國州，東入德化縣界。○湓水，在縣南四十里。源出清湓山，東北流入德化縣界。

赤湖，縣東北二十五里。湖中有石沃山，水沃石潤，因名。今有赤湖河泊所。又下巢湖，在縣北四十里，通大江。上有巡司。○瀼溪，在縣治南。西北諸山澗之水匯流於此，經城西南東三面，下流合於湓水，衝齧易泄，時築堤回流以防淺涸。

赤烏鎮。在縣治西。亦曰瑞昌鎮。後漢建安中，孫權拒曹操於赤壁，使程普屯兵於此，時有赤烏之瑞，因名。唐曰赤烏場，五代時南唐改置今縣。○瀼溪驛，在縣治東南。宋紹興中置，後廢。

**湖口縣**，府東六十里。東至彭澤縣六十里，南至南康府都昌縣百四十里。漢彭澤縣之鄡陽鎮，劉宋時爲湖口戍，齊、梁至陳亦皆置戍於此。隋屬溢城縣。唐武德五年置湖口鎮，屬尋陽縣。南唐保大中升爲湖口縣，屬江州。宋、元因之。縣無城。編户十七里。

**鈎圻城**，在今縣治西。水經注：「贛水歷南昌椒丘城下，又歷鈎圻邸閣下，而後至彭澤。」劉宋時南江運米皆積於鈎圻是也。今全省運道亦皆達湖口而入大江云。

**彭澤故城**，縣東三十里。漢彭澤縣蓋置于此，後漢仍屬豫章郡。興平二年揚州刺史劉繇爲孫策所敗，泝江西上，駐於彭澤。建安四年孫策給廬江太守劉勳伐海昏宗帥，遣兵屯彭澤，邀勳還道擊敗之。十四年孫權置彭澤郡，以吕範領彭澤太守。郡尋廢。晉仍屬豫章郡，永嘉以後屬潯陽郡。梁置太原郡，領彭澤、晉陽、和城、天水四縣。陳郡縣俱廢，改置龍城縣。隋縣屬江州，開皇十八年復曰彭澤縣。唐武德五年改置縣，并立浩州。今詳彭澤縣廢龍城注。又上甲廢縣，在縣南百里。志云：晉永嘉元年置，義熙八年省入彭澤縣。蕭梁時嘗復置，蕭韶封上甲侯，即此。

**石鐘山**，有二，在縣治南者曰上鐘山，縣治北者曰下鐘山。水經注：「石鐘山西枕彭蠡，連峰疊嶂，壁立峭削，其西南北皆水，四時如一，白波撼山，響如洪鐘，因名。」宋蘇軾嘗遊此，復廣道元之説爲石鐘山記。又幞頭山，在縣南二里，與上鐘山相連。峰巒秀拔，狀若幞頭。近幞頭一山名小嶺，又東二里名大嶺，蓋負郭山之高大者。

**石門山**，在縣治南。兩峰對聳如門，當兩石間，垂流數丈，有石可坐千人。志云：縣東南十里有黄牛湫山，一名射蛟浦，相傳晉永嘉中許遜射蛟於此。或云漢武帝自潯陽浮江親射蛟處也。又云武帝伐南越，教樓船於浦上。又城門山，在縣東南二十五里，兩山相對如城門也。○柘磯山，在縣北四里。峰巒高峻，沙擁其下。縣東五里有老臺山，與柘磯山相連。又西山，在縣北二十里。其相接者曰香爐墩山，以形似名，縣治關扃也。

花尖山，縣東四十里，形如芙蓉。縣東五十里有武山，雙峰如劍，因名。○青山，在縣西南。輿程記：「縣南六十里鄱陽湖中有青山，又六十里即南康武城，由湖口出南昌爲往來必經之道。」一云青山之北與大孤山相連。

潯陽江，在城北。自府北東流四十里而合彭蠡湖水，又東經縣北有彭蠡驛，又東入彭澤縣境。縣控江、湖之衝，最爲襟要。

禁江，縣東北九十里。下接小孤山，上通九江，值冬水涸成池，乃魚蝦所聚。或謂之涇江。明初陳友諒圍南昌，明太祖帥舟師赴救，至湖中，先遣兵屯涇江口，復以一軍屯南湖嘴以遏友諒歸師，乃相持於湖中。既而敵師出湖口，命常遇春等統舟師横截之。又令一軍立栅於岸控湖口，又列栅江南北岸，置火舟火筏，中流戒嚴以俟。友諒計窮，乃繞江下流，欲由涇江遁回，諸軍追擊至涇江口，涇江之兵復邀擊之，友諒戰死是也。江防考：「禁江亦曰涇港，在江北岸。」志云：在縣西北。似悮。

彭蠡湖，在縣治西南。湖合章、貢二水及羣川之流，並注於大江。縣當其委輸之處，故以湖口爲名，蓋襟喉之要也。自縣而西，則出尋陽而達湖廣；自縣而南，則逕南康而達會城。湖中汊港不一，捷出饒、信，徑抵臨川，風帆出没，惟意所之，而必以縣爲問塗之始。杜佑曰：「彭蠡湖口故左里也，即晉義熙中劉裕敗盧循處。」輿程記：「自縣入彭蠡湖，經大孤、青山至南康府共百二十里，又二百五十里至南昌府。自縣而東南渡湖抵饒州凡三百七十里。」

皂湖，縣東四十里。聚羣川之水入彭蠡湖。旁有巨石，色黑如鐵，因名。支流爲土目湖，接都昌縣界，商賈舟楫，道皆出此。又牛脚湖，在縣北十里。一名牛橋湖，通大江。又北五里爲菱石磯，水漲則瀰漫浩蕩，涸則淺狹。○白虎塘，在縣東南十里，水漲通舟楫，出於彭蠡湖。

湖口鎮。縣治南一里。有巡司，明初置。口正彭蠡入江處，東西相距二十里，有湖口渡。又茭石磯鎮巡司，在縣北十五里。其地有茭石磯，因名。亦明初置。又有柘磯遞運所，在縣北五里柘機旁。磯出半江，甚險。志云：縣治北一里有禁江峰山逆沙夾河泊所，洪武二年置，亦曰湖口禁江河泊所，嘉靖間廢。相近有楊港，通大江。又縣有鳳凰嶺堡，去縣四十里，爲戍守之處。○彭蠡驛，在縣治南一里。明初置。志云：驛前有虹橋港，港源發上石鐘山，北接江流，秋冬涸爲平陸，春夏舟航咸泊於此。又有湖口廠，在縣治西。嘉靖四十二年添設，榷安慶入鄱陽往來商稅。隆慶初言者謂湖口兩山夾峙，岸石巉阻，江濤汎激，舟不能泊，因罷。萬曆四十六年奸人夤緣復廠，大爲民害，四十年始革。又劉家市，在縣南四十里，商賈居民輻輳處。

彭澤縣，府東百二十里。東至南直建德縣九十里，東北至南直東流縣百十里，西南至南康府都昌縣百六十里。漢豫章郡彭澤縣地，晉永嘉以後屬潯陽郡，梁屬太原郡。陳爲龍城縣，仍屬潯陽郡。隋屬江州，唐初屬浩州，尋還屬江州。宋因之。縣無城，編户十七里。

龍城廢縣，縣西二里，本彭澤地。志云：陳時移彭澤縣治此，改名龍城，隋還舊治，仍爲彭澤。唐武德五年置浩州於浩山下，今縣南三十里有浩州故城遺址，州治彭澤。蓋移縣於州郭内。八年州廢，縣還屬江州。南唐昇元二年徙縣於小孤江次，即今縣治，蓋故龍城縣地矣。元至正中於故縣治置舊縣站，蓋即浩州城也。今站廢。○樂城廢縣，在縣東五十里。志云：其地傍山爲城，南北高險，東西平下，隋大業十三年爲張善安所據。唐武德五年置浩州，領彭澤、都昌、樂城三縣是也。八年州廢，省樂城入彭澤縣。

太原城，縣東北五十里。志云：梁僑置太原郡，領彭澤等縣，陳郡廢。又晉陽廢縣，在縣東北百九十里，亦梁所置太原郡屬縣也。又天水廢縣在縣東五十里，和城廢縣在縣東北二百二十里，俱梁置，屬太原郡，陳初與郡俱廢。一云縣東又有西水廢縣，亦梁置，隋廢。未知所據。

小孤山，縣北十里。高三十丈，周圍一里，孤峰聳峭，舊時半入大江，今屹立江中。元至正十二年星吉復江州，命其將王惟恭柵小孤山，自據番陽口綴江西要衝，以圖恢復，爲賊所敗死之。又余闕守安慶，倚小孤山爲藩蔽，命義兵元帥胡伯顏統水軍戍守。至正十八年陳友諒攻安慶，自上流直擣山下，伯顏與戰，不勝奔還，賊四面急攻，安慶城遂陷。明初太祖由安慶趨南昌，過小孤至湖口，敗友諒偵邏者，徑抵江州。正德十四年宸濠叛，遣將寇小孤，沿江焚掠，進寇望江。江防攷：「小孤山江面險惡，乃盗賊出没之所。相近有毛葫州、花洋鎮、沙灣角一帶，洲渚縱横，汊港甚多，有安慶、南湖二營官軍哨守。」今見南直宿松縣。○馬當山，在縣東北四十里。山象馬形，横枕大江，迴風撼浪，舟航艱阻。山腹有洞，深不可涯涘。山際有馬當廟，陸龜蒙銘云：「天下之險者，在山曰太行，在水曰吕梁，合二險而爲一，吾又聞乎馬當。」今有巡司戍守。

浩山，縣東九十里，接南直東流、建德二縣界及饒州府鄱陽縣界。高數百仞，周百餘里。唐武德五年李大亮安撫江南，張善安歸降。江表既靜，擇彭澤山之高大者莫若此山，因名浩山，而立浩州於山之西南麓，即今廢浩州城也。又縣東有彭城山，下有古城，俗傳漢彭越經此而名。○石壁山，在縣南四十里。下有玉壺洞，泉流不竭。一名仙人巖。又黄漿山，在縣東南四十五里，疊石如甃。上下亦有二洞，泉出其中。

武山，在縣西南。與廬山夾鄱湖而峙，根盤四十餘里，爲西南羣山之最。上有茨菇池。又石壁嗚山，在縣南四十里，羣峰擁翠，茂竹佳茗，極爲幽勝。相近有六山，以六峰並列而名。○曉石山，在縣東一里。山勢蜿蜒，一峰秀拔，日出先照。因名。又縣北六里有柏山，上多柏，有洞亦曰柏山洞。其相近者曰鏡子山，南接西山，北瞰大江，石峰嶙峋，下有懸石如鏡。

潯陽江，縣西北二里。自湖口縣東北流經此，又東北達南直望江縣界。小孤、馬當，爲江流襟要處，有事時所必争也。

大泊湖，縣東北五十里。通東流縣之香口鎮，支流爲天井、沈灣諸小湖。中有鵃山，雙峰聳峙，脉接浩山。湖西又有船山，以山如船形也。湖東曰白干山，山皆白石。又青山湖，在縣東北大江濱，可泊舟楫。又東北有周家湖，亦濱大江。志云：縣北三十餘里磨盤洲有會口湖，接生會口，東接東流縣界，周圍十里，北自出水溝入江。又縣南十里有母鯉湖，相傳元孝子李時冬月得鯉於此，以愈母病。又有方湖，在縣南三十餘里。相近爲横磯湖，湖側有石横立，因名。

瀼子港，在縣東。源出浩山，會於大泊湖，經東流縣香口河入大江。其水泛瀼而清深。又山林港，在縣東三十里。出東流縣界黎坑嶺，支流入大泊湖。又臙脂湖，在縣北。其水無源，遇江水漲北注入港，可容舟楫。○仰天池，在縣東北，即大江支流也。有二支，江水漲，一支西流經縣北毛葫洲，一支東流合於江，渺茫無際。水落則流注於馬當江。

峨眉洲，在縣北。洲有港，細曲如眉。其西北有龍船洲。又得勝洲，在縣西。明初克陳友諒，始捷於此，因名。又西有新洲，成化間洪水湧沙而成，自得勝洲尾相接繞於縣前。志云：縣北有鴈來洲，明初安慶趙雙刀夜泊，得陳友諒鴈傳僞書，因而悮斬於此。其相近者曰毛湖洲。又楊葉洲，〔一〕亦在縣東北。洲半屬彭澤，半屬東流，上多楊林，因名。一云洲尖長如楊葉也。又有楊家諸洲，與峨眉洲相近，正、嘉以後江濱水沙相擁，以洲名者蓋數十計矣。○彭浪磯，在縣北。聳立江濱，與小孤山相對。俗訛爲彭郎，遂有小孤嫁彭郎之語。又峰山磯，在縣西南三里。志云：小孤山相對者有小孤洑。又魏家洑，在峨眉洲。

馬當鎮。縣北三十里。有巡司，元至正間建於馬當山麓，明朝洪武六年徙於此。又峰山鎮巡司，在縣西三里長伏嶺之陽。明初置於縣南三十里，正統十一年因其地僻，改置於此。今址存而司革。又縣南五十里有黄土港河泊所，北四十里有仰天池河泊所，俱明初置。志云：縣有蕭家嶺堡，去縣九十里，亦戍守處也。○龍城驛，在縣治北半里。舊名彭澤水驛，洪武九年改今名。又楊梓馬站，在縣北四十里。元至正初置，明朝與縣南舊縣站俱廢。

附見

九江衞。府治東。洪武二十二年建。

饒州府，東至浙江開化縣界三百七十里，南至撫州府三百五十里，西至南康府三百里，西北至九江府四百三十里，北至南直建德縣界一百七十里，東北至南直徽州府六百六十里，自府治至布政司二百四十里，至京師五千二十五里。

禹貢揚州地，春秋時楚東境，後屬吴，戰國時復屬楚。秦屬九江郡，漢屬豫章郡。後漢因之。建安十五年孫權分豫章置鄱陽郡，初治鄱陽縣，後徙治吴芮故城。晉志云：「後漢靈帝時置。」悮也。晉以後因之。晉、宋時郡治廣晉縣，齊復治鄱陽。梁兼置吴州，陳州廢，亦曰鄱陽郡。隋平陳改置饒州，以物産豐饒而名。煬帝復曰鄱陽郡。唐武德五年仍置饒州，天寶初曰鄱陽郡，乾元初復曰饒州。五代時仍舊。志云：州初屬淮南，置安化軍，南唐時置永平軍。宋亦曰饒州，亦爲鄱陽郡。元曰饒州路。明初曰鄱陽府，宋龍鳳七年元至正二十一年也，是年鄱陽來歸。尋改曰饒州府。今領縣七。

府廣谷大川，當吴、楚之交會，史記「楚昭王時吴伐楚，取番」，是也。漢建元六年淮南王安上書「越人欲爲變，必先由餘干界中積食糧，乃入，伐材治船」，蓋其地當閩、越襟領也。且北距大江，西隔重湖，兵争出入，常爲孔道。晉末盧循之亂，鄱陽太守虞丘進襲，克豫章，絶賊糧道，而循以敗。隋末操師乞以鄱陽襲據豫章，林士弘失豫章退保餘干，以伺豫章之隙。蓋郡與南昌東西相望，並稱雄郡矣。若夫道浮梁而向新安，出安仁而規衢、信，因利乘便，制勝之資也。明初太祖克江州，遂幸饒州，豈非以險阻可憑，足爲要會乎？而徒以豐贍稱之，末矣。

鄱陽縣，附郭。春秋時楚番邑。史記：「楚昭王十二年吴取番，楚恐，去郢徙鄀。」秦爲番縣，吴芮爲番令，稱番君是也。漢爲鄱陽縣，高祖十一年追斬黥布於番陽，即此。後漢仍屬豫章郡，建安中孫權置鄱陽郡治焉。晉、宋屬鄱陽郡，齊仍爲郡治。隋、唐以後州郡皆治此。今編户三百四十里。

鄱陽城，在府東六十里故縣渡。漢縣蓋治此，即吴芮所居也。後漢時縣亦治焉。建安八年鄱陽山越亂，孫權使吕範討平之。自晉以後皆爲鄱陽郡治，唐移於今治。志云：今府城本吴芮築，廣周七里，孫吴時周魴增九里三十步。或曰此即鄱陽故城，非今郡城也。郡城蓋唐初所築，宋紹興間史定之爲守，因舊址增拓至十二里，元亦因舊址。至正二十四年明太祖命改築今城，自是以時營葺。有門六，城周九里有奇。

廣晉城，府北百五十里。沈約志：「三國吴置廣昌縣，晉武帝太康元年更名廣晉，移鄱陽郡治此。」齊屬鄱陽郡，梁縣廢。唐武德四年復置，屬浩州。八年州廢，縣省入鄱陽。今浩州城在府西北百三十里，與彭澤縣接界。見前。

鄡陽城，府西北百二十里。漢初置縣，屬豫章郡，後漢因之。三國吴屬鄱陽郡，晉仍爲鄡陽縣，劉宋永初二年省。○武陽城，在府東五十里。名勝志：「府東北六十里南和鄉有武陽縣故址。」漢志注：「鄱陽縣有武陽鄉，右十餘里有黄金采。」采者，采取金之處。或曰梁、陳時蓋嘗置縣於此。又英布城，在府西北百五十里，漢初吴芮築以居布。布，芮婿也。漢高十一年布敗於淮南，走渡江，爲長沙哀王所誘，至番陽，番陽人殺之於兹鄉，蓋即此地云。又吴芮觀獵城，志云：在鄱陽故城西十八里。

芝山，府城北一里。形若負扆，爲近郭之勝。本名土素山，唐龍朔初山嶺産芝，因名。郡别名芝城，以此。又薦福山，在府城東一里督軍湖北。山下舊有萬松關、百花洲，今廢。○馬迹山，在府東北三十里。山勢崇旋，衆峰環拱，道書以爲第五十二福地。志云：府西二十里有堯山，相傳堯時洚水，避難者居其上，因名。徐湛記：「郡有堯山，地皆饒衍，遂益食而爲饒。」又府西有蓮荷山，在彭蠡湖中，望之如荷葉浮水上。蓮荷山南十餘里曰表恩山，山濱彭蠡湖，每春水漲，則山在湖中。

巍石山，府東南八十里。一名獅子山，高十丈，自頂至趾皆石巉巖峭壁，下臨溪流。山下有龍居寺，岳武穆嘗提兵過此，題詩寺壁。輿程記：「自獅子山至浮梁縣一百十里，爲往來通道。」又白鹿山，在府東五十里。志云：道出樂平，此爲中路也。○韓山，在府北六十里。上有韓信廟，故名。亦曰寒山，一名安山。明朝宣德中建淮藩於郡城，此爲窀穸之所。

鄱陽山，府西北百十五里鄱陽湖中。初名力士山，亦名石印山。三國志：「孫皓天璽元年，鄱陽歷陵有山石文理成字，〔三〕吴人謂石印封發，天下太平。」江表傳：「歷陵有石山臨水，高百丈，其三十丈所，有七穿駢羅，穿中色黄赤，俗相傳謂之石印，即鄱陽山是也。」歷陵，今九江府德安縣，孫吴時山蓋當二縣之界。○獨山，在府西北百五十里。高二十丈，峭石濱湖，亦名獨角山。又石步山，在府西北百有四里。中有石室如堂殿，多烟靄，不可入。

郭璞山，府東百十里。盤亘五十里，崇高百仞，爲鄱陽羣山之冠。璞嘗寓此，因名。或云山本名鄡陽山。○八棱山，在府北六十里。峰巒攢起，高百仞，亘數十里。又大小巖山，在府北一百七十里。兩巖對峙，高千仞，盤據四十餘里。志云：府北百四十里有浩山，接彭澤縣界。

鄱江，府城南門外。其上源一自南直婺源縣匯諸山谿水流經德興、樂平二縣界，一自南直祁門縣會諸山谿水流經浮梁縣界，入鄱陽縣境，復會流而西經城東門，又經城南，而廣信以西諸水皆流會焉，環城流至西北，復分爲二，俱入鄱陽湖。一名雙港水，宋紹興二年置孳生馬監於雙港是也。又城南江中有石潒潭，中有蛟，名懷蛟水，唐刺史張栖真嘗標孝經以示訓，亦曰孝經潭。又志云：鄱江之濱多柳，宋知州史定之所植，以休息行人，今呼史公柳，亦曰柳林港。

鄱陽湖，府西四十里，即禹貢彭蠡也。隋始曰鄱陽，以鄱陽山所接而名，與南昌、南康二郡分界。詳見前大川。

東湖，在府城東，下流入鄱江。相傳秦番令吴芮習水戰於此，有督軍臺，因亦名督軍湖。又澹津湖，在府城中央。一名市心湖，納一城之水穿城而出，合於鄱江，水雖淺而大旱不竭。○珠湖，在府城西南。餘干縣境之水皆會流於此，又樂平、浮梁之水亦皆來會，繞郡城，由饒河口入鄱陽湖。志云：縣境諸水會於鄱湖者爲大合，會於珠湖者爲小合云。

白沙，在府西。水路百二十里，沙白如雪。史記索隱：「豫章東北二百里接番陽界，地名白沙，有小水入湖，名白沙湖。」〔三〕白沙東南八十里有武陽亭，又東南三十里地名武林，當閩越之京道。漢元鼎中東越王餘善使吞漢將軍入白沙、武林，既而武帝使楊僕出武林，王温舒出梅嶺，下瀨將軍甲出白沙，以擊東越，即此也。梅嶺，見贛州府虔化縣。○蠙洲，在府西南二十五里。唐貞觀中天忽雨雹，因而生蚌，自後土人往往採珠於洲中。又螺螄洲，在鄱陽舊縣城東三里。志曰：螺螄洲爲鄱江之上流，兩岸夾汀，其水最清。隋梁文謙刺饒陽，嗜此水，後人思其廉，因名爲清潔灣。

邵父隄，府東北三里。唐建中初刺史李復築以捍番江，百姓思其德，如召父，因名。又有馬塘，在縣東北四里。唐刺史馬植築以灌田，因名。唐志云：「府北六里有土湖，亦馬植所築。」今堙。

棠陰鎮，府西九十里，有巡司；又府北百九十里有石門巡司；皆明初置。志云：府北有童敏故城，隋末袁斌率邑人避寇處。又有永平監，在府城東，唐所置鑄錢處也。宋亦爲永平監，元廢。今爲永平關。○芝山驛，在府城西南。元置，明初因之。相近有鄱陽遞運所，後以驛兼領。又柴栅河泊所，亦在府城西南，洪武初自府東柴栅改置於此。又新義站，在府北。又北有魯城站，接南直建德縣之石門站，爲北出之徑道。

大陽埠。府東北百里，路出浮梁縣。輿程記：「府東北二十里曰磨刀石，又六十里曰鴛鴦嶺，又十里即大陽埠也。又府東北四十里有程家渡，又東十里爲顧園渡，亦自府出浮梁縣之道。」○八字腦在府西三十里，正德中伍文定敗宸濠之兵於此。輿程記云：「府十里爲竹雞林，又二十里爲八字腦，又二十里爲團磚，又二十里爲棠陰巡司，接南康府都昌縣界。」又表岸口，在府西南三十里。又西至康郎山三十里，蓋自府城西出鄱陽湖之口也。

餘干縣，府南百二十里。東至萬年縣六十里，東南至安仁縣百二十里，東北至浮梁縣二百六十里。春秋時爲越之西境，所謂干越也。漢爲餘汗縣，屬豫章郡。〔四〕汗音干。後漢因之。三國吳屬鄱陽郡，晉因之。劉宋改汗爲干，齊、梁仍舊。隋平陳，縣屬饒州，唐、宋因之。元元貞初升爲餘干州，明初復爲縣。舊有城，唐元和中築，尋廢。明朝嘉靖四十一年復營築，隆慶初增修，萬曆八年又復葺治，城周三里。編户二百六十里。

**玉亭廢縣**，在縣東南。唐武德四年析餘干縣地置，屬饒州，七年省入長城縣，八年復省長城入餘干。又白雲城，在縣治西，相傳隋末林士弘所築。

**餘干山**，在縣治東。兩峰回曲相向，狀如羊角，本名羊角山。一名雙覆峰，一名冠山，多奇樹怪石，前瞰琵琶洲，唐天寶六載改今名。縣治西一里又有藏山，懸崖峭壁，上有梅巖。○冕山，在城東五里，與冠山相對。相傳隋末林士弘退保餘干，敵至，市民避此山得免，因名免山。後以邑有冠山，改今名。又玉馬山，在縣南十里。山下有白石如馬，俗稱白馬山，唐天寶間改今名。志云：山自撫州南城縣過入臨川縣，凡歷三邑，乃分一支入縣境。又石虹山，在縣北十里。有横石跨水，文彩若虹。又有一石室，甚廣，旁列石障如屏。

**康郎山**，縣西北八十里，濱鄱陽湖，湖之南涯也。相傳有康姓者居此，因名。一名抗浪山，〔五〕謂能與風濤抗也，訛曰康郎。明初陳友諒圍南昌，明太祖帥舟師赴救，友諒解圍，東出鄱陽迎戰，相持於康郎山。友諒屢敗，欲退保湖北之鞋山，明師先至嬰子口，横截湖面，友諒不得出。今忠臣廟在其山，蓋祀與友諒戰時死事諸臣云。輿程記「山在湖中，爲風帆之表幟。東至表岸口三十里，〔六〕道出饒州；東南至瑞、洪八十里，道出安仁及撫州、南昌；西至團魚洲二十里，道出南昌；東北至饒河口五十里，道出都昌、饒州；北至都昌六十里，道出南康、九江」云。又洪崖山，在縣西北六十里，瀕鄱陽湖。相傳晉道士張氳隱此，因名。

**武陵山**，縣東北三十里。陵亦作「林」。漢書東越傳「餘善使吞漢將軍出武林、白沙以禦漢」，即此武陵也。元末兵亂，邑人吴宏立營於此，曰武陵營。山下有溪，爲武陵塘，亦曰武塘，俗名後溪。又萬春山，在縣東北七十里。兩峰峭拔，中有天池，水清而味甘。又黄蘗山，在縣東南七十里。中寬外固，攢峰峭壁，靈泉異木，俗謂之小廬山。○李梅峰，在縣南八十里。高百丈，周三十餘里，南接撫州府東鄉縣界。初名平原峰，又名貞女峰，五代時有李峻、梅用者讀書其上，因名。又石螺峰，在縣西南五十里。峰有石室，中如螺。又萬斛峰，在縣東北七十五里，去萬春山五里，接萬年縣界，高聳突出。斛，或作「鵠」。

**康郎湖**，縣西七十里。即鄱陽湖之南涯，因康郎山名。又族亭湖，在縣西八十里。湖中流與南昌縣分界。後漢時邑人張逸封族亭侯，湖因以名。一云湖在縣西四十里。又擔石湖，在縣西北。通典：「鄱陽郡西百七十里至擔石湖，中流與南昌分界。」

**龍窟河**，縣西南十五里。安仁縣錦江、白塔河之水會於此，西流入鄱陽湖。邑志：縣境之水，自錦江經縣南四十里之霞山，又西逕大溪至桐口灘分流：其一支西北出佈村走龍窟，受潤陂水注瑞虹；又一支東北逕八字嘴走馮田渡，過黄坊注珠湖，至饒河口；又一支全谿八字嘴逕破穴入城前，走西津，又自城前分新開河入市湖，出西津北折分派入珠湖；皆會於鄱湖。

**餘水**，在縣治南。亦名市湖，中有越水。餘水，縣境諸水之總名也，北通鄱江，南連龍窟河。志云：水會縣之西南諸溪餘水而名。以三道而入，亦曰三餘水。或云吴、楚、越之餘水，故名三餘。寰宇記：「干越渡在縣西南二十步，〔七〕置津吏主守，四時不絶。」有浮橋，唐大中元年縣令倪衍置，蓋跨餘水上。有鄡子港在縣西北二十里，亦餘水之支也，水口即擔石湖。○琵琶洲，在縣治南水中。擁沙成洲，狀如琵琶，因名。

康山鎮，在縣西康郎山上，有巡司，隆慶中廢；又八潭巡司，在縣東北七十里；俱明初置，隆慶中廢。又黄坵埠巡司，在縣東南五十里。元置，明初廢。隆慶中廢康山巡司，因改復黄埠司爲戍守處。○龍津驛，在縣南十五里龍窟河濱。元置，明初因之。志云：縣南七十里有瑞虹鎮，當鄱陽湖濱，爲湖南往來之要會。又西六十里即趙家圩，路達南昌之通道。

干越亭。在縣東南三十步羊角山前，屹然孤峙。唐初令張彦俊建，興元中李德裕重修。按史記貨殖傳：「譬猶戎狄、干越之不相入。」韋昭注：「干越，越之别名，漢曰餘汗縣。」淮南王安曰：「越人欲爲變，必先田餘汗縣界中。」是也。古謂越餘地。宋類苑：「干越亭前瞰琵琶洲，後枕思禪寺，林麓森鬱，千峰競秀，真天下之絶景也。」又縣西南八十步有白雲亭，亦德裕所建，跨古城之危，瞰長江之深，與干越亭對峙。

樂平縣，府東百二十里。東至南直婺源縣二百二十里，東南至德興縣百十里，北至浮梁縣百二十里。漢餘汗縣地，後漢建安中孫氏析置樂安縣，仍屬豫章郡。尋以山越亂，使程普討樂安，平之。孫休永安中改屬鄱陽郡，晉因之。宋、齊仍舊，陳天嘉元年省。唐武德四年改置樂平縣，屬饒州。九年省，尋復置。宋仍屬饒州，元元貞初升爲樂平州，明初復降爲縣。今編户二百七十三里。

樂安城，志云：舊城在今德興縣東百五十里，相傳後漢靈帝時所置縣。悮也，蓋建安中孫權所置。唐改置樂平縣，移於今治。元和志：「縣南臨樂安江，北接平林，故曰樂平。」郡志云：唐中和間縣始自舊城遷今治，無城，有四門。宋末立排栅爲城，元末燬。明朝正德五年因舊址增修，以禦寇。十一年重葺，嘉靖四十一年復營築，城周三里有奇。

彭綺城，在縣治東。三國吴黄武中鄱人彭綺所築。又名勝志：「縣之桐山鄉有長樂城，唐開元中置樂平縣於此。」今名長樂水口。

康山，縣北五里。一名東山，縣之主山也。又樂平山，在縣西南二十里。山有石如墨，舊名石墨山，唐天寶六載改今名。又縣西北二十里有乳泉山，有石如硯，本名石硯嶺，其西麓出乳泉，亦天寶六載改今名。○鍊銅山，在縣北六十里。唐置場冶銅山下，以供永平歲鑄。後開鑿無度，山傾，其水發爲河。

石城山，縣東南六十里。一徑縈紆而入，行十餘里皆怪石縈結，一名石城巖，又名仙人城。又有洞曰會仙洞。又軍山，在縣東六十里。山勢崇高，唐末鄉人結軍拒寇於此，因名。志云：縣有鵲鴣山、石潭山及軍山，皆黄巢犯境時屯軍處。○文山，在縣東南七十里。山勢磅礴，連亘廣信之弋陽、貴溪二縣界，多幽險，舊常設官鎮守。志云：縣東北八十里有鳳游山，山勢磅礴，爲徽、饒間巨鎮。舊名濬源，唐時改今名。縣東六十里又有芙蓉山，以高聳秀麗而名。

洪巖，縣東北九十里，高聳百餘丈，盤亘四十餘里。中有大井、桐木、風巖、冷水等數巖，惟洪巖最著。山腰有石室，南北相通，其中雲氣泉聲不絶。山下洪氏居之，又名洪源。

樂安江，在縣南。源自南直婺源縣，經德興縣會諸水合流入縣境，又西會浮梁水入鄱陽縣爲鄱江。一云自縣西合餘干水入鄱陽湖。似悮。寰宇記「樂安江源出縣東北扶餘嶺，又有明溪、銀溪、石湖溪並流注之，而爲大川」云。

龍停湖，在縣西南。四時不竭，下流入樂安江。○汰金洲，在縣西十五里，平沙臨水。唐初有麩金，開元後廢。又西五里至水口，亦出麩金。郡國志「鄱陽之土出金，披沙淘之，粒大者如豆，小者如麩。山中亦出銀苗」云。

仙鶴鎮。縣南八十里。有仙鶴山，接萬年縣界。舊置巡司，正德中移於萬年縣之荷溪。○毛橋，在縣東十里，又三十里爲灣頭，又三十里爲黄沙，又九十里即徽州婺源縣。又界田橋，在縣東，出德興縣之道也。

浮梁縣，府東北百八十里。東至南直婺源縣百四十里，東北至南直休寧縣三百里，北至南直祁門縣百九十里，西北至南直建德縣二百八十里。漢鄱陽縣地，唐武德四年析置新平縣，屬饒州，八年省。開元四年復置，曰新昌縣，天寶初改今名，仍屬饒州。宋因之。元元貞初升爲州，明初復爲縣。今編户百二十里。

新平城，縣東三百二十里。唐初置縣於此，尋廢。開元中改置於昌江口，正東臨江，因名新昌。二十四年移縣治於城北昌水之西。天寶元年以溪水時泛，伐木爲梁，因名浮梁。元和間又移治於高阜，即今縣治。志云：昌江之南有廢城，亦曰南城，唐末黄巢之亂縣令金日安嘗從百姓居於此，尋復故。舊無城，元至正間嘗築城濬池，尋復廢。明朝正德三年以後嘗因故址增修，嘉靖四十一年復營築。今城周四里有奇。

陽府山，縣西二十五里景德鎮南。山峭立溪側，地煖，物皆早成，因名。又西五里曰萬户山，奇秀峭拔，與陽府山並峙。聞見録：「二山南接鄱陽縣，北達建德縣，爲要隘處。」○石鼓山，在縣北三十里。臨溪有石如鼓，因名。輿程記：「自石鼓山而北三十里曰小兒灘，又二十里爲池灘，北出祁門縣之道也。又有鞍山，在縣西一百里。又西十里即獅子山，西連府城之通道。」

九英山，縣南五十里。唐末邑人甯賡據此以拒黄巢，賡有九子，名皆從山，後人因呼山爲九英。○程山，在縣東六十里。本名石吴山，有石吴溪水流合樂安江，陳程靈洗之裔居此，〔八〕因改今名。志云：縣東百里有張公山，即鄱江發源處。似悮。張公山即率山也，詳見南直休寧縣。又王師山，在縣東五里。山秀拔，宋朱貌孫居此，後官太子諭德，爲度宗師，因名。又縣治東一里有青峰山，亦圓秀。

五華峰，縣東八十里。五峰並聳，亦名蓮花峰。志云：縣東三十里有洞靈巖，有洞四，曰慶雲、蓮花、含虚、張公，皆幽勝。又有水龍巖，在縣東四十里。有水潛行地中，而出於巖左。迤南曰鳳游巖，有大石室，避亂者常居巖中。○澆嶺，在縣東六十里。高險可憑，與婺源縣分界。又南村嶺，在縣南五十里。有何家墩可據爲險。

昌江，在縣南。源出縣東北婺源、休寧兩縣界山谿中，流經縣東八十里，又西合祁門境内諸溪水，遶城東而南，又西經景德鎮北，而西南流合樂安江，入鄱陽縣境爲鄱江之上游。又鄱源水，在縣東。志云：源出縣東北百四十里之高山下，西流百里而合楊港，又南入於昌江。

倒湖，縣東北百三十里，與祁門縣接界。又東北百十里即祁門縣也，湖當往來經行之道。又石牌潭，在縣西六十里。輿程記：「自景德鎮西十里爲官莊，又二十里爲石牌潭，又二十里爲宗潭，又三十里爲府東境之獅子山，至府城八十里。」○猴灘，在縣東北。聞見録：「由景德鎮出縣北石鼓嶺至猴灘達祁門縣。又小兒灘在縣北五十里，又二十里爲池灘，又十里爲小北港，又四十里至倒湖，皆舟行達祁門縣所經也。」

**澆嶺水**，在縣東。源出婺源縣界之梅嶺，西流經澆嶺下，有長山水自樂平縣流入焉，又西北流至景德鎮南入昌江。又江力水，出縣西北六十里黃連山，至陽府山西入昌江。○苦竹港，源出縣北百二十里之苦竹嶺，東南流合北港水，至縣東北入昌江。志云：北港水出縣西北百三十里梁禾嶺，東流合桃樹嶺水，又東合苦竹港入昌江。

**甯家陂**，在縣南。其水北注於昌江，名小坑港，相傳梁末所鑿。其旁壤地二千畝有奇，環山背水，道東有豪豬嶺。其水北注成港，築陂分水，西鑿嶺麓引爲石渠，以資灌溉，所謂甯家陂也。歲久堙塞，民苦澆瘠，正德三年循故址疏導，始無石田之患。

**景德鎮**，縣西南三十里。水土宜陶，宋景德中置鎮於此，因以景德爲名。明初因元舊，置稅課局。正德初始置御器廠，於是有官窑、民窑之分。志云：瓷器出景德者最佳，鎮東南湖田市次之，麻倉洞又次之。

**桃樹鎮**。縣西北百二十里，以桃樹嶺名，有巡司。又黃梅寨，在縣東北百四十里高嶺洞。其地絕險，與徽州府接境。黃巢之亂，民多避難於此。志云：縣東北百里有汪村，接南直休寧縣界。○鯉魚橋，在縣東南。聞見録：「鯉魚橋東接婺源縣界。縣東又有梨尖嶺，亦接婺源界。北有金山殿，接祁門界。」

**德興縣**，府東二百四十里。東至浙江開化縣百四十里，東北至南直婺源縣百五十里，西北至浮梁縣百五十里。本樂平縣地，唐置德興場，五代晉天福三年南唐升爲縣，屬饒州。縣舊無城，嘉靖四十一年創築。今城周三里有奇。編户八十三里。

銀城廢縣，縣東百二十里。志云：陳置縣，屬鄱陽郡。隋志云「鄱陽縣有煉銀城，陳縣也，開皇中廢入鄱陽」，即此。又吴闡城，在縣南七里，世傳吴芮嘗馳馬於此。○樂安廢縣，在縣東百五十里。志云：水路去今樂平縣三百二十里，吴置，陳廢。或云唐初於故銀城置樂安縣，後因歙寇陳海亮剽掠，兼山勢險峻，地隴高下，乃移於樂安水口云。

銀山，縣東三里。元和志：「樂平縣東百四十里有銀山，每歲出銀十萬兩，收税七千兩。」亦名銀峰山。宋程迥廳事記「唐貞觀中權萬紀言宣、饒銀大發，帝斥之，蓋謂銀峰也。總章初用鄧遠議，置場榷銀，號曰鄧公場。至宋天聖間山穴傾摧，而銀課未除。范仲淹守郡，奏罷之，時元祐四年也。縣四面皆水，取其地產銀，惟德乃興之義，南唐因以名縣」云。○天門山，在縣治西，以山嶺崇高而名。

大茅山，縣東南百里。山最磅礴，千峰萬壑，深林邃谷，爲縣境諸山之冠。又鳴府山，在縣東南八十里。山勢崔嵬，雲烟晝晦。○銅山，在縣北三十里，唐置銅場處。山麓有膽泉，亦曰銅泉，土人汲以浸鐵，數日輒類朽木，刮取其屑煆煉成銅。元至正十二年中書省臣張理言：「德興三處膽水浸鐵，可以成銅，宜即其地名立銅冶場。」從之，因以理爲場官。試之，其言不驗，於是復廢。

建節水，在縣西南。源出廣信府弋陽縣界，西北流入縣境，下流入樂平縣境合樂安江。又泊水，在縣東南百二十里。出高山下，西流入建節水，並爲鄱江之上源。○大溪，在縣北二十里。源出徽州府婺源縣，至縣境會諸溪水，下流入於樂安江。

白沙鎮。在縣之樂平鄉十二都。有巡司。又縣境榮禄鄉有石港城，元末邑人王溥築以自固。○金場，在縣南二十里，宋時冶金處也。又有銀場，在縣東六十里，唐冶銀處。志云：縣境六都有硃砂硔，硔石槎牙，罅間出硃砂，今湮没不可得。

安仁縣，府南二百十里。東至廣信府貴溪縣百里，西至撫州府百五十里，西南至撫州府東鄉縣九十里。漢餘汗縣地，晉析置晉興縣，屬鄱陽郡。永嘉七年改曰興安，尋廢。陳置安仁縣，隋開皇九年并入餘干。唐武德四年析置長城縣，屬饒州，八年仍省入餘干縣。宋開寶八年置安仁場於此，端拱初升爲縣，仍屬饒州。縣舊無城，明朝正德五年姚源寇起，因築土城，覆以石瓦，嘉靖四十一年以後屢經營葺。城周三里有奇。編户九十七里。

長城廢縣，在縣北。唐初置縣治此，尋廢。今爲長城鄉。通志：「德興縣治北有興安廢縣，晉永嘉中置。」似悮。

華山，縣治北七里。山最奇秀，類池州之九華山。志云：餘干縣南七十里有華山，蓋境相接也。又縣西北四十里有紫雲山，亦高秀。志云：餘干縣界有白雲山，與此亦相接。○積煙山，在縣西南八十里。宋末邑人陳夅與蒙古兵戰於此，兵敗死之。

吴嶺，縣西南六十里。相傳漢吴芮與東越王嘗戰於此。嶺有洗馬池。○仙巖，在縣東南七十里。巖半有穴二十四，人不能到，下有溪流。志云：仙巖東接貴溪縣界。其外又有燕巖、瑣巖、白雲、鹽倉、釣藤、馬嘴、楊子、金仙諸巖，相去不過十里云。

錦江，在縣南。一名安仁港，一名興業水，自貴溪縣漏石村流經縣界，下流經餘干縣爲龍窟河。港中有崩巖横石，懸水千仞，湍奔浪激，聲合風雷，舟楫所歷，少有程準，篙工失措，便成虀粉。然居人賴其膏澤之利，溉田幾二百餘頃。又縣南有雲錦水，發源福建光澤縣，峭壁千仞，絢草成章，故有雲錦之稱，西北流合於錦江。志云：縣治前有雲錦樓，下瞰錦水，舊設雲錦驛於此。

雲錦水。

白塔河，在縣東。源出貴溪龍虎山及撫州金谿縣，合流入於錦江。又龍泉水，在縣南六十里，淵深莫測，引流入白塔河。○烏石澗，縣南二十里。源出撫州臨川縣，下流入白塔河。又有玉石澗在縣治東，上有衣錦橋，流入

白塔鎮。縣東二十都。有巡司。又有紫雲驛，在縣治西，臨錦江側。○團湖坪，在縣北。宋末張孝忠與蒙古戰於此，力竭死之。又鵝門隘，亦在縣北，路通餘干、萬年二縣。又北有石頭口，北經苦竹山，趨府城之道也。

萬年縣，府東南百二十里。東至樂平縣八十里，南至安仁縣八十里，東南至廣信府貴溪縣百五十里，西南至南昌府進賢縣百八十里。本鄱陽、餘干、樂平三縣及貴溪之遠鄙，正德七年羣盜聚亂於此，討平之，因置今縣。築城，甃以磚石，周不及二里。編户六十四里。

萬年山，在縣治北。亦曰萬年峰，縣以此名。舊志：德興縣界有萬年嶺，宋末廣王由此入閩，曾駐蹕山下。今縣東北去德興百六十里，蓋舊爲德興界也。明朝正德六年江西盜起，七年調兩廣土兵勦之，前後俘斬萬餘。姚源洞賊尚猖獗，復俘斬五千餘人，因設縣於此。

犁壁山，在縣南。四圍突起，盤旋如壁，一名掛榜山。正德中參政吴廷舉平姚源賊，駐師於此。又縣南有銅岡、

羅村、石虹等山。○武山，在縣東南，接貴溪縣界，盤礴數里，即吴廷舉分守武山，斷賊歸路處。又有文山，在縣東五十里，接樂平及貴溪縣界。舊嘗置戍於此。

三界嶺，在縣西。志云：嶺當餘干、樂平、安仁三縣之交，因名。正德中吴廷舉討姚源賊，置寨於此，以扼衝要。相近又有上茶諸嶺。又石牛嶺，在縣東五十里。又東有馬伏諸嶺。志云：縣西北有百丈、梅樹諸嶺。又有桃嶺，正德中討姚源賊，官兵駐營於此。

姚源洞，在縣東里許，深可十五里。兩山並峙，林木蓊蔚，土田肥美，向爲盜藪，正德以後始爲樂土。志云：縣西北又有何山洞，亦深廣。

洎江，在縣北。自德興縣西流入縣境，又西入餘干縣界合龍窟河。志云：縣西北有殷河，出百丈嶺，合諸溪以通洎江。縣西五里又有陳坊渡，其水亦流入洎江。

姚源水，在縣西南。自貴溪縣北流入縣境，又西入餘干縣，即餘水之上源也。又縣有裴源水，正德中俞憲擊姚源洞賊於裴源，敗之。○古樓埠水，亦在縣西北。志云：其水北流合餘干縣馮田水入番陽縣界，會於珠湖。明朝正德四年官軍捕姚源盗，遇伏於古埠，即此。

荷溪鎮。縣東南四十里。又東南去樂平縣之仙鶴鎮不及十里。正德中築城於此，以禦寇衝，尋移仙鶴砦巡司戍焉。又橋頂寨，在縣南，接安仁姚源界。又縣西有黄柏寨，北有富公寨，東有三界寨，舊俱爲戍守處。○石門街，在縣東南。水陸俱接貴溪縣之神前街，亦與餘干、安仁縣接界，爲盗賊出没處，有巡司。見貴溪縣。又五星橋，在縣西北姚源水上，與餘干縣接界，亦爲要隘處。

附見

饒州守禦千户所。在府城西南隅。明洪武初建。

廣信府，東至浙江衢州府二百四十里，南至福建崇安縣二百四十里，東南至建寧府五百五十里，西南至建昌府五百十里，西北至饒州府五百三十里，北至南直婺源縣三百里，自府治至布政司六百三十里，至京師五千里。

禹貢揚州地，春秋時爲吴地，戰國爲楚地。秦屬會稽、九江二郡，漢屬會稽、豫章二郡，後漢因之。孫吴屬鄱陽、東陽二郡，晉以後皆仍舊。梁屬吴州，隋屬饒州。唐初仍屬饒州，乾元初析置信州。江淮轉運使元載奏置。宋因之。亦曰上饒郡。元曰信州路。明初曰廣信府。今領縣七。

府當吴、楚、閩、越之郊，爲東南之望郡。唐元載以鄱陽川原敻遠，邊防襟帶，請增置信州是也。宋韓元吉曰：「郡南控閩、越，東引二浙，隱然爲要衝之會。」今自玉山以達三衢，自鉛山而入八閩，誠轂綰之口也。劉宋泰始初鄧琬以晉安王子勛舉兵尋陽，遣其黨張淹自鄱陽嶠道入三吴，軍於上饒。南宋德祐末謝枋得崎嶇於此。明初胡大海與僞漢相持，屢争信州。豈非以地利所在歟？

上饒縣，附郭。漢豫章郡鄱陽縣地，孫吴析置上饒縣，屬鄱陽郡，以其地旁下饒州而名。晉省。劉宋復置，仍屬鄱陽郡。齊、梁因之，隋廢。唐武德四年復置，隸饒州，七年省入弋陽。乾元初復置，爲信州治。今編户二百八里。

信州城，今府城，唐所置也。志云：宋時羅城周七里有奇，中有子城，周不及二里。先是闢四門，後復闢爲八門。皇祐二年洪水爲害，因舊址修築，淳祐七年增葺，十二年復爲洪水所壞。寶祐三年又修築焉。元仍舊。至正二十年歸明太祖，乃復營治，并濬城濠，自城西而南深一丈五尺，闊一丈八尺，自南而東通溪流深二丈五尺，闊四十九丈。洪武九年後爲洪水所潰，尋復營葺。正德五年以後屢經修築。今城周九里有奇。○上饒故縣，在府城西北天津橋之原。孫吴時置上饒縣於此，隋廢。今社稷壇即其故址也。

南屏山，府東南五里，與譙門相值。有一峰尖聳，名曰狼牙。其勢自東南來，拱抱府治。山麓有臺池，爽高登之，可望一城，名曰跨鶴，宋知州王自中所建。旁有南臺，趙汝愚所築也。○石橋山，在府西二十里。山半有巖洞，遠望如月，亦名月巖。其上平坦如橋，因名。

靈山，府西北六十里。一名靈鷲山，道書第三十三福地，實郡之鎮山也。有七十二峰，高七千餘丈，綿亘百餘里。上有龍池，中産異木奇草及水晶等珍。其東北峰挺立，孤石高百餘丈。西峰絶頂有葛仙壇遺址，溪分五派，西流入上饒江。志云：宋時有水晶場設靈山之白雲尖下，歲貢水晶器凡十事。元初停採。明朝天順中遣内官採進，多不堪用，乃復罷之。○重山，在府城北。其脉由靈山來，重巒疊巘，岧嶢峻絶，謝枋得因以疊山爲稱。又巖山，亦在府城北。脉由重山來，迂紆昂伏數十里，再折而南，平巘絶壁，谺然巨巖，空硿可容數千人。有石泉，甚甘美。

封禁山，府東南八十五里。一名銅塘山，險塞危峻，爲郡之要害。中産銅鐵。景泰中福建沙縣寇鄧茂七盜冶銅鐵，剽掠永豐，知縣鄧顯追捕遇害，久之患始平。自是嚴冶禁，設隘戍守。志云：山綿亘廣遠，東接福建浦城縣。東有銅孛山，爲封禁之要口，南連福建崇安縣，北通永豐縣。其西南爲擇子嶺，與高洲、鐵山一帶相接，向爲姦宄嘯聚之地。其中林篁叢雜，溪港連延。舊制以其險峻難通，宜於封禁，因名。萬曆三十年嘗復議開採，不果。自是垂爲永制。○丁溪山，在府南七十里。一名鐵山，宋時爲冶鐵之所，任百姓開採，官收什一之稅。後屬饒州永平監，今廢。又銅山，在縣南四十五里。脉自鐵山而來，其西接永豐縣之鵲山。志云：府南十里有南巖，一名盧家巖；又有北巖，亦在府南；並稱形勝。

上饒江，在府城南。源出懷玉山，分流兩道：一東自衢州常山縣入浙江；一西南流過玉山縣，又西流經城南合諸溪之水，經弋陽、貴溪縣入饒州府安仁縣爲安仁港，下流入於鄱陽湖。

櫧溪，府西十里。源出靈山，流入上饒江，以岸多櫧木而名。或曰櫧溪即靈溪也。明初胡大海攻信州，敗元兵於靈溪，遂克其城。溪蓋因靈山而名。○古良溪在府南六十里，又有破石水，俱出封禁山北溪，與丁溪山水合而入上饒江。

岑陽關，府東南六十里。山溪叢雜，徑路崎嶇，又東至浦城縣之二渡關三十里，爲江、閩之間道。又橑竹關，在府南八十里。二關皆在崇安八關之列。今詳見福建崇安縣。又柴門關，在縣北百里，通南直婺源縣之要道。又北有東塢關，亦走徽、婺之間道也。○鄭家坊鎮，在縣北靈山鄉，有巡司。又縣南八十里來蘇鄉有八坊場巡司。〔九〕

回車館。在城西南隅。宋皇祐二年晉陵張衡爲郡守，作驛曰饒陽，宅曰回車，後合爲饒陽驛。元至正二十四年徙於縣西，改名葛陽驛。明朝洪武十四年遷於今所。志云：驛在今府南一里。

玉山縣，府東百里。東至浙江常山縣七十里，北至南直婺源縣二百二十里。漢鄱陽縣地，隋爲東陽郡信安縣地。唐初爲常山、須江及弋陽三縣地，證聖二年析置今縣，以縣有懷玉山而名。初屬衢州，乾元初改屬信州。宋因之。縣舊無城，明朝嘉靖四十年築城，周四里有奇。編户五十七里。

懷玉山，縣北百四十里。一名輝山，亦名玉斗山，水分東西流，西入鄱江，東入浙江，爲衢、信兩郡間之望鎮。詳見名山。○三清山，在縣北百里。三峰峻拔，自麓行二十五里始陟山巔。其巖洞多奇勝。志云：與懷玉並峙，蓋即懷玉之支峰矣。今亦附見懷玉山。

水南山，縣南二里。俗名大王山，又呼黄谷山。其脉自閩來，鋭如卓筆。東有功曹山。下爲冰溪，一名大王潭，實上干溪、玉溪所會處也。又東里許爲武安山，三山並列，下亦有泉，世謂「燰水三山」，即此。又齊峰山，在縣南三十五里。其脉自永豐縣來，形如屏障。元魏玄德居此，善製墨，今土人猶傳其業。○太甲山，在縣北二十五里。山勢磅礴，上有商太甲廟。其北十里有洞巖，林壑掩映，峰嵓奇秀，溪水流出，其聲清壯。

玉溪，縣東五里，因懷玉山而名。水有二源，合流十餘里會諸溪水入上饒縣界。或曰即上干溪也。出懷玉山，溪源乾淺，秋冬不通舟舡，故名乾溪。韋昭曰：「干越，越之别名也。」此爲上干。又下干溪，在縣治東南二里。亦有二源，自浙江江山縣界來，俱至瀆口合而爲一，抵廢酒務後與上干溪合流。上干溪水所經處，間與衢之常山接，自信而衢，不可舟行，間以陸運者，此也。又清波雜志「衢、信之間有驛名兑谷，謂其水從三道來，作彡字形」云。即今草平廢驛也。

滄溪，縣南三十里。源出浙江江山縣境，委蛇至縣之惠安鄉，下流二里許與瀆口合，爲玉溪之别源。中有石陂瀦水，呼爲石倉，人多漁釣於其處。○沙溪，在縣西三十里。志云：縣北五十里有沙溪嶺，與玉山相連，産石可以爲硯。水流下二十里謂之沙溪，又南入於上饒江。

七里關，縣西三里。舊有戍兵。又有東關，在縣治東。正德八年設，以防姚源之盜，榜曰「八省通衢」。縣治西又有西關，與東關相對。志云：連城關在縣治西，公館置其上，下爲連城橋。正德八年斷橋以絶姚源寇衝，後復建。○礦嶺關，在縣西北。又縣北有廣平、鴉山二隘，路通徽、饒。南行記：「玉山縣北有礦嶺、柴門、蜈蚣三關，礦嶺道出上饒，柴門、蜈蚣道出饒州府德興縣。」

沙礫鎮，縣東二里。志云：即縣治也。未立縣時號沙礫鎮，唐天寶十四年草寇竊發，里有徐叔倫者倡衆保障於此。證聖中始置爲縣，因山爲名。峰嶺合沓，溪谷相互，雖步通三衢，而水絶干越。○柳都砦在縣東南惠安鄉，有巡司。又峽口隘，在縣西北。聞見録：「自府城東二十里龍溪分路，由牛頭嶺臨江湖出峽口，直抵縣之北門，此往來間道也。又有峽溪隘，在縣東北七十里峽溪嶺。」輿程記：「自縣北達徽州之道也。」

草平驛。縣東四十五里。亦名草平鎮，明初陳友諒遣將寇廣信，據草平鎮遏浙東援兵是也。又東四十里達常山縣。驛今廢。信、衢之交舍舟從陸之道凡八十里。又懷玉水馬驛，在縣治西。宋置，明初因之。初爲馬驛，别置輝山水驛，後并入焉，因爲水馬驛。又縣治西舊有玉山遞運所。○東津橋，在縣東二里。明初陳友諒遣將寇廣信，據草平鎮，復屯玉山，胡大海時守婺州，遣兵敗之於東津橋，遂復玉山縣。志云：橋舊爲浮梁，屢遭洪水漂蕩，成化中改建以石，後常修治。

弋陽縣，府西百二十里。東北至興安縣五十里，東南至鉛山縣百十里。漢豫章郡餘汗縣地，孫吳析置葛陽縣，屬鄱陽郡，晉、宋以後因之。隋平陳，縣屬饒州。開皇十二年改曰弋陽縣，以縣治弋水之陽也。唐仍屬饒州，乾元初改屬信州，宋、元因之。縣舊無城，正德五年僅營城址，立四門。嘉靖四十年因舊址營築，城周三里有奇。編户七十三里。

寶豐廢縣，在縣南。宋淳化五年升寶豐場爲縣，景德五年廢爲鎮。康定中復置，慶曆三年又廢。志云：縣西有玉亭縣故址，唐初所置。今見饒州府餘干縣。

龜峰山，縣東二十五里，弋陽江經其下。山連峰接岫，參差錯落。其得名者三十有二峰，皆笋植笏立，峭不可攀。中一峰形如龜。又有蜃樓，能吐納雲氣，以驗晴雨。又軍陽山，在縣南三十里。方輿志：「昔有將兵屯於山陽者，故名。層巖壁立，衆山巃嵸，迥不相接。唐貞元中山産銀，乾符後不復有。」亦名君陽山。志云：寶峰鎮舊置於此，亦曰寶峰場。又南五里曰寶峰山，廣袤數十里，白雲吞吐，飛瀑清響，與靈山、龜峰山並峙。中有石亭，高七十餘丈。又有仙人石橋，長五十餘丈，廣二丈。○仙人城山，在縣南四十里。山峰壁立，高五十丈，形如層城。其巔平坦有池，水澄泠可掬。亦名赭石山。

七星山，縣北三十里。林木蓊蔚，下有沃壤，可以樹藝。昔有七星墜此，因名。志云：縣東二十里有待賓山，梁大同七年嘗置待賓院，隋廢。今名獅子巖。又有赭亭山，在縣東五十里。山形方正如削，望之如亭，其色赤，無林木。旁有小山相肖，曰小赭亭。後漢李愔封赭亭侯，或以爲即此地也。○十二臺山，在縣西四十里，峻削秀拔。又縣北六十里有石城巖，其廣可容萬人。上有石乳泉。

弋陽江，縣東二十里。其上流即上饒江也，又西弋溪流合焉。志云：弋溪源出靈山，西流合葛溪。曰弋者，以水形横斜似弋也。又西南會於上饒江，俗名弋陽江。○葛溪，在縣東七十里。源亦出靈山，下流合弋水、晚港水並注於上饒江，又西流經貴溪縣謂之薌溪，亦曰貴溪。舊記云：葛溪水經縣西二里，昔歐冶子居其側，以此水淬劍。溪旁有葛玄塚，故名。

明溪，縣西二十里。本名弱水，唐刺史孫成改曰明溪，下流入於葛溪。○信義港，在縣東二十里。源出福建邵武縣境，引流而東北，至縣界下流入於葛溪。其旁土地高沃，人多信義，因名。志云：縣東境諸溪水合流於縣東南，有巨石横出溪中，捍截東流，縣治賴此無衝潰之患，因名之曰神石。

弋陽館。縣治東。唐置，宋因之。今爲葛溪水驛。○大橋，在縣北。又北有漆工鎮，北走樂平縣，此爲必由之道。

貴溪縣，府西百九十里。西至饒州府安仁縣百里，東至弋陽縣七十里，東北至饒州府德興縣百七十里。漢餘汗縣地，隋爲餘干、弋陽二縣地。唐爲弋陽縣地，永泰元年置貴溪縣，以縣在須溪口而名，屬信州。宋因之。縣初無城，明朝正德三年姚源賊起，六年始營縣城，嘉靖以後屢經修築。周三里有奇。編户二百十里。

貴溪舊縣，縣治西一里。今謂之舊教場，唐時縣治此。舊志：縣界餘干、弋陽兩縣間，地方闊遠，山水迴合，舟行沿泝，累廢旬日。唐永泰初議就須溪口置縣，以便往來停宿。元移於今所。

三峰山，縣南二里。三峰鼎峙，一名天冠山，高三十餘丈，與縣治相對。山之東麓接王表巖，亦曰長廊巖，修巖如廊。相傳西漢末有王表者隱此，因名。又五面山，在縣西南五里，東接三峰山。其南一峰屹立，五面如削成。志云：縣南三里有徐巖，宋徐紹景讀書處。林深水遠，洞穴幽邃。有巨石平坦，穴出山側，如月攀蘿，可登以望遠。

象山，縣西南七十里。初名應天山，宋陸九淵讀書於此，山形如象，改今名。山間有原塢及良田清池，無異平野，四方從學者多結廬其中。山陰之巔有塵湖，天成一池，泓然如鑑。其餘巖壑泉石，俱稱絶勝。又縣西南八十里爲象樓山，兀然突聳，如樓閣之狀。本名石樓山，天寶六載改今名。○自鳴山，在縣西五十里。邑之鎮山也，巍然羣峰之上。巔有湖，天欲雨則水湧，其聲如雷。

龍虎山，縣西南八十里，在象山之西北。志云：象山一支西行數十里，乃折而南，兩峰對峙，如龍昂虎踞，道書以爲第三十二福地。後漢章、和間，張道陵修煉於此。今有上清宮，在龍虎兩岐之間。圖經：「龍虎山在後漢末張魯之子自漢中徙居此，宋大中祥符八年召其徒正隨赴闕，賜號真静先生。王欽若奏立授籙院及上清觀，蠲其田租，即上清宫也。出龍虎山而西一二里，南迫大溪，溪水澄瀅，可鑑毛髪，則仙巖列焉。其嵒峰巒削立，高出雲表，嵒石嵌空，多爲洞穴房室、窗牖、床榻、倉廪之狀，共二十有四巖，而總名之曰仙巖，與饒州府安仁縣接界。」

藐姑山，縣南七十里。高四十餘丈，廣三十餘里，泉石甚勝。有封鬼等洞，俗傳張道陵遺跡也。又鬼谷山，在縣南八十里，道家以爲第十五洞天。山有蘇秦臺、張儀井。又有鬼谷洞，幽黑，入必以燭，周迴數里，容數千人，俗傳鬼谷子隱此，蓋好事者假以名山。○昂山，在縣西南百餘里。東連貴潭，西接梅潭，南入福建界，北帶上清溪，廣四十餘里。山形昂聳，物産蕃庶。又雲臺山，在縣南仙源鄉。一峰特出，亭亭天表。又西十里許爲雲原山，石壁削立，兩旁如門。山椒有壁魯洞，世以爲神仙之窟宅。

百丈嶺，縣北七十里，路出饒、徽二郡。鄱陽記：「長沙王屯兵百丈嶺，即此。」又璩嶺，在縣南八十里。亦曰據嶺，以閩、越偏據時以此爲界也。今嶺西有璩大夫祠，蓋南唐命其臣璩姓者守此，因以爲名。相近又有水簾洞，洞中可容數千人。洞口泉水懸巖而下，狀若垂簾。又張鎮嶺，志云：在縣西百里仁孝鄉，高二十餘丈。昔有賢士張鎮者隱居於此，屢聘不起。上出黄連。○貴源，在縣南百餘里。南通福建光澤縣，西連昂山，廣七十餘里。内多美地良田，物産蕃庶，民俗淳厚。宋葉夢得嘗經此，題壁曰「新豐」，今因有新豐街。又秋香原，在縣北四十里，以原多桂樹而名。一名周原。

薌溪，在縣城南。相傳溪旁産鬱金香草，因名。一名貴溪。其上流即上饒江也。自弋陽縣流入境，會於須溪。志云：須溪在縣治西南，源出福建光澤縣界之大源官山，經火燒山北，又北流歷夏南鄉，合三十六水至中坑渡而入薌溪。其合處曰須口，俗呼羅塘港，又西入安仁縣界爲安仁港。○石堂溪，在縣西二十里。志云：縣南百二十里有石堂，中可坐數百人。下爲石堂溪，北流合於薌溪。

義泉井，縣南七十里，當入閩要路。行者至此多渴，里人徐氏鑿井引泉，作亭其上，人賴其利。又有三台井，在縣南百里。其井三級相連，水源不竭。

雄石鎮，在縣南八十里璩嶺下。唐武德八年置。有巨石雄踞溪滸，因名。俗呼「陣石」。志云：鎮在唐末爲江、閩要衝，嘗置鎮遏使於此，宿兵守衛。五代時楊氏、李氏相仍置戍，宋平江南，始敕鎮隸縣。○管界寨，在縣東南仁福鄉，有巡司。又縣西北六十里有神前街巡司，近饒州萬年縣界。志云：司在自鳴山之西。

**薌溪驛**。在縣治東南，治西又有薌溪遞運所，皆明初置。又胡林橋，在縣西，自撫州東鄉縣入縣境之道也。又縣北有黄連橋，又有倪家港，爲自縣入饒州府之要隘。○上清宫，在龍虎山中。唐名真仙觀，宋大中祥符間改上清觀，政和間賜名上清正一宫，元大德間賜名正一萬壽宫，今日上清宫，張道陵裔世襲真人居於此。聞見録：「上清宫至撫州金谿縣百里，又百二十里至建昌府。」

**鉛山縣**，府南八十里。東至福建崇安縣百三十里，西北至弋陽縣百十里。唐上饒、弋陽二縣地，南唐置鉛山場，尋升鉛山縣，屬信州。宋開寶八年平江南，以縣直隸京師，尋還屬信州。元元貞初升爲鉛山州，明初洪武二年復爲縣。九年始營縣城，環城爲濠，正德十四年、十五年以後屢經修築。周四里有奇。編户五十七里。

**銅寶山**，縣治西南。石竅中膽泉湧出，浸鐵成銅。天久晴，有礬可拾。一名七寶山。宋建隆三年置銅場，今廢。志云：縣西三里有膽水，蓋出銅寶山下。○鉛山，在縣西南七里。舊名桂陽山，又名楊梅山。唐時山出鉛，百姓開採，十而税一。建中元年封禁，貞元元年復開，隸饒州永平監，尋又廢。山亦出銅及青碌。南唐昇元二年置鉛場，保大中改立鉛山縣，皆以山名也。

**鵝湖山**，縣東北十里。山之上有湖生荷，舊名荷湖山，後有龔氏畜鵝於此，因改鵝湖山。周迴四十餘里，諸峰連絡以一二十計，最高處名峰頂，有三峰揭秀。又女城山，在縣東三十里。志云：山形如乳，故以女名。其巔有藥雲洞。○葛仙山，在縣西七十里，吴葛玄修煉於此而名。山亦高秀，上有龍井。

分水嶺，縣南八十里，南接福建崇安縣界。山巔峻阻，水流南北兩分，南流達閩江以入於海，北流達鄱湖以注於江，分水關置於其上。又紫溪嶺，在縣南四十里，高可四百餘丈。其水流爲紫金溪，嶺下舊有紫溪驛。又南四十里爲烏石嶺。志云：烏石嶺南五里爲鄭家嶺，往來必經之道也。又有白鶴嶺，在分水關外，間道可達崇安大安驛，今塞。

車盤嶺，縣南六十里。明朝正德中慶元賊葉宗留作亂，由福建浦城劫建陽，掠建寧，分衆襲車盤嶺，鉛山惴恐，行旅斷絶。既而鄧茂七作亂於延平，詔張楷等討之，至廣信，以道梗不能前。指揮戴禮請先驅擊賊，遇宗留於黄柏鋪，殪之。賊黨奔入山，擁葉希八爲渠魁，復劫車盤嶺，悉衆駐十三都，欲回浦城。戴禮進軍搜山，至十二都敗死。今車盤驛置於此。黄柏鋪，在縣南五十里。十三都、十二都俱在縣東南境。

上饒江，縣北三十里。自上饒縣流經此，又西流入弋陽縣界謂之鉛山河口，商旅畢集於此，税廠、官倉在焉。志云：縣北五十里有青山灣，又北十里曰黄沙灣，與上饒縣接境，皆行旅所經也。

汭川，縣西三十里。志云：縣西二十五里有新巖，一名石城洞，以石門如城而名。相近爲層冰洞，又西五里爲石龍洞，三洞皆巉巖詭異。汭川去三洞不遠，洞有兩小溪合流入川，流下五里謂之汭口，西北入上饒江。○石溪，在縣東北三十五里。源亦出山溪中，上饒、永豐南境之水皆匯流於此，北入上饒江。

江家湖，縣西一里。一名西湖，湖内生芰荷，旁多高柳，沙嶼迴折，景趣瀟灑。今故址僅存。○石井，在縣東北四里資聖院後。周六丈，深三丈。有巖三面回抱，瞰於井上。縣多膽水，味澀，此獨甘，晝夜流注，溉田數百畝。舊名玉洞泉，又名碧玉泉、慈濟泉，唐光啓中賜額曰石井。

分水關，在縣南分水嶺上。有巡司，爲浙、閩之衝要。今詳福建崇安縣。又温林關，在縣東南七十里。巖巒峻絶，亦崇安八關之一也。亦見崇安縣。○石佛寨，在縣西六十里，有巡司，接弋陽縣界。又縣西南五十里有湖坊隘，西達貴溪縣，南通福建光澤縣之雲際關，爲戍守處。邑志：縣東六十里有劉墩隘，相近又有石龜嶺寨。其地險峻幽僻，惟一路通上饒高洲、封禁山。嘉靖中寇亂，築壘戍守得免，蓋饒、鉛兩境咽喉所繫也。

鎖山門，縣西七十里。山谿險仄，昔時膽水出此。其水或湧自平地，或出自石罅。神農本草云：「膽水能化鐵爲銅，宋時爲浸銅之所，有溝漕七十七處。興於紹聖四年，更創於淳熙八年，至淳祐後漸廢。其地之水有三，膽水、礬水、黄礬水。各積水爲池，每池隨地形高下深淺，用木板閘之。以茅蓆鋪底，取生鐵擊碎入溝，排砌引水通流浸染，候其色變，鍜之則爲銅，餘水不可再用。縣之膽水，多自山下注，勢若瀑布，隨天旱潦而有涸溢，大抵盛於春夏，微於秋冬，後水流斷續，浸銅頗費工力。凡古坑有水處曰膽水，無水處曰膽土。膽水浸銅工省利多，膽土煎銅工費利薄。水有盡，土無窮，官亦兼收其利。」通考：「浸銅之説，自昔無之，因饒州布衣張甲獻言而始。紹聖元年其利漸興，紹興二年朝議以坑冶所得，不償所費，悉罷監官，以縣令領其事，後遂廢。」今猶有膽水餘流，水潦時東溢入於汭口。○霞落園，在縣北三里。宋紹興間閩寇范汝爲作亂，〔一〇〕丞相李綱將兵萬五千人駐於霞落，即此。俗呼相公府。

**鵝湖驛**。在縣治北，又有鉛水遞運所，俱明初置。又車盤驛，在縣南車盤嶺，車盤嶺運所亦置於此。輿程記：「縣南四十里爲紫溪驛，又二十里爲車盤驛，又二十里爲烏石驛，又東南四十里即崇安縣之大安驛也。」○祝公橋，在縣西南十五里。聞見録：「自祝公橋三十里至葫蘆巖，又三十里即崇安之桐木關，爲入閩之間道。」

**永豐縣**，府東南四十五里。東至浙江江山縣百里，東南至福建浦城縣百八十里。本上饒縣地，乾元初析置永豐縣，屬信州，元和中省。宋初爲永豐鎮，熙寧七年復升爲縣，仍屬信州。縣無城，明朝嘉靖四十一年創築，隆慶六年增修。周五里有奇。編户六十九里。

**排山**，縣東十五里，高數百仞，周十餘里，羣峰巑岏，如列戟然。又石城山，在縣南十五里。山之左右石壁如破壘，中頗平衍。元志云：「唐末避黄巢之亂，城其兩端而居，因名。」○星石山，在縣東二十五里。志云：山周迴三十里，高百餘丈，羅列周布，若隕星然。相傳黄巢之亂，嘗砦其巔。

**青金山**，縣西北二十里，接上饒縣界。山下地名洋口。永豐溪匯諸山谷之水流經山下，長瀑大溪，汹湧彌望，適遠近者，皆從此發棹，蓋會要之地也。山紆徐昂伏，趨洋口水門，則三峰鼎立。其並峙者爲永豐山。志云：永豐山形如石囷，下瞰溪流。舊傳山生石乳，赤則歲旱，白則年豐，因名。永豐去縣西北二十五里，又西南即青金山也。○覆泉山，在縣西北十二里。俗名覆船。元志：「山有泉八十四，冬夏水沸出，溉田萬頃，山因以名。」今堙塞，僅有泉三四處耳。又鶴山，在縣西三十里。山有龍池，四時不竭。其東北接上饒之銅山。王象之曰「鶴峰左有天井，廣丈許，深莫測，溉田數百頃」，蓋即龍池矣。

雙門山，縣東北三十五里。兩峰並峙，紆回二十餘里，東接衢州，北連玉山，遠望如雙門，往來常、玉二邑者，必取道於其下。又靈鷲山，在縣東南四十里。巖石秀潤，樹木環密。下有光相洞，稱幽勝。○平洋山，在縣東南六十里。舊有坑，曰平洋坑，出銀礦。其地去仙霞十五里而近，浙、閩諸盜常窺伺焉。又有九仙山，在縣南六十里。峰巒環疊，綿亘數十里，與浦城縣接界。深險難窮，盜賊往往嘯聚於此。其相接者爲白花巖，巖之南爲清風峽，皆奇峻。志云：縣西南二十五里有谺山，峻拔奇秀。其並峙者曰蔣峰，一名蔣家尖。

念青嶺，縣東北二十三里，聳拔三百餘仞，當江、浙通衢，望江山縣如指掌。又從嶺左折而上約五里許，一峰干霄，曰大巖尖。陟其巔東望三衢，西顧信州，山川形勝，一覽而盡。泉湧絶頂，冬夏不涸。又有石室，可容千人。○六石峰，在縣東七十里，與平洋山相望。六峰特立，中有聖泉，冬至則涸，夏至則溢。六石關置於此。

永豐溪，在縣城南。志云：溪發源福建浦城縣西北之盤亭，出二渡關入縣界，流三十里與雙門山柘陽溪合，又十里與杉溪合，又十五里至縣前，出西橋折而西北流，下洋口灘抵上饒境，合於玉溪。又永平溪，在縣東四十五里，匯縣東諸溪谷之水，合杉溪而入永豐溪。志云：縣境之水，廣處瀰漫數里，狹處可褰裳而涉。春夏之漲，一望浩然，遇旱則僅通一線，磷磷多石，蓋澗溪灘瀨，盈涸不常也。

東懽渡，縣東三里。有東峰山，諸溪之流皆匯於此，築墉以防其泛溢。又靖安渡，在縣東六十里。志云：靖安内渡入浦城界，外渡入永豐界，蓋大小諸溪匯流處也，即永豐溪之上流矣。

六石關，在縣東六石峰下。其地亦名上團峰，下設上團隘。其相接者曰平石隘，西去平洋坑十里，路通江山、浦城二縣。○柘陽寨，在縣東南五十五里。有巡司。志云：司去平洋坑六里，築寨以守平洋之險，最爲要害；相近又有六峰隘，北去平洋坑十里；又有烏巖隘，在平洋坑東北十五里，西北至翁村隘十五里；俱接江山縣境。志云：縣東有杉溪寨，在杉溪西岸。舊置巡司，今革。

**崧山隘**，縣西南三十里崧山之陽，西北五里接上饒縣之高洲寨，西四十里由鋤狗洋達封禁山，最爲要害。又軍潭隘，在崧山隘南三十里，又南至浦城縣界塘峰洞十五里。相近有港頭隘，又南有石溪隘，又東爲靖安隘。志云：靖安隘南至浦城塘峰洞及盤亭關不過數里而近，明初置隘以防塘峰洞之盜。又上木隘，亦近塘峰洞。南至盤亭關，北至平洋坑，皆十五里，去六峰隘十里，應援相接。○靈鷲隘，在縣東南靈鷲山下，東通江山縣之青湖鎮，北達玉山縣；又有五坉堡，在平洋山西南；舊皆爲守禦處，嘉靖以後漸廢。

**乾封驛**。在縣南。志云：永豐路通閩川，越客擔荷者羣至，因設驛於此。今廢。○大南橋，在縣北三十里，北出玉山縣之通道也。又通濟橋，在城西，爲四方往來之孔道。隆慶六年創築石橋，後修圮不一。

**興安縣**，府西北八十五里。北至饒州府德興縣百二十里，西至弋陽縣三十五里。本弋陽縣之横峰鎮，明初置鵶巖寨巡司戍守其地。正德十三年窑民弗靖，巡撫孫燧請銓除通判一員，名曰「鎮寧公署」。嘉靖三十九年始置縣，割弋陽十三都、上饒十都共成之。其地兩山環匝，周圍十餘里，居民以陶冶爲業。編户五十里。

**横峰山**，縣治北。居民取土爲陶冶。舊有横鎮，因山以名。又有香山，亦陡險，舊設香山砦於此。正德中撫臣孫燧以横峰、香山諸寨地險人悍，欲設通判駐其地，兼督六縣是也。

宋溪，在縣南。源出靈山，西流入上饒江。舊志：溪東去府城八十里。又弋溪，在縣西。亦自靈山流經縣界，入弋陽縣。

分水關。縣東北九十里，北走徽、婺之間道也。又坑口隘，在縣東南，與上饒縣接界，爲扼要處。

附見

廣信守禦千户所。在府治東北，洪武初建。又鉛山守禦千户所，在縣治西，洪武二年建，俱直隸都司。

## 校勘記

〔一〕楊葉洲　「葉」，底本原作「業」，據下文「洲尖長如楊葉」改。

〔二〕鄱陽歷陵有山石文理成字　「歷陵」，三國志卷四八吴書孫皓傳及裴注所引江表傳均作「歷陽」。

〔三〕名白沙湖　史記卷一一四東越傳索引作「名曰白沙阬」。

〔四〕豫章郡　「豫」，底本原作「餘」，今據職本、鄒本改。

〔五〕一名抗浪山　「抗」，底本原作「枕」，鄒本作「抗」。據下文「謂能與風濤抗也，訛曰康郎」，鄒本作「抗」是。據改。

〔六〕東至表岸口三十里　「表」，底本原作「袁」，誤。本書同卷鄱陽縣大陽埠下云「表岸口在府西南三十里」，此康郎山下亦云「山在湖中，爲風帆之表幟」，則字當作「表」，不作「袁」，今改正。

〔七〕于越渡在縣西南二十步　「在」，底本原作「云」，職本作「去」，寰宇記卷一〇七作「在」。此爲引寰宇記文，故據改爲「在」。

〔八〕程靈洗　「洗」，底本原作「洸」，今據職本、鄒本及陳書卷一〇程靈洗傳改。

〔九〕又縣南八十里來蘇鄉有八坊場巡司　底本原脱「里」字，今據鄒本補。又職本原作「又縣東南來蘇鄉有八坊場巡司」，後改爲「又縣東南百里有八坊場鎮，亦置巡司，與邵武接境，山深路阻，奸宄往往藪匿于此」。兹亦録之備考。

〔一〇〕范汝爲作亂　「亂」，底本原作「紀」，今據職本、鄒本改。

# 讀史方輿紀要卷八十六

## 江西四

建昌府，東至福建邵武府三百六十里，西南至贛州府七百五十里，西北至撫州府百四十里，東北至廣信府五百十里，自府治至布政司四百里，至京師五千四百八十五里。

禹貢揚州地，春秋時爲吴南境，戰國屬楚，秦屬九江郡，兩漢屬豫章郡。三國吴太平二年分豫章東部置臨川郡，治臨汝縣，府境屬焉。晉、宋以後因之。齊移郡治南城，梁復舊。隋平陳，屬撫州，大業初屬臨川郡。唐仍屬撫州。宋開寶三年南唐主李煜始置建武軍於此，宋太平興國二年改爲建昌軍。元曰建昌路。明初改肇昌府，〔一〕時宋龍鳳七年建昌歸附，即元至正二十一年也。明年改肇昌府。旋曰建昌府，志云：是年二月改肇昌府，九月又改爲建昌府。領縣五。

府據七閩之咽喉，壯兩江謂江東、西。之唇齒，山川環結，形勢峻險，號爲東南上游。明初胡廷瑞自建昌出杉關取邵武，攻建寧，善戰者戰於九天之上，繇此道也。

南城縣，附郭。漢縣，以在豫章郡城南而名。三國吴屬臨川郡，晉太康初曰新南城縣，大興中復舊。宋仍屬臨川郡，齊爲郡治，梁、陳皆屬臨川郡。隋屬撫州，唐因之。南唐末爲建武軍治。志云：宋平南唐，南城縣仍屬撫州，淳化二年始隸建昌軍。今編户二百七十四里。

建武軍城，在府治北。南唐末所築。郡志云：舊城唐乾符中築，周十里有奇，後廢。宋開寶中南唐置軍，命李崇贍置制軍事，增築制院，城周不及一里。宋元豐中因邵武寇亂，改營新城，周九里有奇。明初陳友諒將王溥以城歸附，因舊城營築。洪武元年增修完固，正德八年以後屢經繕治，皆如舊城之制。周不及十里。

鳳凰山，府北二里。郡之主山也。山麓有鳳山堡，宋開慶元年知軍事雷宜中所築，城周三里。又浚濠五里，并置鳳山寨，共爲守禦。景定三年知軍錢應孫增修，元初廢。府城中又有登高山，一名高空山，又名黄家山。其相連者曰郭家、陳家二山，登其巔俯臨雉堞，遠眺江山之勝。○紅屏山，在府西五里。又名赭面石，高百仞，如赤城，郡治目爲印山。又芙蓉山，在府東十里，高五里。連枝疊瓣，宛若芙蓉，因名。

麻姑山，府西南十里。高百丈，周百五十里。勝覽云：「山高九里五十步，週迴四百一十四里。峰巒澗谷，幽勝不一。其得名者曰萬壽、仙羊、葛仙、秦人、逍遥等峰，東瞰郡城，西跨宜邑，稍北帶麻源三谷，誠神仙窟宅也。道書以爲第三十六洞天之一。」志云：麻姑西七里有丹霞山，道書第十福地，亦曰丹霞洞。其旁爲出雲山。○從姑山，在府東南五里，以山次於麻姑而名。緣石磴而上數百級，有雙石對峙如門，名鐵關。又數十級乃至山頂。有伏虎洞，亦曰玉洞。又有巖曰秋澤巖。

劍山，府東八十里。高數百仞，延袤數十里。稍東曰大旭山，以山勢高聳，日出先見而名。又魚蝓山，在府東南八十里，高數百仞。山腹有龍潭，俗呼爲海眼。○東界山，在府東二十里。宋元祐八年冬，有甘露降於山之松柏城。北七十里又有北界山，與撫州臨川縣分界。志云：府東北五十里有太平山，以山勢寬平而名。又有白馬山，在府東北九十里。其上爲出雲峰，絶頂有龍潭。又銅斗峰，與白馬山相峙。

望州嶺，府東二十里。嶺巔有巨石，可登陟，俯瞰郡城，如在几席間。又東三十里爲五藏巖，石勢層疊，巖前溪流縈帶。其側一石山如囷，高踰數百仞，頂有田數十畝，極旱而常稔，名曰天湖。相近又有仙人巖，臨溪峭壁數百仞，五巖連屬，深廣各數十丈。○華子岡，在府西十五里。相傳九江人華子期爲角里弟子，得仙於此而名。謝靈運入華子岡麻源三谷，是也。麻源三谷者，第一爲麻姑山南澗，第二爲北澗，第三即華子岡。從府西十里駝鞍嶺循溪而入，多茂林修竹，土田沃衍，而層巒疊巘，回環映帶，稱爲絶勝。紀勝云：「銅陵亦在府西十五里。」謝靈運詩：「銅陵映碧澗，石磴瀉紅泉。」今亦謂之銅山。

落峭石，府東南六十五里。飛猿水自新城縣來，流經其下，謝靈運詩「朝發悲猿嶠，暮宿落峭石」是也。樂史云：「落峭石去飛猿館百十有五里。」輿程記：「自峭石至五福鎮六十里，又二十里爲飛猿，又十里爲福建光澤縣之杉關。」

盱江，〔二〕在府城東。一名建昌江。源出廣昌縣南血木嶺，流六十里爲盱水，又二十里爲巴溪，又十五里爲小勳溪，又七十里至廣昌縣前，又三十里入南豐縣界，東北流百餘里至府城東南，會新城縣飛猿諸水，又東北流折而西二百餘里入撫州境，至臨川縣石門亦名汝水，下流注於贛水。志云：城東江中有中洲，草木葱蒨，雖春水漲而洲不没。郡城東面臨江，往往疊石爲堤，以備侵齧。

龜湖，府東五里，一名蟜湖；又有金龜湖，在五藏巖下，深可五六尋，中有一石，宛然如龜；又有蛟湖，在府東五十五里，宋時有蛟蜃鬭於水上；又東三十里有東湖：皆山谿匯流處也。○蛤湖，在府西三十里。有石漈百丈，飛瀑淙下入湖，中多産蟹蛤。宋治平寺碑所云「蛤湖石鑑」處也。又天井湖，在府西南二十里高山上。水色藍碧，淺則旱，溢則雨，里人以卜豐歉。又有鯉湖，在府南四十里，俗傳常有雙鯉出遊。其南爲上湖，北爲下湖，亦謂之三湖。志云：府北十五里又有高梘湖，舊名聚水湖，宋熙寧中付陂長灌溉高梘莊官田，因改今名。

磁龜溪，府南七十里。有磁石如龜，伏溪中。溪流阨塞於巖竇間，衝嚙怒號，衺四里注而爲瀑，有聲如雷，凡十五六里而山開水平，又十里乃達於盱江。志云：磁龜溪去魚蝓山里許，遊覽絶勝處也。○龍溪，在府南八十里。志云：源出高陂，流入石門通汝川，汝川即盱水矣。一云龍溪在廣昌縣東北八十里，似悮。又郭石溪，在縣北三十里郭仙峰下。府東境諸山之水，絡繹環流，北至昶口會於盱江。府西北三十里又有岳溪，發源府西岳口，東北流入盱水。岳口蓋左右岳之口也，在府西四十里。陵麓嶔寄處曰岳。

杉關，府東南百五十里，江、閩之通道，戰守之巨防也。詳見福建重險杉關。○藍田鎮，在府東八十里。有巡司。又土城鎮，在府南三十五里。唐乾符末危全諷起兵，築城於此，環數里。全諷敗，城廢。今猶謂之城上。閩見録：「府西北七十里有長興隘，相近又有安波寨，爲路出撫州之徑道。」

曾潭鎮，〔三〕府南七十里。舊有巡司。又岳口鎮，在府西四十里。舊亦置巡司，明萬曆中革。又白盱鎮，在府北八十里。萬曆八年增設巡司，九年改置，又設瀘溪巡司。志云：府北有築安峽，接臨川縣界，地險隘；〔四〕府東北有驛，接金谿縣；南六十里爲都軍鎮，即危全諷起兵處；皆昔時戍守要地也。

盱江驛。在府城東。宋康定二年於城南作新亭，謂之集賓亭，俗謂之盱江館，後改爲驛，移於城東。一云城東盱水上舊有盱江亭，南唐所置也，驛因以名。又盱江遞運所，亦在城東，明初置。府南八十里又有東平社，宋紹興中鄉民吴伸與弟倫發私穀四千斛應詔，建義倉貯之，遺址尚存。○太平橋，在府城東盱江上。宋嘉定中建，名萬壽橋，横江爲壘，凡十有三，跨梁其上，長百餘丈。德祐二年毁。元至元二十九年復營之，明年工畢，改曰太平橋。明朝成化七年圮，尋復修建。

南豐縣，府南百二十里。南至福建建寧縣百五十里，東北至邵武府百六十里。漢南城縣地，三國吴太平二年析置南豐縣，屬臨川郡。晉、宋以後因之。隋平陳并入南城縣。唐景雲二年復置，先天二年又廢。開元八年仍置南豐縣，屬撫州。宋屬建昌軍。元至元十九年升爲南豐州，直隸行省。明初復爲縣，又改今屬。編户百十五里。

南豐廢城，縣東一里。本嘉禾驛。沿革志：「三國吴置豐縣。尋以徐州有豐縣，因曰南豐。其地在今廣昌縣東十五里。時適産嘉穀，兼有嘉禾之名。隋、唐間縣再經廢置，益移而東，仍於城西置嘉禾驛。開元七年撫州刺史盧元敏言：『廢南豐縣田地豐饒，川谷重深，時多剽劫，請仍置縣。』從之。繼而縣令游茂洪徙縣治於嘉禾驛，開成二年再徙治西理坊，即今治也。縣無城，明朝正德五年始環以土垣，九年改營爲城，嘉靖以後屢經修葺。城周五里有奇。」

軍山，縣西北二十五里。高十九里有奇，接撫州府宜黄縣界。其上四峰崛起，傍有飛瀑，一瀉千尺，巖石洞壑，皆稱奇勝。上多産斑竹，蒼翠插天，財阜利及比壤。自衡、廬而下，此山爲第一。曾子開云：「山南豐之望也。縣固多大山，而兹傑出，見於百里之外。其勢險氣秀，若蹲虎兕而翔鸞鳳。」舊傳吴芮攻南越駐軍此山，因名。一名南山，以當郡城之南也。山之西又有屏障山。

金障山，縣西南百里。根盤百餘里，高十餘里，與廣昌縣接界。志云：縣西八十里有華蓋山，其山聳峙，亭亭如華蓋。一名金蓋山。又石龍山，在縣西百二十里。山形如遊龍，繚繞數百丈。○百丈嶺，在縣東南八十里。高可百丈，與福建建寧縣分界。志云：縣東北三十里有石門，内容百餘人，巨石爲門，里人嘗避寇於此。又縣西九十里有梯雲洞，石磴百餘級方至洞門。

盱水，在縣西南。自廣昌縣曲折流至縣西門外，故西門有迎盱之名，又東北直下與新城水合，爲郡大江。宋元祐六年張商英爲江西轉運使，疏鑿盱水以通運道，然水勢蕩沙，不時壅塞，春夏可通舟楫，秋冬止容行筏而已。縣境即所鑿處也。

萬歲湖，城東一里。今名蔓翠湖，水北流出湖口入於盱江。又天井湖，在縣東北三十里，深如井，天光上下，澄澈如鑒；又有西湖，在縣西四十里；其下流皆注於盱水。○南臺潭，在縣南盱水中，深險不測，舟行上下多覆溺之慮。又擂鼓潭，在縣南七十里。兩巖峭壁夾溪，中有一穴，溪水湍激，聲震如鼓，因名。

龍池鎮。縣東南二十里。有巡司。又黄源鎮，在縣南八十里。志云：鎮南去建寧縣九十里，舊有巡司。一云縣西南六十里有白舍鎮，接廣昌縣界，宋置太平巡司於此，明洪武二十九年廢。鎮安寨，在縣東；又有猛虎寨，距縣五十里；俱宋置寨戍守處。元皆改爲翼，隸建昌萬户府，〔五〕至正中廢。

**新城縣**，府東南百十里。東至福建光澤縣百四十里，南至福建建寧縣百五十里。宋南城縣之黎灘鎮，紹興八年析鎮置新城縣，屬建昌軍。舊無城，明朝正德七年始營土垣，九年甃以磚石，十四年爲雨潦所圮。嘉靖十四年修葺未備，三十六年因舊址增築，三十九年重修。周五里有奇。編户七十八里。

**永城廢縣**，縣北三里。三國吴析南城縣置永城縣，屬臨川郡。晉、宋以後因之。隋平陳，縣省。唐武德五年復置，屬撫州，七年廢。今其地猶有城頭之名。○東興廢縣，在縣東北三十里。三國吴析南城置東興縣，屬臨川郡。晉、宋以後因之。陳天嘉五年周迪復出東興爲寇，時宣城太守錢肅鎮東興，以城降迪，迪勢遂熾。隋開皇九年縣廢。唐武德五年復置，七年又廢。今東興鄉之石門里故址在焉，土人謂之城口。

**日山**，在縣治西。一名天峰，隔溪百步，高百餘丈，周六十里。形勢峭拔，日初出先見其頂。有井，昔時深不可測，今漸堙。縣治東又有東山，城跨其上。○東巖山，在縣東四十一里。巖列巨嶂，五峰聯絡，亦謂之巖嶺。有徑道通光澤。志云：山之陰巖谷深邃，林莽窈窕，凡十五里，舊爲姦宄窟穴，宋紹聖五年邑尉鄒天錫闢除氛翳，民謂之鄒公新路。又大寒山，在縣東南四十里。高峻盤鬱，山頂平曠，遇冬甚寒。

**福山**，縣南四十里。邑之鎮山也。高數十仞，廣十餘里。形如覆船，本名覆船山，唐懿宗改曰福船，宋大中祥符中更曰福山。又縣南二十二里曰會仙山，亦曰會仙巖，高入雲霄，並巖羣峰矗立，儼如筆架。○秀峰山，在縣西南七十里。層巒疊壁，高插霄漢，爲西南之望。其相近者有大雞、小雞二峰，地名西城。兩峰並立，尖芒攢矗如雞冠然。

與南豐縣分界。

棲靈山，縣西北三十里。峰巒聳秀，綿亘數里，縣西北四十里之聖山與此相接。志云：聖山相近有月明漈，高百餘仞，闊一里，曠潔無草木氛翳，月出則先見，因名。○廩山，在縣東北十里。聳立平岡中，圓峻如高廩。俗呼爲點山。

東興嶺，縣東三十里，因東興廢縣而名。嶺之西有二山，平坦可容數千人，一名土柱，一名新荷。南唐時土人避亂，置栅山頂，至今畊者往往得箭鏃，皆陶瓦所成。土桂則平岡膴膴，謂之九里原。胡氏曰：「東興嶺路通晉安。」陳天嘉四年周迪據臨川，陳主遣其弟頊擊之。迪兵潰，踰嶺奔晉安，尋又越東興嶺爲寇。詔章昭達討之，迪敗走，昭達遂度嶺趨建安討陳寶應。蓋自江右入閩，東興道爲坦易也。○四望嶺，在縣南六十里。嶺甚峻，登之則四遠皆在望中。志云：縣北三里有石峽嶺，積石巉巖，兩巖相對，一水中流，亦險勝也。

杉嶺，縣東七十里，與福建光澤縣接界。杉關置於此。又有杉嶺驛，舊在嶺東，後廢。今詳見光澤縣。○飛猿嶺，在縣東六十里，亦曰悲猿嶠，又名飛鳶嶺。舊置飛猿館於嶺上，登之可望峭石。輿程記：「飛猿東去杉關十里，西北去峭石八十里。宋紹興中置飛鳶驛，咸淳間改置巡司，明朝因之，後廢。又極高嶺，在縣東南三十里，亦峻險，路通邵武縣。」

羊頭峰，縣西南八十里，接建寧縣界。相近者曰鳥孤峰，尖聳如筆，巍然出於衆山之表。又昂頭峰，在縣西南五十餘里招軍嶺下，路通建寧縣。○螺旋峰，在縣東六十里，地名渥口，層巒疊嶂，盤延聳秀。又縣東北六十里有金竹峰，高插雲漢，泉石回環。又東北十里曰白雲峰，盤礴峭拔，高數百仞。

天堂巖，縣東南三十里。嵯峨萬仞，中緣一徑，上平廣，可容數百人，兵亂時居民常避於此。又東山嶂，在縣東南十五里。山勢壁立，頂平廣可容百人，元末寇亂，民亦多避兵於此。一名鵝數陀。

黎川，在縣西南。一名黎灘水，出縣東南四十里紅水嶺，流經天堂巖而西北出，與羣山水會，共四十里至孔家渡，即南津雙港也。雙港合流，西抱邑城，北出石峽嶺，而西北經峭石，回旋凡百四十里，至郡城以下合盱水。舊志：黎川出福山巖澗中。似悮。○飛猿水，在縣東飛猿嶺下，亦曰飛猿港，合杉嶺以西諸山谿水流經此，又西合衆流過縣北入南城縣界，過藍田鎮至峭石合於黎川。又龍安水，在縣西三十里。源出會仙巖，西北流合諸山溪水，經龍安鎮又折而北，至縣北三十里之港口達於黎水。志以黎川爲中川，飛猿爲東川，龍安爲西川，亦謂之三川水。

七星澗水，出縣南之福山。中有七石，因名。西流經縣西南二十里之高臺山與西溪諸水合，折而北至城南合黎水。又九龍潭水，在縣東南三十五里。山高百丈，上有石漈，壁道險絶，下爲九潭，小大深淺不一，引流而西北，合諸山水，亦至城南匯於黎水。志云：縣東南二十里有沙溪，源出東巖山，亦合羣川水至城南匯於黎川。○洵溪，在縣東五十里，引而西，銀嶺、東興嶺諸水流合焉，至五福鎮，四面羣川並匯於此，注爲飛猿水。又龍池溪水，在縣西百里。出山澤中，從高而下，歷峽澗間，豬而爲潭，曲折流經縣西南五十里，與桃溪諸水合，又東北五里合龍安溪。又西城溪，在縣西七十里，合縣西境羣川東注龍安水。

杉關，在杉嶺上，見前。志云：縣南五十里有德勝關，在馬嘴嶺下。嘉靖三十七年廣賊由閩自泰寧來犯，敗官兵於德勝關。三十九年邑令湯建衡築關爲備。四十年賊復來犯，攻縣城不能陷，由德勝關遁還閩。論者謂關在嶺下，形險未得，且關前有溪，溪外爲岐徑，非要隘之所也。關隘考：「德勝關本名礎頭嶺隘，後改置關。」

同安鎮，縣西南五十五里，地名宏村。有宏村市。宋置同安寨，元末改爲巡司，明初因之。志云：嘉靖三十七年徙置於縣西六十里之樟村。又極高巡司，在縣東南極高嶺下。志云：司舊爲石陂寨，在極高嶺東一二里。宋置，地名長義堡，爲七閩鹽盗所出没。熙寧中置寨設兵，十年改爲巡司。紹興初土兵叛，盡燔營舍，乃遷於縣北七里妙智寺，七年遷長義溪西，九年遷溪東，元至正末又遷極高嶺下，改名極高巡司。明初因之，尋遷於縣東南二十五里水口村，仍曰極高巡司。後又改戍於德勝關。○五福鎮，在縣東北二十五里，爲江、閩往來必經之道，置公館於此。商賈交會，民物輳集，屹爲大鎮。又龍安鎮，在縣西三十里。本名上龍鎮，後曰龍安。有公館，并置舖舍於此，道出南豐縣。又楮儼鎮，在縣東南三十里。儼亦作「广」。相傳五代時置官莊於此。

高寨，縣東南三里。唐末危全諷起兵，嘗屯據於此。今堙。又石城寨，在縣南十里，相傳唐末黎汾聚兵處。又馮家寨，在縣東二十五里。有山高數百仞，相傳唐末有馮團將率民作寨，保捍鄉里。又東三十里有石門寨，相傳五代時土人黄吉盗據其地。志云：縣東南三十里有張家營，五代時有營將張姓者捍禦於此。其南爲卓望嶺，路出邵武。又東村營，在縣東五十里。宋元豐中州將彭左藏置營於此，招降草寇廖恩，因名其地曰歸奴洲。今圮於水。

弋陽隘。縣西六十里，與南豐縣接界。今爲弋陽舖。志云：縣西有黄家嶺、丘家嶺、竹雞嶺、茱嶺、李嶺等隘，接建寧縣界。東南有楊梅嶺、鹽隘嶺、礎頭嶺、桃樹嶺等隘，接泰寧縣界。縣東又有極高嶺、羊牯嶺等隘，接邵武縣界。

又東北有小嚴嶺、風掃嶺等隘，接光澤縣界。一云風掃嶺亦名風窩，嘉靖四十年賊由光澤犯境，官兵逆戰於此，不能勝，走還邑城。賊進營黃竹街，街蓋在城南五里。○鳳池驛，在縣北。宋淳祐元年建，元末廢。又黎灘驛，在縣治東。宋紹興十二年建，元廢。

廣昌縣，府西南二百四十里。東至南豐縣百里，南至贛州府石城縣百五十里，西南至贛州府寧都縣百二十里。本南豐縣之南境，宋紹興八年析置廣昌縣，仍屬建昌軍。舊有土城，宋端平中創築。元因之。明朝正德八年因故址增築，嘉靖以後修葺。周四里有奇。編户二十四里。

東華山，縣南五里，山巔高聳，俯視羣峰；縣東二十里爲中華山，亭亭孤峙；又有西華山，在縣治西一里；三山之脉，皆相連接。西南四十里又有金華山，亦秀聳。○潘田山，在縣東北十五里。山下有巖廣百步，林木稠茂，人跡罕至。

金嶂山，縣西北四十里。高出雲表，形若屏障，縣治之鎮也。東北接南城縣界。○望軍山，在縣東六十里。突兀萬仞，以俯視南豐之軍山而名。郡志：山在縣之長上里。縣之安上里又有金雞山。〔六〕名勝志：「山有陽石，盤石也。上容千百家，里人曾避兵於此。」今名陽石寨。或以爲即盤峰山，通志：「盤峰山在縣之天授鄉。」山形若盤，四面皆石巖，不可至。西南有鳥道，側足可上，容萬餘人。元季兵亂，居民多避寇於此。又翔鳳山，在縣南五十里。環抱聳秀，九峰相連，形若翔鳳。

軍營嶺，縣北一里。相傳吴芮征南越時遣將梅鋗營其下。前多稻田，左右皆平阜，惟此嶺獨高。稍西有山，童然無艸木，勢若屯雲，色如積鐵，名烏石。雖天朗氣清，滃鬱不改。志云：縣東南江流中有天堆山。宋紹興中一夕雷雨大作，聞沙礫聲，及旦視之，屹然一山，高丈餘，因名曰天堆。○劉季尖，在縣南五里。尖者，嶺也。相傳漢高曾登此，下有漢王巖。又車竿嶺，在縣東。又東去福建建寧縣百三十里，舊有巡司。

血木嶺，縣南百二十里，盱水發源處也。又修嶺，在縣西南六十里，接寧都縣界。舊志：縣西南百二十里有梅嶺，與贛州虔化縣分界，蓋即修嶺矣。王象之云：「廣昌上流，梅嶺之水出焉。」○牙梳嶂，在縣南十里。嶂有三穴，大風常自中出，當寒則煖，當暑則涼。又縣東八十里有黄土巖，相接者曰燕巖；西北七里曰聖棲巖，亦曰静棲巖：皆幽勝。志云：縣城西北有龍岡，山勢陡峻，城憑其上；城東北有金鐘岡，高曠，可俯瞰城内：皆守禦要地。

盱水，在縣南。自血木嶺北出，近城南有黄龍岡當其衝，曲折而東北出，流二百八十里至南豐縣，又曲折而北達於府城之東南，大小羣川皆流匯焉。學溪，在於縣城西南。自金嶂山發源，流至城北分爲二溪，一經城中，一繞城外，合流於縣西南佛流口而與盱水會。以縈繞邑學而名。志云：溪舊從城北灌城而西南出，正德九年備兵使者胡世寧始導流爲二。

修嶺鎮，在縣西南十里。俗謂之秀嶺。宋紹聖中置巡司，明因之。又縣東南四十里有白水鎮巡司，洪武二十九年置。縣東南百里有塘坊巡司，洪武三年置，正德四年革。

東坑寨。縣南五里。四周高山壁立，上平衍，宋、元居民避寇於此。又白水寨，亦在縣南，宋端平中置。近白水鎮，因名。又秩巴寨，在縣東北。宋建隆初置，宋末廢。縣南十五里有萬安寨，東三十里有花石寨，東北三十里有太平寨，北二十五里有宫石寨，二十里有木兜寨。又羊石寨，亦在縣北，四面壁立，下瞰深潭；其旁有滴水寨；皆避兵處。

瀘溪縣，府東北百六十里。北至廣信府貴溪縣百五十里，西至撫州府金溪縣百二十里。本南城縣地，宋元祐中置都巡寨，明朝爲瀘溪巡司，萬曆六年析置瀘溪縣。九年築城並浚城濠，縣門以外皆田也。城周不及三里。編户三十里。〔七〕

石筍山，在縣東南。高廣，上有巨石，尖鋭如筍，直插霄漢。舊志：山在府城東二百里。南一里有石馬山，西一里有魚山，北半里有古寨山，一里有平步登高諸山，〔八〕皆錯峙城垣間。

南華山，在縣東八里。縣東南十里曰蓮花山。

九龍峰，縣西南一里，支山九道，參差盤旋。又鵝峰，〔九〕在縣北八里。嘉靖三十一年流徒百餘聚此，官兵討平之。縣東北十五里有雙蝶峰，縣東十里爲逍遥樓峰，對峙者爲鼓樓峰，皆極高峻。又出雲峰，在縣西，壁立千仞，爲西境之望。又雙鵝峰，在縣西北，與金溪接界。

瀘溪，在縣東。發源福建崇安縣之黄石口。其水深黑，故名。西入金溪縣，下流合於汝水。又縣境有梘溪、龍溪、税溪、曲澗、椒澗諸水，皆匯於瀘溪。又南港在縣南，又有彭田港，皆自福建崇安縣界發源，流會於諸澤，而合於瀘溪。

彭郎寨。在縣南，接福建光澤縣界，相傳有彭三郎聚兵於此；相近又有嶺村寨；皆宋時故址。又有白玕公館，〔一〇〕距縣治八十一里，取道府城適中之地。

附見

建昌守禦千户所。〔二〕在府城内。明洪武初建，直隸都司。

撫州府，東北至饒州府四百二十里，南至建昌府一百四十里，西南至吉安府五百二十里，西至臨江府三百里，西北至南昌府二百四十里，自府治至布政司見上，至京師五千四百八十五里。

禹貢揚州地，春秋屬吴，戰國屬楚，秦屬九江郡，漢屬豫章郡，後漢因之。三國吴太平二年，分豫章東部置臨川郡，治臨汝，即今治。晉以後因之。蕭齊移郡治南城縣，梁復治臨汝。陳初嘗增置寧州，領臨川等郡，以授周敷。尋廢。隋平陳改置撫州，大業初又改爲臨川郡。唐復爲撫州，天寶初亦曰臨川郡，乾元初復故。五代時屬吴，朱梁開平三年淮南將周本敗危全諷，克撫州。龍德初楊吴升州爲昭武軍節度。後屬南唐。宋仍爲撫州，亦曰臨川郡。元爲撫州路。明初曰撫州府，宋龍鳳七年，元至正二十一年也，是年下撫州，明年改路爲府。今領縣六。

府介江、湖之表，襟閩、越之疆，其在南昌，則肘腋要地也。東南有事，郡亦必争之所矣。

臨川縣，附郭。漢南城縣地，後漢永元八年分南城北境置臨汝縣，三國吴爲臨川郡治，晉、宋因之。齊屬臨川郡，梁、陳仍爲郡治。隋改縣曰臨川，自是州郡皆治此。今編户六百二十五里。

臨川城，一名古城，在府治西津赤岡，即六朝時故郡城也。蕭梁末臨川民周續起兵據郡，既而周敷代之，亦據故郡。王琳遣軍攻周迪於工塘，屯於臨川故郡北，并以脅敷，爲敷等所敗。隋開皇中爲撫州治。志云：汝水東、臨水西有平陸，曰赤岡，即州治也。城中又有子城。或曰故郡城在今城西五里，唐寶應中太守王圓以其地勢卑下，非道路之會，自赤岡移治於連樊小溪之西陲，即今城西矣。中和三年刺史危全諷始於羊角山築子城，周圍二里二百二十三步。又包五峰而築羅城，長十五里二十六步，即今子城西凑羅城是也。子城周爲門三，東承春，稍西而南曰通教，直北曰望雲，闤闠輻輳，自昔稱三市。考劉宋荀伯子臨川記「郡有五峰、三市」，蓋亦仍舊制也。南唐昇元四年太守周弘祚闢羅城，建十三門，門各有樓，加長五里，濠深及丈者三，廣則六倍有奇。宋初因之。建炎初太守王仲山補築羅城。紹興中太守張浘重修，廢四門，存九門，并修子城，仍建三門。紹定三年以汀寇犯境，增修羅城。景定間郡守家坤翁復營築。既而子城漸廢，比沿羊角山四周繚土垣以衛公廨而已矣。元至元中羅城毁，至正中嘗葺西門城。二十一年歸明太祖。明年平章吴宏改築城壘，削去西南六里，僅存九里三十步，易爲四門。今自青雲峰迤西至於後湖、田平岡一帶，逶迤若遊龍者，皆舊城遺址也。宣德以後累經補葺，弘治中復議營築子城，未果。嘉靖至今亦屢繕治，延袤皆仍明初之制。

**定川城**，府北五十二里。蕭梁分臨汝西北境置定川縣，仍屬臨川郡。定川即臨水別名也。陳因之。天嘉五年周迪復出臨川爲寇，周敷自豫章進擊，至定川，迪誘殺之，即此。隋省入臨川縣。志云：城一名母城，在今之雷坊。○西豐城，在府西南五十里。三國吴析臨汝縣置西平縣，屬臨川郡。晉太康元年改曰西豐，宋因之，仍屬臨川郡。齊、梁仍舊，隋省。志云：府西四十五里有述陂城，今爲畊種場。未詳所始。

**工塘城**，府東南四十里。梁末周迪起兵臨川，據工塘，梁以迪爲臨川内史。既而陳霸先篡立，新吴洞主余孝頃附於王琳，説琳先定迪等，琳從之。孝頃帥軍軍於工塘之北，連八營以逼周迪，尋爲迪所敗。城蓋迪所築，今堙。

香楠山，在府治前。楠亦作「柟」。先時山多柟木，因名。撫州志：「城中有五峰，謂青雲嶺、逍遥嶺、鹽步嶺、蕭家嶺、天慶嶺也。青雲嶺在治南五里，爲五峰最高結頂處，謂之青雲第一峰。稍東北爲逍遥峰。鹽步嶺即香楠之東峰也，舊爲卸鹽場，因名。蕭家嶺亦作『桐林嶺』，俗又謂之古城嶺，在城南隅。天慶嶺在治東，爲第五峰。宋有天慶觀，因名。峰之南爲縣治。伏而西昂爲羊角山，府治位焉。左有石筍出土如羊角，因名。」○金石臺山，在府西十五里。有石峰如臺者五，列於赤岡之外，舊名五虎臺，以形如虎峙也。第一峰獨高，第五峰差小，舊與第四峰連屬，後流水衝齧分爲二。志云：色赭者曰金石臺，色白者在中流者曰玉石臺，諺謂之獅子石。又城北有獅臺，俯瞰大江，與五虎臺相望，俗名張家石。

靈谷山，府東南四十里。諸峰環抱如障，其陽屬金谿，其陰屬臨川。山多林壑，百物所鍾，府境之大山也。又界山，在府東南九十里。志云：山西連白楊、黄沙諸嶺，東盡潭山、梁安、石峽，南接建昌府南城縣界，因名。○繡毬山，在府南八十里。蜿蜒盤礴，北爲高田山，南爲洞原嶺，西跨宜黄縣界，以形似名。相近有樓撫山，亦高廣。

龍會山，府西四十里，雙峰聳立。其並峙而錯萼者曰萬歲嶺。宋隆祐太后經此，指問此山，輿人權以「萬歲」對，因名。○銅山，在府西四十六里。舊出銅，因名。唐天寶六載改爲峨峰山，或謂之銅陵。踰嶺而北，兩山開闊，諸峰環抱如城。又北二三里曰明水山，泉石奇勝。○筆架山，在府西北五十里。三峰卓立如架，與諸峰連亘環抱，俗謂之金鷄城。又免水山，在府西北六十里。相傳以洪水時獨免沈溺而名，唐天寶中改曰堯山。

樟原嶺，府西四十里。石路高峻，東通閩、浙，西達兩廣。元泰定間豐城人陸祥叔者，傭工鑿平險仄，遂成坦道。側有雙黃井。又石獅嶺，在府南八十里。孤石雄峙，如獅子蹲踞。嶺有路西通宜黃，東接金谿。路多崎嶇，成化中里人袁大用常購石甃砌，遂爲通衢。聞見録：「由府城至建昌有兩途，一由界山，一由徐嶺。」徐嶺蓋獅嶺之訛矣。○小門嶺，在府北六十里，與進賢縣接界。嶺南五里有金峰，亦高聳，形如金字，亦跨進賢縣境，爲往來通道。

白馬峽，府南八十里。上流受山麓八十一源，水並出峽間，兩山拱合，中闢如門，石壁谽谺，溪流洶湧，其間曾不容舫。又南五里曰良安峽，兩山峙立，如争雄長。盱水由建昌來，曲折二百里，至峽始入臨川境爲汝水。其間勢頗奇崛，亦名石門。

汝水，在府城東。其上源由建昌府北之盱水，西北流，曲折二百餘里至府南良安峽流入境爲汝水；又北受羣川水，歷府城東南，自千金陂至郡城東，抱城而北爲北津；又繞而西，受連樊水復西北數百里合臨水，並流西北出，入南昌府界，合豫章水入鄱陽湖。寰宇記：「汝水從石門以下沿流三百二十四里而入洪州界，其流合南江之處謂之江口。」陳初王琳將樊猛等與余孝頃攻周迪於工塘，周敷自臨川故城救之，斷江口，分兵攻余孝頃别城，拔之。或曰江口即臨水合汝水之口云。○臨水，在府西十里。源出崇仁縣臨川山，東北流合遠近諸山水而入臨川界，又東合羣川水至西津與汝水合。寰宇記：「臨水本名定水，唐天寶六載改今名。」

連樊水，府西五里。源出宜黃縣東北連樊山，流至郡城西，抱城而北，合於盱水。志云：連樊水出長岡，歷府南十五里仙靈山，又北合汝水。其水比諸水獨重，昔嘗取以充漏。荀伯子記：「連樊溪有甘渚，自連樊山流至吴家渡注汝水，凡四十里也。」又萝港水，在府南四十里。源出佛容山，或曰即府東四十里佛迹嶺也，西流注於汝水。○箭港水，在府北八十里。春夏水溢，舟由此出入章江，水淺則舟不能移，俗呼爲小河。志云：由小河至王家洲入三江口，過接陂可徑抵會城。此水漲時間道也。

千金陂，在府城東南。汝水受上流諸水至郡城南，西巖多阻石龘，流緩而江廣，渟瀦如湖，曰瑶湖。自瑶湖北至孔家渡，地平衍，土疏惡。唐天寶中决嚙旁岸，支港横溢，田疇盪廢。上元中守臣建華陂以遏支流。大曆中刺史顔真卿繼築，名土塍陂。貞元中刺史戴叔倫又築，名泠泉陂。咸通中李渤增築，名千金陂。軍倅柏虔冉記云：「陂横截汝水，南北百二十五丈。又鑿泠泉故基凡百七十餘丈，接汝江。江水小長，則壓陂之水丈餘而入於泠泉新渠，以通舟楫之利。起文昌橋北，沿流十餘里，灌注原田新舊共百頃有餘。自是爲利益廣，東西鄉田灌溉各數千頃。後漸廢。宋紹興中郡民王姓者復修之，嘉熙中太守趙師郡又修之，〔三〕淳祐中太守葉萝得又修之。宋季、元末，兵亂相尋，陂遂大決，支流日横。明朝弘治中嘗議修復，不果。嘉靖中旋議旋革。二十六年役始興，方成而隨決。議者謂故道之壅沙尚高，故大川之洪流愈激也。萬曆以來亦嘗議增修，未有成效。」志云：文昌橋在城東汝水旁，千金陂從東南趨城下，乃抱城而東，過文昌橋復遶城而北，又折而西也。○南塘，在府西南二里。亦曰南湖，延廣數百畝。城三面環河，惟西南爲山麓，瀦湖於此，受東南諸源之水，霖雨不溢，旱暵可瀦。宋天聖中郡守朱正辭表爲放生池，置斗門以均蓄洩。至元末居民堙塹殖利，遂爲汙萊。尋復修之，今又湮廢。

虎頭洲，府北三十里。東接龍步灣，西望宜黄水。志云：汝水舊自郡城西北合諸川水，由金玉臺出烏鴉石，折而北過虎頭洲，至高洲港受黨溪、樟原以西櫧山以南之水，至金谿城受金谿、東鄉西注之水，而西北略豫章入彭蠡，此經流故道也。自千金陂決壞，汝水北下孔家渡入進賢縣界，西南下黄塘橋白水渡入吉安府永豐縣界，而臨水則自烏鴉石流合汝水云。黄塘橋，在府城西北，即連樊水口也。○文昌堰，在府城東汝水之滸，唐、宋時堰水溉田。又清塘，在城北七十里。曾氏所居。環羣山而匯衆水，灌溉甚廣。

**航步鎮**，府西南五十里。洪武四年置税課局於此。又東館税課局，在府南六十里。元置，明朝因之，并置公館於此。今税課皆兼領於有司。

**孔家渡驛**，府東五里。宋曰朝京驛，置於文昌橋東，元改置於孔家渡西岸，今因之。又清遠驛，在府北六十里。宋置，後廢。元初復置，明朝因之。輿程記：「自驛而西北六十里即南昌府境之武陽驛也。」○清源驛，在府東北六十里，又東北接饒州府安仁縣界。輿程記：「清源驛北六十里即謝家埠，又四十里爲柘林，又三十里爲八字腦，又六十里即康山也。」今驛廢。

**石頭渡**。府東南二十里，東岸有蝦蟆石；又吴家渡，在府北二里：〔一三〕俱汝水所經。

**崇仁縣**，府西北二十里。北至南昌府豐城縣九十里，西南至樂安縣百三十里。本臨汝縣地，三國吴爲新建縣地，屬臨川郡。晉、宋、齊因之。梁爲巴山縣地，屬巴山郡。隋郡縣俱廢，改置崇仁縣於此，屬撫州。唐、宋因之。宋祥符間有城，周不及一里，後廢，蓋縣治瞰溪，難施板築也。今編户二百二十五里。

**新建廢縣**，在縣西九十五里。三國吴置新建縣，蓋治此。晉以後因之，梁并入巴山縣。志云：巴山城在今樂安縣境。又西寧廢縣，在縣南六十三里。梁大同二年置，與巴山縣並屬巴山郡。陳因之，隋廢。○大豐廢縣，在縣西北。梁置縣，屬巴山郡。陳因之，隋省入豐城縣。後復以其地隸新淦縣，今爲縣境。

羅山，縣西四十一里。舊志：跨撫、洪、吉三州之境，以晉道士羅文通學仙於此而名。絶頂有石仙寺。下有池，冬夏不竭。一名池山。半山有田數百畝，泉涓涓注其間。唐天寶六載改曰崇仁山，宋吴曾以爲縣之望山也。○天寶山，在縣東南三十里，峭拔森聳，爲郡界偉觀。縣東南三十五里曰招仙山，茂林修竹，幽巖曲澗，稱爲「仙窟」。東南四十里曰沸湖山，幽勝與招仙相匹。

巴山，縣南六十里。漢欒巴嘗爲豫章守，山因以名，梁復因山以名縣。唐天寶六載改曰臨川山，宋邑令孫懋又改曰相山，亦避巴諱也。臨水出於此。又芙蓉山，在縣南百里，以山形秀麗而名，西跨樂安縣界。志云：山在樂安東三十里，鼇溪之源出焉。○玉華山，在縣南十五里。輿地紀勝：「縣南三十里有玉田，爲梁蕭子雲種玉處。」或曰即玉華山也。又盤龍山，在縣南二十五里，地勢盤迴，脉接華蓋山。

華蓋山，縣南百二十里。形如華蓋，又號「江南絶頂」，巖洞殊勝。志云：山有布水谷，元吴澄嘗隱於此。又寶唐山，在縣西南百三十里，跨樂安縣境，寶唐水出焉。宋何異云：「寶唐山高入雲際，回環峭岕，中多良田。」○紅旗嶺，在縣東三十五里，峰上有三疊如旗。又縣北二十五里有卓旗峰，峭拔如卓旗也。志云：縣南十五里有浮石巖，其中三巖鼎立，中貫一溪，舊稱名勝。又南五里曰龜鳳巖，兩旁石勢狀如龜鳳，中通一徑，可攀而上。險絶處有石室如斗。今名广石。

臨水，在縣治南。一名巴水。志云：臨水出巴山，東北流三十里至嚴陀合寶唐水，寶唐水遂兼臨水之名。寶唐水之源，一云出樂安縣境大盤山，東北流，受蛟湖等七派之水，入縣境合臨水；一云出寶唐山也。臨水合寶唐水東行四十里，至官洲合西寧水，過縣治至左港合羅山水，至神前渡復合支流諸水，又東至白鷺渡入臨川縣境。何異記略云：「寶唐水自層巖峭峽奔湍而下，過寶唐源溪始安流迤邐而東，凡百二十餘里。合支流遠近者五，曰芙蓉，曰巴源，曰杯山，曰羅山。而一山之水，支派再三，見者不數焉。回旋於縣治前而溪益平且闊，下流至於嚴陀會巴水，流百二十餘里，則灘險復與上流等，邑治實寶唐氣脉之中齊也。」

西寧水，縣西五里。源出華蓋山，下流入寶唐水。又羅山水，在縣西。出羅山下，有二：一經縣治西羅陂合寶唐水；一出縣東南五里東塔山下之龍潭，亦合寶唐水。

黄洲橋。在縣治東南。宋嘉祐中建浮梁，名正政橋，後易曰巨濟。淳祐中改創石橋，計九墩，長數十丈。咸淳間文天祥改名曰黄洲橋。自元及明朝屢經葺治，爲郡西往來之通道。

金谿縣，府東南百十里。東北至廣信府貴溪縣百五十里，南至建昌府百十里。本唐臨川縣之上幕鎮，以山岡出銀礦，曾置監於此。周顯德二年南唐析臨川近鎮一鄉及餘干縣白馬鄉立金谿場，復設爐以烹銀礦。宋淳化五年又割臨川四鄉及安仁三鄉地升場爲縣，屬撫州。圖經：「舊有城，周二里，明初猶存土垣。嘉靖二十九年縣令林應麒壘以堅甓，周僅一里。」今編户一百八十三里。

洛城，縣西四十里。梁末周迪起兵臨川時所築也。又有上城、下城，在縣東南七十里，相傳亦迪所築。○珊城，在縣西南四十里。志云：南唐後主李煜時所築。

雲林山，縣東四十里。崒嵂數百仞，界撫、信、建昌三郡間，爲縣之巨鎮。上有三十六峰，其最高者曰上雲峰。宋建炎中里人鄧雩、傅安於山下團結鄉社，賊犯境輒破走之，爲郡保障。志云：山峻峭干雲，故曰雲林。脊有三十六尖。山之東五里爲白雲山，高竦如馬之昂首，亦曰玉馬峰。又東五里曰巖山，上有琵琶、三老二峰。一名大山，以形勢高大而巖壁峻絶也。與貴溪縣仙巖、龍虎諸峰皆參差相接。

金窟山，縣東五里。相傳前代採金處。縣東二里又有銀山，唐時出銀礦，宋初廢；又西里許爲白馬塢，蓋南唐李煜時採銀場也；皆與金窟山岡脉相接。又翠雲山，在縣南四里。岡巒環合，林木葱蒨，一名翠雲門。志云：縣東五里有上幕嶺，東南五里有仙山，南三里有卓筆峰，山脉自上幕而南如帷幕旋繞，而翠雲山尤爲傑出。

銅斗山，縣西南二十五里。巖壁高峻。曾鞏記：「山能出風雨，弭災害，爲一郡七邑之望。」其西南對峙者曰芙蓉山。山旁一峰，望之如城，上有池泉。又官山，在縣南三十五里。上有四峰如削，下瞰清江，望之如屏障。又南十五里有韓婆山，亦宋建炎間鄧雩、傅安聚兵保障處。○張祉山，在縣東北六十里，接安仁縣界。又縣西北五十里有疏山，濱於汝涯，梁周迪起兵處。唐大中初有何仙舟者隱此，名曰書山，南唐改名疏山。

崇峰嶺，縣西三十里。相接者曰百歲峰，山頂高峻，登眺甚遠，一名望仙嶺。志云：黄蜂泉出百歲峰，寬不盈畝，而泉脉星燦，多於蜂房，歲旱可灌千畝。又有白豻嶺，一峰聳秀，與崇嶺相接。志云：縣南十五里有梅峰，接南城縣界。又柏岡，亦在縣西三十里。岡勢蜿蜒回伏，矯如遊龍，百歲、崇嶺諸峰森列其前，雲林、寶應諸山橫亘其左，稱爲絶勝。又柘岡，在縣西六十里。岡西有巖，穹曠可坐數百人。〇龍角巖，在縣東北。山巔兩石對峙如龍角，中通一徑，深入石室，高明寬廣，可坐百人。

福水，縣南十里。源出南城縣界，經梅峰北至鼓樓岡折而西，至臨川界會百門港水。又清江水，在縣南四十里，亦出南城縣界。其水清澈，宜漚楮，故土人造紙以清江著名。西北流會福水入汝水。〇金谿水，在縣治北。源出上幕嶺東，水色如金。志云：縣北又有齊岡水，源出金窟諸山，流經縣西五十里。縣北四十五里又有苦竹水，亦西南流會金谿諸水，南注於清江，爲汝水之上流。

三港水，縣東五十里。源出厓山，歷白蓮港至黎盆渡與青田港水合。又青田港，在縣東二十五里。源出雲林山，經縣東北三十里有仙巖港自貴溪流合焉，又北入東鄉縣界。

石門驛。縣西五十里。輿程記：「在府南六十里，又六十里而至建昌郡治。」通志云：「在縣東。」似悮。

宜黄縣，府西南百二十里。東至建昌府百五十里，南至贛州府寧都縣二百五十里。漢臨汝縣地，三國吴析置宜黄縣，屬臨川郡，晉、宋以後因之，隋并入崇仁縣。唐武德五年復置宜黄縣，八年省。宋初南唐置宜黄場，開寶三年升爲縣，屬撫州。圖經：「祥符中縣城周二里有奇，嘉定十七年增築，紹定三年毁於寇。縣治西南北倚山，東逼溪水，難建城垣。」今無城。編户六十八里。

宜黄故城，在縣治東。志云：縣本黄墳鎮，水東有百花洲，宋初置城，今猶謂之舊縣城。

鳳凰山，在縣治北隅，平地崛起，高百十仞，陡絶難攀。下有獅子石。志云：山舊名鷄籠山，一名鳳臺山。今縣治亦名鳳凰城，以山名也。又卓望山，在縣東三里。舊志云：山高二百丈，周圍十里許。○玉華山，在縣南十五里，亦曰石麓山，三面壁立，惟南一徑可通。上有田可二頃，又有泉，昔人嘗立寨於此。其南五里爲石梁，突起數十丈，横跨兩巖下，平廣可容數十人，謂之「石砮」。

黄山，縣南四十里。其山四面黄茅無際，上有雷公嶺，下有龍潭，導流爲九曲溪，入黄水。志云：黄山，縣之鎮山也。又女王城山，在縣東南二十里，諸峰連抱如城。縣東南百里曰軍山，接南豐縣界，盤迴峭拔，宜水出焉。○曹山，在縣北三十里。本名荷玉山，巔有羅漢峰，下有三潮泉，唐咸通中改今名。

黄土嶺，縣南九十五里，又南接寧都縣界。黄水源出於此。又雲蓋嶺，在縣東北五十里。嶺高聳，常有雲氣盤繞。志云：縣東南百二十里有箬嶺。上多箬竹，宜爲箭。漳水之源出焉，東北流合於宜水。又九峰，在縣東四十餘里，以羣峰連絡而名。

宜黄水，在縣治東北。宜、黄，二水名也。宜水發源軍山，北流四十里與漳水合，又經三十二灘磯，至縣南繞東趨北，至丁家洲，凡百里而與黄水合。黄水源出黄土嶺，經四十四灘磯，凡百餘里至城西，遶北趨東，至教場前與宜水合，又東北流與曹水合。曹水源出崇仁縣境之雙坑，流四十里合宜黄水，又東北入臨川縣界，至府城西南十餘里之龔家渡合臨水而注於汝水。

止馬鎮。縣南百里，有巡司。志云：縣又有上勝巡司，今革。

樂安縣，府西南二百四十里。西至吉安府永豐縣百二十里，北至南昌府豐城縣百六十里，西北至臨江府新淦縣百五十里。本宋崇仁縣及永豐縣地，地名僉墟。紹興十九年議者以崇仁疆土闊遠，山嶺重複，盜賊出没不時，乃析置樂安縣，屬撫州，以樂安鄉爲名。圖經：「宋祥符中有城，周八里有奇，後廢。明朝嘉靖四十一年築，周三里有奇。」編户二百三十二里。

巴山廢縣，縣西南三十里。梁置巴山縣，并置巴山郡治焉。敬帝末詔分江州臨川、安成、豫寧、巴山四郡置高州，以黄法𣰋爲刺史，鎮巴山。志云：以其地在南江之西，負山面水，據高臨深，故曰高州。陳州廢，隋郡縣俱廢入崇仁縣。宋白曰：「故巴山郡城在崇仁縣巴山之北。」似未可據。

興平廢縣，在縣西。三國吴置縣，屬廬陵郡。晉、宋因之。梁改屬巴山郡，隋廢入永豐縣。宋志：「興平舊縣在永豐縣南五十里。」吉安志云：「在吉水縣東百七十里。」今爲縣境。又安浦廢縣，在縣西南六十里。三國吴置縣，屬臨川郡。晉以後因之，隋廢入崇仁縣。〇神蓮城，在縣東八十里，唐末築以禦寇。志云：時有羅僕射者領兵逐寇，置城於此，今遺址尚存。一名銅壺寨。

鼇頭山，在縣治前。山有兩峰，一峰特秀。山麓皆石骨。下瞰溪流，如靈鼇赴海。山半又有泉，甚甘冽。又象眠山，在縣治東，勢如象眠，縣之主山也。治西又有仕山，亦聳秀，與象眠相匹。又西一里曰青錢山。下枕龍岡，勢如疊錢，故名。〇金華山，在縣西北三十里。形似覆瓢。或以其類婺女金華而名。

大盤山，縣西北八十里，跨新淦、永豐二縣界。有十二峰，環州如盤。志以爲寶唐水出此。又杯山，在縣北三十里。形如覆杯，接南昌、臨江二郡界。有杯山水流入崇仁縣界合寶唐水。志云：杯山之北爲界嶺，其北麓即豐城縣界也。相近者曰豐材山，本名麻山，唐天寶六載改今名。山高秀，冠於羣山。○鹿角山，在縣南二十五里。羣峰高聳。參差並峙，形如鹿角。

大木嶺，縣南八十五里。其南麓即永豐縣界也。又寶嶺，在縣南四十五里。高數十里，延袤二里。又石橋，在縣西四十里。石巖穹窿，望之如梁。其下空洞軒豁，爲縣境之勝。

鼇溪，在縣治南。源出縣東三十里芙蓉山，西流三十里至縣，經鼇頭山北因名鼇溪，又西流經永豐縣界合於贛水。又石陂水，在縣西北七十里。源出大盤山，東北流合寶唐水。下有大巖，春夏水泛，涯涘不辨，秋冬水落，石門谺然。其中軒豁，可容大廈。亦謂之大溪源水。

大溪，在縣南。源出崇仁縣華蓋山，西流至烏水，流入永豐縣界。又遠溪水，在縣南八十里。源出曹溪烏麻洞，分三派合於烏水，亦入永豐界，下流注於贛江。

龍義鎮。在縣北添授鄉。有巡司，明初置。又南平巡司，在縣西二十二都，宣德十年置縣南雲蓋鄉。又望仙巡司，亦明初置。嘉靖十一年以縣北二十里大嶺洞草寇陳文一等作亂，設屯堡一所，後事寧，移望仙巡司戍守。志云：其地今在大湖坪湖塘嶺上。又横山巡司，志云：在縣北二十五都，正德七年析置。○苦竹市，或云在縣西北。有苦竹水經此，西入新淦縣界。

東鄉縣，府東七十里。北至饒州府餘干縣百二十里，東至饒州府安仁縣九十里，南至金谿縣九十里，西北至南昌府進賢縣百四十里。本臨川、金谿及進賢、餘干、安仁諸縣之遠鄙，明朝正德七年平東鄉盜，明年析置今縣。築城環濠，尋甃城以磚石。十三年大水城壞，嘉靖二十二年增修，周不及四里。編户百二十里。

七寶山，縣東十餘里。舊嘗產銀鉛，因名。又東接積烟山，山半有龍池瀑布，山之南麓即安仁縣界也。又羅首山，在縣東北二十里，亦接安仁縣境。邑志云：羅首，縣之鎮山也。

庚嶺，縣南三里。一名長林嶺，俯臨通衢。又南數里曰金峰，亦高聳。志云：縣治在庚嶺北大夫岡之左，三港之口是也。○吴嶺，在縣東南。相傳吴芮曾經此。上有洗馬池。又帝聖峰，在縣東北三十五里，北麓即餘干縣界。又桃花峰，在縣西十里，志以爲境内之望。

三港水，在縣治東南。自金谿縣北流入縣界。其上源合白蓮、青田二港，因名。繞縣東，又東北入安仁縣境會錦江而達餘干縣之龍窟河。志云：縣境有潤溪，又有清溪，俱流入三港水。

白玗鎮。縣東四十五里。有巡司，爲路出安仁之中道。舊有安東公館，今廢。又古熫巡司，在縣西北十里；横山巡司，在縣東北十五里；明初俱屬臨川縣，正德中設縣後，二巡司俱革。○平塘鎮，在縣西三十里，元置税課局於此。明初鄧愈駐兵於臨川之平塘，襲撫州克之。後亦爲平塘税課局，正德五年廢。今爲平塘舖。聞見録：「縣東南有賽陽關，路通金谿及貴溪、安仁縣。」

附見

守禦撫州千户所。在府治東南。洪武初置衛，尋改爲所。

# 校勘記

〔一〕明初改肇昌府　「肇昌府」，明志卷四三作「肇慶府」。

〔二〕盱江　鄒本作「盱江」，與底本異。漢志卷二八上豫章郡南城下云：「盱水西北至南昌入湖漢。」師古曰：「盱音香于反。」寰宇記卷一一〇、輿地紀勝卷三五、文獻通考卷三一八均作「盱水」，與漢志同。元豐九域志卷六、明志卷四三、清史稿卷六六又作「盱水」，與底本同。當以鄒本及漢志等所作「盱水」爲是。

〔三〕曾潭鎮　「曾」，底本原作「日」，今據職本改。明志卷四三南城縣下有曾潭巡司，可證。

〔四〕府北有築安峽接臨川縣界地險隘　底本原脱「接」字，今據職本補。又「築安峽」，職本作「梁安峽」。又「地險隘」之下職本有「爲郡之水口」五字，各本均脱。

〔五〕隸建昌萬户府　「建」，底本原作「是」，今據職本、鄒本改。

〔六〕安上里　「里」，底本原作「軍」，今據職本、鄒本改。

〔七〕編户三十里　底本原無編户里數，今據職本補。

〔八〕一里有平步登高諸山　底本原作「上一里有平步登褚山」，據職本改。

〔九〕又鵝峰　底本原作「又鸞峰」，據職本改。

〔一〇〕又有白玕公館　「白玕」，底本原作「汙」，今據職本改。本書同卷東鄉縣下有白玕鎮，可證。

〔一一〕建昌守禦千户所　底本原作「守禦昌平千户所」，據職本改。

〔一二〕嘉熙中太守趙師都又修之　「嘉熙」，底本原作「嘉靖」，今據職本改。又「都」，鄒本作「都」。

〔一三〕在府北二里　「在」，底本原作「自」，今據職本、鄒本改。

# 讀史方輿紀要卷八十七

## 江西五

吉安府，東北至撫州府五百二十里，南至贛州府陸路四百二十里，水路曲折七百里，西至湖廣衡州府八百七十里，西南至湖廣郴州七百五十里，西北至袁州府二百四十里，北至臨江府二百八十里，自府治至布政司五百九十里，至京師五千五百五十七里。

禹貢荆、揚二州之界，春秋屬吳，戰國屬楚。秦屬九江、長沙二郡，漢屬豫章郡及長沙國。後漢因之。建安四年孫策始分豫章立廬陵郡，三國吳寶鼎二年又分置安成郡。分豫章、廬陵二郡地置，治平都。晉因之。晉廬陵郡屬揚州，安成郡屬荆州，元康初俱屬江州。宋仍爲廬陵、安成二郡，齊、梁因之。隋平陳郡廢，改置吉州，治廬陵縣。大業初復曰廬陵郡。唐復曰吉州，天寶初曰廬陵郡，乾元初復故。五代時因之。宋仍曰吉州。亦曰廬陵郡。元至元十四年升吉州路，元貞初改吉安路。明朝洪武元年改曰吉安府。今領縣九。

府襟帶嶺粤，脣齒荆楚，據贛江之上游，爲南北之要會，地廣物繁，屹爲雄郡。正德中王守仁以吉安起義，遂平宸濠。蓋内出贛石之隘險，外通南昌之聲勢，於地利爲得也。

廬陵縣，附郭。漢縣，屬豫章郡。後漢末孫策於縣置廬陵郡，晉移郡治石陽，縣屬焉。宋以後因之。隋改置吉州，還治廬陵，自是州郡皆治此。今編户六百有三里。

廬陵城，志云：漢故縣在泰和縣北三十里，後爲郡治，晉縣廢。咸康末太守孔倫築郡城，即今治北六十里石陽故城也。石陽，後漢置，屬豫章郡，孫吴屬廬陵郡，晉爲郡治，以廬陵縣并入焉。宋、齊皆因之。隋改置吉州，又改石陽縣爲廬陵縣。唐初仍舊。永淳初州人劉智以郡城逼贛水，東通大山，土地湫隘，請徙今治。天祐中始築城，周二十里有奇。宋開寶中重加繕治，紹興三年增壘濬濠，淳熙十一年復因舊修葺，有九門。元至正十二年重修，裁損故城，周十三里許。二十四年城屬於明，更築新城，截東北一隅，比於舊損三之一，東臨贛水，三面鑿濠。又有子城，在城内西南隅，周僅二里。明朝成化中增修大城，萬曆中復修築子城。舊有門三，外城門五。今城周九里有奇。

高昌廢縣，府西五十里。本廬陵縣地，三國吴分置高昌縣，屬廬陵郡。晉初以廬陵縣地省入石陽、高昌二縣。宋仍屬廬陵郡，齊、梁因之，隋省。又東昌廢縣，在府南。亦廬陵縣地，三國吴置縣，屬廬陵郡。晉、宋以後因之，隋省入西昌縣。唐武德五年復置，屬南平州，八年州廢，縣并入泰和縣。舊志：東昌城在泰和縣東北八十里。今爲永和鎮，鎮蓋在府南十五里。又蹠口城，舊志：在府北七十里。似悮。今詳見南昌府。

大皐城，府南二十里，臨贛水，即梁末李遷仕據此以拒陳霸先處。陳書：「高州刺史李遷仕據大皐口，遣使召高梁太守馮寶，寶妻洗氏策其必反。既而遷仕果反，遣軍主杜平虜將兵入贛石，城魚梁以逼南康。霸先使周文育擊之，洗氏曰：『平虜驍將也，今入贛石，與官軍相拒，勢未得還，遷仕在栅，無能爲也。』請往襲之，寶從之。遷仕大敗，走保寧都。」蓋是時遷仕與馮寶等皆帥兵援臺城，在南康之北，故得以拒霸先也。俗本「遷仕在栅」，訛栅爲州耳。寰宇記：「大皐城在泰和縣北八十里。」泰和縣志：「泰和北三十里抵廬陵縣界，又北三十里有大皐渡，城蓋以大皐渡名。」

螺山，府北十里。南臨贛江，宛委如螺，與城南神岡相拱揖，如主賓然。俗呼螺子山。志云：神岡山在城南十里，高三百尺，回環數千步，與螺子對峙，贛江流其下，蒼翠相映。○瑞華山，在府北五里，俯瞰大江。相接者曰真君山，峰巒巀嶪，俯瞰城郭，周圍十里。上祀許旌陽，因名。山後有畫眉嶺，勢平衍，長四五里，可以屯兵。又西南爲雲騰嶺，盤折而南，狀若龍頭，屏障長岡之外。志云：嶺在府西北三里。又仁山，在府西二里。梁天監五年高昌仁山獲銅劍二，蓋梁時此爲高昌縣地也。縣西六里又有天華山，一名鳳山，亦高秀，爲郡治主山。

青原山，府東南十五里。山勢根盤，外望蔽虧，旁有一徑，縈澗而入，中有駱駝峰、鷓鴣嶺，勢甚喬聳。其東曰方山。又鄰城山，在府城南四十里。高七十丈，周圍百里，接永豐、吉水縣界，亦號三縣山。中一峰尤奇秀，俗稱文筆峰，胡氏世居其下。宋建炎三年金兵至廬陵，胡銓自鄰城團結丁壯，入城固守，既而事定，復還鄰城，即此。鄰亦作「香」。○東門山，在府東南百里。宋景定中鄒鳳集衆保此，樹栅架梁，以拒蒙古，鄉人依以免患。

龍須山，府西四十里。峰巒崒嵂，絶頂有泉。志云：府西南五十餘里有武華山，一名鵶髻山，雙峰峻絶，高入雲漢。其西則羣峰森列，環遶如城。前有香爐峰，頂平曠，可容千人。山徑蹊仄險阨，宋、元間鄉人嘗保此，曰楓子寨。近時民多避難其中，爲賊所襲，死者甚衆。又玉城山，在府西七十里。山峻極而上平坦，泉石甚勝，亦宋、元時鄉人避亂處。

方石嶺，府南百里。層巒疊嶂，石崖峭聳。宋景炎二年文天祥自永豐引軍還興國，蒙古將李恒追之，及於方石嶺，天祥敗績。嶺之南有統制石，相傳天祥統制鞏信亦自永豐潰還，至此爲李恒所追及，信短兵接戰，力不及死之，石因以名。又廖岡嶺，在府西南六十里，盤旋迴合，一名曲山。唐會昌中有廖仙姑者隱此，亦名廖仙岡。○金竹峰，在府北六十里。高約三百丈，周三十七里。兩峰相峙如竹，因名。其西一山高二百丈，周十五里，頂有巨石如筍，名石筍峰。又西爲斗門峰，周二十餘里。志云：府東南百二十里有文筆峰，文天祥居其下，因自號曰文山。

赤石洞，在府西南。志云：吉州有赤石洞，唐末彭氏據爲巢穴。朱梁開平四年時吉州已爲淮南所有，水軍使敖駢圍前吉州刺史彭玕之弟瑊於此。楚軍救瑊，虜駢以歸。○虎口石，志云：在府北百三十里。石臨贛水，高三丈，上一穴狀如虎口。梁侯景之亂，交州刺史陳霸先將兵三萬越海赴難，景將立栅邀之，霸先以舟排栅而潛軍出其不意，敗之，即此。

贛江，在府城東。自贛州府北流經萬安縣，折而東六十里，逾泰和縣東北流，八十里入臨川縣界，達郡城東，又四十里經吉水縣界爲吉水，又東北入臨江府之峽江縣而爲清江。志云：城東江中有白鷺洲，長五六里，雖甚漲而洲不没。〔二〕

神岡山水，在府城西南。源有二：一出袁州府萍鄉縣界瀘瀟山，百八十里至安福縣，東北流八十里與永新水合；一自永寧縣禁山鵝嶺。二水通永新江，其間有永新縣之抱陂等水、泰和之灘水等水、安福之瀘水諸水，皆匯流而合大江。○永新水，在府南。源出永新縣界，流入境，至韋家渡，安福水自安福縣流入焉，即瀘水也，又東流四十里，至府南十五里大皐渡而入贛江。

習溪水，在府城南。源出吉塘渡，由焦岡嶺東合衆流至城南，貫串城市，名長滂水，東北入大江，此爲繞城南之水。焦岡嶺，在府西南數里，一名天華山。又螺湖水，在城東北。自府西五里岡冷水坑發源，曲折流徑雲騰嶺下，與沸泉合流，北折而東有螺湖水流入焉，注於大江，此遶城西之水也。○横石水，在府西北。有二源，一出吉水縣界，一出府北之大灣，流合清湖諸水，合流至三江口横入大江。又府西六十里有井岡水，自安福縣界流入，經洋江口入大江。府西七十里又有安塘水，東流數十里，曲折入三江口以達大江。又明德水，在縣南。自永豐縣界流入境，有王江等水流合焉，注於大江。

井岡鎮，府西六十里。有巡司，元至正中置，明朝因之。又敖城巡司，在府西八十里。相傳孫叔敖故居，悮也。路出永新縣，舊設巡司，近時賊從湖南犯境，道出此。又富田巡司，在府南八十里。舊有富田寨，在今府西。宋紹興九年移寨於此，尋改巡司。志云：府境自方石嶺而南，崇山峻嶺，連亘百里，向爲閩人團聚，往往恃險負嵎，富田其控制處也。

走馬塍寨，在府南方山之麓。宋隆興二年以境内多盜，奏置今寨，尋升爲巡司，後廢。又府南九十里有黄茅峽隘，界接永新縣，險僻多盜，宋置把截所於此。○九里嶺隘，在府西七十里。山長九里，因名。其地平曠，近時常爲營壘處。又斗塘阸，在縣北九十里。地界安福、吉水，兼通袁州府及新喻縣，置阸於此，以扼姦民轉徙。又銀塘嶺隘，在府北百二十里。四山峭拔，路通一線，與袁州府分宜縣接界。崇禎七年流寇犯境，官軍置營於此以禦之。

**螺川驛**。府城南三里贛江濱，螺川遞運所亦置於此。志云：府西六里舊有桐山驛，南五十里有縣潭驛，今皆廢。○永和鎮，在府南十五里。即廢東昌縣，爲商民輻輳處。有上中下三市，元置郡税司於此。明初爲税課局，正德間革。後仍設税官而無定署。

**泰和縣**，府南八十里。東南至贛州府興國縣一百五十二里，西至龍泉縣百八十里。漢廬陵縣地，三國吴析置西昌縣，屬廬陵郡，晉、宋以後因之。隋屬吉州，開皇十一年改曰泰和縣。唐武德五年置南平州治焉，八年州廢，仍屬吉州，曰太和縣。宋因之。元元貞初升爲太和州，明初復曰泰和縣。編户二百六十里。

**西昌城**，縣西三里。孫吴時縣治此，晉、宋因之。梁大寶三年陳霸先討侯景，自南康進屯西昌是也。隋曰泰和縣。一云初改安豐，後改今名，并移今治。郡、縣志俱云：唐乾元三年縣始移今所。城周五里。宋太平興國三年重修，元大德三年復修築。明朝洪武初因舊城營葺，後廢。正德六年重築，又築土城於西北郭外，尋復傾圮。十五年甃砌完固，嘉靖以後相繼營治。今城周四里。

**白石城**，縣南五里，隔江。梁大寶初陳霸先自嶺南引軍討侯景，高州刺史李遷仕拒霸先，霸先遣其將杜僧明等築城白石拒之，遷仕亦築城相對，既而僧明生擒遷仕。今兩城舊基尚存，東謂之石城，西謂之高城。志云：白石城又謂之白下。今城東門外有白下驛，自隋、唐至今不改。又東昌城，舊志：在縣東北八十里。今見廬陵縣。○府山城，在縣南四十里。圖經云：「陳置縣，隋廢。」

武山，縣西三十里。一名新山，周迴六十里。旁出一峰最高，曰武婆岡，相傳有武母修真於此。其餘巖洞泉石，類皆奇勝。又金華山，在縣西十五里。自武山發脉，蜿蜒高聳。○傅擔山，〔二〕在縣西北三十里，極高峻，路甚阨仄，攀援轉置而後可度。〔三〕其西南又有石笋峰，尤峻拔。又有九龍潭及玉溪泉，泉凡四十八竅，至巖前復合爲一。亦名六八泉。縣西五十里又有潮山，峰巒巖洞，名勝不一。又高湖山，在縣西六十里，峻絶奇秀。聳頂有盤石，其平如砥，非緣石捫蘿不可到。

王山，縣東八十里。峻拔奇秀，旁一峰尤尖聳，周迴百餘里。舊名義山，晉永嘉中有王子瑶者得仙於此，因改今名。唐貞觀初匡智者亦修煉山中，復名匡山。又三顧山，在縣南五十里，正當縣治。三峰卓立，屹然相顧。下有洗馬池，相傳爲郭子儀遺跡。其相近者曰雙鳳山，兩峰相連，秀拔如鳳。○蟠龍山，在縣北三十三里。〔四〕山勢宛轉，如龍盤然。又禾山，在縣西北五十里。山勢高峻，徑路險阨，過者必攀援而後得達。

閬川嶺，縣南八十里。兩旁列峰十一，廣袤三十餘里。又蕉坑嶺，在縣南五十里。自三顧山發脉，周迴七里。又城頭嶺，在縣西四十里。上有獅子寨，下有蛟潭。又十龍巖，在縣南四十里。空洞可容百餘人，中有十龍井。又清水巖，在縣西北五十里。廣容數百人，有泉自巖麓注入石穴。○天柱岡，在縣南二十里。屹若天柱，正當縣治。又縣西十里有牛吼石。贛江自黃公灘來皆平坦，經此石則險悍，聲如羣牛之吼，因名。

贛江，在縣城南。自萬安縣稍折而東，又北流凡六十里，逾縣境東北流，八十里入廬陵縣界而至府城南。輿程記：「自府治南泝流百二十里至陶金驛，又百六十里而至浩溪驛，皆縣境之江道也。水流澄澈，故縣有澄江之名。江中有洲曰龍洲，在縣治南。縣東二里又有金魚洲，狀若遊魚。」

雲亭江，在縣南。一名繪水。源出贛州府興國縣界，自梁口西北流百里，至縣境珠林口入於贛江。又仙槎江，在縣東南。自興國縣界小窑嶺，亦西北流合大蓬江、仁善江等水而入贛江。又牛吼江，在縣西南。亦曰牛吼水。出永新縣拔鐵山，東北流合清江、蜀水、禾溪水、上横江水，俱由縣境入於贛江。

禾水，縣西五十里。源出禾山，亦名旱禾江，縈流合永新江，又合安福江，至廬陵縣界合神岡山水。又蜀水，在縣東。與禾水合，水勢湍急，奔瀉如蜀江三峽，因名。○秀溪在縣城西，又西里許曰文溪，相對者曰武溪，下流俱注於贛江。

旱禾鎮，縣西五十里。亦曰旱禾市。有巡司，元至正中置，明朝洪武十四年革，十五年復故。又花石潭巡司，在縣東南四十里。○白羊坳阨，在縣東南，與興國縣接界。山箐蓊蔚，迂逕羊腸，爲閩、廣盜賊出没之衝。嘉靖四十年廣寇直抵縣之上模、冠朝諸處，官兵與戰敗績。萬曆十六年於白羊坳之三丫左右創兩堡，設官兵戍守。

浩溪驛。縣西南四十里；又陶金驛，在縣東北四十里；皆濱江水驛也。又縣城東舊有白下驛，今廢。

吉水縣，府北四十里。北至臨江府峽江縣百八十里，東南至永豐縣九十里，西南至安福縣百三十里。漢廬陵縣地，三國吴析置吉陽縣，仍屬廬陵郡。晉、宋以後因之。隋省入廬陵縣，唐因之。宋雍熙元年析置吉水縣，屬吉州。元元貞初升爲吉水州，明初復爲縣。編户四百三十二里。

吉陽故城，縣東北百二十里。孫吴置縣治此，以在吉水之陽而名。隋省。宋白曰：「隋開皇十年省縣入廬陵，大業中分廬陵水東十一鄉爲吉水縣，唐初仍廢。南唐時爲吉水場，保大八年升爲縣。」胡氏曰：「宋白悞也。縣蓋宋置，於今治築城，周四里。」後廢。明朝正德六年始築城，甃以磚石，尋圮於淫潦。修復未幾，贛水漲溢復毁。十六年重築，包以磚石，完固逾舊。後屢經修繕。今城周六里有奇。志云：縣東北二十里有石陽廢縣。今見廬陵故城。

東山，縣東二十里。綿亘二百餘里。劉智請移郡，謂東通大山，即此。上有田可畊，茶藥可採。山之陽有瀑布懸流凡數百丈。其相近有中華山，一峰秀出，如懸鐘然。○鳳山，在縣東五里。山半有鳳凰巖，瀑布自巖而下，達於文江。又甘露山，在縣東二里。舊名虎丘山，宋紹興初甘露降其上，因名。

西山，縣西南八十里。重岡疊巘，若屏障然。其一峰尖秀，曰望火樓。下有溪東流，爲郎溪。志云：縣南八十里有穹嶺，與西山對峙，亦曰東山。羣山連亘，獨此嶺拔出，如卓筆然。又方山，在縣南百十里，廣袤數十里。山勢迴複，中寬平，有斜徑穿山腰而入。○南山，在縣北六十里。山甚高秀，下有深谷。郡志：縣東二百七十里有東固山，周四百餘里，嵬然高聳，爲縣之東鎮。

王嶺，縣北九十里。絶頂石壁高數十丈，下有小巖高五六尺，相傳五季時彭玕作亂，嘗置寨於此。其旁小山曰張欽寨。欽，楊吴將也。寨即與彭玕對壘處。又有相公坪，與寨相近。彭玕作亂，置保寨於上，可容數萬人，倉庫之迹猶存。又范蕭嶺，在王嶺側。數峰矗立，澗水旁流，以范、蕭二仙名。○白富嶺，在縣北九十里。有泉自嶺出，懸流不竭。旁有巨石，高數十丈。志云：縣東二里有鹽倉嶺，嶺上寬平。南唐時運鹽貯嶺上以給民，後廢。

午岡峰，縣西五十里。一名斗峰。五岡連延，一峰獨高。又三凹峰，在縣西北七十里。上凹山石壁立，石常有光，俗名石鏡。中凹爲南北往來通衢。下凹稍高，臨赤石潭，下有黄雲岡。○黎洞，在縣東五里黎王寨下。洞中皆良田，溪水最清。又神洞，在縣南五里。一徑如線，依山俯澗，略可容足，不百步即寬平。中有田百畝，甚肥沃。兩山含翠，峰高入雲。又有鷓鴣洞，在縣西北五十里。四面環山，中分南洞、西洞，有田數百畝。南唐時盜吴申先據此，今其地猶有馬家營田、鼓樓洲。

吉文水，縣東北十里。志云：十八灘水自泰和而下經府城，又東北四十五里，注縣西南之墨潭，爲吉文水，與永豐江之水横出者合。有清湖洲横亘江中，委蛇繚遶，狀若吉字，故灘曰吉陽，縣曰吉水。又曰文字水，又曰文江。今縣之北門亦曰文江門。縣治蓋在贛江之東，王象之所云「割廬陵水東十一鄉置縣」是也。○永豐水，在縣城南，即恩江下流也。自永豐縣流入界，其間有麻江、黄竹渡、摇步、永寧、龍門、永豐鄉、白水、陽豐、廬陵峽、烏江諸水，皆會流而入贛江。又明德水，亦在縣南。出永豐縣界，西北流爲義昌水，又西北至蕭瀧下流與廬陵縣王江合而入贛江。志云：蕭瀧亦曰瀧江，在縣南三十里。

南溪水，出縣西北五十里朝元山，東流二十里爲羅陂，經柘溪，又五里出柘口江入贛水。又同江水，亦在縣西北六十里。源出袁州府分宜縣，其間有楓子江、柿陂河、胡石水皆會流入於贛江。○張家渡水，在縣東南。其水西北流，有廬江、河口、分陂、幽溪、皂江、義昌、王江、明德、蕭瀧諸水，皆分流交會而入贛江。又廬江水，亦在縣南。志云：源出永豐縣界，合上廬、中廬之水西流爲廬源，又西北流爲廬陂，灌田數萬頃，又北流入義昌水。

鑑湖，縣東二里。志云：縣北四十里有石牛潭，爲墨潭之下流，每江水暴漲，見石牛浮水上。又北十里即玄潭也，亦曰懸潭。相傳古有蛟龍爲害，行舟者鑿山爲路避之。今有鐵柱鎮焉。○柿陂，在縣西北八十里。源出分宜縣，溉田千頃。宋紹興中縣令吴明卓修復。

白沙鎮。縣北三十里。有巡司，元置。今移於縣西三曲灘上。又白沙驛，舊亦在縣北三十里，萬曆中移於城北。志云：縣北三十里有玄潭公館。

永豐縣，府東百三十里。東至撫州府樂安縣百三十里，北至臨江府新淦縣百四十里。漢廬陵縣地，三國吴析置陽城縣，晉太康初改爲陽豐縣，仍屬廬陵郡。宋、齊、梁因之，隋并入廬陵縣。唐爲吉水縣地，宋至和元年割吉水之報恩鎮置永豐縣，屬吉州。紹興七年始築土城，元廢。明朝弘治初因故址新築，正德七年爲賊所毁，復修築，尋圮於水。嘉靖三年增修，自是屢經葺治。今城周五里有奇。編户二十六里。

嚴城，縣東十五里。相傳唐末有嚴將軍者屯兵於此，因名。又縣南三十里聖嶺上有土城，相傳五代時神人所築，周圍數里，宋紹興中鄉人避寇其中，多所全活。志云：縣西六十里有陽城，相傳縣初治此。

巘山，縣北三十里。五峰環列，森然如圓廩。又雞籠山，在縣東北四十里。四面平疇，一峰中峙，比衆山獨高。又有郭山，在縣東八十里，接樂安、新淦兩縣界。棧道崎嶇，行七八里地始坦平，有良田數百畝。志云：縣東北七十里有龜陵山，回復連亘，抵宜黄、安樂縣界。

王嶺山，縣西三十里。西接吉水縣界，北接新淦縣界。山高四十餘里。○五勝山，在縣南百里。五峰高聳，山麓有石龜，水流其下。又沙山，在縣南百六十里，高數百丈。峰巒聳秀，上多沙石，因名。相近有石門山，以大石對峙而名。廣二十餘里，上有良田數十頃，居民千餘家。志云：縣南三百五十里有蜈蚣山，高三百餘仞，抵興國縣界，斷續橫亘，宛若蜈蚣。又鳳凰山，亦在縣南百六十里。有瀧岡，宋歐陽修葬父處也。一名案山。山旁即沙溪市。

聖嶺，縣南三十里。上有井，深廣數丈。前有峰曰仙人臺，土城在焉。又石空嶺，在縣南百十里。形如覆斗，内空闊，容二三百人。上有古寨場。○九曲領，在縣南二百里。連屬九曲，上有九峰。相近有竹篙嶺，高數百丈，綿亘四十里，東抵寧都界，南抵興國界，上有路通汀州。圖説：「縣南有油洞山、中邦山，與竹篙嶺、觀音嶺，皆界連興國、寧都，層巒深洞，林木陰翳，至爲險僻。又有石榴花嶺，在縣南百里，亦東抵寧都，南抵興國。」志云：縣西三十里有酆嶺，盤屈十有八凹。又西十里爲白富嶺，一名白露嶺，三峰連屬，高數百丈。

慵嶺，縣南二百里。嶺路崎嶇，登陟甚艱。相近有高霄嶺，極高聳。諺云：高霄、慵隔，去天三尺。又有打鼓嶺，與興國縣接境。宋建炎間兩路人擊鼓集衆，禦寇於此。志云：縣南七十里有龍堂嶺，宋建炎二年草寇侵掠，居民屯聚以禦之。今故寨尚存。○折陂嶺，在縣西南百十五里。二山相連，延袤數十里。又雙嶺，在縣南百八十里，高數十丈，兩峰對峙，峰巒層聳如塔。郡志：縣東六十里有大盤嶺，嶺面寬平可畊。人多種木藍，亦名藍田嶺。又北嶺，在縣東八十里，接樂安縣界。縣東北五十里又有白嶺，北接新淦縣界，爲往來通道。又張湖岡，在縣南百里。上有古寨。

恩江，縣治南。亦曰永豐水。源出樂安縣及寧都、興國三縣界，匯流經此，又西合麻江諸水，而入吉水縣界，下流入於贛江。○永豐鄉水，在縣南。出興國縣境，北流經縣界入於恩江。又明德鄉水，亦出興國縣境，流經縣南，西北入吉水縣界。

沙溪鎮，縣南百六十里，近鳳凰山。舊有沙溪寨，亦爲沙溪市，明初爲沙溪巡司。又梘田巡司，在縣東十三都。本梘田砦，明初改巡司，萬曆中廢。又有層山巡司在縣南百二十里，縣南二百餘里又有表湖巡司，皆明初置，爲戍守處。○金牛寨，在縣南二百四十里。

南源坳。縣西北三十里，路出峽江縣。又西有黄源坳，去縣亦三十里。志云：縣東北有梘田、盤嶺、猪婆等坳，路通新淦、樂安二縣。東南有都溪、小嶺諸坳，路通樂安縣。有事時爲戍守處。

安福縣，府西北二十里。西至湖廣攸縣三百十里，南至永新縣百五十里，北至袁州府分宜縣二百里。漢安平、安成二縣地，分屬豫章、長沙二郡。後漢改安平縣曰平都，興平中改屬廬陵郡。三國吴寶鼎二年分置安成郡治焉，晉以後因之。隋平陳郡廢，改平都曰安成縣，屬吉州，開皇十八年又改曰安復縣。唐武德五年置潁州治此，七年州廢，仍屬吉州，尋改縣曰安福。宋因之。元元貞初升爲安福州，明初復爲縣。城邑考：縣城晉永康中所築，唐因之。宋祥符中增修，元至正十五年亦嘗繕治。二十四年歸於明太祖，亦修築焉。洪武七年增築，嘉靖、萬曆間亦嘗營治。今城周五里。編户二百三十四里。

安平故城，縣東南六十里，枕王江口。志云：縣本秦置，屬九江郡。漢屬豫章郡。後漢永元八年改曰平都。三國吴始移縣於今治，并置安成郡治焉。今縣治南百步有平都廢縣址。隋曰安成縣，又曰安福縣。縣名雖更，而治不改。輿地志「晉永康初朱居爲安成太守，築郡城，闊八里，闢八門。中有雙闕，高數丈」云。

**安成故城**，縣西五十里。漢縣，屬長沙國。安成舊記：「張普封安成侯，國於此，築城居之。相傳漢縣理西鄉，即普侯國也。吴於東鄉置郡，縣亦移焉。晉太康元年更名安復。劉宋仍屬安成郡，齊、梁因之。隋平陳，省安復入平都，旋改平都曰安成，又爲安復，仍舊名也。」寰宇記：「縣東六十七里有安成故城，即漢安成侯張普所理。」似悮。或曰孫吴所置東鄉城也。○亭符城，在縣南八十里。又禾出符城，在縣南百里。建置未詳。

**蒙岡山**，縣東一里。多林木，城中望之，鬱然森秀。縣北二里又有北華山，亦聳秀。○罾石山，在縣南十五里，臨江。有山輪囷特起，狀若魚罾。旁有石榴峰，俯瞰江，下有潭，深不可測。相接者又有東陽峰，磅礴高聳，四面各異，西有石屋，北面砑然中空，可坐百餘人。其南曰白雲峰，亦曰白馬峰，亦峭峻，下有泉流入東湖。

**新茨山**，縣西五十里。漢末豫章太守賈萌與安城侯張普約共起兵誅莽，普背約詣莽自陳，萌惡其反覆，遂先伐普，戰於新茨之野，即此。志云：縣西南二十五里有西山，林壑幽險，有溪出兩山間。○盧蕭山，在縣西百二十里。周五百里，以盧、蕭二道士得仙於此而名。或曰蕭、瀘二水發源於此，分南北流，因名也。又躋山，在縣西南百四十里。與永新縣禾山相接，亘數百里，若獸蹲踞。相傳上有風窟。

**武功山**，縣西百里。根盤八百餘里，跨袁、吉二郡境，亦接長沙府界。峰巒峻拔。旁有瀑布，懸流甚長。葛玄煉丹處一名葛仙峰，上有仙翁壇。志云：山本名武公，昔有武姓者隱此，後更今名。高踰三十里，中夜登頂，可觀日出。其最高處曰雷巖，延袤亦數十里。唐初林士弘走保安成山洞，即武公山中矣。又高峰山，在縣西百二十里。山徑峭險，人罕遍歷，上有龍潭三所。○鴿湖山，在縣北六十里。上有鴈峰、白鶴、仙人等峰，景物皆幽絶。

**遊嶺**，縣北四十里。本名牛嶺。舊記：安福居其陽，袁州居其陰，舊有羣牛經此山，遂成小徑，北往袁州者多由此道。寰宇記：「縣南有長嶺，産石墨，可種火，爲不灰石。」又有西雲嶺，下瞰平疇，殊足騁目。縣北又有葛嶺，其地亦名葛洲，水曰葛水。志云：嶺亦名九峰嶺，又名美仙峰。○愁猿嶺，在縣西百二十里。崎嶇險峻，行旅艱苦，故嶺曰愁猿，凹曰怯馬。又石廊洞，在縣西百三十里。洞門廣丈餘，中可容千人者數處。澗水從中流出，溉田數百頃。洞口奇石墻立如廊，因名。又五里岡，在縣南五里。綿亘蜿蜒，若龍蟠然。

**瀘水**，在縣城北。發源盧蕭山，東流與王江合，又東會泰和縣之禾水而入贛江。亦謂之盧溪。又王江水，在縣東南。源出縣南陳、會二山，東流與盧水合，共匯爲龍陂。相傳吴主孫皓伐木造宫室，順流而下，沉於此，宋元嘉十六年木忽浮起，擁沙成洲。志云：龍陂在縣東南百餘里。

**閤水**，出縣東三十里之閤嶺，東流入王江口。志云：王江口在縣東南六十里。又更生水，出縣南百五十里更生山，流出青山口會於王江。又毛亭水在縣東北七十里，流合盧水。○義川水，在縣西。一名南溪水，源出袁州府萍鄉縣，又湖廣攸縣水亦流合焉，達永新縣界，下流合禾水，會流廬陵縣神岡山下。水奔湧，善潰決，歲嚙民田無算。天順間鄉人劉岳嘗捐貲，鑿石數里通舟楫，馴不爲害，因名曰義川。

**東湖**，縣東南十五里。輿地志：「湖有石窟，容百人。其魚味甘如蜜，一名蜜湖。」又天曉湖，在縣西。湖闊百餘丈，大旱不涸。○寅陂，在縣西四十里。横截盧水，下流遶於縣前。宋王廷珪云：「陂溉田萬三千畝，歲久湮塞。治平初令黃中庸、丞趙師日始浚溪，溪港築隄閼水，灌溉如故。至今民享其利。」

黃茆鎮。縣南七十里。有巡司，萬曆三年徙於縣西時礱舊址，以防草寇猖獗。又羅塘巡司，在縣西百八十里，地名時礱，嘉靖中移於楊宅，萬曆間移於江背，其地皆在縣西。郡志：楊宅界吳、楚僻徼，山寇時煽，地廣遠，阻聲教。自宋以來立鎮置官撫治之，名武定圍。嘉靖中平賊，彭正以郡司馬駐劄鎮守，尋革。今府館在焉。

龍泉縣，府西南二百七十里。東至萬安縣七十五里，西至湖廣桂東縣二百八十里，南至南安府南康縣二百八十五里，北至永新縣二百三十里。亦漢廬陵縣地，三國吳置新興縣，屬廬陵郡。晉太康元年改遂興縣。宋因之。齊仍屬廬陵郡，崔恭祖以平王敬則功封遂興男是也。隋開皇十年省入太和縣，唐因之。五代時楊吳析置龍泉場，南唐保大中升爲縣。一云宋建隆初南唐置縣，宣和三年改曰泉江，紹興初復曰龍泉，屬吉州。今編户六十三里。

龍泉舊城，縣南二十里。志云：縣本唐太和縣龍泉鄉之什善鎮，淮南析龍泉、遂興、光化、和蜀四鄉置場，仍曰龍泉，以爲採木之區。其地水源周匝八百里。尋升爲縣。宋明道三年徙今治於水北，築土城周三里。嘉靖元年增築，周五里。淳祐二年始甃城鑿濠。元末湖南寇周時中據縣，亦嘗修築。洪武七年復增葺，景泰中五年後屢經營繕。今城周十三里有奇。

牛羊城，縣西北三里，古山寨。宋建炎四年寇丘權犯，縣令趙迪之築城禦却之。亦曰牛羊寨。又蔣公城，在縣西。志云：在右溪西陂阜上，城濠猶存，車軌之路錯出，相傳昔蔣姓者所築。

金山，縣治北一里。又有銀山，在治東一里。二山夾峙，上各有塔，俗以爲象龍之雙角。又錢塘山，在縣東南六里。

山壤沃衍，路出南康。又東南四里有玉泉山，出泉潔白如玉。志云：縣東南三十里有泉湧山，廣數十里。泉出激爲陂，凡數十丈，謂之盧陂。○馬山，在縣東南，狀若奔馬。其西一峰懸崖特出如馬首，宋時置寨其上。下有龍潭。

石含山，縣西百五十里。延袤數百里，跨永新及湖廣之桂陽、茶陵二州界。一名萬羊山。郴志：「石含山接吉州泰和縣界，有石室，因名含。」或以爲石令山也。東有小溪，即石溪水之源。又西龍山，在縣西二十里。頂有風穴。○羅家山，在縣北百五十里，地名羅團，西接上猶縣界。廣數十里，高數百仞，昔有羅姓居其下。又蕭家山，在縣西北百餘里。廣數十里，草木叢茂，昔有蕭姓居此。

峨嶺，縣西四十里，勢插層霄。有飛雲洞，縈迴二三里。又有集雲峰、石人峰及仙鵝池諸勝。又蓬萊嶺，縣北五十里。上有石巖、石筍。志云：縣南十五里有黄土嶺，峻峭迴環，土色皆黄，由麓至嶺，九折而上。又縣東南二十里曰鵶髻嶺，一山兩峰，狀如雙髻。或謂之石牛嶺，高可百仞，兩山相望，如大小石牛云。○蓮花峰，在縣南十五里。層巒突出，狀如芙蕖，與縣治相對。縣東南三十餘里又有巾子峰，頂尖而秀，高數百仞。亦曰巾子石。

山都坳，縣西十五里。地當通衢，山石險巇。又縣西南八十里有烏坳山，極高峻，路出桂陽。縣西南百里又有蓼坳，亦出桂陽境。冬月諸山重霧晦瞑，獨坳内一隙明朗，北人趨南者率萃於此。又赤坳，在縣西北百二十里，路出永新縣。○焦源坳，在縣東三十里，爲南康間道。又迷魂坳，在縣東南九十里，跨萬安縣境。自麓至嶺，可五六里，四顧茫然，亦曰迷雲。

遂水，在縣治南。源出左、右二溪，歷八十四灘，入於贛江。志云：「左溪有二源，一出湖廣郴州桂陽崛渡，一出南安府上猶縣之大林，至南江口而合，經西莊稅之西，與右溪會；右溪之源出湖廣茶陵州界之沴陽，經雙溪坑至西溪口，由渡口而東會左溪，而同注於贛江。

鵝鴨洲，縣西十里。縣有南澳陂及塔嶺瀧二水，洲當二水合流之中央，下流合遂水而入贛江。

禾源鎮，舊在縣西北四十里。旁多小徑，委曲數十里，爲南康、上猶、桂陽諸縣之間道。有巡司，元至正二十一年置，明朝洪武初移置於縣南之二十五都，地名左安司，仍舊名。又秀洲巡司，在縣東北三十三都，地名金田。志云：舊置於秀洲，亦洪武初徙置於此，而名仍舊。又北鄉巡司，在縣西二十九都。舊爲寨，元至大五年改置巡司，明朝因之。又有牛王寨，在縣西北。舊皆爲戍守處。

龍庵隘。縣西五十五里。志云：自阨而西八十里至燕塘阨，百里抵郴州桂東界口，多崇山峻嶺，以北鄉巡司爲中制。縣南百里爲明坑隘，自阨而北有白雲、廬陽二隘，黄土、猫兒二關，可相聯絡，而控制則在禾源巡司。

萬安縣，府南百八十里。東至贛州府興國縣二百三十里，南至贛州府二百三十五里，西南至南安府南康縣二百七十里，北至泰和縣百里。唐太和縣地，五代末爲龍泉縣之萬安鎮，宋熙寧四年始割太和、龍泉、贛三縣地益之，升爲萬安縣，屬吉州。築城周不及一里，元初廢。至正十九年復築土城，周三里。二十三年時城屬僞漢，改築而狹其半。明初復增築，周亦一里有奇，濠長二里，尋皆燬廢。正德五年閩、廣賊起，縣被殘破，明年始築城，自是屢經修治，周不及四里。編户九十八里。

遂興城，縣西北十五里。晉遂興縣治此，以當遂水口而名。今爲龍泉江口之金城。○魚梁城，在縣南十里。梁大寶元年陳霸先起義兵討侯景，軍南康，高州刺史李遷仕作亂，據大皐渡，遣將杜平虜入贛石，城魚梁以逼南康，霸先遣周文育擊走之，據其城。今俗呼爲城頭。志云：城近龍溪，臨惶恐灘。

芙蓉山，縣西五里，隔江。山形秀麗，超出衆山。又馬頭山，在縣西，渡江五里。山勢獨聳，層疊相連，如馬首然。○朝山，在縣西南三十五里，臨大江。山勢聳秀，諸峰環拱若朝仰之狀。又五馬山，在縣西南八十里。五峰相連，狀如五馬。

龍頭山，縣東二十里。高數百丈，周迴十里，形如几案，一名案山。上有仙壇嶺及龍峽，又有仙聖、羅漢二巖。龍溪水出其左，西入贛江。又蕉源山，在縣東四十里。山形尖峭，林木森茂，産鐵。一名東溪山。其相接者曰乾溪山，亦高峻。有百丈峰，峰下有潭。又職源山，亦與東溪山接，綿亘數百里，水流其下，産鐵。宋置爐冶納課，久廢。○盧山，在縣東五十里。高百餘丈，諸峰環列如屏。下有水源，出城江口。又西平山，在縣東八十里，東抵興國，北跨泰和縣界。上有故巡簡寨。志云：山巉巖懸峭，惟西南平坦。梁水出焉，下流入於贛江。又西平山相近有黄塘巖，巖甚空闊。下有蛟穴，泉湧不竭，溉田千頃。

金牛山，縣南六十里，東瞰大江。中有石如牛，因名。○三峰嶺，在縣西六十里，有三峰聳秀相連。

贛江，縣城西南。自贛縣界北流抵城下，凡百二十里。其間有灘曰崑崙，曰武朔，曰昌邦，曰小蓼，曰大蓼，曰綿津，曰曉，曰漂神，曰皇恐，凡九灘。又折而東北流入泰和縣界。水性湍險，皇恐灘尤甚。本名黄公灘，後訛爲皇恐也。今灘在縣治西。宋趙抃爲虔州守，嘗疏鑿此灘。或云東坡南遷始訛黄公爲皇恐。又陳書：「贛水有二十四灘。」今止有十八灘，其九灘詳贛縣。

**皂口江**，縣南六十里。源出贛縣界三龍山，徑上造、下造流入贛江。宋建炎初隆祐太后避兵，南指章、贛，金人躡其後，追至造口，不及而還。造口即皂口也。志云：皂口有金船嶺，爲往來必由之道。○梁口江，在縣南八十里。源出西平山，西南流入於贛江。又有清水，在縣東十五里。源出龍頭山，亦西入贛江。

**韶江**，縣西北三十里。志云：縣西四十里有韶山，相傳舜南巡時奏樂處。韶水出焉，東流會黄鵠水入於贛江。又上横江水，在縣西北六十里。源出龍泉縣境之潭溪，經泰和縣合牛吼江入於贛江。又城江水，亦在縣西北六十里。源出龍泉縣之焦源，流合盧源溪，經兩江口，又東會麻叙溪水入於贛江。

**梅陂**，在縣西北。紀勝云：「和蜀鎮有天井湖，今謂之梅陂，闊三百餘頃，舊隸龍泉。宋何嗣昌爲宰，疏蜀江水，伐石立趾以捍嚙隄之害，百姓至今利賴之。」

**皂口鎮**，縣西南六十里，有巡司；又縣北六十里有灘頭巡司；俱洪武三年置。○朝山阨，在縣西南朝山下，背負峻嶺，俯瞰大江，爲往來阨塞。又五里龍阨，在縣南。兩山壁立，一線中通，最爲險阻。縣東南又有保安隘，與興國縣接界，逼近蕉源，斜逕迴伏，盜賊易於出没。又有鐵山、龍橋、蓮花三寨，俱在縣南。志云：萬安之患，惟贛諸洞爲甚。正德五年知縣桑翹乃即險要立朝山、保安、鐵山、龍橋、蓮花五寨，周以垣墻，集民兵戍守，自是寇警益少。又縣志云：縣治北濱江有萬安守備府，爲江西三大營之一。九縣民兵，三所官軍俱隸焉。後漸分析，營兵益弱矣。

**五雲驛**。在縣城西南，濱江。相近又有五雲遞運所。志云：江濱有雲洲，亦曰五雲洲，驛因以名。一云洲在縣北之江滸。又造口驛，與造口巡司相近。輿程記：「自五雲驛而南八十里至造口驛，又百里而歷贛州府之攸鎮驛，皆泝江之道也。」

**永新縣**，府西二百里。西至湖廣茶陵州二百二十里，南至龍泉縣二百三十里，北至安福縣百五十里。漢廬陵縣地，三國吴寶鼎三年析置永新縣，屬安成郡。晉、宋以後因之。隋平陳郡廢，縣省入泰和縣。唐武德五年復置縣，屬南平州。八年州廢，縣復并入泰和。顯慶二年復分置縣，屬吉州。宋因之。宋志：「至和初析吉水縣地置。」似悮。元元貞初升爲永新州，明初復爲縣。今編户百八十四里。

**永新故城**，縣西三十五里。孫吴置縣治此，後廢置不一。唐顯慶三年移於今所，兼築土城，周不及一里。宋嘉熙元年始加甃治，周五里有奇。元至正十二年徐壽輝有其地，僞相周安據此，亦修葺焉。明朝洪武二年增修，萬曆二十七年復繕築，周圍一如舊制。

**廣興城**，縣西北百八十里。晉太康初置廣興縣，屬安成郡。隋廢。唐武德五年復置，屬南平州。八年州廢，縣并入泰和。志云：縣西二十里有南平故城，即唐初南平州治也。

**義山**，縣東南二十里。峰巒攢簇，如長幼之有序，因名。一名永新山，紀勝云：「永新山三峰相顧，勢若龍回。本名龍頭山，天寶六載改曰永新。」其山週迴三百里。遠峰去縣九十里，即泰和王山也。近峰去縣二十里，即義山也。山重嶂起伏如飛鳳者曰南華山，相傳匡智棲化其中，今多遺跡。志云：義山北有雙巽峰，西北去縣十五里，兩峰並聳。南有文筆峰，一名丙峰，去縣六十里，屹立圓鋭。又山上有蕘湖及屏障諸峰，下有聰明泉，綿亘廣遠，西交郴、廣，南控虔、吉，真爲巨嶂也。○東華山，在縣城東，臨溪。林木秀美，俯映深潭，爲近郊之勝。志云：縣東有熾山，周迴三百餘里，接泰和縣界。

秋山，縣西北四十里。一名禾山。上有七十一峰，連跨五百里，奇峰纍纍，與衡、潭相接。山巔平衍，相傳曾産嘉禾，故名禾山。又以山在兑方，故曰秋山。其跨湖廣茶陵州界者今曰雲陽山。志云：禾山最高者爲赤面峰。又有白雲、凌霄二峰，下爲白石室。瀑布懸流，瀦爲一泓，深不可測，號曰龍溪，亦曰龍門溪，下流爲禾江。○復山，在縣西百二十里，與禾山相接，有甘泉石室之勝。

拔鐵山，縣西南百餘里。周迴百餘里，接泰和縣界，牛吼江出焉。又綏源山，在縣南四十里。勢連永寧鵝嶺，其址可六十里。○寶仙聖洞，在縣東二十五里，深數百步。其陽爲玉虚洞，寬可容千人，巨石壁立十數仞。上開天門，深可一二里。右爲合璧洞，洞門雙闢如合扇然。又石廊洞，在縣東，深一二里。又東有元陽洞，距石廊洞三十餘里，泓泉湧出，注溉一方，人賴其利。

永新江，在縣南。源出禾山，亦曰禾江，東流合琴亭、勝業諸水，至縣東又東會羣川，入泰和縣界會牛吼江入贛江。○琴亭水，在縣西七十里。水落入潭，聲鳴如琴。自栗傳鎮合百丈洞水至西陽洞口與聖業水合，流入禾江。又聖業水，在縣西二十里。源出拔鐵山，水甘沃，溉田勝於餘水，會琴亭水流入禾江。又黄陂水，在縣東南五里。源出綏源山，下流亦合禾江。

上坪鎮。縣東南六十里。有巡司，洪武二年置。又禾山寨巡司在縣西北四十里，新安巡司在縣西北八十里，栗傳寨巡司在縣西北九十里，俱明初置。

永寧縣，府西二百六十里。東至龍泉縣二百里，西南至湖廣酃縣百二十里，西至湖廣茶陵州二百里，北至永新縣六十里。本永新縣地，元至順初分置今縣。編户四十二里。〔五〕

永寧故城，縣東五十里。本永新縣之勝業鄉，元立縣於鵝嶺之西，謂此城也。至正十二年縣遭兵燹，僞相周安改築土城於瓦岡，東西距小澗，南阻鄭溪，北倚七溪嶺，即今治也。明初因之。城尋圮，成化中復修築，弘治四年亦嘗葺治。城周二里有奇。

漿山，縣西三十里。山周四十里，峰巒峻峭，松林蓊鬱，有泉味甘如漿，因名。又小玉笥山，在縣西四十五里。周二十里，泉石甚勝。以别於新淦玉笥山而名。又小江山，在縣西北三十里。拐湖、鵝嶺二水經其下。○拐湖山，在縣東南六十里，周四十里。有泉自山腰湧出，直瀉山麓，匯流成湖。志云：縣南一里又有旗山，周迴三里許。山勢昂聳，如列旗幟。治北又有七星峰，七峰圓布如星。

鵝嶺，縣東五十里。雙峰聳翠，左有巨石。其旁峰巒昂起，如鵝項欲鳴，因名。又七溪嶺，在縣北十里。兩山夾峙，峻險若阨巷，長二十餘里，林木交蔭。有泉縈迴，流爲七溪三十六澗。嶺北即永新縣界也。又銀岡，在縣西三里。發脉鵝嶺，連接七溪，有萬馬奔騰之勢。

漿山水，在縣西。來自湖廣茶陵州界，東流與拐湖山水、鵝嶺水俱匯於雙江口，經小江山縈迴百八十里下接永新江。又鵝嶺水，在縣治南。自永新縣界發源，西流經此，又西北會漿山水。縣東南又有拐湖水，自龍泉縣界發源，入拐湖𨍭，亦流會漿山水。○鄭溪，在縣城南。亦曰鄭溪井，溢流而入鵝嶺水。

勝業鄉鎮。縣西十五里。志云：司舊置於𨍭頭，洪武五年以其地僻，移於今所。○𨍭頭隘，在縣西南三十里。亦曰四保𨍭頭隘。其地山川平衍，商民輳集，奸盜時有。有間道二，一自隘東北歷三陽寨、七里船至湖廣茶陵州，一自隘南至木村抵黄烟堡入湖廣酃縣。徑路盤錯，黄烟堡向來流寇出没處也。北去縣不過三十五里，防禦不可不密。

附見

吉安守禦千户所。在府治北。洪武二年置。又安福守禦千户所，在縣治東一里。明朝吴元年置。永新守禦千户所，在縣治西北。亦吴元年置。○龍泉守禦百户所，在縣治東。洪武七年置，三十二年革，永樂二年復置，隸贛州衛左千户所。

臨江府，東至撫州府三百里，西南至吉安府二百八十里，西至袁州府二百五十里，北至瑞州府百里，東北至南昌府二百七十里，自府治至布政司見上，至京師五千二百三十五里。

禹貢揚州地，春秋屬吴，戰國屬楚。秦爲九江郡地，漢初屬淮南國，旋屬豫章郡，後漢因之。三國吴爲豫章、安成、廬陵三郡地，晉、宋以後因之。隋屬洪、吉、袁三州，唐因之。五代時屬淮南，後屬南唐。宋淳化三年始置臨江軍，元曰臨江路，明初曰臨江府。今領縣四。

府控馭虔、吉，密邇南昌，爲舟車四會之衝。孫策下豫章，則留周瑜鎮巴丘。陳霸先討侯景，自南康進屯西昌，見吉安府。將會王僧辯於湓城，屯於巴丘。蕭勃自廣州舉兵而北，其將歐陽頠等與陳人角逐於泥溪、苦竹之間。朱梁開平四年淮南嚴可求請置制置使於新淦，音紺，又音甘。遣兵戍之，以圖虔州。志云：虔州去新淦六百里。正德中王守仁言「臨江居大江濱，與省會近，且當道路衝」，蓋誠襟要之地也。

清江縣，附郭。漢豫章郡建成縣地，晉以後因之。唐改建成爲高安，而以境内之蕭灘爲鎮。南唐昇元二年升鎮爲清江縣，屬洪州，保大十年改屬筠州。宋初因之，淳化三年置臨江軍治焉。今編户二百五十三里。

都尉城，府東三十里。漢豫章都尉治此，因名。其地屬建成縣，唐屬高安縣，五代晉天福三年南唐置清江縣，城址屬焉。城邑考：「今郡城即故蕭灘鎮，東枕大江，隄岸易傾，向無城池。元大德間嘗伐石修築陂障，以防水患。至正間始築城濬濠。既而東面復圮於江，餘亦相繼頹廢。明朝弘治十年因故址築土垣，周五里有奇，尋亦圮。正德六年華林賊犯境，郡以無城不能禦，明年乃甃磚石爲城，周八里有奇。後城東南復爲江水所壞，嘉靖元年、十四年及三十九年歷加營葺。崇禎八年城漸傾圮，旋復修完。十四年、十五年皆爲大水衝齧，次第修築。城門凡十，爲正門者四，餘六門，東瞰江者五，以西配東者一。諸門時有啓閉，而四正門則否。東西瀕江，三面皆有濠，長四里有奇。」

新淦故城，府東六十里。漢時縣治此。漢志豫章都尉治新淦。郡志云：南部都尉治所也。建元六年淮南王安諫伐閩粤書：「前時南海王反，先臣使將軍簡忌將兵擊之，以其軍降處之上淦。」應劭注：「新淦淦水所出，淦水上流曰上淦也。」王莽改縣曰偶亭，後漢復舊，晉、宋以後皆爲新淦縣，屬豫章郡。梁大保初侯景將于慶略彭蠡以南諸郡，黄法𣰰屯新淦，慶自豫章分兵來襲，敗却。隋始移而西南，爲今之新淦縣。○瓦城，在府東北四十里。相傳五代時鄉豪築城自保處也。又有吴城，一在府西三十里，一在府西南三十五里，相傳楊吴時所築屯戍處。又有富國城，在縣東南十五里。相傳南唐積糧處。邑志：縣東三十里有牛頭城，東北五里有盧城，西北三十里有樊城，建置未詳。

章山，府治西偏。晉時有章昉者隱此，因名。山周二里許，兩江環其陽，蕭水遶其陰，南連瑞筠山，北接白牛岡諸山，郡城之西皆枕山麓，蓋郡之鎮山也。志云：章山北奠蒙陽，南羅閣笥，西朝渝水，東抱貢、章，舊名富壽岡。又城南有瑞筠山，山濱江，周五里。唐僖宗時嘗産瑞竹，因名。城西南十里龍岡山，當驛路；又白牛岡山，在城東三里；皆坦夷。○棲梧山，在縣西南三十里，綿亘數里，巖谷殊勝。志云：山前瀕河，有石曰河皐石，昔周瑜嘗憩此，今呼爲河皐寨。又西南五里曰黄岡山，下爲黄岡舖。

閤皂山，府東三十里。山形如閤，色如皂。有峰六，嶺四，巖二，原五，其餘泉石池塘之勝參差不一。相傳爲神仙之府，道書以爲第三十三福地。周迴綿亘二百餘里，東北連豐城，東接樂安，南跨新淦，屹爲屏障。志云：閤皂山前舊有峽山，周九里許。○紫淦山，在府東四十里。周二十餘里，峰巒高數十丈，其色紫翠，淦水經其下。又夏山，在府東北六十里。周十餘里，峰巒高聳，有泉可引以溉。縣東北二十五里又有雲谷山，周十餘里，三峰相峙。

銀嶂山，府北七十里。特立如障，周十餘里。多白石，色如銀。或曰舊嘗産銀，官收其利，今否。又鍾秀山，在縣西北三十里，形如卓筆。其對峙者曰孤山，在縣西北二十里，蒼翠秀拔。

清江，在府城南，即贛、袁二江之合流也。贛水自吉安府吉水縣流經峽江、新淦二縣，而北至府南十里萬石洲南西會於袁水。袁水出袁州府萍鄉縣之盧溪，至新喻縣爲渝江，東北流至府南十里而合贛江，繞流經城東而北謂之清江。成化末贛水北衝蛇溪，不復西折，止有横河一線與袁江相吐納，於是郡城止臨袁江，直至城北二十里，二水復合，水勢益大，時有衝齧之患。又十里經清江鎮入南昌府豐城縣界，是爲劍江。

太平江，府西三十五里。出新喻縣蒙山之陽，東南流爲太平江，又東南入於袁江。志云：縣西南二十八都有太平湖，俗呼大澁湖，有灌溉之利。○蕭水，在府西五里。源出棲梧山及府西之烏塘，合流而爲蕭水，遶城西北復東北流，經清江鎮而入大江。〔六〕中有蕭灘，亦曰蕭洲。今城西四里有蕭洲橋，城東有蕭灘驛，皆以此水名也。

蛇溪，府東十里。源自永泰市北五里，分江水爲溪，流三十里復合於江。〔七〕成化末贛水暴至，北衝蛇溪，遂成大川，濱溪田土被浸者千百畝。俗呼爲銅鑼江。嘉靖十二年嘗議塞之，不果。志云：贛水今半衝蛇溪，其半自縣北十五里廢荷湖館分流，繞余家洲至清江鎮，復合入於江，俗呼入江處爲蛇溪腦。永泰市，在府東南十五里。

淦水，府南三十里。漢新淦縣以此名。淦邑既遷，水遂屬清江縣。其源發自縣東南茂材鄉之離嶺，經紫淦山出洋湖至清江鎮，會蛇溪水入贛江。○沉香溪，在府東五十里，即閣山水也。其左界水流會淦水，右界水流經清江鎮南八九里，折而東，紆回入豐城縣界，至小江口入江。

萬石洲，府南十里。贛江環其右，袁江經其左，四面濱水，夷曠肥饒，歲收常倍，因名。志云：洲接新淦縣界，其南爲南横河，亦曰上横河，地名龍窟口，即贛江會袁江之故道。洲北曰北横河，東出銅鑼江口亦曰下横河。又北即中洲也，在兩江中，因名。横廣十里，縱二十餘里。又北與金鳳洲相接，洲蓋在府城東南文明門對岸江中，横亘一里，與中洲止隔小溪也。○游家洲，亦在府城南十里。袁江西來北折，洲在其右也，與萬石洲相望。一名雙洲。又余家洲，在清江鎮上流江中，綿亘十里許，蛇溪繞其内，土可樹藝，亦爲賈人居貨處。一名祝家洲。

固本隄，府城東古隄也。贛、袁二水合流東下，最易衝齧。宋嘉定迄咸淳守土者，相繼伐石，甃砌爲隄，水方順道。元大德間亦嘗增修，明朝弘治四年及八年、十一年相繼修築，始爲完固。崇禎十五年隄壞侵城，旋議築治，蓋緣江西岸之巨防也。又梅家畬隄，在府東十五里。舊有隄，成化以後爲洪水所壞，埀修埀圮，民不能田。嘉靖初悉力修築，始不爲患。崇禎十一年復決，尋修塞之。相近有黄家園、郭陀堆、龍潭口等隄，崇禎十二年以後相繼崩壞，旋復修治。又鍾家園隄，在府東南十餘里。志云：隄當袁、贛二水之衝，修築爲艱，隆慶三年修城復壞，以沿隄皆沙礫易於消潰也。萬曆中復嘗修築。

樟樹鎮，府東北三十里，又東北至豐城縣七十里。南北藥材皆集於此。本名清江鎮，袁、贛二江合流十里，遂遶鎮而北，鎮因以名。亦謂之鹿渚。志云：鎮即故新淦縣址也，西北面江，其左則紫淦水會蛇溪水入焉。有湖遶其後，曰瓦窑湖。鎮周迴十里許，爲門者四，北出曰大德門，迤北而東曰菜市門，正東曰東門，正西曰秀江門。先是有小溪江水灌入，與瓦窑湖通，後以水患閉塞。洪武三年置巡司於此，并置税課局。正德中宸濠作亂，南、贛撫臣王守仁起兵吉安，會軍於樟樹鎮，即此。○太平市，在府西南三十里。元時有巡司，明初革。又縣西南五十里有黄土市，南四十里有長藍市，今爲戍守處。

**蕭灘驛**，舊在城東萬勝門外，萬曆中遷於城東北廣濟門外；又有清江遞運所，在城東南清波門外；俱明初置。志云：遞運所有二，今清波門外之所廢，而永泰市之所仍舊。又金鳳驛，元置於金鳳洲，明初省。

**員僚寨**。府西南六十里，接新喻、高安兩縣界。寨蓋唐曹王皐所立，同員僚守之，因名。又棲梧山前有故河皐寨，閣皂山前有凌雲寨。○曲水橋，在府北三十里，接高安縣界。有曲水公館。水舊自西北來，折而東北，入於清江。今堙。

**新淦縣**，府南七十里。南至吉安府永豐縣百四十里，東南至撫州府樂安縣百五十里。本秦舊縣，以淦水爲名，屬九江郡，漢屬豫章郡，晉、宋以後因之，皆治今清江縣東。隋遷縣治南市村，屬吉州。唐因之。宋初亦屬吉州，淳化三年改屬臨江郡。元元貞初升爲新淦州，明初復爲縣。今編户二百二十五里。

**制置城**，即今縣治。志云：唐嘗置虔、吉五州巡簡使於新淦，五代梁開平四年楊吴亦置制置院於此。五代史：「淮南既得吉州，欲遂圖虔，用嚴可求之策，以新淦爲都制置使治所，置戍兵城而守之。」此即縣置城之始也。宋廢。元至正十二年臨江軍卒劉天祐倡集義兵，樹栅自衛。二十二年知州王貞復修故城遺址。明朝正德中縣令劉天錫用石甃砌，爲門七，後常增修，周三里有奇。

**泥溪城**，縣南四十里，臨江。梁末蕭勃起兵廣州，踰嶺而北，遣將歐陽頠屯豫章之苦竹灘，陳將周文育襲據芊韶鎮，頷大駭，退入泥溪，文育遣別將周鐵虎襲擒之，即此。○監軍城，在縣西十里，地名城口。楊吴置制置院於新淦，又渡江而西置監軍營，因築此城。宋紹定間廢。

**湓山**，縣東六十里。山有十二峰。又東十里有伏泉山。山周六十里。上有泉，飛空而下，皎如素練。志云：縣東五十里有豐城山。山周百里，舊名百丈山，唐天寶六載改今名。

**小廬山**，縣東北六十里。山周百里。上有石池，泓澄如鏡。又有石泉，分飛瀑四道，匯於山麓，溉田甚衆。○黄蘗山，紀勝云：「在縣西二十里，臨江。」縣西南八十里有黄蘗館，蓋因山以名。

**清江**，在縣治西，即贛水也。其上流自峽江縣北流入縣界，又北入清江縣境，縣境羣川悉流會焉。○象江，在縣南五十里。源出新喻縣界，東流三十里合於清江。

**泥江水**，縣南十里。一名泥溪，源出撫州樂安縣界，流入縣境二百里達於清江。泥溪城以此名。又秀溪，在縣東北二十里。其流縈曲，凡八九折而達於清江。○桂湖，在縣治南。一名倉池，餘流亦達於清江。又太洋洲，在縣北四十里大江中，近清江縣界。

**柸山鎮**。縣西十里，有巡司；又縣南濱江有金川驛；俱明初置。

**新喻縣**，府西北二十里。西至袁州府分宜縣七十里，西北至瑞州府上高縣八十里。漢豫章郡宜春縣地，三國吴寶鼎二年析置新渝縣，以渝水爲名，屬安成郡。晉因之。宋曰新俞，齊又訛曰新諭，而縣治不改。梁、陳因之。隋平陳省入吴平縣，旋復置，屬袁州。唐武德五年分置西吴州，七年省州入縣，仍屬袁州。宋淳化三年改屬臨江軍，元元貞初升爲新喻州，明朝仍爲縣。城邑考：「縣城宋靖康初築，後湮廢。明朝正德中因舊址築土城，後常營葺，周不及三里。」編户二百七十六里。

新喻舊城，縣南三里。志云：袁江南三里龍池墅有城，即故新喻縣城也。隋大業中以水患遷縣治距村，唐武德七年仍還舊理，大曆八年又以水患遷於今治。志云：縣治南虎瞰山上有鍾山府城，隋大業初置，尋廢。唐天授初又置臨梁館於山上，今爲縣學。○吴州城，在縣北四十里。唐初析新喻爲吴州，以距村爲州治。武德七年廢州入縣，時縣尚治距村也。

吴平廢縣，縣東百里。後漢中平中置漢平縣，屬豫章郡。三國吴改曰吴平，晉、宋以後仍屬豫章郡。隋開皇十一年省入宜陽縣。○治平廢縣，在縣北八十里。唐武德五年置，屬吴州，七年廢。又廣豐廢縣在縣北八十四里，亦武德中置，尋廢。

虎瞰山，縣治南。屹臨渝水，勢如虎踞。又縣北十里有蟠龍山，蜿蜒高峻。又銅山，在府西二十里。有銅礦，唐大曆中置官場，宋初罷。○鐘山，在縣西四十里，西接分宜縣界。裴子野宋略云：「永嘉元年因洪水，有一大鐘從山峽流出，因名。」安成記：「鐘山流水阻峻，春夏則湍洑湧沸，噴上白沙如米，兩岸石上各九十餘里，名曰米沙，居民每視沙之多寡爲豐歉之準。」寰宇記：「水南曰南鐘山，水北曰北鐘山，隋鐘山府之名本此。」

蒙山，縣北九十里。巉巖奇秀，高插雲漢，周迴百餘里，郡西境之望山也。其相連者曰寶珠嶺，志云：嶺在縣北八十里。○百丈嶺，在縣東南七十里。亦曰百丈山。山頂闊百丈，因名。又縣南八十里有綿峰。二峰相距七里許，羣山環亘如屏障然。又仰天岡，在縣西北十五里，高聳數千仞。上有仰天池，歲旱不竭。登其巔，一邑之景瞭然在望。

袁江，在縣治南。其上流自袁州府分宜縣流入界。一名秀江，亦曰渝水，水經注以爲牽水也。東流入清江縣境而合贛江。寰宇記：「袁水在縣南五十步，西至一灘，計長二里，其地險峻，號五浪灘，灘頭立五浪館。」○潁江水，在縣東北八十里。出蒙山之陽，合欖陂、緑陂、龍鏡諸水達於清江。志云：潁江上流凡八十四源，合流而東南入於渝水。

同水，縣西八十里。自分宜縣之同村閣嶺東流入縣界，又南流一百八十里入吉安府安福縣界達於瀘溪。

羅溪驛。在縣東四十里羅坊市中。明初置。

峽江縣，府南百三十里。東北至新淦縣八十里，南至吉安府吉水縣百十里。本新淦縣之峽江巡司，嘉靖五年改置今縣，築城周三里有奇，編户百八十二里。

巴丘城，即今縣治。舊志：在新淦縣南八十里峽江之東，孫吴分石陽縣置巴丘縣是也。按漢建安五年孫策下豫章，留周瑜鎮巴丘。梁大寶二年陳霸先討侯景，自南康趨尋陽，屯於巴丘。由晉、宋至陳，縣皆屬廬陵郡，隋并入新淦，唐以後因之。明初置峽江巡司於巴丘故城，去新淦闊絶，危溪峻嶺，巨盜出没不常。嘉靖五年守臣錢琦始建議立縣，仍因峽江之名，拓巡司故址爲治所，負山阻江，稱爲巖邑。輿地志：「巴丘故城南有周瑜埭，始瑜入尋陽破劉勳，討江夏，定豫章、廬陵，遂留鎮巴丘，即此。」

石陽城，在縣南。舊志：在新淦縣東南五十里。後漢永元八年分新淦地置石陽縣，屬豫章郡，獻帝興平初孫策改屬廬陵郡，晉、宋以後郡皆治石陽，遂以廬陵縣并入。隋改郡爲吉州，縣爲廬陵，而石陽之名隱。吉安志云：「石陽城在廬陵縣北六十里。」或曰石陽北去新淦蓋百五十里也。

玉笥山，縣南四十里。舊名羣玉峰，相傳漢武帝元封五年行巡南部，受上清籙於羣玉之山，見有玉箱如笥，委壇中，忽失去，因改今名。道書爲第十七洞天、第八福地。有三十三峰，二十四壇，十二臺，六洞，十一亭，七源，二塢，四谷，三十六澗，其餘潭石宅井坡嶺，名類不一而足。又有天柱岡，高千仞，形若天柱。陶弘景玉匱書云：「玉笥山盤踞數十里，地產稻穀肥美，宜避兵。」舊志：在新淦南六十里。又郁木山，志云：在縣東南二十里，有郁木洞，即道書第八福地，蓋玉笥之支山也。

寶林山，縣西二十里。舊志：在新淦縣南八十里，嵷㟅秀勝。又鼎山，在縣西三十五里。新喻志云：「山在縣南五十里，頂有泉下注山腰，如匹練然。」山蓋與新喻縣接界。

峽江，在縣治南，即贛江也。自吉水縣流入境，經城南而東北出，入新淦縣界。江流峻急，勢如三峽，故有峽江之名。○黃金水在縣南三十里，水上有黃金山。紀勝云：「黃金水在新淦西南百三十里，自新喻東流入斷金鄉，九十里而達於贛江。」又有豐水，亦在縣南。志云：水在新淦縣南百三十里，自廬陵縣西北流入境，達於贛江。

玉澗，縣南五十里。出玉笥山，回互紆曲，三十六澗之一也。下流入於峽江。舊志：玉笥山在新淦縣南六十里，玉澗在新淦南七十里。疑悞。

玉峽驛。在縣治南峽江濱。明初與峽江巡司同置，北去金川驛八十里。○沙坑砦，在縣東北。明初常遇春討熊天瑞於贛州，至臨江，平沙坑、麻嶺、牛皮諸山砦是也。志云：麻嶺山，今在新淦縣東八十里。

袁州府，東至臨江府二百五十里，南至吉安府二百四十里，西至湖廣長沙府四百三十里，西南至湖廣衡州府七百五十里，北至瑞州府三百里，自府治至布政司三百九十里，至京師六千七十五里。

禹貢揚州地，春秋屬吴，戰國屬楚。秦屬九江郡，兩漢屬豫章郡，三國吴屬安成郡，晉、宋以後因之。隋平陳，置袁州，治宜春，因袁山爲名。大業初改曰宜春郡，隋末林士弘、蕭銑相繼有其地。唐武德五年復曰袁州，天寶初曰宜春郡，乾元初復故。五代時屬於楊吴，後屬南唐。宋仍曰袁州，亦曰宜春郡。元曰袁州路，明初曰袁州府。時龍鳳十年，元至正二十四年也。

領縣四。

府東屏豫章，西控長沙，山水迴環，迄爲襟要。由江右而謀湖南，郡其必争之所也。唐末劉建鋒等引兵由江西出袁州，襲取潭州。南唐時欲并湖南，遣邊鎬屯袁州，密圖進取。及湖南亂，鎬將兵趨長沙，至醴陵而湖南降。郡當東西孔道，所謂地有常險也。

宜春縣，附郭。漢縣，屬豫章郡，武帝封長沙定王子成爲侯邑。後漢仍屬豫章郡，三國吴寶鼎二年改屬安成郡。晉因之，寧康中改縣曰宜陽。宋、齊以後因之。隋爲袁州治，開皇十八年復曰宜春。唐以後皆因之。今編户百五十里。

宜陽城，即今府城。相傳城本漢時遺址。圖經：「隋大業末蕭銑陷郡城。唐武德四年安撫使李大亮築郡城，周四百八十四步，東西南面開濠，北倚江爲濠。長壽二年遷州治於城東北二百步。開元八年復議遷州治於江北袁山之南，不果，遂展故城直南二百餘步，去卑濕而就爽塏。建寧二年嘗築羅城千五百餘丈，又築外城浚濠，其後又展城之東南面。五代唐天成三年楊吳嘗增葺以備守禦，長興四年復修浚。南唐時復以磚石甃東南面子城。宋大中祥符間因舊城修築，周七里二十步，子城周一里一百二十步，北枕秀江，三面爲濠。建炎初復增修之，開禧中又復增治，其後相繼繕修。元至正十二年爲徐壽輝將歐祥所據。二十二年歸明太祖，洪武四年又加修築。天順七年水溢城圮，尋修復之。弘治六年至正德七年、九年、十五年皆經葺治，嘉靖以後復屢修築。有門四，城周八里。」

袁山，府東北五里。峰巒秀拔。晉隱士袁京居此，因名。其北曰小袁山，迴聳相對。又震山，在府東十里。一名馬鞍山。山下有巖，幽晦深險。唐盧肇記：「其山本名呼岡，在城東方，望之正若冠冕，同麓異峰，四首相屬，兩仰成形，如畫震卦，因易其名。」又東十里曰鵰山，高百丈，周二十里。○坤長山，在府西南七里。山自坤方來，連亘甚遠。一名旗山。

仰山，府南六十里。周數百里。高聳萬仞，絶高處可仰不可登，因名。蓋州之鎮山也。其最勝者曰集雲峰。山中石徑縈迴，飛瀑湍駛，夐異人境。又小仰山，在府南三十里，亦高秀。晉鄧表修煉於此，一名鄧表峰，又名水晶山。○蟠龍山，在府南五十里。自山椒至巔凡三十六曲。上有蟠龍寺，唐末南平王鍾傳所建。峭壁奔湍，爲一州之勝。又木平山，在府南七十里。有三峰挺秀，高勝與仰山相埒。

將墳山，府西百里。周四十里，高三里。相傳漢武帝時有將軍易洸者領兵至宜春，卒於此，因葬焉。又望鳳山，在府西北七十里。周六十里，高三里，中有一峰如鳳。○老山，在府西南六十里。崇高峻拔。山巔飛瀑，下注爲清瀝江，北流入秀江。

嚴嶺，府北五十里。山勢峭拔，自下而上有小徑十八折，頂名仰公山。下有小溪，溉田甚廣。相近者曰石桑嶺，地多怪石。有石門，自門登嶺凡百餘丈。上有民居。又五虎嶺，在府北六十里。五嶺相連，形勢如虎。○大軍嶺，在府西北九十餘里，周迴十五里。山腰有泉，名水漿湖。相傳隋末戰場也。

南源嶺，府東四十里。嶺凡五，俗稱「南源五嶺」。又澗布嶺，在府南六十里，與吉安府安福縣接界。宋嘉定四年嘗於此置砦，以遏郴寇。又分水嶺，在府東南六十餘里，與嚴營山砦相近，皆防扼峒寇之所。○將嶺，在府西百餘里，上有黃王寨。又四望嶺，在府西南七里，高可四望。志云：府東十里有羊角峰，雙聳如羊角，一名雙箭峰。又聳翠峰，在府西三十里，峻壁孤峙平原之上。

萬勝岡，府東五里。五代梁乾化四年，淮南將崇景以袁州叛附於楚，楊渥遣柴再用討之，敗崇景於萬勝岡，崇景棄州遁是也。又牛欄峽，在府東二十里。左有金谿山，右有銀屏山，相對若欄。志云：袁有三峽，謂牛欄峽與分宜之鐘山、昌山二峽也。○化成巖，在府西北五里，下瞰秀江。絶頂有浮圖，宋紹聖中郡守王古所建，爲登臨絶勝處。又石乳洞，在府東三十里。闊數丈，深一里許。或謂之石室山。又府西三十餘里有石屋山，洞深百餘丈。又漠塘洞，在府北六十里。初入闊可數丈，有潭水流洞外。繼入小洞，漸遠一竇通明，地名帶塘，距漠塘已二十餘里，深不可測，鄉民嘗於此避寇。

秀江，在府城北。亦曰袁江，亦曰渝水。源發萍鄉縣羅霄山，東流經府西十五里爲稠江，至城下爲秀江，下流三百里，經分宜、新喻至臨江府合大江。○清瀝江，在府西南六十里。源出老山，經府西三十里之鞏溪，又經府西十五里之丫山分二派，一爲府西南十里之官陂水，一爲古江。官陂江又分二派，一爲府西南五里之司谿江，亦名沙陂江，一爲府西五里之新江，又會爲麟橋江以入於秀江。麟橋江，亦在府西六里。古江則舊傍山流，今涸爲田矣。

仰山水，府南六十里。源出仰山側，北流經府東北十五里廣順橋下入於秀江。又九曲水，在府南五里，地名山口。其水縈紆曲折，經府東三十五里赤橋下入於秀江。又鸞溪，在府西北六十里，下流亦入秀江。○東湖，在府城東。舊爲名勝，歲久湮廢。宋嘉定十三年開濬，今復廢。府西十里又有石湖，餘址僅存。志云：府城西又有西池，唐乾元中刺史鄭審所開，爲州之勝。今亦廢。

李渠，在府城西。源出官陂口。唐書：「袁州西南十里有李渠，引仰山水入城。元和四年李將順守袁州時，州多火災，居民負江汲溉甚艱。將順以州城地勢高，而秀江低城數丈，不可堰使入城，惟南山水可堰，乃鑿渠引水，溉田二萬，又決而入城，繚繞閭巷，其深闊使可通舟，經城東北而入秀江，邦人利之，目曰李渠。」自唐以後，守土者相繼修浚，渠屢廢而復治。明初亦嘗濬復，謂之西陂。又有益州塘，在城西北。亦唐元和中李將順所築，廣三十畝。形家以爲塘於州利益，故名。中有二島，曰卧龍洲。自塘穿渠遶州治，與李渠接，又東流經縣南赤板橋入石塘。今堙。又雷塘，在府東北七里，方三頃。或云即雷潭也，秀江所匯而成。郡志：潭在府東北七里。今皆湮廢。

宜春泉，府西四里。唐志：「宜春泉醖酒入貢。」寰宇記：「縣有暖泉，從地湧出，夏冷冬暖，清澄如鏡，瑩媚如春，飲之宜人，故以名縣。」晉地道記：「縣出美酒，隨歲舉上貢，蓋因此水得名。」或謂之靈泉。今府治西北有靈泉，蓋故迹已堙也。○滭泉，在府北三十里，溉田萬餘畝。又泉坑，在城南一里，東流至赤板橋入秀江，溉田萬畝，冬夏不竭。

**澗布鎮**，在府南澗布嶺，有巡司；又黄圃巡司，在府西百里；俱洪武初置。又廢税課局二：一在府西百里，景泰三年革；一在城北，嘉靖三十七年革。志云：縣東北舊有河泊所，正統十四年革。○秀江驛，亦在府城北。舊爲秀川公館，洪武初改置驛。

**宜春臺**。在府城内東南隅。高五十丈，周覽川原，實爲壯觀。又仙女臺，亦在城東南隅，與宜春臺相望。城西南隅曰鳳凰臺，枕城爲臺，樓觀突兀。志云：宜春有五臺，城南十五里湖岡山有湖岡臺，西北化成巖曰化成臺，與城内三臺爲五也。

**分宜縣**，府東八十里。東至臨江府新喻縣七十里，南至吉安府安福縣百里，北至瑞州府上高縣百四十里。本宜春縣之安仁鎮，宋雍熙初析置分宜縣，以分自宜春而名，屬袁州。元因之。縣舊無城，正德七年始興築，城垣卑薄。嘉靖三十七年以旁郡寇起，因議增築。三十九年城成，周四里有奇，編户一百九里。

**鐘山**，縣東十里。山有巨石，臨江如峽，亦名鐘山峽。峽長九十餘里，與新喻縣接界。峽中之水即宜春江也。○昌山，在縣西二十里。周迴十八里，下瞰秀江。志云：山舊名傷山，崇山對峙，袁江出其間，巨石截流，潺湲激湍，舟行上下，輒多覆没。晉永嘉四年羅子魯於山峽堰斷爲陂，灌田四百頃，時以傷非善徵，改名曰昌。唐會昌中太守鄭望夫復修堰溉田，後人思之，名峽中石曰望夫石，亦曰昌山峽。又玉岡山，亦在縣西二十里。卓立如玉，其下盤迴平衍。

臺山，縣北二十五里。山頂平夷，廣數畝，若臺。又貴山，在縣北四十里，地產鐵。唐志宜春縣有鐵。宋雍熙初置貴山鐵務，蓋以此。後廢。又三峰山，在縣北百里，亦高秀。○袁嶺，在縣西北十餘里。七峰聳起，如列戟然。相傳漢袁閎嘗避地於此。其第三峰之麓有洪陽洞，仙人葛洪、婁陽棲真處也。洞門東嚮，高數十丈，初入平夷明爽，益西則盤迴峻阻，石室深邃。中有流泉，春溢冬涸。又有小洪陽洞，在洞之頂，門甚阨，中可容千百人。志云：洪陽洞在縣西十五里。又仰嶺，在縣西六十里，極高峻，登之可瞰吉安城。

靈僊洞，縣北三十里。險峻崎嶇，仰視石屋如雲霞往來之狀。又桃源洞，在縣北百三十里。高峻幽邃，洞口空明。東北行半里許有石室，極虛曠。益折而東，泉石更勝，不可窮詰。距桃源洞二里曰風洞，居山之陽，阨不可入。旁有流泉，水石參錯，清風出焉。○鈐岡，在縣南二里秀江南岸。羣峰迴合，如列屏障，岡獨端秀凝重，正與縣對，登其上則四遠皆在目前。志云：岡延袤數十里而至城南，新澤水出其右，長壽水出其左，而夾於山末，故名曰鈐。又仙女臺，在縣東南五里，羣山環抱，一峰高聳。

縣前江，在縣城南，即秀江也。自宜春縣流入界，經昌山峽而東，澄澈環抱，出鐘山峽入新喻縣界。○峴江，在縣南五十里。自南境之雙源、裏源發源，會於雷同嶺下，入章谿，至石磊下爲峴江，築陂溉田數千畝。志云：縣南五十里有雙溪水，亦兩源合流，出雷同嶺下，會章谿入峴江合於秀水。

楊江，縣西北四十里，東南流會於秀江。縣北八十里有楊橋水，南流六十里注於楊江。縣西北三十里又有野江，亦南流入秀水。又赤江，亦在縣北，流三十里，經縣西二十五里之江斜潭，出昌山峽而合秀江。○嚴塘江，在縣東南三十里。志云：發源自檀溪及李家礱，出水口會新喻江。又渭江，在縣東三里。自新社江流出七里坑，合秀水。

介溪，縣北十五里。源出北境之介塘，渟匯清澈，冬夏不竭，溉田千餘畝，東南流十餘里，出縣東五里耽江橋會秀江。又竹橋水，在縣東北二十里。自臺山發源，下流出小江口白米渡會於袁河。○汊江水，在縣南五十里。其源左出仰嶺，右出縣南五十里黄真人臺，旋繞而南，至泉江山下二水相夾，出安福同橋、廬陵板陂至吉水同江，會入大江。

西岡湖，在縣北二里。廣六十丈，灌田數百畝。又落星湖，在縣西五里。廣五十餘畝，其深莫測。相傳唐時本民居，夜見巨星流止其屋，旦遂成湖，因名。○源潤泉，在縣南泉源嶺下。溉田百餘畝。

安仁驛。在縣治東，以縣舊爲安仁鎮也。嘉靖三十五年移置東門外。○峽山寨，在縣南。其地山峻水險，高巖峭壁，相傳唐李克用曾駐兵於此，遺址尚存。又白斜寨，在縣北，亦昔時屯戍處。○萬年橋，在縣治東，跨秀溪上，嘉靖三十五年建。釃水十一道，長百二十丈，稱爲壯麗。

萍鄉縣，府西百四十里。西至湖廣醴陵縣百十里，西北至湖廣瀏陽縣百四十里，西南至湖廣攸縣二百七十里，東南至吉安府安福縣二百九十里。本宜春縣地，三國吴寶鼎二年析置萍鄉縣，屬安成郡，以楚昭王渡江得萍實於此而名。晉仍屬安成郡，義熙中嘗封何無忌爲萍鄉縣公。宋、齊仍曰萍鄉縣，隋屬袁州，唐、宋因之。元元貞初升爲萍鄉州，明朝洪武二年改州爲縣。今編户百三十一里。

萍鄉故城，縣東五十里。亦名甘卓壘。城冢記：「晉太興元年陳敏僭王江東，與杜弢謀相應，元帝遣鎮南將軍陶侃水陸二道來伐，又使甘卓領兵至縣東築壘，連接五所，即此地也。」志云：壘東近瀘溪鎮，有聖岡嶺，衆山迤邐，蒼翠重重，即甘卓築壘處。又有石室與壘相近，四圍高峭，中虛如室。隋、唐以後遷縣於今治。元爲州治，至正十二年徐壽輝將歐祥由湖南來寇，守臣别速堅遣兵禦之，戰不勝，州陷。十四年湖南官軍吴天保以所部荅剌軍克復州治，未幾復爲祥所陷。二十二年歸於明。舊未有城，正德七年築土城，嘉靖以後屢經修築，周不及八里。

羅霄山，縣東六十里。高數千丈，延袤百餘里。下有石潭，深不可測，秀江之源出焉。又武功山，在縣東百二十里，與羅霄山相接。宋紹興間峒寇猖獗，州將趙扆統軍勦捕，立栅山上，至今樵者猶得斷戈遺甲。一名葛仙峰，相傳葛玄煉丹處。山之下有羅霄洞。志云：武功山根盤八百里，跨袁、吉二郡界。○毛仙山，在縣東二十三里。宋時置毛山驛於山下，爲往來通道。又九嶷山，在縣東七十里，以連帶九峰而名。山側二峰峭拔，若雙鶴飛舞之狀，名曰仙鶴嶺。

楊岐山，縣北七十里。相傳楊朱泣岐之所。或作「煬岐山」，云隋煬帝曾陟此。一名玉女峰。又楚山，在縣北九十里。相傳楚昭王曾經此，山巔有昭王臺遺跡。○案山嶺，在縣北五十里。左右兩山相峙，中平如案，因名。有亭曰高安，爲往來休息之所。又馬跡嶺，在縣南七十里，平夷修遠。相傳甘卓曾經此，馬跡猶存。

裹大洞，縣南三十里。山圓如覆鐘，有兩洞相接：上洞口在山趾，石田廣袤；下洞口出山腹，巨石如屏，中有小溪。宋建炎初避亂者多歸焉，巨寇張成攻圍數日，洞中人仰射，賊有死者，乃却。兩洞廣可容千人。○下石坡洞，在縣西北四十里，有巨石窒其門。宋靖康中巨盜曹成輩劫掠鄉井，里人相率去石入洞避難。洞空曠，可容千人，一夫守之，寇屢攻莫能入。又曹源洞，在縣西二十里。深廣可容千餘人，宋建炎間居民嘗避寇於此。

縣前江，縣治南，即楊岐水。發源楊岐山，西南流四十里過縣前，又九十里入醴陵縣之淥江，亦謂之萍川水。○羅霄水，在縣東南四十里。出羅霄山，分二派：東流爲盧溪水，入宜春縣界謂之秀江，即袁江上源也；西流入醴陵縣界合淥水。

新江，縣東三十里。唐咸通中郡守顏退福奏開以通湖南，纔十餘里而輟，故跡猶存。又泉江，在縣東三十里。有泉出江中，因名。下流通羅霄水。○寒泉，在縣東二十里官道旁，溉田甚廣，大旱不竭。名勝志：「縣西八十里有蕭仙潭，匯五溪之水而成，俗傳蕭史嘗遊此。」

草市鎮，縣西八十里。有巡司。又縣東九十里有大安巡司，縣北九十里有安樂巡司，俱明初置。又湘東市，在縣西三十里。舊有湘東驛，宋建炎間移於縣西三十五里之黄花渡，有黄花橋，元驛廢。輿程記：「湘東去醴陵縣八十里。」又廢愛直驛，在縣東三十里，亦宋置。又東二十里爲盧溪鎮，以臨盧溪水而名。志云：盧溪通舟楫，有小市，爲縣津要。○宣風鎮，在縣東七十里。宋時置宣風驛，後廢。鎮東西凡三里，爲水陸之衝。

萍實橋。在縣西南，以楚昭王得萍實而名。楊吴時置橋跨縣前江上，後圮，明初復建。志云：縣西北七十里醴陵界有香水渡，此爲楚昭王渡江得萍實處。

萬載縣，府北八十里。東至瑞州府上高縣百有五里，西至湖廣瀏陽縣二百五十里，北至南昌府寧州三百六十里，東南至分宜縣百三十里。漢建成縣地，屬豫章郡。三國吴黄武中析置陽樂縣，晉太康初改曰康樂，仍屬豫章郡。宋、齊因之，隋省。唐武德五年復置陽樂縣，屬靖州，八年州廢，省縣入高安縣。五代梁龍德元年，楊吴順義元年也，始置萬載縣，屬袁州。南唐保大十年改屬筠州，宋開寶八年仍還屬袁州。宣和三年改縣曰建成縣，紹興二年復故。縣舊無城，正德六年始築土城禦寇，八年城始就，十三年復增築之，未幾圮於洪水。嘉靖初重築，二十一年、四十三年皆嘗營葺。萬曆初復甃以磚石，十六年以後修葺不一。今城周六里有奇。編户百有四里。

康樂城，縣東二十里。邑志：縣東隅有康樂城，元末紅巾劉仁據縣時築，周五里，即此城也。洪武初仁弟敬來歸，城遂廢。

龍山，在縣治後。龍江經其下。其勢夗𧍊，來自衡、霍，爲縣之鎮。官衙綴倚其麓，俗呼官山。又紫蓋山，在縣西北十五里。山勢崇聳，屹若車蓋，舊名雲蓋山，後改今名。又銀山，在縣西十五里。山有巨石，潔白如銀。中有洞，可容數百人，寇亂時民多避其中。○穩山，在縣西八里。兩山對峙，中通一徑，俗呼爲穩山關。其相接者曰坤山，聳峻嵯峨，林箐叢密，東曙不及，惟斜陽可到，往來者皆經其上。又東岐山，在縣東七里，與上高縣接境，委蛇屈曲，路岐多徑。有峰曰鵝鼻，元虞集以爲似蜀中之鵝鼻峰，因名。縣東南五里又有雞籠山，平地突起，周圍盤旋，巉石壁立，有泉四時不竭。近時嘗置營於其上。

湯周山，縣西三十里。延袤峭峻，巨石清流，遍滿山谷。相傳晉安帝時有湯、周二士得仙於此，因名。又峰頂山，在縣西南三十里，高可望郡城。有泉清洌，可以灌溉。志云：縣西八十里有書堂山，山谷深鬱，常有雲霧，世傳晉習鼇鹵嘗居此。又有東臺山，在縣西南九十里。山皆石壁，巉巖峭拔。○九龍山，在縣西百里。山有九峰，嵯峨秀麗。又西二十里曰鐵山，地產鐵，與瀏陽縣分界。

清泉山，縣東北四十五里。林木森聳，瀑布懸流，俗謂之小仰山。又四十里山，在縣北三十五里。林麓深邃，延袤曠遠，周迴恰四十里。又五雷山，在縣北二十里，有五山相連。○皂山，在縣北六十里。屹然突立，山色似皂，與瑞州府新昌縣接界。一名連香嶺。又北十里曰謝山，志云：邑人謝仲初昇仙於此，因名。泉石甚勝。又龍門山，在縣北九十里。羣峰環聳，盤踞如龍，中有坳路，狀如龍門。

十八渡嶺，縣北四十里。舊時路在嶺下，循環一水，往來凡十八渡，後人闢路嶺上，遂免迂陟。又浮樓嶺，在縣東十里。巑岏秀麗，兩山突出如角，遠觀若樓浮雲中。○大關嶺，在縣西六十里。羣峰聳翠，中道崎嶇，俗呼大官嶺。又白水嶺，在縣西八十里，高數十仞。嶺下平坦，廣袤數里，中有小溪，水色常白。縣西百里又有大陽嶺，嶺周百里，形勢陡峻，曙光先照，至昏不冥。

龍江，縣北五里。源出縣西百二十里金鐘湖，東經大關嶺，過龍山爲龍河，又東入瑞州府境而爲蜀江。志云：金鐘湖水分二派，東流爲龍江，西流入瀏陽縣之瀏水。又縣西六十里江中有魚鱗灘，〔八〕江水迅急，亂石横列如鱗，因名。縣東北二里又有龍洲，洲廣數百畝，石洞水與龍江水合流處也。亦曰龍河渡。○多江，在縣北七里。龍江、石洞二水相合後，溢流旁出，至此平淺，涸露小洲，三五縱横，支流合派，因名。蓋即龍河之别流也。

石洞水，縣西南十里。源出縣南二十里竹山洞，北流經楊河山會白沙水，過縣治南南浦橋下，繞學前爲學前江，又東北出城合於龍河。志云：學前江有三源：一源即石洞水也；一源出鵝鼻峰，西流近城，伏地里許而復出爲塢溪，入城會學前江；一源出城東南廠塘，西流入城中，分兩派夾流而北，會學前江。亦謂之三江。

錦江水，縣北三十里。源出謝山下，流入於龍河。縣東北三十里又有康樂水，亦出謝山，東南流至縣東二十里之丘江而會於龍江。或謂之謝江水。○野豬河，在縣西三十里。源出金鐘湖，北流過魚鱗灘爲深潭，會竹洞水而合龍河。其水迂回旋繞，奔騰峻急，舟行者患之。又劍池水，在縣西九十里。其地有靈棲巖，池水出焉，别有曾家源水流合劍池，下流出沙江橋入金鐘湖。

鐵山鎮。在縣西鐵山下。有鐵山界巡司，明初置。又高村鎮，在縣西二十里。〔九〕舊有巡司，元末廢。洪武四年復置，十二年革。○鄢王寨，在縣西湯周山下。宋靖康中寇亂，邑人鄢王者率鄉民立寨禦之，故址猶存。又黎源村，在縣北百二十里，爲府境之要害。萬曆二年羣寇侵犯，官兵討之，賊首楊青山遁入黎源洞天井窩，依山爲險。事平置黎源哨，設官兵守之，後漸廢。崇禎六年復設以禦楚寇。志云：萬載之黎源，與奉新之百丈，新昌之黄岡，靖安之雙坑，武寧之黄竹，五洞相連，俱潛通大潙山，岡嶺重複，亡命者多阻險其中。萬曆三年以後餘孽猶嘯聚於此。五年撫臣潘季馴議立黎源哨，又添兵守銅鼓營。崇禎六年土寇猖獗，黎源亦爲防禦要地。

附見

袁州衛。在府治東。洪武元年建。

# 校勘記

〔一〕雖甚漲而洲不没　「漲」，底本原作「長」，今據職本、敷本、鄒本改。

〔二〕傅擔山　「傅」，寰宇記卷一〇九、大明一統志卷五六均作「傳」，與此異。

〔三〕攀援轉置　「置」，鄒本作「側」。

〔四〕蟠龍山在縣北三十三里　「三十三里」，底本原作「三十里三」，今據職本及大明一統志卷五六乙正。

〔五〕編户四十二里　底本原作「編户二十四里」，今據職本改。

〔六〕經清江鎮而入大江　「大江」，鄒本作「贛江」。

〔七〕分江水爲溪流三十里復合於江　鄒本作「分贛江水爲溪，流三十里復合於贛江」。

〔八〕又縣西六十里江中有魚鱗灘　「里」，底本原作「流」，今據職本改。

〔九〕在縣西二十里　「二十里」，底本原作「七十里」，據職本改。

# 讀史方輿紀要卷八十八

## 江西六

贛州府，東至福建汀州府五百里，南至廣東翁源縣界五百二十五里，西至南安府二百五十里，北至吉安府陸路四百二十里，水路曲折七百里，東北至建昌府七百五十里，自府治至布政司千一百八十里，至京師五千六百七十里。

禹貢揚州地，春秋屬吴，戰國屬楚。秦屬九江郡，兩漢屬豫章郡，三國吴屬廬陵郡。志云：後漢初平二年孫策析豫章立廬陵郡，建安中孫權又析廬陵地置南部都尉，治雩都縣。一云南部都尉三國吴嘉禾五年置。晉改置南康郡。太康二年改廬陵南部爲南康郡，永和三年始自雩都移治贛，介章、貢二水間，即今府治。宋爲南康國，齊復爲郡，梁、陳因之。隋平陳改置虔州，大業初復爲南康郡。唐復曰虔州，天寶初曰南康郡，乾元初復故。五代時初屬淮南，後屬南唐。唐末虔州爲盧光稠所據，朱梁命光稠爲百勝軍節度。貞明四年淮南克虔州，亦曰百勝軍節度，南唐因之，尋改曰昭信軍節度。宋仍曰虔州，亦曰南唐郡、昭信軍節度。紹興二十二年改曰贛州。宋中興小歷：「時校書郎董德元上言，虔州號虎頭城，非佳名也，廷臣議州名，有虔劉之義，因改名贛州。」元爲贛州路，明朝洪武二年改路爲府。今領縣十二。

府接甌閩、百粤之區，介谿谷萬山之阻，爲嶺海之關鍵，江、湖之要樞，江右有事，此其必爭之所也。戰國時楚嘗使吴起南平百粤矣，自秦迄漢，皆出五嶺，威百越，贛之不能無事可知也。晉之末造，徐道覆自始興而北，陷南康，而廬陵、豫章以至尋陽無完堵焉。陳霸先奮自始興，進軍南康，贛石既捷，而霸業已成。隋之末也，林士弘竊據虔州，睥睨江、漢，李靖既平蕭銑，急擊滅之。唐之季世，盧光稠既得虔州，復踰嶺而南，并有韶州，以二州之衆，雄峙於淮南、嶺表兩大之間。及光稠末，淮南亦急圖虔州，以爲苞桑至計。宋紹興中岳飛經略江、湖，討平羣盜，既克虔州，賊勢益蹙。景炎之際，文天祥拮據嶺表，疾爭虔州，以爲北顧之基。明初既平僞漢，削清支黨，急下贛州，既而進規廣東，命將出師，一軍自贛州而南矣。武皇之世，强藩桀逆，舋起豫章，王守仁潛師圖其後，而賊亡忽焉。然則分旄建閫，列爲雄鎮，非徒震懾姦頑，肅清蠻左，亦以控扼上流，犬牙内地，廟堂偉略，不可改也。弘治七年始添設撫臣於贛州。雖然用兵者知其常，而不通其變，彈丸贛州，其足爲將來之鑒者，又可勝道哉！

贛縣，附郭。漢縣，屬豫章郡，後漢末改屬廬陵郡。晉初屬南康郡，尋爲郡治。宋以後因之。隋初改縣曰南康，大業初復故，自是州郡皆治此。今編户百十二里。

贛城，即今府城。漢置。志云：漢興立贛縣，築城以防尉佗，今府西南益漿溪城是也。晉太康三年縣移治州東北葛姥故城。東晉永和中縣爲郡治，太守高琰築城二水之間。劉宋昇明中縣又移置於贛水東三里，梁承聖初復遷贛水南，唐貞觀中又徙今治。光啓中刺史盧光稠斥廣其城，東西南三隅鑿爲隍。宋皇祐中太守孔宗翰以東北隅易墊，甃石冶鐵錮之。熙寧中守劉彝於城下開水窗三，時啓閉以防水患，自是相繼修葺。元初城毁，至正十三年修復。十八年陷於陳友諒，使其將熊天瑞增修。二十二年歸明太祖，二十五年增修。城北阻二水，其形三隅，南衍而北鋭。成化二十一年以城圮復修葺。弘治六年及九年、十三年皆經營繕，正德六年又復增修。十三年及十四年皆以久雨城圮，修完如故。嘉靖以後遞經增葺，號爲雄壯。舊有門十三，元塞者五，明朝塞者三，今僅存五門。周十三里有奇。

**葛姥城**，府東北五里。冢廟記：「葛姥者，漢末避黄巾賊，來自交趾，貲財巨萬，童僕數千，於此築城爲家。」今有葛姥祠，即城故址云。

**賀蘭山**，府治西北隅。其右隆阜特起，爲文筆峰。綿亘而東爲白家嶺。志云：山即鬱孤臺，昔人因高築臺爲登眺處，以鬱然孤起而名。後夷爲平地，明朝正德十一年培之使高，爲郡形勝。又天竺山，在府東四里貢江東，山高秀。相接者曰伏龍山，林木蔭翳。又東一里有佛日峰，舊稱名勝。○玉房山，在府東南二十四里。本名赤石山，中有玉房瓊室，唐天寶六載改今名。又汶山，在府東三十里。有昇仙峰，巨石盤亘。下有潭廣數十丈，亦曰文潭嶺。有文潭隘，爲設險處。

**崆峒山**，府南六十里。一名空山。其麓周迴百里，章、貢二水夾以北馳，蓋一郡之望也。志云：山南十里有四會峰，與崆峒對峙，東距龍江。其上方平，容數百人。旁有小徑可躋，井源不渴，昔人多避兵於此。又九峰山，在府西南三十里，根盤數十里，屹立高聳，南向崆峒，北拱郡治。○蛤湖山，在府西北三十里。一名三陽山。上有三峰，下有龍湫，與崆峒相對，爲郡城後屏。又順山，在府北百二十里，抵萬安縣界。怪石萬丈，歷三十六坳乃至其巔。相近者曰龔公山，唐隱士龔亳棲此，因名。峰巖泉石，綿延襟帶，舊稱名勝。府北六十里又有黄唐山，高千餘丈，水石林泉，與龔公山相埒。

回軍嶺，府東四十里。相傳黄巢犯境，里人禦却之，因名。又羅龍嶺，在縣東南八十里，路通信豐，行者常憩於此。志云：府北百二十里有分水嶺，與萬安縣分界。又有黄竹嶺，在府西北百四十里，路出龍泉。嶺畔多竹，因名。○妙高嶺，在府北八十里。舊名岄嶺，高出羣山。又通天巖，在府西二十里，巖洞高廣。其半壁又有望歸巖，甚幽勝。輿程記：「府東六十里有岑口岡，又東六十里即雩都縣。」

贛水，在府城北。其上源爲章、貢二水。貢水一名東江，源出福建長汀縣新路嶺，西經瑞金、會昌及雩都縣境，南北支川悉匯入焉，又西至府城東，環城而北會於章水。章水一名西江，源出南安府聶都山，一云出湖廣郴州黄岑山，自宜章縣東流經崇義、大庾縣及南康縣境，亦會支川而東達府城西，環城而北，會於貢水，自此名贛水：北流三百里，至吉安府萬安縣，其間有九灘，曰白澗灘、天柱灘、小湖灘、鼈灘、大湖灘、銅盆灘、落瀨灘、青洲灘、梁口灘，俱屬贛縣；又經九灘乃至萬安，所謂十八灘也。江在縣境者一百八十里，灘之怪石如精鐵，突兀廉厲，錯峙波面。其上流在信豐、寧都者，石磧險阻，尤甚於十八灘。孟浩然云：「贛石三百里，沿洄千嶂間。」是也。梁大寶初高州刺史李遷仕以侯景之亂入援，臺城陷，遷仕等散還，至大皐口遂反，遣兵入贛石，拒陳霸先於南康，尋爲高涼太守馮寶妻洗氏所敗，遁走。洗氏會霸先於贛石。明年霸先發南康，贛石有二十四灘，會水暴漲高數丈，三百里間巨石皆没，遂爲安流。五代梁貞明四年，淮南攻虔州，嚴可求先以厚利募贛石水工，大兵奄至城下，州人始知。蓋郡恃贛石爲險云。餘詳大川贛江。

長步水，府西北四十里。源出黄塘山，流四十里入贛水。又龍溪水，在縣北百里。源出黄竹嶺，流入贛水。又梁水，在府北百六十里。源出府東北百四十里之龍頭嶺，西流入贛水，梁口灘在其處。○湖洲，在府北八十里，突起江中，周圍數里。又北十里曰米洲，以沙白如米而名。

桂源鎮，府北百五十里，接萬安縣界，有巡司；又磨刀寨巡司，在府東北百里，接興國縣界；俱明初置。又府西六十里有長洛巡司，亦明初置，嘉靖中革。○下窑隘，在府南；志云府南又有文潭隘；俱路出信豐縣。又兜坑隘，在府西，路出南康縣。府西北又有廟前隘，路出龍泉縣，山徑險阻。又婆婆隘，亦在府北，路通萬安。府東北又有黄土嶺隘、屋嶺隘，俱道出雩都縣。志云：府東南有牛嶺隘，境内又有背嶺隘，俱設兵戍守處。

水西驛，在府城西。元爲水西站，洪武初改爲驛，五年并置遞運所於此。又攸鎮驛，在府北百二十里。元曰攸鎮站，明初改爲驛。輿程記：「自驛而北至萬安縣之皂口驛百里。」○黄金税課局，在府西，相近曰大壺税課局，府東又有社富税課局，俱明初置。

古亭。在府西。五代梁貞明四年淮南攻虔州，州將譚全播求援於楚，楚遣兵屯古亭以救之，爲淮南將張宣所破，即此。○東橋，在府城東建春門外貢水上。舊名東津渡，宋紹興中郡守洪邁始創浮梁，後修廢不一。又西橋，在府西西津門外章水上。舊名知政渡，宋熙寧間郡守劉瑾始造浮梁，後亦屢經修廢。弘治中建督撫，始立關征，以資軍餉。東西兩橋，皆掌之官，以時啓閉，每年稅課凡三萬餘金。

雩都縣，府東百五十里。東至瑞金縣二百里，西南至信豐縣百三十里，東北至寧都縣二百里。漢置縣，屬豫章郡，因雩水爲名。後漢因之，三國吴南部都尉治此。晉初爲南康郡治所，永和中屬南康郡。宋、齊以後因之。隋、唐屬虔州，宋屬贛州。今編户十五里。

雩都故城，在縣東四里東溪上。志云：縣本南海揭陽縣地，漢高帝六年使灌嬰防趙佗，立縣於此，後皆因之。陳永定中徙治縣東南之大昌村，隋復舊治。唐貞觀中大水，安撫大使任懷玉移治南康故郡城，即今治也。五代梁貞明四年，淮南攻虔州，閩兵屯雩都以救之，尋引還。舊有土城，宋紹興十五年甃以磚石，明年爲水所圮。開禧三年補築，紹定中增修。元毁，至正十三年因舊址修治，南臨大江，三面爲隍，功未及竟。明朝成化二十一年修築，弘治二年增葺，十四年、十八年皆嘗營繕。正德四年廣東程鄉賊越城劫掠，八年增高舊城三之一。十四年、十五年皆圮於霖雨，旋復修治。嘉靖以後不時營葺。城周五里有奇。一云漢雩都故城在今縣西北五里。

雩山，縣北三十五里。高聳干霄，蓋古望祭之山也。雩水出其下，縣因以名。又太平山，在縣西北八十里。瀑布幽繭，人多遊賞。今有太平公館。相近者又有夜光山，本名峽山，唐天寶六載改今名。○高沙寶山，在縣東北百二十里。兩峰壁立，勢如伯仲。宋時有樵者遇白兔，逐之入地，掘尺許，銀礦溢出。志云：縣東二百六十里有珠玉山，山高峻，嘗産珠玉。本名官山，唐天寶六載改今名。

白雲峰，縣西四十里。有三洞聯絡，各容百餘人。上曰白雲嶂，中曰太虚巖，下曰龍巖，溪流貫注其間。五代晉天福八年南漢循州賊張遇賢作亂，踰嶺趨虔州，攻陷諸縣，作宫室，營署於白雲洞，四出剽掠，南唐兵擊滅之。○固石洞，在縣東北百里。宋紹興三年岳飛討羣盗於虔州，賊彭友悉衆至雩都迎戰，飛擒之，餘黨退保固石洞。洞高峻環水，止一徑可入。飛列騎山下，令皆持滿，黎明遣死士疾馳登山，賊衆擾亂，棄山而下，騎兵就圍之，賊窘乞降。

雩都峽，縣西北五十里。峽長而險，前臨大江，巖壁陡絶約二十餘里，爲縣之噤喉。志云：峽中有米沙洲，長二百餘丈。其沙三角，與常沙異，色最白，人視其厚薄以占米價。又寒信峽，在縣東北六十里。巖壁夾峙，每歲峽中先寒，因名。○通巖，在縣南十里。山腰前後洞徹，中通人行。

雩水，縣城南。源出雩山，西南流入貢水。志云：雩水上流寧都江挾石城水自東北來會，昌江挾安遠、瑞金水自東南來，皆繞雩城而西北，出峽，又西則興國江水自西北來，又前二十里則信豐江挾龍南水自西南來，皆與雩水合，逕郡城東而會章水。志云：上流之灘，其名曰葛瀲、八賴、井洲、鸕鷀、藥口、大傅、車頭、小万、苦竹、長灘、䆏口、牛牯凡十二灘，大都皆在縣境也。

寧都水，縣北百七十里。自寧都縣南流，合羣川之水而入於雩水。又曲陽水，在縣東北百九十七里。其地有曲陽山，水源出焉，南流會境内諸小水而入寧都水。又渡水，出縣東北百二十里之龍山，南流會於曲陽水。○化龍水，出縣西北五十里鷄公山，西南流入於貢水。

平頭寨，縣東北百里，路通閩、廣，當五峒、七逕之衝。宋紹興中岳飛平固石洞賊，遂於是地建砦，親率麾下築之，寨成立司，招收義軍捍禦。明初設巡司。又青塘寨，在縣北百八十里。宋紹興中岳飛收峒寇，功成，以其地界三邑之衝，置寨於此。明朝亦設巡司。又縣東北有印山巡司，明初置，嘉靖中廢。

磜下隘。在縣西北，又有龍潭、峽口、馬嶺、牛嶺等，共五隘。志云：縣東有佛嶺隘，又東有葛坳隘，縣東南則有左坑、豐田二隘，皆洪武中置。弘治九年又於縣東置銀坑隘。大約最切者爲豐田、左坑、牛嶺三處，閩、廣有事，窺伺必先經此。

信豐縣，府東南百七十五里。東至會昌縣百五十里，南至龍南縣二百七十里，西南至廣東南雄府二百四十里，西北至南安府百五十里。漢豫章郡南埜縣地，三國吴爲南安縣地，晉爲南康縣地，宋、齊以後因之。唐永淳初又析置南安縣，屬虔州，天寶初改今名。舊有土城，宋嘉定三年修築，後圮。明朝洪武二十三年重築，成化元年復增修之。二十三年爲廣賊所陷，旋復營葺。正德九年復加營葺。嘉靖十六年城爲水圮，十七年、二十三年修築崇固，隆慶以後又嘗增修。今城周三里有奇。編户六里有奇。

穀山，縣西十五里。高聳插天，雄據一邑。山腰有石巖，頂有池，稱奇勝。志云：縣南二里有南山，峭拔屹立，北拱縣治，縣之案山也。○巫山，在縣西北四十里。有嶇嶺，上多怪石，與南康分界處。巫水出其下，流會綿水入於桃江。又猶山，在縣西百二十里。山分九十九面，多産異藥。

香山，縣南七十里，盤亘三十里。有九十九峰，小溪十八派分流山下。又大龍山，在縣南百二十里。上有巖洞數十，俗稱爲仙窟。志云：縣南四十里有三明山，三峰鼎峙，石塔五層，頂泉澄泓，盛夏不竭。又禾溪山，在縣東八十里，怪石峭峻。下有溪流，蔭田數千頃。其相峙者曰企嶺山，頂尖如筍，羣山莫並。○廩山，在縣西北三十里。石圓如廩，高千五百餘丈。山下有湖，與南康縣接界。

鐵石巖，縣西南二十里。巔有二門，中容百人，又有石井，昔人多避寇於此。又西南六十里有黄石洞，泉石深險，人跡不到。○塔石，在縣西南二百里。前有石砦二，大可容數百人，小容百人，亦昔時避兵處。

桃江，在縣東。源出龍南縣冬桃山，北流曲折凡五百三十里，經縣界，北流入於貢水。縣境羣川匯於此，亦謂之信豐江。志云：桃江兩岸，巉巖險峻，有灘十六，曰烏漾、枯木、三摺、梓木、石瀨、龍江、圓潭、上寒、下寒、上智、咽人、三港、下順、劍門、車輪、斷龍諸灘，而烏漾尤峻險，舟楫難通，近年始鑿云。

綿水，縣東三十里。其地有綿山，水源出焉，北流至烏口入於桃江。又巫水，在縣東四十里。源出巫山，抵樟塘會龍湖入桃江。縣南又有和溪，出安遠縣界和口龍湫，亦北流入桃江。○黄田江，在縣西南。源出南雄府界，抵黄田務可通舟楫，又東二百里而入桃江。又城北有北江，源出猶山，流百四十里而入桃江。志云：縣西南百餘里有安息水，出安遠縣界，流至龍湖口入桃江。又有小河，亦在縣南，有上龍、箬坑二水流合焉，入於桃江。

新田鎮，在縣東南。有巡司，明初置。虔臺説云：「縣境東南接安遠界，由安遠轉入長寧，其間黄鄉等處，脱有不逞，路必出新田，故巡司之備禦爲切。而石背堡又在新田東南，先時盜丘永全據此，其地阻險，民强悍，此又新田之唇齒也。」○石口隘，在縣東。又有鴉鵲隘，路通會昌、安遠二縣。縣西又有九里、竹篙二隘，路通大庾縣及廣東之保昌縣。又陂頭、平岡、楊梅三隘，俱在縣南，路通龍南縣。

楠木峽隘。在縣北，路出贛縣、南康，有一夫當關之險。又有嶇嶺隘，亦爲道出南康之險徑。○鎮南堡，在縣西南，路出廣東始興縣，實爲要地。又有南大方隘，在縣西南，與保昌接壤。又有九渡水隘，亦接保昌，並兩省分界，爲保禦要區。嘉靖間邑民鑿石開河，遂通舟楫，爲行鹽捷徑，然姦宄逋逃，不可不防其漸也。

興國縣，府東北百八十里。東至寧都縣二百里，西北至吉安府泰和縣百五十二里，東北至吉安府永豐縣三百二十里。本贛縣之瀲江鎮。〔一〕宋太平興國七年割贛縣、廬陵、泰和三縣地置興國縣，以年號爲名，屬贛州。〔二〕舊無城，元至正十二年始築，後圮。明朝成化二十一年修築，弘治六年、十八年皆增葺。正德五年爲賊所破，尋復修。七年、十三年圮於霖雨，嘉靖十四年又爲江水所圮，皆次第葺治。是後屢經營繕。城周五里有奇。編戶五十九里。

平固城，縣北百六十里。三國吳析贛縣地置平陽縣，屬廬陵南部都尉。晉太康初更名平固縣，屬南康郡，桓玄簒位，封安帝爲平固王是也。宋亦爲平固縣，齊因之，隋省。九域志贛縣有平固鎮，縣故贛地也。

靈山，縣東十五里。有五峰連絡，曰獅、象、香爐、鉢盂、錫杖。下有玉珠泉。縣西十五里又有玉珠山，高出衆山之上。○蓮花山，在縣東百四十里。宋末文天祥駐兵山下，累石爲城，基址猶存。相接者曰厓石山，亦天祥屯兵處。

覆笥山，縣北百七十里。東望金精，西望芙蓉，北接青原，南瞰章、貢，爲邑境羣山之宗。真仙通鑑：「山頂有湖，周數里，多靈草藥物。」又方山，在縣東北四十里。山分四面，上有仰湖，旱潦如一。旁有巖，俗以爲仙靈窟宅。或云山即方石嶺，宋景炎二年文天祥敗績處。似悮。志云：縣東十五里有方石，其形如印。亦非也。方石嶺見廬陵縣。疆域考云：「縣北百二十里即廬陵縣界。」

瀲江，在縣東北。一名平川。源出縣東北二十里蜈蚣山，西流經縣西北藍陂會濊水，又西北會黄田水，凡二百六十里通平固江口入貢水。又濊水，在縣西，流經城東南，至東潤口二百餘里與瀲水合，又北六十里至平固江口，又八十里入貢水。志云：縣東二十里有龍下川，源出縣東北境之曹溪，西流三十里合濊水入貢江。

長信瀧，縣東二十五里。永豐、寧都之水入縣界者皆匯流於此，狂瀾奔駛，聲吼如雷。俗呼上曰啞灘，以舟過禁聲也；下曰泥灘，以深不可測也。又衣錦瀧，亦在縣東，以鄉名衣錦而名。巖石層起，如人跨馬，諺云「龍下三瀧，舟楫莫當」，蓋在龍下川中。相近有獅子灘，以形似名。

衣錦寨，在縣東，有巡司；縣北又有回龍寨巡司；俱明初置。又梅窖隘，在縣東。亦曰梅窖關，路通寧都、雩都二縣。正德中閩、粵流寇犯縣，由此突入，最爲要害。相近有龍子、劉坑、油洞、塞上、岫口洞諸隘。虔臺説云：「縣東南有牛扼嶺、竹竿洞、觀音嶺諸隘，皆峭險，而梅窖尤爲保障重地。」○方石嶺隘，在縣北。亦曰方山嶺阨。相近有楊梅逕阨，又東爲壕頭、花橋等隘。又楏園岡阨，在縣西；相近有南村洞隘及温坡埠頭隘；自西而南又有垓頭坪隘、墟下隘、峽田隘及龍沙廟前阨；縣南又有荷樹皮隘及企嶺坳阨：舊俱爲戍守處。

空坑。在縣境。宋景炎二年文天祥復梅州，引兵出江西，復會昌縣，敗元軍於雩都，圍贛州，分兵復吉、贛諸縣。元李恒遣兵援贛，而自將攻天祥於興國，戰於方石嶺。天祥軍敗，至空坑兵盡潰，妻子及幕僚客將皆被執，〔三〕惟天祥逸去。○鍾步鎮，在縣北。李恒攻天祥於興國，天祥遣兵戰鍾步，不利，即此。

會昌縣，府東二百里。東南至福建武平縣二百十里，西南至安遠縣百四十里，東北至瑞金縣百六十里。本雩都縣之九洲鎮，宋太平興國七年析置會昌縣，屬虔州。紹定四年升縣爲軍，咸淳五年復舊。元元貞初升爲會昌州，明朝洪武二年復爲縣。城邑考：「縣故無城，宋紹興間創築，明朝洪武二十一年增修，正德七年繕葺。嘉靖三十七年城圮於洪水，旋復營築。城周不及三里。」編户九里。

明山，縣北隔河二里。邑主山也。寒泉飛瀑，巨石蹲峙，下有五坡石。又縣北五里有三門洞，湘洪水所經也。○古方山，在縣東十里，高出羣山，壯觀一邑。志云：縣治西北有鐵山。舊有鐵，今否。紆回清麗，頗稱勝概。

四望山，縣南一百二十里。清秀如畫。東通福建武平縣界，南抵廣東程鄉縣界。相近爲鴈門峽。志云：峽在羊角江上，兩岸皆高山，中立三石，破江水爲三道，亦號三門峽，舟行甚險。又有聖姑石，在縣南百十里，濱江，以形似名。○盤固山，在縣東南百二十里，以石壁盤旋而名。中有羅漢巖，有池。俗訛爲盤古山。其相近者爲軍門嶺，兩山對峙如壘，相傳昔時屯軍處。又有漢仙巖，一名漢溪巖，深廣數十丈，奇勝不一。又君山，在縣東南百八十五里，與盤固山相接。高秀重疊，有類臺榭，一名女媧宮。紀勝云：「雩都君山北距盤古山五十里。」是也。

九仙巖，縣西北五十里，深廣三里許。又縣南百里有蕭帝巖，一名佛圖巖，可容百餘人，相傳齊武帝賾爲贛令時曾避難於此。○會昌峽，在縣西北百里。兩山夾江，水流成漩，即湘洪水所經也。又余侯峽，在縣北百里。江上又有石門，在縣北七十里，臨江滸，兩石屹立如門。

湘洪水，縣北五里。上流合綿、湘兩江西北入雩都縣界，其深莫測，怪石參差，舟行甚艱。○湘水，在縣南。源出廣東程鄉縣界，西北過龍石會綿江，又會君山、盤固、嶠墨、斗灣、洛口、上林諸水，爲湘洪上源。中有十灘，舟行甚險。又羊角水，在縣南百二十里。舊名郎溪，東達武平縣，南達程鄉縣，爲縣境噤喉。志云：羊角水又湘水上源也。

**滎陽水**，在縣東南。上流會東水及上輔水，共流一百九十里，抵廣東海陽縣界會韓江入海。

**湘鄉鎮**。縣南八十里。宋置巡司，明朝因之。又承鄉巡司，在縣北八十里，宣德中置。縣西舊有河口巡司，嘉靖中革。○羊角水隘，在縣南。志云：縣東之水自武平來者爲湘江，自汀州來者爲綿江，合流經縣之東北，屈曲縈迴，三面阻水，獨以一面南扼閩、廣之衝。羊角水正南距廣界，聯石窟等巢，東面距閩壤，接懸繩等巢，賊欲過江西，必從此入，西則掠南、贛，北則擾吉安，實爲咽喉要地。嘉靖中添設官兵，以爲防守，與長寧營相犄角，足爲緩急之備。又有湖界隘、清溪隘，亦俱在縣南。又縣東南爲羊石隘，西南爲牛券山隘，東北爲分水隘，並爲戍守處。又曉村營，在縣西，有軍戍守。稍東南有長沙營，正德中置，嘉靖中廢。

**安遠縣**，府南三百四十里。東至長寧縣八十里，南至定南縣百二十里，西北至信豐縣百七十里，東南至廣東程鄉縣三百里。本雩都縣地，蕭齊建元初嘗析置安遠縣，屬南康郡，永平八年并入虔化縣。梁大同十一年復置安遠縣，仍屬南康郡，隋廢入雩都縣。唐貞元四年復置，屬虔州。宋因之。元至元二十四年省入會昌縣，至大三年復置。舊無城，洪武初始築土垣，成化二十一年增修，弘治四年始甃以磚。正德十三年雨圮，復經葺治，嘉靖四十年、四十四年、萬曆五年俱經營葺。城周二里有奇。今編户四里。

欣山，縣南十五里。高峻插天，盤亘數百里，高五百餘丈，凡十有二面，巖池泉石，遊者欣然，因名。其水南流入廣東龍川縣界。志云：欣山相接者又有九龍嶂，上有龍潭。又鐵山，在縣西七十里。宋有鐵場，元廢。又頂山，在縣東南二百里，雙峰聳翠，甲於閩、廣之交。

打鼓嶺，縣南十餘里。嶺勢嵯峨，上有石鼓。又熊嶺，在縣東二十里，高踰二百丈。縣南三十里又有南逕嶺，上有逕路，長數十里。○蓮花巖，在縣西二十五里，泉石奇勝。又龍清巖，在縣東百二十里，大小穴數十處，巖前清流縈帶。

安遠水，在縣治西北。源出縣東南二十里烏田尾，流經此亦謂之濂江，會紫嶺、欣山、上濂、里仁、小華江諸水，西至板石鎮始通舟楫，至會昌縣界合流入貢。○三百坑水，在縣南四十里。有三百坑，水源出焉，東流一百五十里至九洲河始通舟楫，又二百五十里入廣東龍川縣界而爲東江。

板石鎮。縣西北七十里，與信豐縣新田巡司接界。明朝宣德十一年設巡司，當粵寇出没之境，捍禦最切。又大墩巡司，在縣東。明初置，嘉靖後廢。○太平堡，在縣東。又東有修田坊。又龍安堡在縣東南，堡北有濂江坊，皆縣境巡戍處。

寧都縣，府東北三百六十里。東北至建昌府廣昌縣百二十里，東至石城縣百里，東南至瑞金縣百七十里，西北至吉安府永豐縣二百八十里。漢雩都縣地，三國吴嘉禾中析置陽都縣，屬廬陵南部都尉。晉太康元年改曰寧都，屬南康郡。宋、齊以後因之。隋屬虔州，開皇八年改縣曰虔化。唐仍舊。宋紹興二十三年復改縣曰寧都。元元貞初升爲州，明朝洪武二年復爲縣。今編户百二十五里。

**寧都舊城**，志云：舊在縣西五里，本寧都縣之虔化鎮，宋大明五年移縣於此，隋改縣曰虔化，仍移今治。通志：「寧都廢城有三：一在縣南五十里白鹿營，吴時陽都縣治也；一在縣北陽田營，晉太康初所徙治也；一在縣東北三十里，地名徐觀，劉宋昇明中所徙縣治也。」今治蓋隋大業中所徙。城邑考：「縣有二城：一曰子城，唐大和六年創築，五代周顯德五年南唐增修，宋建炎中爲寇所毁，紹興初重築，周僅一里有奇，慶元、紹定間皆嘗增修，尋圮；外城始築於宋紹定六年，嘉熙元年城始就，元延祐二年重修，至正六年增葺，明朝正統十年、成化二年、二十一年皆經營治，弘治十四年、十五年增修，正德六年、十一年、十三年皆修城浚濠，稱爲完固，嘉靖四十年以後屢經繕治，城周四里有奇。」

**陂陽廢縣**，在縣南。沈約曰：「吴立陂陽縣，屬廬陵南部都尉，尋廢。晉太康五年徙揭陽縣治焉，屬南康郡，尋改曰陂縣。宋復曰陂陽縣，仍屬南康郡。」齊因之，梁、陳間廢。今爲陂陽鄉。

**金精山**，縣西北十五里。羣山聯絡，延袤四十餘里。中有黄竹、赤面、三峴、冠石諸砦，自昔避兵處也。志云：山有石室，兩面懸巖百餘丈，圓如鼓，一名石鼓山。名山記：「金精十二峰，峰頭皆石，望之如陳雲，道家列爲第三十五福地。相傳秦、漢間有張芒女名麗英，字金華，得仙於此。長沙王吴芮伐閩越道經山下，遣委禽焉，女曰：『山有石室，中通洞天，能穿石，當爾見。』芮遂大發兵，攻鑿既通，女忽乘雲上升，曰：『我爲金星之精也。』山因以名。」今自洞而登可三四里，最險仄。山頂平衍，有竹樹泉池之勝，兵亂時守拒於此，寇不能窺。〇官人山，在縣西十里。石巖環列，一線僅通，登者必捫蘿而上。其頂平曠，巖泉奇勝。山之麓有泉有湖，俗謂之小桃源。唐季黄巢之亂，官隸多避難於此，因名。山之東北有篔簹谷，亦與金精相望，地多修竹。又有飛來、獅子二峰及翠巖諸勝。志云：谷在縣西北七里，下臨江。有洲浮卧江中，狀如游魚，巨浸不没，一云游魚洲，亦曰雙魚洲，在縣南一里。

凌雲山，縣北二百里。高數百丈，迤邐而上，臨川、廬陵諸峰列列皆見。左有石峰插峙，下有龍湫。又蒙山，在縣北二十五里。山間雲氣濛濛，懸巖飛瀑，幽勝不一。上多巖穴，大小凡數十處。〇蓮花山，在縣西二十五里。峰巒矗峙如蓮花，頂有三峰，中有仙女湖，下有龍湫。又東華山，在縣西北二十里。隔澗爲青陽洞，奇巖峭壁，修竹茂林，澄潭清澈，奇勝與東華相埒。

武頭山，縣東四十里。發脉閩中，盤據數十里。原名虎頭山，唐諱虎，改今名。〇梅嶺，在縣北六十里，又北六十里至廣昌縣。亦謂之修嶺。古多梅樹。漢武帝時閩越反，使諸校屯梅嶺。漢書：「元鼎十八年楊僕願擊東越，屯豫章梅嶺以待命。」索隱曰：「豫章縣西三十里有梅嶺，在洪厓山，當古驛道。」或曰非也，時贛地皆屬豫章耳。括地志：「梅嶺在虔化縣東北百二十八里。」

梅川，在縣東北梅嶺下。經麻源、丁坡、梅口東南會白沙、白鹿水，東會鼇溪、小溪水爲東江，西北會龍溪、桃溪爲西江，流經雩都縣爲寧都水。志云：梅川流至雩都有十八灘，水石峻峋，舟行絶險。又寧都水，即梅川異名也。志云：自梅川分流，由縣東北折而西南，經縣南一里，有散水、篔簹、曲陽、黄沙、長樂五水，參差流合焉，入雩都縣境。今縣南二十里有鈎洲，灣環曲折，形如釣鈎，地不數武，舟行必遲迴，半日始達，蓋梅川之鎖鑰矣。

清音水，在縣北。源出東北天株山，過徑步、釣峰、綿口、陳池、城口、崔坊，會王觀渡諸處而入西江。又新吉水，在縣西北百十里，下流會李家山、大樹嶺二水而入東江。○虔化水，出縣北二百四十里之唫山，接撫州府崇仁縣界，流入縣境，亦會於梅川。又有橫溪，在縣南三十里，流出梅山，形如半壁，下流仍合焉。

下河寨。在縣東南八十里，路通閩越。山澤廖廓，易爲姦宄竄匿，有巡司戍守。○排雲隘，在縣西南三十里。又縣西有青塘隘，縣北有石涂嶺隘。志云：石涂嶺山谷險巇，巖洞幽深，姦民每藪匿於此，防維不可不密。其東又有大樹嶺阨。又修嶺阨在縣東北，稍西爲洛馬逕隘，東又有東龍阨及田埠隘，縣東南則下河隘也，縣南爲長勝隘、白鹿隘，皆設兵戍守處。

瑞金縣，府東三百八十里。東至福建汀州府百里，西南至會昌縣百六十里，東北至石城縣百四十里。本雩都縣地，唐天祐元年楊行密析雩都象湖鎮之淘金場置瑞金監，南唐保大十一年升監爲縣，仍屬虔州。宋因之。元大德初改屬會昌州，明初復故。城邑考：「縣舊有城，元至正十三年修築，周不及二里。二十三年歸明太祖，明年增修，成化中甃以磚石，周五里。正德元年增築，九年、十三年及嘉靖十九年皆以雨圮修復。二十年、三十七年復繕築。隆慶四年、萬曆十四年以後相繼修治。城周十里有奇。」編户八里。

銅鉢山，縣西北五十里。巉巖高聳，雖天氣晴朗而烟霧常冪。其頂舉目千里，下有井曰龍井。又陳石山，在縣東北五十里。有巖深廣十餘丈，上有將臺，有兵寨，内有劍門、九曲洞、龍湫、龍池諸勝。相傳陳霸先嘗寄迹於此，因名。○石門山，在縣西四十里。巨石峻峭如門，止容一騎。

北隘嶺，縣東北七十里，接福建長汀縣界。又大阨嶺，在縣東二十里，路通閩、廣。

綿江，在縣治東南。源出陳石山，流五十里至縣前合貢水，又合烏村智水、銅鉢山灞水、羅田浮圖水，流入會昌及雩都縣境。一統志：「綿水有二源，一出福建汀州府界白頭嶺，一出陳石山，合流入貢水。」○源水，在縣城東。或曰即綿江支流也，經城東南復合綿江。

瑞林鎮，在縣西北八十里，與寧都縣接界。有巡司，防雪竹嶺、黃土坳之險。又湖陂巡司，在縣東北，防鵝公崠、黃竹嶺之險。志云：鵝公嶺阨路通石城，高險難以屯兵。○黃沙隘，在縣東南，路通汀州。平坦可以據守。其在縣東境者大約有車斷、陳菴、日東、黃竹、湖陂、平地六隘，皆路出長汀等縣之道；其桐木、新中、新逕、塔逕、桃陽五阨，則東南出武平之道也；皆崎嶇險仄，防守甚艱。又有桃陽崠、盧公坳等隘，亦在縣東南，爲長汀、武平必由之道。縣北之羅屋磜、寒雞山，爲寧都、石城接壤之所，去縣險遠，防虞不易。

古城鎮。輿程記：「縣東南水行四十里至古城，又陸行五十里至汀州府。」

龍南縣，府南四百十里。東南至廣東和平縣二百二十里，南至廣東河源縣三百十里，西南至廣東翁源縣三百里，西至廣東始興縣二百三十里，北至信豐縣二百七十里。唐信豐縣地，天寶初置百丈鎮，尋曰虔南鎮，五代時楊吳曰虔南場，南唐保大十一年升爲龍南縣，以在百丈龍潭之南也，仍屬虔州。宋因之，宣和三年曰虔南縣，紹興三十二年復曰龍南。元至元二十四年并入信豐縣。至大三年復置，屬寧都州。明初復故。城邑考：「縣有土城，宋隆興元年創築，周不及二里。明朝成化初增修，甃以磚石，以禦閩寇。弘治元年閩寇犯境，復繕修防禦，明年增葺。正德七年、九年、十三年皆經營治。嘉靖三年霖雨城圮，十年始修復。萬曆三年以後屢經營繕。今城周不及三里。」編戶五里。

靈應山，縣北二十五里。岡巒重複，吞吐烟雲，望之如列畫屏。山艱水，昔有僧飛錫得泉，因名。○清修山，在縣南四十里。高千仞，上平坦，登高四顧，廻出塵俗，泉石林竹，儼若洞天，因名。又上皇山，在縣南三十里。山勢高聳，林木森鬱。其南五里曰油瓶山，路自上而下，平臨溪濆。中有巖洞，左鐘右鼓，亦名鐘鼓巖。志云：縣南五里有芙蓉山，以高秀如芙蓉而名。又南三里曰五公山，五山並列，朝拱縣治。

君山，縣南七十里。下有古城濠塹，巨石峭壁，疑昔人拒寇處。縣南百里又有歸美山，高數百丈，四面嵓險。中有自然石城，周三百步。左右石峽皆高五六十丈，勢若雙闕，一名神闕山。亦名龜尾山，以與龍山相對，俗謂之龍頭龜尾。又帽山，在縣南百五十里，以圓聳得名。相接者爲銀山。○冬桃山，在縣西南二百里。上多桃樹，經冬始熟。下有溪流名桃川。冬桃隘在其上，東通和平，西通始興，據險當關，可制三面。今有官兵更番戍守。其相接者曰大岳山，亦高險。志云：縣西南八十里有三指山，三山如指並列。相近者曰松林巖，中寬廣。巖背有峰卓立，半壁間開一竅，時平則聞鼓樂聲，將亂則聞鉦角聲。

樟山，縣西百五十里。兩山相夾，險阨可守，樟木逕隘在其下。又水尾山，在縣西百二十里。高百丈，林木蓊然。橫於江水之尾，因名。縣西四十里又有尖子山，尖入青冥，羣山莫及。志云：縣西七十里有葛溪山，下臨溪水。又西十里爲金竹山，山多竹。○障川山，在縣東百里。一名水口山，怪石磊落，蘢盤三江之口。

玉石巖，縣北五里。有石瑩如白玉。山半有洞，廣數十丈。宋太宗賜書百二十卷，邑人依巖建閣藏之。旁有巨人跡，下有王跡寺，治平間賜額曰普和。此爲上巖。巖後層層深入，登高臺有大寶通天，亦謂之通天巖，空闊明爽。正德十二年督臣王守仁平龍川浰寇，班師作平南記，刻於洞壁。此謂下巖。下巖之後有洞六七，視二巖尤勝。○油潭嶺，在縣東南百三十里，抵龍川縣界。志云：縣南二十五里有顆嶺。八十里有菖蒲嶺，下有澗，俗訛爲婆嶺。百五十里有大、小白嶺，或謂之南、北嶺，接乳源縣界。又黄牛石，在縣南百里。溪澗錯流，俱合於桃水。

**桃水**，在城西。源出冬桃山，會岳山、銀山、馬坑、黄牛石、南北嶺、顆嶺、帽山、筋竹山、三指山、〔四〕尖子山、婆嶺、樟木嶺、水尾山、葛溪山諸水而北流。志云：縣有濂水、渥水，皆會溪澗諸流，至縣北二十里而與桃水合，謂之三江口水，北流經信豐縣爲桃江。通志：「三江水中有大龍灘，飛湍急駛，如建瓴然。操舟者以善没爲業。」○寫源水，在縣西北二十里。通志云：「源出峰門犁壁山，合上坪嶺、鷂嶺、窑坑諸水至寫口溪入三江口水。」或以爲即渥水也。犁壁，郡志作「犁鼻」，在縣西三十里。又濂水，在縣東北。通志云：「源出安遠縣，合黄土嶺、程嶺、約溪、横岡諸水北流入三江口水。」郡志：黄土嶺在縣東南四十里，程嶺在縣東南八十里，蓋即濂水矣。

**南埠隘**。在縣東南上蒙保，密邇浰頭、岑岡，舊稱阨塞。又樟木阨，在縣西大龍保之樟山下，路出始興。又横岡隘，在縣西南太平保。志云：隘南通浰頭，西通翁源、龍川，山徑崎嶇，帶以迴溪，僅容一馬，可謂天造地設之險；縣西南新興保又有冬桃隘，在冬桃山上，與乳源縣接界；皆設兵戍守處。

**石城縣**，府東北四百六十里。東至福建寧化縣九十里，東南至汀州府百七十里，北至建昌府廣昌縣百五十里，西至寧都縣百里。本寧都縣之石城場，南唐保大十一年升爲縣，以山多石，聳峙如城而名，仍屬虔州。宋因之。建炎末始築土城。明朝洪武初增修，尋圮。正統間爲閩寇所陷，成化二十三年復修築以禦閩寇，弘治四年、十八年增修，正德六年、十年、十三年皆經營繕。嘉靖三十五年洪水城壞，旋復修完。城周不及三里。編户九里。

西華山，縣西五里。舊名烏石嶂，高千仞，俯視城郭。相接者爲五龍巖，兩巖奇峭，潭倚山隈，相傳有五龍窟穴其中。志云：縣南六十里有中華山，一名鑿龍山，産佳茗。○廖家山，在縣東三十里。峭拔幽邃，人跡罕到。又賴家山，在縣南七十里，跨汀州及瑞金境上。有三峰突立。

牙梳山，縣北百里。盤踞廣昌及寧化二縣境，有三十六面。元時有蔡五九者聚爲巢穴，元兵討之不能克。今寨址猶存。○大夫嶂，在縣西北十五里，中凡三十六巖。宋崇寧中進士陳邦光居此，因名。

洪石巖，縣南四十里。攀磴而入，石門寬衍，如屋，有甘泉湧出。其北曰倒巖，轉而南爲獅子巖。四面峭壁，路止一線。又通天巖，在縣南十五里，石壁峻峋，深若巨石，登其巔方平若原。○筍石，在縣東十里，高百餘丈。其山皆石，望之若丹霞。又石梁，在縣南三十里，兩石夾澗，上架修梁。一名仙女石，以秦、漢間仙姑劉瑶英得名。

瀫水，在縣城東南。源出縣東八十里之遥嶺，合境内古文江諸水，西南經瀫口入寧都縣界，會虔化水入貢水。又琴水，在縣東。源出縣東北鷹子岡，南流入瀫水。○魚骨漈潭，在縣東七十里萬山間。石巖倒垂，小潭深靚，巖上飛瀑，下蔽潭口，稱爲奇勝。

捉殺寨，在縣西。有巡司，明初置。本在縣北，嘉靖初移於此。又探石寨，在縣西南十里。兩砦對峙，各有石磴，絶處用木梯，頂開石門，元末避兵處。又石耳寨，在縣西南十五里。形勢陡絶，旁有石磴，頂有石門，亦元人避兵處也。○賴家寨，在縣西南四十里。寨險峻，懸木梯數丈，半厓有石磴，捫蘿而上，可容數百人。元末鄉人避兵於此。

**鎮淮堡**。在縣東南，地名淮上。蹊徑曠僻，通長汀、寧化，向爲盜藪，因置堡設兵，防禦攸賴。又縣東南百里有古樓崠之三途朗村，係汀州府界。舊亦爲盜藪，嘉靖末屢犯縣境及瑞金諸處，官兵討平之。○南嶺阨，在縣北，又有壩口、羊畬二隘，皆通廣昌之道，而南嶺尤爲要阨。又站嶺阨，在縣東十五里，接寧化縣界。西有鐵樹阨，路通寧都縣。縣南九十里有藍田隘及秋溪隘，路出瑞金縣。志云：縣有義豐場。宋國史：「天聖四年虔州石城産銀，置義豐場。」是也。

**定南縣**，府南四百六十里。東至安遠縣二百五十里，東南至廣東龍川縣五百十里，南至廣東和平縣九十里，西至龍南縣九十里，北至信豐縣二百四十里。本龍南、安遠、信豐三縣地，隆慶元年撫臣吴百朋勦撫下歷、高砂二巢，奏置縣。二年始設定南縣，仍屬贛州府。三年築城於高砂之蓮塘，周二里有奇。萬曆五年改拓。九年淫雨城壞，尋復修築。崇禎十三年復營治。今城周三里有奇。編户四里。

**文昌山**，在縣治東城内。舊名高寨岡，亂時居民常於此避寇。又三台山，在縣南，隔河。三峰横列，中一峰特起。下有小山如印，亦曰印山。又西華山，在縣西郊外三里，道達龍南及贛縣，爲往來憩息處。又龜尾山，在縣西四十里，與龍南縣分界。高約七八里，稱爲幽勝。○太湖山，在縣東北五十里，高數百仞；縣北四十五里又有神仙嶺，發脉於此；皆聳秀爲邑境之望。嘉靖末撫臣吴百朋破賊於嶺下。

**楊梅山**，縣北百里，爲縣境要隘。嘉靖四十五年賊魁賴清規等爲亂，郡守黄扆單騎入下歷招撫之，賊防稍懈。撫臣吴百朋督參將蔡汝蘭等進兵，首破楊梅牌，斷賊右臂，遂奪神仙嶺。賊懼，退保鐵爐坑，敗奔樟木嶺。復敗，東走入粤境。官兵追至九曲水，會水漲，賊溺死甚衆，獲渡者趨入羊石、鐃鈸二寨，又徑奔銅鼓嶂。銅鼓爲廣東龍川縣地，向爲賊藪。既而官軍破羊石、鐃鈸二寨，旋破銅鼓，賊夜走葫蘆洞，不能達，還奔匿苦竹嶂林中，遂自殺。高砂渠謝允樟悔罪來降，於是置今縣。鐵爐坑、鐃鈸寨諸處，俱在廣東龍川縣境。九曲水在縣東南，亦接龍川縣界。

程嶺，縣西北六十里，水分二流，與龍南縣接界。又指揮嶂，在縣東四十里。嶂高峻，而中平窪，有窩可容數千人。元時嘗有指揮屯兵於此，因名，瀑布懸流，可供遊賞。又華竹嶂，在縣東七十里。頂有長流水，莫知其源，山下田資其灌溉。縣東百十里又有苦竹嶂，草木蒙叢，苦竹尤多。〇五虎巖，在縣城東南，接和平縣界。志云：縣城南隔河不一里，以山頂分水爲界，即和平縣境，爲江、廣分界處。

岑岡，縣西二十五里，與龍南及廣東和平縣接境。舊爲賊藪，嘉靖三十年賊李鑑招集益衆，遂肆猖獗。官軍進討，賊保據岑岡大巢。官兵攻圍急，賊潰圍走。官兵追敗之於東坑，又敗之於青草洲、梅子山、五花嶂諸處。賊走入翁源縣境，據險固守，官軍四合，賊不得逞，遂謀遁。官軍敗之於沙木，於鉛廠，於關田，於寒峒，於峽逕，賊勢蹙。會有潛謀通賊者，賊得逸去。明年賊自岑岡退據沙溪，官軍復敗之。既而襲我軍於穩下，官軍稍却，尋以勢蹙來降，於是岑寇始平。萬曆十四年和平盗李珍等復據岑岡作亂，〔五〕以上陵爲巢。官兵討之，由下河桃樹坬進，直至賊巢，平之，因設岑岡營。東坑諸處皆在龍南、翁源縣境。穩下，見南安府大庾縣。上陵、下陵亦在縣西南數里，與和平縣接界。

九洲河，縣東北百里。會高砂、横江、下歷、楊梅諸水流入廣東龍川縣境。中有廉子、曲灘、鵝叫三灘，濱河有豬婆巖，皆峻險。○員魚溪，在縣東北百里。源出南康𡉏之分水，會龍頭嶺下諸水流入信豐縣界，經龍洲及内江渡會大河。大河即桃江矣。志云：龍頭嶺下水，在縣東北百二十里；又有角壩水，在縣北六十里，出縣東七十里院逕山；縣北七十里有城門水，其地有石壁如城門，水出其中；又有鹹水、逕水，在縣北七十里，亦出南坑；諸水俱流經鹹湖會龍南桃水。

下歷鎮，縣東四十里。有巡司，洪武初置。本隸龍南縣，成化二十三年以閩寇數犯龍南、安遠，因增兵防守，嘉靖四十五年撫臣吴百朋平下歷逋賊，撥官兵鎮守，以禦岑岡餘盜，因築磚城，周里許，遂移巡司於城内。後鎮守官兵漸弛，而巡司如故。崇禎初廣賊作亂，移安遠太平營兵守下歷，而巡司改置於龍南縣冬桃隘。○鷄脚寨，在縣東五十里，以形似名。四圍峻絶，止一徑可上。相近爲白雲寨，以高聳接雲而名。又馬頭寨，在縣北七十里。形似馬頭，頂上寬平，容萬人，登高則四遠皆見。有石井，四時湧出，寨下周圍皆水，極深無底。中有數石步出水面，登寨者必由此石渡，避亂者往往保此。相近又有石寨，四圍石山峷嵂，中突起一峰，居民常保此，寇不能犯。邑志：境内諸寨之得名者凡十五處，而鷄脚等寨尤爲險峻。

陽陂隘。在縣西高砂保，又縣東下歷保有鴉鵲隘，皆南接和平，爲鎖鑰處。又劉峯阨，在縣東百二十里劉峯山下；〔六〕又東有磨刀、桐坑二隘，接龍川、安遠、長寧三縣界；其地僻遠，易爲盜藪，三阨爲噤喉之處。○潭慶隘，在縣北百里。相近有員魚隘，在員魚溪上。志云：今縣北百二十里有員魚逕橋，坑水衝奔，叢箐深阻，路入信豐，至爲艱險，官私疏闢，號爲煩勞。又逕腦隘，在縣西北百二十里逕腦水上。水源出楊梅山，流接信豐縣内江渡，亦往來要地。嘉靖四十三年賊鄧東湖據此，官軍討平之。一云縣西有龍子嶺隘，又西爲黄藤隘，皆接和平縣。

**長寧縣**，府東南四百二十里。東至福建武平縣百二十里，南至廣東平遠縣二百三十里，西南至廣東興寧縣二百里，西至廣東龍川縣百五十里，西北至安遠縣百三十里，北至會昌縣百九十里。本安遠縣地，萬曆四年撫臣江一麟討平黄鄉保賊巢，奏置。明年築城於馬蹄岡，周不及三里。編户二里。

**頂山**，縣東南五十里，接閩、廣之交。雙峰聳翠，飛瀑中懸。又鈴山，在縣西七十里，秀拔冠於羣山。其並峙者曰帽山，峭石嶙峋，直插雲表。

**大帽山**，縣南二百里，與廣東程鄉、平遠、和平、興寧、龍川等縣接壤。山綿亘數百里，中有老虎隘，林木深阻，鳥道三十里，羣盗窟其間，多歷年所。志云：大帽山界江西及閩、廣三省之交，正德中賊徒聚此，攻掠州縣，督臣周南分江西兵從安遠入，廣東兵從程鄉入，福建兵從武平入，悉平之。嘉靖末程鄉人葉芳等復嘯聚其中，至萬曆初始克殲其黨。

**登頭嶺**，縣西四十里。行者必登絶頂，路始得通，因名。有登頭隘。又丹竹嶺，在縣南五十里。亦曰丹竹樓。舊爲賊藪，與廣東平遠、興寧接壤。至今其民悍健，可藉爲兵。○青龍巖，在縣南三十里。大小十餘穴，清流縈抱，必由棧道以陟降。

**尋鄔堡水**，縣東五十里，流入廣東龍川縣之赤石渡。又縣南十里有河嶺水，下流合於尋鄔堡水。

雙橋鎮，縣北百二十里。有雙橋保巡司，明初置，屬安遠縣。隆慶以前嘗爲賊巢，置縣後改今屬。又黄鄉保巡司，在縣西北八十里。保接廣東龍川、興寧界，林木蔭翳，鳥道崎仄，三十里中，絶無人烟。巡司未置，縣爲葉楷賊巢，屬安遠縣。萬曆中與縣同析置。司地當險要，而老虎隘又在其西，最爲關鍵。○丹竹樓隘，在縣南丹竹嶺下，與廣東興寧、平遠接界。圖説：「丹竹樓西有合畬、馬子等隘，亦爲戍守處。」

藤嶺隘。在縣東南橋保，與平遠縣接界。隘當控扼之所，縣南八付保有員子石隘，〔七〕守藤橋嶺可遥制其險。縣東又有分水坳，在頂山保。保接壤三省，爲虔要津，而分水坳尤爲一夫當關之地。守分水則縣東腰古保之容嶺隘、兹溪保之馬戰崠，皆在控禦中也。郡志：馬戰崠在縣東八十里，接武平縣界。

附見

贛州衛。府治東南三里。洪武初建。○信豐守禦千户所，在縣治西北。洪武十七年建。會昌守禦千户所，在縣治東，與信豐所同建。

南安府，東至贛州府二百五十里，南至廣東南雄府百二十里，西至廣東韶州府三百八十里，西北至湖廣郴州三百里，東北至吉安府六百六十里，自府治至布政司千五百二十里，至京師六千六百七十五里。

禹貢揚州地，春秋屬吴，戰國屬楚。秦屬九江郡，兩漢屬豫章郡，三國吴屬廬陵郡，晉屬南康郡，宋、齊以後因之。隋屬虔州，大業初屬南康郡，唐仍屬虔州。宋淳化元年始置南安軍，治大庾縣。元曰南安路，明初改爲府。今領縣四。

府南扼交、廣，西距湖、湘，據江西之上游，拊嶺南之項背。史記：「秦始皇三十三年使屠睢將兵十萬守南埜之嶠。」又漢武帝元鼎六年遣將軍楊僕討南越，出豫章，下横浦。今郡城南去庾嶺不及一舍，爲南北要衝，行旅往來必取途於此，蓋猶秦、漢故道矣。又深山長谷，鄰亘溪洞，不逞之徒，往往嘯集，急則西走郴、桂，南竄雄、韶，制馭之方，未可失矣。

大庾縣，附郭。漢南埜縣地。相傳武帝時遣庾勝討南越，築城於此，因有大庾之名。晉以後爲南康縣地，宋、齊以後因之。隋開皇十年立大庾鎮，唐神龍元年升爲縣，仍屬虔州。宋淳化初爲南安軍治。今編户二十里。

大庾城，志云：庾將軍城在府西南二里，即漢庾勝所築。隋置鎮於此，唐時縣移於今城東二里。宋淳化二年築軍城，又移於今城南。時章江自西而南折若規，城因其勢也。紹興五年以舊城卑薄，爲拓城浚濠，僅踰一里。淳熙九年以後相繼增修，嘉定十二年復繕葺，咸淳四年亦嘗營治。元時章水改流，徑過郡治，城遂中斷。至元二十九年改築今城，南濱章江，東北帶溪，惟西稍高，爲隍。城狹而長，東西微鋭類魚，俗名魚城。尋圮。至正十二年修築，明年甃以磚石。十八年陳友諒黨熊天瑞據贛州，遣兵襲南安而守之。二十四年歸明太祖，益爲增拓。正統十年修葺，景泰五年雨圮，復修築。成化十七年、正德九年皆以洪水傾壞，修完如故。嘉靖以後屢經營治。有門四，城周四里有奇。

水南城，在城南，隔江與郡城夾江而峙。民居稠密，倍於郡城。嘉靖四十年創築，周二里有奇。其北濱江爲水門，横亘三百五十七丈有奇。城南門曰梅山門，以門外即梅嶺路也。○新田城，在府東。城池志：「庾嶺北四十里爲新田城。」又北五里爲鳳凰城，以近鳳凰山也；鳳凰西十里楊梅村，有楊梅城；俱嘉靖四十四年築。楊梅北十里爲小溪城，舊有小溪驛，今遷去，城嘉靖三十四年所築；小溪東五里爲九所城，四十四年築；小溪北十五里爲峰山城，其人善弓弩，正德中撫臣王守仁所築；皆控扼蠻險處。

崎頭城，府東百里。孫愐曰：「曲岸曰崎。」城在章江岸曲，因名。梁大寶初陳霸先起兵討侯景，自始興度大庾，破蔡路養於南埜，因修崎頭故城，自南康徙居之。九域志：「大庾縣，古南埜也。有南康故城，又有崎頭鎮，鎮蓋因故城而名。」

東山，府東南二里，隔江。山勢特起，俯瞰兩城。其左折爲亞東山，泉石甚勝，亦名南山。府南五里曰五里山，臨兩廣大路。○金蓮山，在府北三里，諸峰連接，狀若蓮花，迎候館在其下，左有鐵岡，岡上有候使臺，訛爲猴獅臺；稍東爲立屏山，一名魚山；皆以形似名。志云：鐵岡在城北一里，舊産鐵，有鐵冶，今廢。

玉枕山，府北七里，地名石人坑。山以形似名，郡之主山也。高三百仞，連延三里。兩麓五峰次第相屬，別名五指山，亦曰五侯山，亦曰五馬峰。又西華山，在府西十里。石壁如削，循磴而上，平衍可田，有瀑布及石洞諸勝。○大龍山，在府東三十里。延亘三里，狀如遊龍，自麓至巔凡八里許。又玉泉山，在府東北五十里。兩山峙立如門，一徑而入，深二里許。相近者曰穀山，高千仞。志云：府東北二十里有雙秀山，兩峰雙峙。又府西北七十五里有南源山，巖崖高峻，飛瀑百丈，下有湫潭，深不可測。

大庾嶺，府南二十五里，爲府鎮山，即五嶺之一也。高特磅礴，延亘綿遠，爲南北險阻。詳見前重險。○小梅關嶺，有二：一在府北一里，與梅關相對；一在府西南十五里，較梅嶺差平小。志云：小梅關相傳唐開元以前入粤之路，由此渡章水灘，故名。

**雙童嶺**，府南三十里，即大庾之支隴，舊名三將軍嶺。綿亘二十里，三峰並秀，俗謂雙童講書臺，以兩峰並列，中峰稍平也。又金星嶺，在府東一里，横亘三里許，東北有尖峰，屹立相峙。又有惜母嶺，相傳許旌陽逐蛟至此，小蛟迴顧其母，因名。石勢岐嶒，盤渦曲折。又府東北四里有天柱峰，高聳參天，俗傳此峰上應紫微星，寇至不能爲患云。〇石壁，亦在城東一里，下臨章江，延八十餘丈，爲舟人牽挽之路。成化十八年邑令文志貴病其攲仄，募工鑿平之。

**仙鶴嶺**，府西八十里。一名雙鶴洞，亦曰石室洞，又名聶都洞，即上猶縣聶都山之别峰也。洞門可二尋，中平可容百人。别有巖穴，相去一二里，玲瓏相通。有泉清潔可酌，俗名觀音池。〇青龍岡，在府東北三十里，迴環高聳，平地突起。府南二十五里曰嫦娥嶂，北拱郡治，如屏障然。

**章江**，在府城南。亦曰南江，一名横江，又名横浦。經府東六里有過步灘，水勢湍急，巨石突起，舟行至此，必首尾牽挽而下，稍一失措，必致沈溺。成化十五年鑿平峻阻，公私稱便。志云：章水發源郴州宜章縣界，因以章名，經崇義縣西南聶都山，東流百二十里經府城南，又東北流二百六十里至南康縣之芙蓉江，又北百二十里至贛州府城外，合貢水爲贛江。詳見前大川贛水。

**大沙河**，府南十里。源出大庾山麓，東北流經東山麓，入章江。志云：章水自府西石陂頭而南，横城南驛使門外五板橋邊合大小沙河、五板水，下東山麓，如縈帶然。又小沙水，在縣南二十五里。源出大庾嶺下鼓樓寨，東流十里合大沙河。○湛口江水，出府東南四十里留池坑，有赤江水流合焉，東流五十里合大江。水淺而清，因名。府東六十里又有池江水，源出府東三十里雲主山；又大里水在府東十五里，源出雙秀山；皆流合大江。府南二十里又有深坑水，自庾嶺北流，合於大沙河。

**平政水**，府西南五十里。源出廣東仁化縣長嶺，東流合涼熱水，又七十里合轟都水通大江。〔八〕一云平政水合流源水而入南康縣界。志云：涼熱水在府西北五十里，自崇義縣流入縣境合平政水。又南源水，在府西北七十里。出南源山，流經崇義縣境復東南流而入章水。○大明水，在府西南六十里。源出崇義縣傀儡山，北流入章江爲大明江口。府北十八里又有洞山水，源出玉泉山，南流遶城東北而合章水。又有和溪，在府東北三十里。出府北東六十里之巘山，下流亦入章水。

**梅關**，在大庾嶺上。關久廢，正德八年始修治之。崇墉壯固，屏蔽南北，屹然襟要。餘附詳大庾嶺。

**横浦關**，府西南三十里，秦、漢間遺址也。或曰即楚之厲門。戰國策：「范環謂楚懷王：『楚南塞厲門。』」劉伯莊曰：「厲門，度嶺南之要路。」徐廣曰：「『厲門』一作『瀨湖』。」似悞。劉嗣之南康記：「漢楊僕討吕嘉，出豫章，下横浦，即此關也。曰横浦者，以郡城臨章江，自西流東，横繞南岸而名。關之外南下殊峻，〔九〕關内曠谷可容寨栅。隋開皇十年番禺王仲宣反，立九栅於大庾嶺，詔裴矩進兵擊破之，即其地也。唐初猶有此關，及張九齡鑿庾嶺，關遂廢。」今城南一里有横浦驛，前後臨溪；又有横浦橋，長三十有二丈；皆因舊名。

**欝林鎮**，舊在府西北百里。洪武初置巡司，隆慶以後遷於梅嶺隘，領兵防守。又赤石嶺巡司，在府東北百十里，亦明初置。弘治元年遷於小溪水馬驛，尋爲洪水衝決，正德中亦遷於峰山新城内。後復移而南，防守龍華隘之險。○梅嶺隘，在府南二十里，與保昌縣火逕隘相接，爲防禦要區。又雙坑隘，在府東南五十里，路通保昌縣界，上朔賊巢寇每從此闌入，防禦至切。又右源隘，在府西七十里，路通廣東仁化、湖廣桂陽縣。隆慶四年流寇由羅木山取道入犯，亦爲要區。又龍華隘，在府東八十里，與信豐縣界鐵落鍋密邇，蹊徑相通，釁孽易起，今有赤石巡司戍守。又游仙隘，在府西四十里，附近小梅關與南雄按境，與梅嶺隘俱爲戍守要區。

**内良隘**，府西北百里，相近有沙村等隘；又吉村隘，在府西南五十里，其相近有下南、大明、浮江等隘；又剗船嶺阸，在府東南二十里，其相近有牛尾阸；又橫江阸，在府東北七十里，相近有雲山、樟兜、赤江、佛子等阸；府東四十里又有城門、楊裏等阸；又宰屋阸，在府東北六十里；俱昔時戍守處。○穩下堡，在縣西北百里，嘉靖三十二年岑岡賊襲敗官軍於此。

**橫浦驛**。在橫浦橋南。宋、元時舊驛也。有水馬二驛，明朝洪武二十九年并爲一驛。又小溪水馬驛，舊在府東北六十里，濱河，亦宋、元時舊驛也。成化末爲洪水衝決，正德二年移之於高地。十二年峯賊侵劫，撫臣王守仁命遷於峰山新城内，在府東北七十五里。○中站，在府西南。輿程記：「府西南六十里至中站，即紅梅關也。又南至廣東南雄府六十里。」

**南康縣**，府東北百六十里。東至贛州府八十里，南至贛州府信豐縣百十里，西南至廣東南雄府二百五十里，西北至崇義縣百四十五里，北至吉安府龍泉縣二百八十五里。漢南埜縣地，屬豫章郡。三國吳析置南安縣，屬南部都尉。

晉太康元年改曰南康，尋屬南康郡，宋以後因之。隋屬虔州，唐因之。宋屬南安軍。城邑考：「南康縣舊治在西南隅，宋紹定初始築城禦寇，甃以磚石，周四里有奇。寶祐二年淫雨，濱江城圮，尋復補築。元至順中重修，至正末兵亂城廢。明朝弘治九年因舊址修築，明年城成，皆陶甓甃砌。正德六年、九年皆增築，嘉靖以後屢經修繕。城周十二里有奇。」編户三十二里。

南埜廢縣，在縣西南，漢縣治此。後漢亦曰南野縣，晉改屬南康郡，宋、齊因之。梁大寶初陳霸先自始興起兵討侯景，屯庾嶺，南康土豪蔡路養屯於南埜以拒之，爲霸先所敗，即此。隋初廢爲南埜鎮。今城南有南埜驛，蓋因其名。

東華山，縣治東一里。江水縈回若帶，因甃石爲長隄。其北又有鯉山、髻山，皆當江水下流之口。又東山，在縣東南五里，盤迴突起，章江遶其下。○高靈山，在縣東南三十里，與獨秀峰對峙。山勢巍峻，躡磴而上爲三天門，相距各里許。志云：山周圍十餘里，有平疇瀑布，泉水四注。其獨秀峰在縣東南二十五里，下有龍湫。本名雞籠山，蘇軾南遷愛其秀拔，改今名。又勝龍山在高靈山東數里，北出九牛驛抵玉潭山，爲往來通道。又東有青隱山，與贛縣武林山相望。

蓮花山，縣北二百里。五峰攢簇，狀若蓮花。上有巖容百餘人，前有橋名仙橋，下有飛瀑百餘丈。五代時鄉人結寨於此，以爲保聚，亦名蓮花寨。山之西又有羊嶺山，綿亘百餘里。○畫錦山，在縣西北百里。高百餘丈，周亘三十里。縣西北六十里又有禽山，俗名蒙山，高三百餘丈，連亘百里，入上猶縣界，禽水出焉。志云：縣西南百六十里有雲主山，高數百丈，形如飛驥，一名馬山，與大庾縣相接。又有龍山，在縣西南四十里，高峙横亘，亦接大庾縣界。

**廩山**，縣東南六十五里。上有石，高圓如廩，隋志以爲縣境之望山也。接信豐縣界。又李家山，在縣東，接贛縣界。岡嶺縱横，向爲盜藪，今有兵戍守。又玉潭山，在縣東北四十里，地名潭口，濱江。下有潭水，瑩潔如玉。○九日嶺，在縣北一里。巉然高峙，爲縣主山。又巾子石，在縣北二百餘里。上有巖，巖内有瀑布泉，舊爲設險處。

**芙蓉江**，在城南，即章水也。自大庾縣東北流至此，澄渌泓深。江之南平沙横衍，數里皆民居，遶東山而下，村巷橋梁，多以芙蓉爲名。縣治東今有芙蓉渡。志云：水南有鴨子湖，湖之左有紫荆山。○南埜水，在縣治西。源出縣西北紅桃嶺，亦名桃水，下流合蓮塘水入章江。志云：蓮塘水出縣西北二百四十里之余源嶺，縣北八十里有太平嶺，水經其下，又南逕刁石湖入芙蓉江。

**豫水**，在縣西南。上源即涼熱水，流至縣之南埜口入章江，所謂豫章水也。又西符水，源出西北二百里鑊山，〔一〇〕經崇義縣界，下流合豫水入章江。○禽水，在縣西北。源出禽山，東流至南埜口入章江。又有過水，出縣西北百五十里過山；又大田水，在縣西北四十里，志云源出景泰陽山；俱東流至南埜口入章江。又封侯水，出縣西南百五十里市尾村。志云：封侯水在縣南三十里，淺不容舟，西南流入涼熱水合章江。漢梅鋗嘗列營水濱，後封臺侯，〔一一〕人因以名水。

**河田水**，縣西百四十里，地名黄雀坭。源出至坪里船場，分二派，一自茆平桑墹注長龍，一自新溪逕長龍，合爲至坪江，又東爲瑞陽江，合於章水。○蕉溪，在縣西三十五里浮石下。源出縣西北之鍋坑，流經此入章水。

**潭口鎮**，在縣東玉潭山下。有巡司，明初置。又相安鎮巡司，在縣北百六十里。舊爲相安寨，洪武三年改置。○蓮花寨，在縣北蓮花山上；又有太平砦，在縣北百里；同巡寨，在縣北五十里；赤岡寨，在縣西北九十里；俱宋、元時舊寨也。今皆廢。又蓮塘寨，在縣西四十里，亦宋、元時所置。今爲蓮塘隘，正德中桶岡賊間道從長龍入至坪，度紅桃嶺趨蓮塘來寇，即此。

崌嶺隘，縣東南五十里。龍南、信豐之寇每由此出没，防禦爲切。縣東五十里又有石塘堡，相近有塘江、油槽二堡。又西下堡，在縣東十里。縣西北九十里有甘竹一堡、二堡，相近又有李姑寺、麻斜、籠勾、隔社頭等堡。○古樓隘，在縣西北六十里。亦曰古樓堡。正德中桶岡、左溪賊出茶坪坳，由上猶入古樓堡，竟薄城下，即此。又擔柴堡，在縣北五十里。縣南四十里又有龍迴堡，亦防禦要地也。

九牛驛。在縣東北，水驛也，與潭口巡司並置。元時又有潭口務，洪武三年改爲潭口税課局，亦設於此。今局廢。又南埜水馬驛，在縣城東南。舊爲王村驛，亦曰芙蓉驛，明初改置南埜驛。輿程記：「自贛州府水西驛西南行八十里至九牛驛，又八十里至南埜驛，又西南百二十里至南康縣小溪驛，蓋水道紆曲也。」○玉潭館，縣北三十里，縣西三十里又有銀度館，俱宋寶祐間置，元廢。又崇義税課局，在縣北百六十里。元名崇義務，洪武三年改爲税課局，正統五年與潭口局同廢。

上猶縣，府東北二百里。東南至南康縣八十里，西南至崇義縣八十里，西北至湖廣桂東縣三百二十六里，東北至吉安府龍泉縣百五十五里。本南康縣地，五代唐同光二年楊吴析置上猶場，以猶水爲名。南唐保大十年升爲縣，仍屬虔州。宋屬南安軍，嘉定四年改爲南安縣，元至元十六年改曰永清縣，明年復曰上猶。明朝因之。城邑考：「縣舊無城，宋紹定五年始築城。明朝洪武四年因舊址修築，成化初增修，弘治二年城始就。正德四年修葺以禦峯寇。嘉靖以後屢經營繕。城周不及三里。編户七里。」

大猶山，縣北二十五里。亦名猶石嶂。聳拔中峙，羣山拱揖其旁。上有月巖。又有龍池，深不可測。又飛鳳山，在縣西北一里。高百餘丈，綿亘三里，軒舉如飛鳳，縣之主山也。縣東半里又有資壽山，高八十餘丈，横亘五里。又東里許曰方山，亦高峻，形如方斗。○南山，在縣南二里，高聳插天。

書山，縣西八十里。高千餘丈，横亘十餘里，形如書櫃。一名大章山。王象之云：「縣西介於江西、湖廣、廣東三路，大章山延袤數百里，出巨木美材。晉義熙中賊徐道覆使人伐材於南康山中，至始興賤賣，居民争市之。船材大集而人不疑，及爲亂，悉取以裝艦。盧循寇長沙，道覆寇南康，此即其取材處也。」又琴龍山，在縣西三十里，地名琴江。下有龍潭水，派流二十里，名琴口渡。郡志：琴口渡在縣西五十里。

舉嶺，縣西八十里。高拔，與書山競秀。又小梅嶺，在縣北三十里。上有池，相傳梅福隱居處。志云：縣西百二十里有盧王高峒，山水雄壯，唐末盧光稠生長其間。又較車坳，在縣北九十里。山勢危險，徑路紆曲，似較車之狀。又鼓樓坳，在縣東南二十五里，形勢高聳，如樓閣然。又茶瓶坳，在縣西南四十里，接崇義縣界。○蜈蚣峽，在縣西四十里。宋建炎中李綱嘗過此，蓋出湖南之道也。

猶水，縣東半里，源出大猶山。一云猶水上源即湖廣桂陽縣孤山水，〔三〕流入境，經大猶山，因名。東南流經南康縣界入於章江。縣别名猶川，以此。○九十九曲水，在縣東北四十里，地名上坪。水源出焉，西南流，迴環九十有九曲而入於猶水。

縣前水，在縣城南。源出桂陽縣益漿鎮，漿亦作「將」，流經縣西四十里曰米洲水，有鬭水亦自益將分流至此，合爲一川，經城南而爲縣前水，合羣川東南下，入南康縣界之南埜水合章水。

浮龍鎮，縣西百里。有巡司。志云：元至元中置於縣西一里浮龍鎮，後移於大傅村，即今所也。又有大傅營，元置，今廢。又烏岐務，在縣南二十里烏岐村，亦元置，今廢。○金坑寨，在縣西百六十里。正德三年置，有小城，爲戍守之所。

疋袍隘，在縣北八十里村頭里。虔臺圖説云：「疋袍峒有猴嶺，崔嵬横亘，接湖廣桂東縣羅木山，又有小徑可通南韶諸路。」正德中畬賊謝志珊使其黨越嶺而東，分道由村頭里順流而下，不半日犯縣城，即此處也。嘉靖間居民於村頭里築城，若遇警，則浮龍巡司可據猴嶺以扼要衝，故疋袍與浮龍形援最切。又洞口隘，在疋袍隘西，又西爲平富隘。疋袍東曰盧王隘，一云阨在盧王洞口。又大雷隘，在縣北百四十里大雷嶺下，與疋袍隘爲縣北五隘，俱控扼處。○淡竹阨，在縣東，相近有南北村隘。又縣南有石龍隘，又南去縣二百餘里曰賴塘隘。又上稍隘在縣西南三十里稍尖峰下，縣西又有蘇陽隘、三門隘，皆境内阨塞處，有兵戍守。

大穩保。縣西二十里。又由石保，在縣西二十五里。縣北八十里又有龍歸堡。○神橋，在縣西南。宋咸淳間邑人建木橋，跨縣前水上，每春漲多漂溺，後邑令趙明甫開新路以避其險，造橋於此，成功甚速，因名。志云：縣城南有濟川浮橋。縣城東半里又有惠政浮橋，跨猶水上。

崇義縣，府西北百里。東北至上猶縣八十里，東南至南康縣百二十里，西至湖廣桂陽縣三百五十里，西北至湖廣桂東縣二百四十里。本上猶縣之橫水地，正德十二年撫臣王守仁討平畬賊，割大庾縣之義安里，南康縣至坪、上龍、崇德三里，上猶縣崇義、鴈湖、上保三里置縣，治近上猶之崇義鄉，因名。明年築城，十四年工畢，三面臨溪，西南面鑿濠爲固。周三里有奇。編户七里。

崇山，城北半里。舊名岐山，聳拔特立，王守仁改爲獨秀峰，後又改今名。地多産茶及水竹。又大龍山，在城東八里。高八十餘丈，蜿蜒三里。城西又有伏虎山，亦以形似名。○觀音山，在縣南十里。山勢峭峻，登者股慄。又大障山，在縣西五十里。迴環橫亘，如簾幕然。

聶都山，縣西南六十里。高百六十仞，連亘四十里。相傳昔有聶姓者開都聚民，故名。多産雜木及礬石。其水流入南康縣爲南礬溪，入於章水。山海經：「聶都之山，贛水所出。」王象之云：「章水所經，非所出也。」一統志：「山在大庾縣西南百二十里。」又符水山，在縣西南五十里。一名符竹坳，産符竹，小而輕。西南七十里又有傀儡山，數山高低相連，若傀儡。又有南源山，在縣西南九十里。高峻綿亘，周六十里，接大庾縣界。

紅桃嶺，縣東南六十里，與南康縣接界，舊爲險要。又齊雲嶺，在縣西四十里，勢干雲霄，南濱江。又西三十里曰五指嶺，五峰相連，尖秀如指。縣西北百二十里有板嶺。百七十里有金鷄嶺，高峙橫亘，以形似名。○白面峪，在縣東四十里。其北即上猶縣金坑寨，正德中王守仁平橫水賊，分道出石人坑、白面峪、金坑是也。或曰石人坑即贛縣玉枕山，似悮。蓋在上猶縣西南。

桶岡，縣西二百餘里，接湖廣郴州界。山深谷廣。正德初廣東、湖廣旱饑，流民逋逃其間，後遂爲盗，號曰峚賊。撫臣王守仁既破横水、左溪賊，進攻桶岡，賊聞官軍屢勝，懼請降。守仁期於鎖匙籠出降，賊黨猶豫。守仁分遣兵一入茶坑，一入西山界，一入十八磊，一入葫蘆洞。賊方於鎖匙籠聚議，聞官軍入險，急奔内隘，阻水爲陣。官軍四面進擊，賊大潰。别將復由鎖匙籠入，合軍破桶岡大巢，於是賊衆略盡。鎖匙籠在桶岡南。茶坑，郡志云在上猶縣西四十里。

縣前水，在縣城北。源出大嶂山，繞城東出，有東溪水流會焉，入上猶縣界合上猶水而入章水。縣西六十里又有牛皮龍水，源出桂陽益漿鎮，分流而東，會於縣前水。又有桃水，在縣東南四十里。出紅桃嶺，遶流而入縣前水。

南源水，縣西南五十里。出南源山，東流北折合西符水。志云：西符水在縣東南六十里，源出縣西鏤山，東流至此，會南源水，謂之符江口，又東入南康縣境合豫水，出南埜口入章江。或曰即横水也。一云南源爲横水，西符水爲左溪，正德中羣盗據此，所謂横水、左溪賊也。實録：「正德十二年時左溪賊與南、贛下新、穩下等洞賊盤據千里，撫臣王守仁以羣賊爲患，將攻之，議曰：『諸巢爲患，雖同而事勢各異。以湖廣言之，則桶岡諸巢爲賊咽喉，而横水、左溪諸巢爲之腹心；以江西言之，則横水、左溪諸巢爲賊腹心，而桶岡諸巢爲之羽翼。今不先去腹心之患，而欲與湖廣夾攻桶岡，進兵兩寇之間，腹背受敵，非吾利也。況賊但聞吾檄湖廣兵夾攻桶岡，横水、左溪必觀望未備，出其不意，可以得志。横水、左溪既破，移兵桶岡，勢如破竹矣。』乃分兵一自南康新溪入，一自上猶石人坑入，一自白面峪入，皆會於横水；又分兵一自大庾義安入，一自大庾聶都入，一自大庾穩下入，一自上猶金坑入，皆會於左溪；又遣伍文定等從上猶、南康分入以遏奔軼，守仁從南康進搗横水，與諸軍會，遂進抵十八面隘。賊驚潰，棄隘走，遂破横水大巢。諸軍亦至左溪，盡破賊穴，横水、左溪賊悉平。乃攻桶岡，搗其巢。守仁以横水地控禦三省，乃建城堡，奏置今縣。」十八面隘，在縣東。

**涼熱水**，縣西南八十里。同源異性，涼熱各殊，下流爲平政水，又東合於南源水。○義安水，在縣西六十里。源出大庾縣之玉泉山。流經縣東南五十里義安里，因名。下流入於南源水。

**上保鎮**，鎮西北一百二十里。本上猶縣之過步鎮巡司，正德十四年王守仁以上保、石溪、爛泥坑路通郴、桂，奏請徙置，改今名。志云：縣西北二十里過步渡有過步倉及過步營，舊巡司置於此，今皆廢。又鉛廠巡司在縣南四十五里，長龍巡司在縣東南四十五里，俱正德十四年置。志云：石溪堡，在縣西北二十里。

**聶都隘**。在縣西南聶都山下，爲縣境之襟要。嘉靖三十一年岑溪賊李文彪由火逕過遊仙隘，掠縣境之關田。隆慶四年流賊黄朝祖由南雄黄塘遁入桂陽羅木山爲寇，官兵駐聶都，扼其衝，賊幾困，以防禦不密，賊乘間由聶都達遊仙、濠頭抵火逕，歸始興故穴，勢復熾。遊仙等隘皆大庾縣過嶺之捷道也。圖説：「縣境西至豐洲則接湖廣之桂陽，西南至龍岼則臨廣東之仁化，皆山賊出没要區，而聶都、文英、關田三隘，防禦尤急。然守白溪、堯村，則聶都、文英可無虞，據三峰腦則桂陽流賊可遏絶，此又當圖之於豫者也。」○小坑隘，在縣東南四十餘里。相近有穩下阸、關田隘。又東南有流決隘。又横水阸，在縣南。縣西北又有長流隘、古亭阸，臨古亭河，可通舟楫，直達上猶。又華山隘，在縣西八十里。志云：文英隘，即大庾縣西北百三十里之文英堡，今亦屬縣境。

附見

南安守禦千户所。在府治西。洪武二十四年建。

## 校勘記

〔一〕本贛縣之瀲江鎮　「瀲」，元豐九域志卷六作「険」。

〔二〕屬贛州　底本原脱「屬」字，今據職本補。

〔三〕妻子及幕僚客將皆被執　「皆」，底本原作「家」，今據職本、鄒本改。

〔四〕三指山　「指」，底本原作「子」，今據職本改。

〔五〕和平盜李珍等　「盜」，底本原作「道」，今據職本、鄒本改。

〔六〕又劉崋阨在縣東百二十里劉崋山下　此二處「崋」字，職本、敷本、鄒本均作「華」。

〔七〕八付保　職本與底本同，敷本、鄒本「付」作「村」。

〔八〕又七十里合聶都水通大江　「通大江」，鄒本作「入章江」。

〔九〕關之外南下殊峻　「外」，底本原作「下」，今據職本改。

〔一〇〕源出西北二百里鑊山　「源出」，底本原作「出源」，今據職本、鄒本乙正。

〔一一〕漢梅鋗嘗列營水濱後封臺侯　職本與底本同，敷本「臺侯」作「壹侯」，鄒本作「邑侯」。史記卷七項羽紀云：「番君將梅鋗功多，故封十萬户侯。」當以此爲正。

〔一三〕即湖廣桂陽縣孤山水　「即」，底本原作「此」，今據職本改。

# 浙江方輿紀要序

浙江之形勢盡在江、淮，江、淮不立，浙江未可一日保也。曰越不嘗以此亡吴乎？夫越之與吴抗也，越實不足以敵吴，而吴恒有吞越之志。夫差敗越于夫椒，棲越于會稽，當是時固已無越矣，而吴不取，乃從而受越之愚。越自知其不能報吴也，與種、蠡諸臣積謀蓄力，數十年而後發之一旦。使吴不虚竭其國，疲弊其民，殺其謀臣以資越，越未可以得志也。越既滅吴，而江、淮之地坐收之矣。而越不能有也，楚人從而奄有之。蓋越之亡，即肇于亡吴之日矣。君子觀楚人有江、淮，而早知滅越者必楚也。後代李子通竊餘杭，而亡于江、淮之杜伏威。明太祖定金陵，收江北，然後從而覆僞吴，亦其大較矣。曰吴越不嘗以此立國乎？夫吴越之立國也，陰結與國，厚賂中朝，恃爲形援，而淮南以上游之力，若不難翦此而後朝食。吴越之敵國外患，莫甚于淮南，故其君皆勉强自立，亦兼有將帥之材，僅保其境内，而不授敵人以隙。然江、淮雖與吴越爲仇，而吴越實藉江、淮之衛。吴越助中朝以攻南唐，脣齒之慮，宜無待李氏之昌言也。處觸籓之會，既不敢以背中朝，力又不足以存李氏。及李氏亡，而惕然有孤立之懼矣。籍地來朝，不可緩矣。是江、淮之存亡，即爲吴越之存亡也。宋之都臨安也亦然。渡江之初，奔亡倉卒，江、淮之藩籬未遑立也。兀术提兵躪江東，陷建康，自廣德直趨臨安，進陷明、越，窮追海澨，錢唐之波濤，曾不能濡戎馬之足矣。嗣是諸將力戰于江上，于兩淮，又遠而争襄、漢，争川、陜，然後藩籬益固，而臨安可都矣。迨其後也，蒙古擾兩淮，傾襄、樊，伯顔長驅入建康，而江、淮之險盡入于敵。伯顔自建康分兵三道直指臨安，壓卵之勢已成，雖有智者不能爲宋謀也。猶謂浙江之命，非江、淮制之也乎？然則浙江無當于得失之數乎？曰奚爲其然也。夫浙江者，南臨閩、粤，北輔金陵，東禦島夷，西走饒、歙，魚鹽粟帛，財賦所資也。其民習波濤，善弓弩，甲兵亦可用也。但以僻在東陲，湖山間阻，以此争雄，天下勢有所難逮耳。蓋嘗取浙江而籌之。夫浙江在漢不及一郡之地，東漢永建四年議者以會稽一郡，周圍萬一千里，山川險阻，控馭爲難，因分浙江以東爲會稽郡地，而西則爲吴郡。孫氏分割以後，建置始多，大約兩浙之壤北盡江濱，南極甌、閩。唐乾元初置浙江西節度使，領昇、潤、宣、歙、饒、江、蘇、常、杭、湖十州，浙江東節度使領越、睦、衢、婺、台、明、處、温八州。其浙西之地，益推而廣之矣。後又以浙西爲鎮海軍，領潤州及蘇、常、杭、湖、睦共六州；浙東爲鎮東軍，領越州及台、明、温、處、婺、衢共七州。後之言兩浙者，皆以是爲據。錢鏐兼領鎮海、鎮東兩軍，而移鎮海于杭州，不能有常、潤也，蓋已非兩浙之舊壤矣。然而有吴郡則猶以江爲境也。今之建置，并不逮吴越之疆矣，如是而欲争雄天下，不誠難哉？雖然，時會何常，且用兵之道，亦在奇變而已。夫浙江者，震澤枕其北，大海亘其東，此奇變之資也。吾用正兵以指平江，敵不虞我之越海而來，渡湖而至也，則吾之計得矣。何也？自錢塘而放乎大海，乘風破浪，左江右淮，因利乘便，出入縱横，敵必不知其所備也。錢鏐討薛朗于潤州，欲自定山下海門。董摶霄自德清進擊項普略于杭州，曰：「吾若退保湖州，使賊得乘鋭趨京口，則江南不可爲矣。」夫杭州至京口未易信宿達也，由海道而前，則一帆可至耳。震澤與蘇、常接壤，春秋時吴、越已從而争之。六朝都建康，以義興爲重地。東方有變，必争義興，以其扼震澤之口也。淮南、南唐與吴越相持湖濱，烽火星羅棋布。明初亦自宜興出太湖，襲敵之湖州，蓋太湖在諸郡肘腋間，與敵共險，先乘者勝矣。且自宜興以西道溧陽，越東壩，可直抵金陵也。夫以東南而問中原，則不能無事于江、淮，以浙江而問江、淮，則不能無事于湖海，此必然之勢也。若自四安而出廣德，由廣德而上東壩，亦出奇者必争之道。而勢少力孤，或未可遽達，若東西齊舉，水陸相因，奇正相輔，則偏師宜出其間矣。淮南獨用之以攻吴越，而卒無功。金人、蒙古用之，兩陷臨安。一則無備之國，當方張之寇；一則分道並進，氣盛力强也。至于仙霞入閩，良爲要途。然漢伐閩粤，由會稽海道而進；吴越取福州，自温州越海而南；元人入閩，多自明州濟師；明初平閩寇，一自江西出杉關，一自明州泛海竟掩福州；實未嘗由仙霞也。夫用間道者多奇功，自昔然矣。噫，此亦就浙江言之耳。有提衡六合之規者，居上游而運中原，浙江以南皆將傳檄而下，望風而附，如吴越已事，正不必切切于浙江也。或曰明太祖何以先圖兩浙乎？曰明太祖實起于東南，卧榻之旁，皆戎首焉，自不得不先爲苞桑之計矣。夫運量天下，豈惟一途，而子猶有刻舟膠柱之心哉。

# 讀史方輿紀要卷八十九

## 浙江一

禹貢曰揚州，周職方亦曰東南惟揚州。詳見南直。春秋爲吳、越二國地，杜佑曰：「吳、越分界處在嘉興之語兒溪。」後并于越。戰國時屬楚。周顯王四十六年，楚威王伐越破之，殺其王無疆，盡取浙江以北地。其在天文亦斗分野也。秦并天下，屬會稽郡。漢武置十三州，此亦爲揚州地。後漢因之。三國時爲吳地。晉亦屬揚州，宋孝建初分浙江東爲東揚州，領會稽、東陽、新安、永嘉、臨海五郡。尋復入于揚州。通典：「孝武置東揚州，旋罷揚州，稱爲『王畿』，而東揚州直云揚州，既而復故。」梁、陳時亦分置焉。隋大業初置十三州，此仍爲揚州地。後爲沈法興、李子通等所據。唐分十道，此爲江南道，開元中隸江南東道，五代時屬于吳越。宋初爲兩浙路，後分浙東、西爲兩路。熙寧中分合不一，南渡後始定爲二路，浙西治臨安，浙東治紹興。元置江浙等處行中書省。至元十三年亡宋，立兩浙都督府于杭州，二十一年自揚州遷江淮行省治此，改曰江浙行省。後爲方國珍、張士誠等所據。明初平之，洪武九年置浙江等處承宣布政使司。領府十一，屬州一，屬縣七十五，總爲里一萬八百九十九，夏秋二稅大約二百五十二萬二千八百二十七石有奇。而衛所參列其中。今仍爲浙江布政使司。

杭州府，屬縣九。

錢塘縣，附郭。仁和縣，附郭。海寧縣，富陽縣，餘杭縣，臨安縣，於潛縣，新城縣，昌化縣。

嚴州府，屬縣六。

建德縣，附郭。桐廬縣，淳安縣，遂安縣，壽昌縣，分水縣。

嘉興府，屬縣七。

嘉興縣，附郭。秀水縣，嘉善縣，崇德縣，桐鄉縣，平湖縣，海鹽縣。海寧衛，澉浦、乍浦二所附見。

湖州府，屬州一，縣六。

烏程縣，附郭。歸安縣，附郭。長興縣，德清縣，武康縣。安吉州，孝豐縣。

紹興府，屬縣八。

山陰縣，附郭。會稽縣，附郭。蕭山縣，諸暨縣，餘姚縣，上虞縣，嵊縣，新昌縣。紹興衛，三江所，又臨山衛，瀝海、三山所附見。

寧波府，屬縣五。

鄞　縣，附郭。慈谿縣，　奉化縣，　定海縣，　象山縣。寧波、定海衛，穿山、舟山、霩衢、大嵩等所，又觀海衛，龍山所，又昌國衛，石浦、錢倉、爵溪等所附見。

台州府，屬縣六。

臨海縣，附郭。黄巖縣，　天台縣，　仙居縣，　寧海縣，　太平縣。台州、海門衛，前所、新河、桃渚、健跳等所，又松門衛，隘頑、楚門等所附見。

金華府，屬縣八。

金華縣，附郭。蘭谿縣，　東陽縣，　義烏縣，　永康縣，　武義縣，　浦江縣，　湯溪縣。

衢州府，屬縣五。

西安縣，附郭。龍游縣，　常山縣，　江山縣，　開化縣。

處州府，屬縣十。

麗水縣，附郭。青田縣，　縉雲縣，　松陽縣，　遂昌縣，　龍泉縣，　慶元縣，　雲和縣，　宣平縣，　景寧縣。

温州府，屬縣五。

永嘉縣，附郭。瑞安縣，樂清縣，平陽縣，泰順縣。温州衛，平陽、瑞安、海安三所，又金鄉衛，蒲門、壯士、沙園所，又盤石衛，蒲岐、寧村所附見。

東瀕海，

嘉興以北接蘇州洋，温州以南接福州洋，而寧、台爲瀕海之極衝，紹興次之，杭又次之。東面之防，以海爲亟。

南極閩，

衢、處、温三府皆與閩接界，而温以平陽、泰順爲藩籬，處則慶元、龍泉爲門户，衢州府江山縣之仙霞嶺，則南北往來之喉嗌也。

西接重山，

衢州以西接江右之廣信，嚴州以西接南直之徽州，湖州安吉以西與廣德爲唇齒，其間山谿盤錯，間道所由，非一途矣。

北限五湖。

太湖當湖州之北，嘉興府之西北。東出者爲吴淞江。又嘉興、蘇、松接壤處也。

其名山則有會稽，

會稽山，在紹興府東南十二里。禹東巡狩，至于會稽。管子：「禹封泰山禪會稽。」吴越春秋：「山本名苗山，禹更名會稽。」苗或作「茅」，或又謂之塗山。說者云：會稽者，會計也。禹會諸侯江南計功，命曰會稽云。山海經：「會稽山四方，上多金玉，下多玞石。」水經注：「會稽山亦名防山，亦名鎮山，又曰棟山。」越絕書：「棟猶鎮也。」輿地志：「會稽山一名衡山，有石狀如覆鬴，亦名覆鬴山。」道書稱會稽山周圍三百五十里，有陽明洞，爲第十一洞天。周禮職方：「揚州其鎮山曰會稽。」左傳哀元年：「吴入越，越子以甲楯五千保于會稽。」史記：「秦始皇三十七年，南遊上會稽，祭大禹，望于南海，而立石刻頌秦德。」又二世元年南至會稽。太史公自言上會稽，探禹穴。吕氏春秋：「九山，一曰會稽。」後漢書：「永元元年，會稽山崩。」梁書：「天監八年，有請封會稽者，不果。」隋開皇十四年，詔以會稽山爲南鎮。大業六年，穿江南河，并置驛宮草頓，將東巡會稽，不果。唐六典：「江南道名山曰會稽。」會稽之東三里曰宛委山，上有石匱，壁立干雲，升者累梯而上。十道志：「石匱山一名玉笥，有懸巖之險，亦名天柱，禹得金簡玉書于此。」遁甲開山圖：「禹至會稽，宿衡嶺，委宛之神奏玉匱書十二卷。」又東南曰秦望山，在府東南四十里。高出羣山之表。會稽志：「秦始皇登此，望東海，使李斯刻石焉。」今府西南別有刻石山。酈道元曰：「自平地趨山頂七里，懸磴孤危，峭路險絕，攀蘿捫葛，然後能升。」山之後又有望秦山，在府東南三十二里。一名天柱峰，一名卓筆峰，秦始皇登此以望秦中也。會稽之西曰法華山，在府西南二十五里。十峰聳峙，下有雙澗。會稽之西南曰雲門山，在府南三十里。稱爲秀異。要皆會稽之支山也。陸參云：「夏后氏巡狩越山，方名會稽，後世分而爲秦望，釐而爲雲門、法華，其實一山也。自始皇登此以望南海，又陟天柱之高峰以望秦中，于是知有秦望、望秦之名。」今府城之南自西而東二三百里間，羣山隨地立名者，何一非會稽之支隴乎？

天目，

天目山，在杭州府臨安縣西五十里，於潛縣北四十里，又湖州府安吉州西南七十五里。高峻盤鬱，爲西面之巨鎮。唐六典：「天目山，十道名山之一也。」元和志：「天目有兩峰，峰頂各一池，左右相對如目。左屬臨安，右屬於潛。今日東、西天目山，東屬臨安，西屬於潛。其東峰從臨安入，西峰則從孝豐入。東西二瀑布，瀆流數里，下注成沼，曰蛟龍池，即苕溪、桐溪之上源也。」郭璞地記：「天目山垂兩乳長，龍飛鳳舞到錢唐。」東南地靈，蓋鍾于天目矣。道書：天目山高三千九百丈，周八百里，爲第三十四洞天。寰宇記「山廣五百五十里，東目高三千丈，西目高二千五百丈」云。宋咸淳十年天目山崩，說者以爲宋亡之徵也。山崩後三年而蒙古入臨安。今山有十二龍潭，三十六洞。其峰巒之奇者，西則玉柱、香爐、象鼻爲最，東則大仙、將軍、寶珠爲最。其高險阻深，嶔嶔瑰異，不可殫究。宋人杭都賦：山雖多矣，莫若天目之爲大。其高也凡三萬九千尺，仰太虛兮日月低，坐絶頂兮乾坤窄。自天目而外，遠近諸山，環繞林立，皆若臣伏然，豈非天開奇勝歟？唐子霞云：「天目山一名浮玉山，其山連亘于杭、宣、湖、徽四州之界。」羅氏云：「天目山亘于杭、湖兩郡間，餘杭、臨安、於潛、昌化皆在其陽，安吉、孝豐皆在其陰。」山之西麓與南直寧國縣接界，爲西出之間道。天下多事，言地險者天目其未可略矣。

四明，

四明山，在紹興府餘姚縣南百十里，寧波府鄞縣西南百五十里，亘兩郡之境，蟠跨數縣。由鄞縣小溪鎮入者曰東四明，由餘姚白水山入者曰西四明，由奉化雪竇山入者則直曰四明，層巒絶壁，深谿廣谷，高迴幽異。孫綽賦云「涉海則有方丈、蓬萊，登陸則有四明、天台」，蓋靈仙之窟宅也。唐六典：「江南道名山曰四明。」山經云：「山高一萬三千丈，周圍二百十里。」一云八百里。道家以爲丹山、赤水，第九洞天。山凡二百八十峰，四面形勝，各有區分，中通一溪曰簟溪。四明山記：「山東面七十峰，勢如驚浪，號驚浪峰。西面七十峰，狀如奔牛，號奔牛隴。南面七十峰，狀如驅羊，曰驅羊峰。有澗南出，流百二十里歸于鄞江。北面羣峰，狀如走蛇，曰走蛇峭。有澗深入山中七十餘里。西南又有八峰，狀如罾囊，曰八囊山。自餘姚白水山入，東南行二十里，有三朵峰，以三峰鼎足而立也。三峰南有五朵峰，狀若芙蓉，五峰相望各六里。其中央即四明山心，東西兩旁又有數峰錯峙。芙蓉峰之東南爲鶱鳳巖，入于鄞縣界，其右即分水嶺也。」羣峰之中有分水嶺。石窗四面玲瓏，每天地澄霽，望之如户牖，中通日月星辰之光，亦名四窗，故曰四明。其巖洞岡嶺之屬，隨地立名者以數百計。大抵餘姚、上虞、鄞縣、奉化境内諸山，以奇勝稱者，皆四明也。

天台，

天台山，在台州府天台縣西百十里。志云：在縣北十里。一云三里。蓋縣境之山皆天台也。亦名桐栢山。山經云：「高一萬八十丈，周迴八百里。」山有八重，四面如一，當牛、斗之分，上應台星，故曰天台。隋開皇十年楊素擊江南叛者，别將史萬歲破沈孝徹于温州，步道向天台指臨海，蓋山谷高深，恐爲逋逃藪也。縣北六里有赤城山，乃天台之南門。唐六典：「江南道名山曰天台。」其峯之名者曰九折峯，在縣東北三十里。旁又有五峯，正北爲八桂，東北爲靈禽，東南爲祥雲，西南爲靈芝，西北爲映霞。前有雙澗合流，號天下四絶之一；四絶者，類要云：「齊州靈巖，荆州玉泉，潤州棲霞，台州國清也。」國清寺在縣北十里，萃五峯之勝。曰玉霄峯；在縣北三十五里，重巖疊嶂，凌雲翳日。其相對之峰爲白雲，道書以爲第十六福地。曰紫凝峯；縣西四十五里，壁立干霄，環巒掩映。其相望者有瑞龍、天柱、香爐、應澤四峰，皆爲勝境。曰柏香峰；縣北六十里，四面陰巖，垂磴萬仞。曰華頂峰，在縣東北六十里，周迴百餘里，高萬丈。絶頂東望滄海，俗稱望海尖。少晴多晦，夏猶積雪，自下望之，若蓮花之蕚，亭亭獨秀，因名，此天台之第八重，爲最高處，李白云「天台鄰四明，華頂高百越」是也；曰天姥峰，在縣西北百里。其峰孤峭，下鄰嵊縣，仰望如在天表。又有金地嶺、在縣西二十里金錢池側，亦曰佛龕峰。龕一作「隴」。銀地嶺、在縣北三十里，與金地嶺相接。八桂嶺、縣北五十里。孫綽天台賦「八桂森挺以凌霄」，謂此。百丈巖、縣西北二十五里。下有潭，其水雖旱不竭。

麻姑巖縣西南二十五里，一名仙姑巖。及丹霞洞、縣北十五里，下有靈溪。桃花洞，縣西北二十五里，一名劉阮洞。大抵皆以幽奇靈閟得名。

括蒼，

括蒼山，在台州府西南四十里，處州府縉雲縣東南百里，山連二郡之境。唐六典：「江南道名山曰括蒼。」山經：「山高千五百丈，周迴三百里。」西接縉雲，東跨仙居，南控臨海。吴録云：「括蒼山登之，俯視雷雨。有棠溪、赤溪、官溪三水，三水皆在縉雲縣東七十里。分流環遶其下。四面石壁，可容數千人。道書以爲成德隱真洞天。亦曰蒼嶺，亦名天鼻山。唐天寶中改名真隱山，蓋南境之大山也。」

金華。

金華山，在金華府北二十里，亘金華、蘭谿、義烏、浦江之境。一名長山，山嶺有雙峰，皆流泉下注，輿地志：「長山本名長仙，赤松子採藥于此，後訛仙爲山也。」志云：山高千餘丈，周三百六十餘里。山嶺雙巒，曰玉壺，曰金盆。玉壺之頂有徐公湖。湖分兩派，一瀉于山之陽，一注于山之陰，而爲溪泉。金盆亦有飛瀑下垂，爲赤松澗。兩巖對峙，高數百仞，有石横跨其上，溪流折旋，爲瀑爲湍，分合凡數處。唐六典：「金華，江南道名山之一。」山西南五里曰芙蓉山，高千餘丈，孤峰獨起，秀若芙蓉。一名尖峰山。相接者曰赤松山，亦在府北十五里。有赤松宫，祠黄初平。太祖初下婺城，駐蹕于此。其東有卧羊山。即晉赤松子黄初平叱石成羊處。其北有山甚峻特，崎嶇五里至絶頂，夷曠可居，曰煉丹山。又北數里曰梁山，盤泉危石，逶迤幽勝。山之北有鹿田峰，去府城二十五里。峰巒聳拔，上有沃野可耕。又有金華洞。道書以爲三十六洞天。今洞在府北三十里，有朝真、冰壺、雙龍三洞。朝真居山巔，冰壺居中，雙龍最下，相傳與四明、天台諸山相通也。柳宗元龍城録云：「金華山有仙洞，內有三十室，廣三十二里。」吴録云：「長山之南有春草巖、折竹巖。皆在府北二十里。山之西有紫薇巖，一統志：『在府北二十五里。』石室深廣數丈。一名書堂，梁劉峻著書處。東曰九龍洞，志云：在府西北三十里，有石奔湧如龍。潛溪之源出焉。山之東巖曰上霄洞，石壁環抱如城郭。或謂之優游洞。距城東北三十里。又五里曰新洞，舊時可入，今則否。洞始于宋紹興七年，故曰新也。」金華之稱，或謂始于天寶間，或謂起于蕭梁時。

其大川則有浙江，

浙江之源有三：一曰新安江，或謂之徽港，班志謂之漸江水。源出徽州府西北百二十里之黟山，今名黄山。經府南東流至竹節磯，而入嚴州府淳安縣界，經縣南東流六十里，而遂安縣境之水流合焉，又東九十里而經府城南，東陽江流合焉，此浙江西出之源也；一曰東陽江，或謂之婺港，水經謂之吴寧溪。源出金華府東南百三十里之大盆山，經縣南境而爲畫溪，西入義烏縣界而爲烏傷溪，至府城東合于南溪，又西流至蘭溪縣西南六里而信安江流合焉，此浙江東南別出之源也；一曰信安江，或謂之衢港，亦曰穀水。源出衢州府開化縣東北六十里之百際嶺，經縣城東謂之金溪，又東南入常山縣境而爲金川，至縣城東則江山縣文溪之水流合焉，又東南經府城北，而江山縣南、仙霞嶺北諸溪谷之水皆流合焉，又至府城東十五里而定陽溪流合焉，又東北經龍游縣北四里而爲盈川溪，亦曰穀溪，又東北經湯溪縣北境，又東北經金華府蘭谿縣城西而與東陽江合流，此浙江西南別出之源也。二江既合，東北流百餘里，至嚴州府城東南二里而與新安江會。三源同流，東過桐廬縣或謂之桐江。又東北入杭州府富陽縣界而爲富春江。經縣城南，又東經府城南而謂之錢塘江。東北流入海寧縣界，南岸則爲紹興府蕭山縣界，舊志：浙江在臨安府錢塘縣治南十二里，越州蕭山縣治西二十五里。夾岸有山，南曰龕，北曰赭，二山相對，謂之海門。又東則錢清、曹娥之水並匯于紹興府北，而爲三江海口。此浙江源流之大略也。亦曰浙河，山海經曰：禹治水至于浙河。莊翼云：「浙河之水，濤山浪屋，雷擊霆砰，有吞天浴日之勢。」亦曰漸江，水經：「漸江水出三天子都。」漢地理志：「漸江水出黟縣南蠻中。」亦曰羅刹江，志云：取風濤險惡之意。然而浙江之名尚矣。吴越春秋：越王至浙江之上，望見大越山川重秀，天地再清。史記：「楚威王殺越王無疆，盡取故吴地，至浙江。」又秦始皇至錢唐，臨浙江，水波惡，乃西百二十里從陿中渡。〔一〕後漢建安初孫策引兵渡浙江，取會稽。晉咸和三年，會稽内史王舒等起兵討蘇峻之亂，使庾冰將兵西渡浙江。隆安三年孫恩據會稽，劉牢之等討之，進臨浙江，恩聞之曰：「我割浙江以東，不失作句踐。」牢之既濟，恩遂走入海島。隋開皇十年越州高智慧等作亂，楊素擊之。智慧據浙江東岸爲營，周亘百餘里，船艦蔽江。别將來護兒以奇兵潛渡，遂破之。東南有事，未有不以浙江爲襟要者。盧肇云：「浙者，折也。取潮水出海，屈折倒流也。」燕肅云：「浙江上游受婺、衢、歙三港之水，水出兩山間，盤迴百折，過蕭山入海，龕、赭兩山之間岸狹勢逼，湧而爲濤。」祝穆云：「浙江之口，山居江中，潮水投山，十折而曲，故名浙江」。海潮之盛，莫過于浙江，以其去海至近，而江流不足以敵之耳。昔因海潮著爲圖論者，不下數十家。大略卯酉之月爲陰陽之交，氣以交而盛，故潮獨大于餘月。朔望之後爲陰陽之變，氣以變而盛，故潮獨大于餘月。小則水漸漲不過數尺，大則湧濤高數丈，每歲八月十八日爲觀濤之候。輿程記：「近志謂潮以曲折而大，又云因海門二山阻其怒而大，皆非也。浙江自婺源浙嶺發源，山嶺高峻，緣山取道，凡十八曲折而上，故因以爲名。夫折當緩阻亦當緩，潮之大以浙江三百里即黄公洋，洋廣三百里始至大海，納以巨澤，潮勢因之而盛也。」盧肇海潮賦所謂「夾羣山而遠入，以巨澤灌其喉」者也。自東漢以浙江之東皆爲會稽，浙江之西皆爲吳郡，兩浙之名，實起于此。唐六典：「江南道大川曰浙江。」上承三州之水，又歷杭、睦、越三州而入于海。自古至今，常有漂溢之患。唐末諸志所載浙東、西諸郡水患，皆浙江漂溢也。

浦陽江，

浦陽江，源出金華府浦江縣西六十里深裊山。謝惠連云：「朝發浦陽汭，暮宿浙江湄。」言相近也。說文：「水北曰汭。」又水相入爲汭，此指江邊之地而言。或云浦陽江亦名浦陽汭，悮矣。水經注：「浦陽江導源烏傷，浦江縣亦古烏傷也。東連諸暨，與泄溪合。」今江水經浦江縣南東流入紹興府諸暨縣界，自源徂流，凡百二十里始通舟楫，經縣南折而北流，縣境諸水皆流入焉，北經山陰縣南，分爲二支：一西北經蕭山縣東南三十里之臨浦，又北折而東，經府西五十里之錢清鎮名錢清江，又東入于海，是錢清江即浦陽江也；亦名西小江。今江口爲潮沙所遏，其内則爲運河，亦與錢塘江相隔。一自山陰縣東南分爲小舜江，今名東小江。又東與嵊縣剡溪之下流合，經府東九十二里之曹娥廟而爲曹娥江，又北至上虞縣西北五里之龍山下而西北折，以入于海，是曹娥江亦浦陽江分流所匯也。禹貢云「三江既入」，韋昭以爲三江者松江、錢塘江、浦陽江。浦陽之水微矣，而亦稱江者，以其入于海云。

苕溪，

苕溪有二源：一出天目山之陽，經杭州府臨安縣西遶縣南而東，謂之南溪。入餘杭縣界，又東流經餘杭縣治南，又東流二十七里入錢塘縣界，自源徂流凡百八十里始通舟楫，潘氏曰：「苕溪支流大抵自餘杭縣西南二里之南湖，溢入于錢塘之西溪，入杭州府北十里之北關河以濟漕渠。」又東北入湖州府德清縣境，經縣城東南，謂之餘不溪，武康縣境前溪諸水皆流合焉。又北經府城南合諸溪之水謂之霅溪。匯爲城濠，此苕溪之東派也；其一源出天目山之陰，經孝豐縣東南，又北流經安吉州西折而東，經長興縣南境，縣境荆溪諸水皆流合焉。至府城西亦謂之苕溪，此苕溪之支派也。兩溪匯流，由小梅、大錢二湖口小梅湖在府北十八里，大錢湖在府東北三十八里。入于太湖。又苕溪經湖州府城下分流爲運河，經府東七十里之潯溪達于蘇州府吴江縣南四十里之鶯脰湖，而與杭、嘉二郡之運河合。唐天授二年敕錢塘、於潛、餘杭、臨安四縣租稅皆取道於苕溪，公私便之。然今自餘杭以上漲涸不時，未可方舟而濟矣。潘季馴曰「浙西運河大都發源于天目」，蓋以苕溪爲之委輸也。

太湖，

太湖在湖州府北二十八里。詳見南直大川。

運河，

運河即江南河也。隋大業中將東巡會稽，乃發民開江南河，自京口至餘杭八百餘里。後代因而修之，以爲轉輸之道。宋孝宗淳熙八年浚行在至鎮江運河，時都臨安，尤以漕渠爲先務也。宋志：「運河自臨安北郭務至鎮江江口牐六百四十一里。」淳熙十一年，臣僚言：「運河自北關至秀州杉青各有牐堰瀦水，惟沿河上塘有小堰數處，積久低陷，無以防遏水勢，兼沿河下岸徑港極多，其水入長水塘、海鹽塘、華亭塘，由六里堰下，私港散漫，悉入江湖，以私港深，運河淺也。若修治上塘小堰，及修固運河下岸一帶徑港，自無走泄之患矣。」今運河由杭州府之武林驛，又北歷湖州府德清縣東三十里，舊湖州運道，由德清而東以合于運河。凡百二十里而達嘉興府崇德縣，又東北歷桐鄉縣北八里，凡八十里而經府城西，繞城而北，南直松江府之運，由嘉善縣以達于府城北之運河。又六十里而接南直蘇州府吳江縣之運河，此兩浙之運道也。

海。

浙江以海爲境，東南必備之險也。三國吳永安末，魏將王雅浮海略勾章而去。五代時吳越與淮南相攻，屢以海道爲角逐之所。又吳越入貢，每自海出登、萊抵大梁。至于不逞之徒，如晉之孫恩，唐之裘甫，皆恃海濱僻遠，一旦竊發，東南柔脆，爲之震盪。南宋以臨安爲行在，而海道之防尤切。紹興二年敵人分屯淮揚，軍海州，樞臣慮賊若以輕舟南來，蘇洋之南海道通快，可以徑趨浙江，詔遣官相度。中丞沈與求言：「海舟自京東入浙，必由泰州石港、見南直泰州。通州料角、陳貼、通明鎮等處，見南直通州。次至平江南北洋，次至秀州金山，見松江府金山衛。次至明州向頭。今寧波府慈谿縣向頭巡司是也。又聞料角水勢湍險，倘于石港、料角等處拘束水手，優給庸直而存養之，以待緩急之用，彼亦安能衝突？」呂頤浩言：「敵舟從大海北來，抛洋直至定海，此浙東路也。自通州入料角放洋至青龍港，見南直嘉定縣。又沿流至金山村、海鹽縣直泊臨安，此浙西路也。望分設沿海制置司，耑管淮東、浙西及浙東、福建路。」從之，而海道之窺伺益少。元末方國珍發難，依海爲險。明初經略東南，國珍既平，命湯和由海道取福州。洪武二年招徠遠夷，設市舶提舉司于寧波，爲日本之貢道。而奸萌漸作，十六年絶其貢獻，使湯和經略海上，預爲之防。永樂二年復許入貢，至嘉靖中防維益懈，奸商伺隙，流毒東南，而海道之防于是日密。懲前毖後，勢固然也。防險説云：「浙江之源，始于黟之林歷山，（見南直徽州府黟縣，浙江實非出于此。）一線之微，合流萬壑，終于錢塘江之鱉子門而入海。故鱉子門者，乃省城第一門户。石墩、鳳凰外峙，乃第二門户。此外無山，（鳳凰山，見海鹽縣。）惟羊、許獨立海中，東接衢洋，西控吴淞江口，爲第三門户。羊、許二山有防，然後石墩、鳳凰有蔽，石墩、鳳凰有蔽，然後錢塘鱉子門可守，此其大略也。」沙起錢塘，東至吴淞，曾無間斷。海外諸沙，亦向北而轉，惟平坦延曠，故賊皆可登。是蘇、松、杭、嘉四府，連壤一脉，利害安危，輔車相倚者也。今欲求錢塘無虞，當守附海之三關；欲求三關寧謐，先防大海之羊、許。但羊山孤懸大海，去乍浦太遠，我舟頓此，設遇東北颶風，賊舟便捷，彼此齊驅，勝負難必。許山嚣門淺狹，止可避東南之風，賊乘東北風利，我開舟擊之，嘗虞並駕。次者金山衛城西灣沙塗頗軟，可暫停舟，但遇東南風亦未易出。惟海鹽白塔山去秦駐山不遠，四風皆便，賊若由大洋而來，隨處可擊，是海鹽一關，尤四面之控制也。總而論之：賊由北洋經蛇山、茶山，其患必犯吴淞，然吴淞之口北向，舟難逆出，必藉崇明等沙兵船以禦之；賊由東洋經陳錢、馬蹟犯寧、定者，必藉衢山、馬墓兵船以禦之；賊由南洋經韭山、烏沙門犯昌國、臨、觀者，必藉舟山、烈港兵船以禦之；若由羊山直進犯海鹽者，必藉乍浦、三關兵船以禦之；是防海之總要也。又曰列郡之海口，有温州之飛雲、横陽、館頭，台州之松門、海門，寧波之定海、大浹、湖頭渡，紹興之三江、泗門，杭州之龕山、赭山，嘉興之乍浦、澉浦，皆倭寇窺犯之地，列郡之門户也。海洋之要害，有金鄉、盤石衛之鳳凰山、南麂山，松門、海門衛之大陳山、大佛頭山，昌國衛之韭山，定海衛之舟山，遠而陳錢、馬蹟山，臨海、觀海衛之烈港，海寧衛之羊山、許山，皆倭寇必經之地，沿海之藩籬也。又曰陳錢、羊山，浙、直共守之門户也。陳錢山在舟山普陀東南大洋中。桐山、流江，閩、浙相依之唇齒也。蓋倭從彼國開洋，必徑抵陳錢山歇潮候風，集艘分犯。若遇東南風高，則望羊山以犯蘇、松、浙西；東南風和，則望韭山、朱家尖朱家尖即烏沙門，在舟山東。以犯寧、紹；東北風和，則望大佛頭、三山、鳳凰山以犯台、温；東北風急，則越桐山、流江以入閩。此巡哨者所當究心也。屠仲律云：「守平陽港，拒黄華澳，據海門之險，則不得犯温、台；塞寧海關，絶湖口灣，遏三江之口，則不得窺寧、紹；扼鱉子門，則不得近杭州；防吴淞江備劉家河，則不得掩蘇、松、嘉興矣。」俞大猷曰：「水戰最難。舟在海中，收船安嶴，一違其宜，則不戰而自敗矣。」今考沿海之中，上等安嶴可避四面颶風者，凡二十三處：曰馬蹟，曰兩頭洞，曰長塗，曰高丁港，曰沈家門，曰舟山前港，曰岑港，曰烈港，曰定海港，曰黄岐港，曰梅港，曰湖頭渡，曰石浦港，曰豬頭嶴，曰海門港，曰松門港，曰蒼山嶴，曰玉環山梁嶴等嶴，曰楚門港，曰黄華水寨，曰江口水寨，曰大嶴，曰女兒嶴。中等安嶴可避兩面颶風者，凡一十八處：曰馬木港，曰長白港，曰蒲門，曰觀門，曰竹齋港，曰石牛港，曰烏沙門，曰桃花門，曰海閘門，曰九山，曰爵谿嶴，曰牛欄基，曰旦門，曰大陳山，曰大床頭，曰鳳凰山，曰南麂山，曰霓嶴。其餘下等安嶴只可避一面颶風，如三孤山、衢山之類，不可勝數，必不得已，寄泊一宵，若停久恐風反别汛，必不能支矣。至潭岸山、灘山、許山之類，皆圍土無嶴，一面之風亦所難避，可不慎乎？

其重險則有仙霞，

仙霞關，在衢州府江山縣南百里仙霞嶺上，又南至福建浦城縣一百二十里，爲浙、閩往來之衝要。或曰仙霞嶺即古泉山也。杜佑曰：「泉嶺山在衢州信安縣西南二百里。」漢朱買臣云：「南越王居保泉山，一人守險，千人不能上。」今其山周圍百里，皆高山深谷，登之者凡三百六十級，歷二十四曲，長二十里。唐乾符五年黄巢破饒、信、歙等州，轉略浙東，因刊山開道七百餘里，直趣建州，即此嶺也。宋紹興中史浩帥閩過此，募人以石甃路，自是鑱除鏟削，舊時險阨，稍就寬平。凡自浙入閩者，由清湖渡舍舟登陸，清湖渡在江山縣南十五里。連延曲折，逾嶺而南，至浦城縣城西，復舍陸登舟以達于閩海，中間二百餘里，皆謂之仙霞嶺路，誠兩浙之衿束，八閩之咽喉也。南行記：「仙霞之爲嶺一，而南北有名之嶺凡五：仙霞之爲關一，而東西有名之關亦五。」所謂五嶺者，一曰窯嶺，在仙霞北十五里；一曰茶嶺，在仙霞南三里；一曰小竿嶺，在仙霞南八里；一曰大竿嶺，在仙霞南三十六里；一曰梨嶺，在仙霞南五十六里。俗名五顯嶺，以嶺有五顯廟也。此皆往來登陟之道，與仙霞爲六大嶺，盤紆峻拔，岡麓相接。六嶺之旁，大山深谷，接岫連峰，不可勝紀。大約東接處州，西亘廣信，林巒綿錯，略無斷處。窯嶺之北又有蘇嶺及馬頭嶺，從浙之閩南出仙霞者，此爲自平而高之漸。馬頭嶺在清湖南七里，高不過尋。又蘇嶺去馬頭嶺二十七里，雖地勢益高，然平坦易陟。窯頭峰勢突起，旁瞰平疇，村落墟里，歷歷可數。山下多窯户，因名。行近仙霞則高峰插天，旁臨絶澗，沿坡並壑，鳥道縈紆，隘處僅容一馬。至關嶺益陡峻，拾級而升，駕閣凌虚，登臨奇曠，蹊徑回曲，步步皆險，函關、劍閣，仿佛可擬，誠天設之雄關也。又南而茶嶺，松篁相接，夷險相乘，即仙霞之支隴。志謂之箬山。又云山高出仙霞之上，天宇晴霽，望衢州城如在目前。稍南曰楊姑嶺。去茶嶺僅里許。又南即大竿嶺，志云：嶺有道西達廣信。突然高峙，南去小竿嶺二十里。志云：小竿嶺高百五十丈。其間坡陀曠衍，民居絡繹，寬平處可屯列萬騎。大竿嶺南七里曰廿八都，最爲平曠，民居甚衆，有岐徑可達衢、處諸郡。小竿嶺崔巍雄峻，延袤十餘里，北麓童然隆起，無林巒之勝。引而南復有一峰傑出，謂之楓嶺。楓嶺北爲浙、閩分疆之處，輿程記：「浙、閩分界處地名南樓。」相距不過數武，而物候榮落，頓覺不同。沿嶺而趨，長松曲澗，夾道相屬。其險窄處伐木爲闌，以便行者，蓋亦要隘之地矣。舊制設營于此爲戍守處。居人曰：「楓嶺即小竿南麓之異名，其實止一嶺耳。」楓嶺去小竿嶺五里，嶺勢相接也。俗傳舊植竿于嶺上，故有大竿、小竿之稱。小竿盤紆最遠，北趨婺州，西達信州，皆可以取途云。自楓嶺又南十五里即梨嶺矣。〔三〕梨嶺高峰連雲，前橫大壑，傍巖飛閣，大類仙霞。其危巖仄徑，真足令一夫當關，千人自廢。蓋梨嶺、楓嶺，由七閩而言，又爲仙霞之內險也。由梨嶺益南二十餘里是爲魚梁嶺。嶺不甚高，過魚梁則原隰勻勻，去險而就平矣。蓋六大嶺之險，止在七十餘里之中，故皆可以仙霞目之也。五關者，一曰安民關，在仙霞東南三十五里，路通處州府遂昌縣；關屬江山縣界。一曰二渡關，在仙霞西南八十里，路通江西上饒、永豐縣；關在浦城縣西北一百十五里，出關即永豐縣界也。一曰木城關，在仙霞西南六十里，關在二渡關東北，其地亦屬浦城。一曰黃塢關，在仙霞西南五十里，路皆通永豐；關屬江山縣界。一曰六石關，在仙霞西南三十五里，以六石巖而名。巖中巨石雄峙，水遶石傍，路出水側。路通江山縣及廣信府之玉山縣。關屬永豐縣，與江山縣接界。此皆江、浙往來之間道，與仙霞共爲六關，土人有「仙霞六關」之稱。然六關之中，惟二渡關山溪環匝，路容單騎，從江右廣信入閩，可以取徑于此。入關則取途而東，竟出楓嶺之南，而仙霞不足恃矣。二渡關以楓嶺諸山之水遶出關下，關東西二面皆爲梁以渡，因有二渡之稱。自關而東歷盆亭司、分水關至楓嶺橋凡五十里，合于仙霞南出之道。然其地皆崎嶇險仄，自古用兵者未嘗出此。其安民、木城諸關，皆迂僻深險，艱于登陟，非經途所在也。又有茅簷嶺關，在六石關東南十餘里。關屬江山縣界，路通浦城。限門關，在二渡關南三十餘里。關屬浦城，路通建寧府崇安縣。岑陽關，在二渡關西三十里。關當永豐、崇安之界，亦爲崇安八關之一。岑陽緣山爲險，于二渡關又爲外衛。其餘山徑叢雜，因地設隘，各以關名者，隨地多有。要以仙霞爲南服之雄，地有常險，古今不易矣。

獨松，

獨松關，在杭州府餘杭縣西北九十里獨松嶺上。自天目山而北，重岡結澗，迴環數百里，獨松嶺傑峙其中，嶺路險狹，東南則直走臨安，西北則道安吉趨廣德，爲江、浙二境步騎争逐之交。東南有事，此亦必争之地也。唐武德四年，時李子通據餘杭，隋餘杭郡治錢塘，非縣也。杜伏威將王雄誕擊之。子通以精兵守獨松嶺，雄誕遣別將將千人乘高據險逼之，多設疑兵，子通遁走。宋建炎三年兀朮自廣德過獨松關，見無戍者，謂其下曰：「南朝若以羸兵數百守關，吾豈得渡哉！」德祐元年以元兵漸迫，遣將列戍要害，命羅琳戍獨松關。元將阿剌罕自建康分兵出廣德四安鎮見湖州府長興縣。犯獨松關，遂陷之，臨安震懼。其與獨松相近者又有百丈關，在縣西北八十里百丈嶺上，北與湖州安吉州分界。今其地有百丈鎮。又有幽嶺關，在安吉州孝豐縣東南三十里幽嶺上，其東南亦與餘杭縣分界。謂之「獨松三關」。元至正十二年徐壽輝將項普略等屢犯杭州，攻獨松、百丈、幽嶺三關，董摶霄擊之，以兵先守雙溪。在餘杭縣西北三十里，俗本訛爲多溪。雙溪者，三關要路也。既又分爲三軍，一軍出獨松，一軍出百丈，一軍出幽嶺，然後會兵擣賊巢，遂乘勝復安吉，又進克廣德，平徽州，蓋自昔爲險要之地矣。

昱嶺。

昱嶺關，在杭州府昌化縣西七十里，西去南直徽州府百二十里。嶺高七十五丈，地勢險阻，右當歙郡之口，東瞰臨安之郊，南出建德之背，置關于此，蓋三郡之要會也。元至正十二年徐壽輝遣項普略等掠徽、饒、信諸州，遂陷昱嶺關，攻杭州，董摶霄擊却之。已而羣賊復自昱嶺關寇於潛，摶霄復擊之，自臨安而西，敗賊于於潛，復其縣，又敗賊于昌化，復置昱嶺關。十七年徽州爲賊所破，元將李克魯會軍昱嶺關，敗賊兵于關西，遂復徽州。既而明太祖自金陵南下寧國，克徽州，道昱嶺，敗克魯之軍，取建德路，于是兩浙版圖以漸平定。昱嶺信爲西面之咽喉矣。

按浙江之地，崇山巨浸，包絡四維，而臨安實爲都會，右峙重山，左連大澤，水陸輳集，居然形勝。嘉興則接壤蘇、松，運道之咽喉也。然而湖州一隅，北踰震澤則迫毘陵，走陽羨，可以震建康；西出安吉則道廣德，指東壩，亦可以問金陵矣。是用嘉興不如用湖州之爲利便也。温州海澳，可以捷渡福寧；處州山藪，可以疾走建安。然而衢州之壤，自江山以越仙霞則全閩之要害舉，〔三〕自常山以趣廣信則鄱陽之屏蔽傾，自開化而走婺源則宣、歙之藩籬壞。以一郡之地，而動三路之權，未可謂三衢之要害後于吳興也。若夫嚴州密邇臨安，西連歙郡，誠爲控馭之地。而寧、紹、台諸州皆濱于海澨，風帆一舉，上可以問江、淮，下可以問閩、粤，浙江之形勝，豈淺鮮哉？防險說曰：「浙江之防有三說焉，曰海洋，曰江湖，曰礦山。往者倭寇結巢金山、柘林、青南等地，俱見南直松江府。貽害浙之昌化、富陽。寇犯乍浦、石墩、魚浦，各區流突，直抵金陵重地，此海洋之患也。沿江多盜，夜劫客船，湖漾鹽徒，肆行出没，此江湖之患也。礦寇之擾，路出多岐，若休寧之馬金，今嚴州府開化縣有馬金嶺。歙縣之街口，今街口巡司。婺源之大庸，今婺源縣有大鏞山。常山之草坪，今草坪驛。江山之清湖，縣南有清湖渡。龍游之灰坪，縣南有灰坪巡司，通處州府遂昌縣。蘭溪之太平街，在縣西。淳安之白馬村，在縣西，通徽州府境。開化之華埠在縣西南。直達雲霧諸山，或云即淳安縣南之雲濛山。嚴州之白沙府西有白沙洲。直入壽昌諸處，皆賊所必由之路，此礦山之患也。噫，以天下之大，據全盛之時，寄兩浙之命者，吾嘗見其憂倭夷内犯，拮据定海之舟航矣；憂鹽徒奸宄，焦勞黄巖之城郭矣；憂礦盗充斥，紛紜慶元之藪澤矣。謂之明見未然也，豈其然乎？」

## 校勘記

〔一〕從陘中渡　「陘」，史記卷六秦始皇本紀作「狹」。

〔二〕楓嶺　底本原作「楓林」，今據職本、鄒本改。

〔三〕自江山以越仙霞　「江山」，底本原作「江西」，今據職本、鄒本改。

# 讀史方輿紀要卷九十

## 浙江二

杭州府，東南至紹興府一百三十八里，西南至嚴州府二百七十里，北至湖州府一百八十里，東北至嘉興府一百九十五里，自府治至京師三千二百里。

禹貢揚州之域，春秋爲越國之西境，後屬楚。秦、漢並屬會稽郡，後漢順帝以後屬吳郡。三國吳分置東安郡，治富春。尋罷。晉屬吳興及吳郡，宋、齊、梁因之。侯景嘗以錢唐爲臨江郡，富陽爲富春郡。陳置錢唐郡，隋平陳廢郡，置杭州，初治餘杭，開皇十年改治錢唐。煬帝大業三年改曰餘杭郡。唐復爲杭州，天寶初曰餘杭郡，乾元初復曰杭州。景福初號武勝軍，光化初移鎮海節度治焉，又置大都督府于此。新唐書：「乾元二年杭州置餘杭軍，景福二年鎮海軍自潤州徙屯此。」又有烏山戍，或曰即吳山也。五代時吳越都于此。謂之西府，謂越州爲東府。宋仍爲杭州，亦曰餘杭郡，淳化五年改軍號曰寧海軍節度。建炎三年升爲臨安府。時定行都于此。元曰杭州路，明改杭州府。領縣九。

府山川環錯，井邑浩穰，爲東南都會，春秋時吳、越争雄之所也。自三國以來，皆恃爲財賦淵藪。陳、隋始立郡建州，繁衍之漸，基于此矣。唐末置節鎮于此，以寵錢鏐，鏐于是擁兵廓地，爲東南雄鎮。宋建炎三年，高宗至鎮江，召從臣問去留，吕頤浩乞駐蹕京口，爲江北聲援。王淵獨言鎮江止可捍一面，不如錢塘有重江之險，淵慮金人自通州渡江，據姑蘇，則京口内外俱亟也。于是遂如杭州，即州治爲行宫。王阮言：「臨安蟠幽宅阻，面湖背海，膏腴沃野，足以休養生聚，其地利于休息。」陳亮言：「吴會者晉人以爲不可都，而錢鏐據之以抗四鄰，蓋自毘陵而外，不能有也。其地南有浙江，西有崇山峻嶺，東北則有重湖沮洳，而松江、震澤横亘其前，雖有戎馬百萬，安所用之。此錢鏐所恃以爲安，國家六十年都之而無外憂者也。」亮蓋言于光宗時。朱子嘗言：「建康形勢雄壯，然淮破則止隔一水，欲進取則都建康，欲自守則都臨安。」近時言者亦謂昔人咎宋都臨安，遂成偏安之局。不知臨安雖偏，前有襟障，左右臂有伸縮，是以晏然者百餘年。六朝都建康，雖云控引江、淮，而過于淺露，荆、雍、江、鄂上游跋扈，未有三十年無事者也。然辛幼安有言：「斷臯亭之山，臯亭或作「牛頭」，今府東北三十里有牛頭堰，路通海門，非山名也。天下無援兵；決西湖之水，滿城皆魚鱉。」陳同甫亦嘗環視錢塘，喟然歎曰：「城可灌也。」蓋以地下于西湖云。而西山真氏則曰：「國家南渡，駐蹕海隅，何異越棲會稽之日。而秦檜乃以議和移奪上心，粉飾太平，沮鑠士氣，士大夫豢于錢唐，湖山歌舞之娱，無復故都黍離、麥秀之歎。此檜之罪所爲上通于天，而不可贖也。」今府城，宋行都城也。舊志：府城初築于隋楊素，周三十六里九十步。唐景福二年錢鏐新築羅城，自秦望山由夾城東亘江干，泊錢塘湖、霍山、范浦，周七十里，其城門凡十：南曰朝天，今吴山東麓鎮海樓也，宋曰拱北樓，明初復名朝天；北曰北關；其東面之門曰新門，曰南土，曰北土，曰寶德；西面之門曰竹車，曰鹽橋，曰西關，曰龍山。寶德在東面之北，龍山在西面之南。其形勢則南北展而東西縮。乾寧中楊行密將攻杭州，携僧祖肩密來瞰之，祖肩曰：「此腰鼓城也。擊之終不可得。」宋紹興二十八年增築内城及東南之外城，附于舊城内。城亦曰皇城，周九里。皇城之門南曰麗正，北曰和寧。或曰亦吴越牙城故址也。牙城之南門曰通越，北曰雙門。其東北隅門亦曰和寧。錢鏐如衣錦軍，將還，部將徐綰等作亂，據羅城，攻牙城，鏐至龍泉聞變，使副將建己旌鼓與叛兵戰，而微服乘小舟夜抵牙城東北和寧門，踰城而入是也。又宋之東苑門曰東華。元至元十九年張士誠更築府城。東自艮山門至候潮門，視舊城拓開三里，而絡市河于内；南自候潮門迤西則縮入二里，而截鳳凰山于外城之東西，視舊差廣。門十三。宋制亦十三門。東有便門保安。保安一名小堰，士誠省之，于北增天宗、北新二門，其天宗一名小北門，仍爲十三門。又宋時南門曰嘉會。德祐末元兵至，駙馬都尉楊鎮等奉益王、廣王走婺州，不果。既而自嘉會門出渡江而南，元兵追之，鎮還臨安，楊亮節遂負二王走温州是也。士誠改嘉會曰和寧。明省爲十。東省錢湖門。本宋置，張士誠因之。北省士誠所置天宗、北新二門。東五門，曰候潮，東南第一門也。宋舊名。曰永昌，東南第二門。舊曰新門，俗呼草橋門，與候潮俱近江，多沙地鹽舍。曰清泰，在城正東。舊名崇新門，俗呼薦橋門，今呼螺螄門，亦近江。曰慶春，東北第二門也。

舊名東青門，俗呼太平門。有菜市橋，亦曰菜市門。曰艮山，東北第一門也。俗呼壩子門。西三門，曰湧金，在城正西。宋建炎末韓世忠討苗、劉之亂，入北關，賊開湧金門遁走。舊亦名豐豫門。曰清波，在湧金之南。宋名也。曰錢塘，在湧金之北。亦宋名。南一門，曰鳳山，在城南，近江。一名正陽門，北距武林門十里，即張士誠所改和寧門也。又舊有清平門，後塞。北一門，曰武林。在城正北。舊名餘杭門，今仍呼爲北關。土人云：南柴、北米、東菜、西水，四者各由而入。又宋制水門凡五，曰保安，曰南，曰北，曰天宗，曰餘杭。張氏因之。今爲水門四，在鳳山、候潮、艮山、武林各門之旁。城周三十五里一百丈。此今城之大略也。

錢塘縣，附郭，在府治西。秦縣，屬會稽郡。漢爲會稽西部都尉治，後漢縣省，光和二年封朱峻爲侯邑。三國吴復置縣，屬吴郡，晉以後因之。陳置錢塘郡于此。隋廢郡，改爲杭州。治本曰錢唐，唐以唐爲國號，加土爲塘，後因之。舊唐書：「隋時縣在州治南，貞觀六年移縣而北，去州治十一里，尋又移治于新城。開元二十一年還治州郭下，二十五年復移州治南。」通志：「宋嘗徙于錢唐門外，尋還城内，後徙今治。」今編户百六十一里。

仁和縣，附郭，在府治東。唐錢塘、鹽官二縣地，五代梁龍德二年錢氏割置錢江縣，治武林門内。宋太平興國四年改今名，尋徙府治北。元移今治。今編户三百七十三里。

吴山，在府治南。圖經云：「春秋時爲吴南界，故名。」或曰以子胥名，訛伍爲吴也。亦名胥山，左帶大江，右瞰西湖。宋建炎三年兀朮陷臨安，將還，斂兵于吴山、七寶山，焚掠而去。七寶即吴山西南面支峰也。紹興末，金亮聞其勝概，欲立馬吴山，遂南寇。今峰巒相屬，以山名者凡數處，而總曰吴山。

鳳凰山，府治西南二里，與吴山岡脉相接。舊在城内，張士誠築城截之于外。今沿城南十里陵阜巖壑透迤而西，左瞰大江，直望海門，如鳳凰欲飛，峭壁崔巍，中通石衕。宋南渡後因州治建宫殿，山遂環入禁苑，重簷複閣，凌駕山椒。今山坡平處曰内教場，山下有洗馬池，皆宋時故址也。其東麓爲萬松嶺，舊時夾道多松。又有古渠，宋乾道七年守臣吴淵請復萬松嶺旁古渠，〔一〕嚴禁侵占是也。今路出江頭，嶺去城最近，而地形高聳。論者謂敵先據此，則城中有矢石相及之虞，蓋鳳凰山屏峙城南，攻守必資之地矣。○龍山，在城南。山之北即包家山。宋紹興十七年建玉津園于山北。淳熙十二年大閲于龍山，後屢閲于此。王應麟曰：「孝宗乾道以後屢幸茅灘大閲。」慶元二年殿帥郭杲言：「茅灘在江東岸，潮汐不時，若營教場，徒費修治，不如專閲于龍山。」從之。龍山蓋即鳳凰之支隴矣。山之東有白塔嶺，路出江頭。一統志：「龍山一名卧龍山。」

寶石山，在城西北。負郭，挺立。上有石巍然如甑。北有落星二石，錢氏號壽星寶石山，後改爲巨石山。上有保叔塔，本名寶所塔，宋乾道二年嘗大閲于此。山東南麓爲昭慶寺，面臨西湖。山之北爲霍山，山最小而石骨鱗起。其下爲錢氏羅城舊址。○孤山，在城西重湖之間，以獨立波心而名。山坦夷，與寶石諸山隔湖相望。

南屏山，府西三里。峰巒聳秀，環立若屏。北有净慈寺。寺前一峰曰雷峰，或以爲迴峰之訛也。有雷峰塔。其西爲九曜山，山石嵯峨，頗爲雄峻。山西南爲太子灣，以宋莊文、景獻二太子攢園而名。益折而南爲煙霞嶺。又南爲南高峰，盤紆峻聳，東抱西湖，南頫浙江。舊有塔在其上。志云：南高峰在府西南十二里。

靈隱山，府西十二里。本名武林山，相傳漢時錢唐縣蓋治于山麓，晉咸和中改今名。唐天復二年杭州叛將徐綰等作亂，湖州刺史高彦遣子渭入援，至靈隱，爲綰伏兵所殺。宋建炎三年金人寇臨安，遊騎入靈隱至天竺山。亦名靈苑，又名仙居。有靈隱寺，寺外爲九里松。山之西北一峰直上曰北高峰，爲靈隱最高處。頂舊有七級浮圖，奇勝與南高峰相埒。其峙于寺前石門澗南者曰飛來峰，亦名靈鷲峰。又南爲天竺峰，三天竺寺列焉。宋志：「西湖出武林山武林泉。」今南北諸泉澗皆匯于西湖，蓋湖上羣山靈隱實爲雄長矣。又獅子峰，在天竺峰西南。元伯顔入臨安，觀潮于浙江，登獅子峰，覽臨安形勝，即此。

**赤山**，府西南十二里。志云：自太子灣而西有玉岑山，少北爲三台山，于忠肅墓在焉。玉岑山西南即赤山，自西湖出江干，往往取途于此。宋建炎中金人犯臨安，兀朮突至赤山，即此。俗名赤山埠。南征紀：「赤山埠西走富陽，南出江灘有六和塔，宋初僧永明所建以鎮江湖，亦江濱控扼處也。」○五雲山，在府西南二十里。沿江自徐村而進，盤曲凡六里，七十二灣。上有二井，大旱不竭。長江三折，正當其前。又有溪水東流，經諸橋以入江。

**秦望山**，府西南十里。輿地志：「秦始皇東遊，登山瞻望，欲渡會稽，因名。」吳越史：「唐咸通中望氣者言東南有王氣，命侍御史許渾賫璧瘞此山以厭之。」山東南有羅刹石，横截江濤，後改名鎮江石，五代梁開平中爲潮沙所漲没。又焦山，在府西南四十里，高千二百丈，周二十里，境中諸山惟此爲最高云。

**定山**，府東南四十里，突出江干。郡國志云：「江濤至此輒抑，過此復雷吼霆奮，因名。」一名獅子山。劉宋泰始初會稽太守孔顗等舉兵，應晉安王子勛，臺軍吳喜擊之，遣别將沈思仁等破東軍于定山。唐光啓二年，錢鏐遣將自定山出海門討薛朗于潤州，即此。又有浮山，在定山東南五里。蘇軾守杭州，奏狀云：「潮水自海門東來，勢如雷霆，而浮山峙于江中，與魚浦諸山犬牙相錯，洄洑激射，其怒百倍，沙磧轉移，爲至險處。」

**臯亭山**，府東北二十里。山當往來之衝。宋德祐二年元兵從長安鎮進次臯亭山；明初命李文忠取杭州，分遣茅成駐臯亭山；蓋府境必備之險也。○桐扣山，在府東北五十里。晉武帝時岸崩出石鼓，張華命取蜀中桐木刻魚形扣之，聲聞數里，山因以名。其西接母山，一名鳳凰山，高聳爲羣山之冠，以張翼左右如母顧子而名。

**臨平山**，府東北六十里。山周十八里，平曠逶迤，無崇岡修阜。其巔一名丘山，有龍洞及井，雖旱不涸。梁大寶初張彪起兵會稽討侯景，遣將趙稜等圍錢唐，與景將趙伯超戰，敗于臨平。唐置臨平監于山下，後爲臨平鎮。五代梁開平三年高灃以湖州附淮南，舉兵焚義和、臨平鎮，吴越討平之。宋建炎三年苗傅等作亂，遣其黨苗瑀等將重兵扼臨平，拒勤王兵，負山阻水爲陣，中流植鹿角以梗行舟，世忠舍舟力戰，大破之。又鎮有明因寺。元兵趨臨安，文天祥奉使見伯顏于明因寺是也。義和鎮，今嘉興府崇德縣。

**界山**，府北七十里。一名萬松山。其西有鳳泉諸山，綿延相接，凡二十五里。東北接武康西界，餘杭苕溪遶其南，陡門關峙其東，亦北出之間道也。志云：鳳泉山一名唐山，山之西有石門嶺，嶺南有唐家陡門關，蓄苕溪水以溉田。石門東三里有九度嶺，西二里有金龍嶺，皆北達武康。

**葛嶺**，在府城西北。自寶石山而西，其相接者曰寶雲山，稍西即葛嶺也。宋建炎二年金人犯臨安，城陷。尉曹將金勝等保葛嶺，編竹覆泥爲塗，北騎至踐之而踣，勝等乘勢擊之，金人大敗。咸淳二年賜賈似道第于西湖葛嶺，即此。又西爲棲霞嶺，岳武穆墓在焉。一名劍門嶺。

風篁嶺，府西十里。林壑極勝，龍井在其上。亦曰龍泉。錢鏐自衣錦軍還至龍泉，聞其部將叛據羅城，微服兼行，踰城夜入是也。○慈雲嶺，在府内西南十里，即鳳凰山之後嶺。後唐同光二年錢鏐開慈雲嶺，建西關城宇是也。自嶺而西出即南高峰。又仙姥墩，在清波門外。沿城而上，舊有聚景園，宋孝宗築以奉上皇游幸者。

狗頭嶺，府西北五十里。唐上元二年劉展作亂，據潤、常諸州，遣兵攻杭州，敗州兵于石夷門。展將孫待封自武康南出，將會兵攻杭州，州將李藏用使其屬温晁自餘杭馳據狗頭嶺，待封至，敗還。嶺蓋當武康南出之道。石夷門，或曰即今石門塘也。見崇德縣。

錢塘江，在城東三里，即浙江也。自嚴州府桐廬縣流入富陽縣界，經郡西南而東北接海寧縣界，出海門入于海。海潮晝夜再上，奔騰衝擊，聲撼地軸。沿江之塘，歷代修築。錢塘記：三國時功曹華信以江濤爲患，議立塘以捍之，募有能致土石一斛與千錢，旬月之間，應者雲集，因曰錢塘。歲久塘壞，江挾海潮，大爲杭患。唐大曆八年大風潮溢，墊溺無算。咸通二年潮水復衝擊奔逸入城，刺史崔彦曾乃開外沙、中沙、裏沙三沙河以决之，曰沙河塘。近南曰霸頭，其在城東二里者曰捍海塘。光化三年浙江又溢壞民居。五代梁開平四年錢氏建候潮、通江二門，潮水衝激，版築不就，因命强弩數百以射潮頭。既而潮水漸向西陵，乃積石植木爲塘，而城基始定。今之平陸，昔皆江也。相傳吴越王箭所射止處，嘗立鐵幢，因名鐵幢浦。宋大中祥符五年潮抵郡城，發運使李溥請立木積石以捍之，不就。乃用戚綸議實薪土以捍潮波，七年功成，環亘可七里。天聖四年方謹請修江岸二斗門。景祐四年轉運使張夏置捍江兵，採石修塘，立爲石堤十二里，塘始無患。慶曆六年漕臣杜杞復築錢塘堤，起官浦至沙涇以捍風濤。又俞獻卿知杭州，甃西巖作堤長六十里。皇祐中漕臣田瑜疊石數萬爲龍山堤。政和六年兵部尚書張閣言：「臣昨守杭州，聞錢塘江自元豐六年泛溢後，潮汐浸淫，比年水勢稍改，自海門過赭山，即回薄巖門、白石一帶北岸，壞民田及鹽田鹽地，〔二〕東西三十餘里，南北二十餘里。江東距仁和監止及三里，北趣赤岸瓪口二十里。運河正出臨平下塘，西入蘇、秀，若失障禦，恐他日數十里膏腴平陸，皆潰于江，下塘田廬，莫能自保，運河中絶，有害漕運。」詔亟修築。七年知杭州李偃言：「湯村、巖門、白石等處，並錢塘江通大海，日夜兩潮，漸致侵嚙，乞依六和寺岸用石砌疊。」從之。紹興末以石岸傾毀，詔有司修治。乾道九年復修築廟子灣一帶石岸，自是屢命有司修戢。淳熙元年江堤再決，嘉熙二年復決，守臣趙與權乃于近江處所先築土塘，于内更築石塘，水復其故。嘉定十年江潮大溢，復修治之。明洪武十年江水大溢，特命興築。永樂元年及五年、九年皆經修治，十八年更修完固。成化八年沿江堤岸傾圮特甚，乃命工部侍郎李顒相度經理，堤岸一新。百年以來，始無大患。萬曆三年六和堤岸決，復修治之。嗣後淺沙漸積，江湖稍緩。舊時上自六和塔下抵艮山門，皆有石塘，胡氏以爲即錢氏所築捍海塘故址，今多堙廢。其渡江之處，自草橋門外江西岸渡者曰浙江渡，對蕭山縣西興；自六和塔渡者曰龍山渡，對蕭山漁浦。

西湖，在城西。周回三十里。三面環山，谿谷縷注，瀦而爲湖。漢時金牛見湖中，以爲明聖之瑞，曰明聖湖。一名錢塘湖，以介于錢塘也。一名上湖，以委輸于下湖也。然其地負郭而西，故其稱爲西湖。唐大曆中刺史李泌于湖北爲石函橋，置水閘以洩湖水，溉田無算。長慶初刺史白居易復築堤捍湖，蓄洩其水，溉田千頃，又引入運河以利漕。久之湖葑蔓合，湖漸堙塞。吳越時置撩湖兵士千人，芟草濬泉，又引湖水爲湧金池以濟運河。宋景德四年郡守王濟增置斗門以防潰溢。天禧中王欽若奏以西湖爲放生池，自是湖漸堙廢。慶曆初郡守鄭戩嘗開濬之。元祐五年蘇軾知杭州，以爲：「唐李泌引湖水作六井，然後民足取汲，而生聚日繁。又放水溉田，瀕湖千頃，可無凶歲。今雖不及千頃，而下湖數十里間，茭菱穀米，所獲不資。又西湖深闊，則運河可以取足。若湖水不給，則必取藉于江潮。潮水淤河，泛溢闤闠，三年一濬，必爲市井大患，并六井亦且廢矣。今請設法開治，并禁民侵占。」從之。軾因取葑泥積湖中，横跨南北兩山，徑十餘里，爲長堤以通人行，今稱蘇公堤。西曰裏河，東曰外湖。紹興九年從張澄請招置撥湖兵二百人。十九年守臣湯鵬奏請開濬。乾道五年復嚴侵占之禁。九年以臨安守臣言，命更加開濬。元時廢棄不治，明初益爲汙萊，民耕業其中。成化、弘治中嘗議濬之。正德三年郡守楊孟瑛又力言之于御史臺，疏奏報可，于是大加濬治。凡毁民田蕩三千四百餘畝，湖始復舊。又益蘇堤高二丈，闊五丈三尺。又于裏湖西岸爲楊公堤，堤各開六橋以通水。自北新路第二橋入靈竺路謂之趙公堤，以宋淳祐中京尹趙與𥲅所築也。自斷橋至孤山謂之白公堤，以唐郡守白居易所築也。湖中有湖心寺，易而爲亭。議者謂杭之水利，莫切于西湖云。

臨平湖，在府東北臨平山東南五里。吴赤烏二年獲寶鼎于此，因名鼎湖，周回十里。漢末湖已壅塞，晉咸寧二年復開，孫皓以爲己瑞，既而吴滅。晉元興二年湖水赤，桓玄以爲己瑞，俄而玄敗。陳禎明初湖又開，陳主叔寶大惡之，明年陳亦滅。蓋此湖嘗蓁塞，故老相傳湖開則天下平也。唐、宋時湖水皆直至山下，南宋爲運道所經。中有白龍潭，風波最險，紹定中築塘以捍之，曰永和，自是患漸息。今上塘河所經也。

運河，在城北十里。其源有三：一自城西北三里西湖壩，上承西湖之水；一自城東北三里德勝壩，上承上塘河之水，俱匯於府北六里之江漲橋；又餘杭塘河之水亦由江漲橋西出以會於運河，出北新關橋至塘棲鎮接崇德界。此公私經行之道也。元末張士誠自塘棲南五里之五林港開河，直至江漲橋，凡闊二十餘丈，其最闊處有三里漾、十二里漾之名。今亦謂之新開運河，亦名北關河。

上塘河，在城東。自永昌門外北至艮山門，接城內運河及城外沙河諸水，又東北經臨平鎮東達海寧縣之長安壩。南宋運道俱自長安壩入艮山水門抵東斷河而止，此其故道也。

官塘河，在北新關外，亦曰下塘河。分運河水西北流，經府西北二十五里之板橋關，至府西北四十五里爲奉口河，合苕溪水入湖州府德清縣界。宋乾道十四年臣僚言：「奉口至北新橋三十六里皆爲斷港、絕潢，宜亟開濬，以來商旅，平穀直。」淳祐七年安撫趙與𥲅募民濬廣之，民以爲便。河西岸有西塘，長十八里，抵安溪，通四安驛路。

龍山河，在城南。舊自鳳山水門直至龍山閘計十餘里，置閘以限潮。宋時瀕江綱運由此入城，後廢。元延祐三年復浚之。明初洪武七年以河道窄狹，拓廣一十丈，濬深二丈，仍置閘以限潮。尋以河高江低，改閘爲壩。今塞。○舊運河，自候潮水門南歷清水、渾水二閘，至跨浦閘，計長七里。一名裏河。元延祐三年浚治。明朝洪武七年以舟楫難通，濬河廣十丈，閘亦高廣於舊，遺趾猶存。

茅山河，在府治東。又府治北有鹽橋河。宋元祐四年蘇軾濬茆山、鹽橋二河，分受江潮及西湖水，造堰牐以時啓閉。今鹽橋河尚存，而茅山河已堙。俗亦謂鹽橋河爲大河。又有小河在府治東，本名市河，亦謂之便河。元至大末江浙行省康里脱脱初下車，問民疾苦，皆言杭城舊有便河，通江滸，堙廢已久，若疏鑿以通舟楫，物價必平。脱脱遂復之，不一月而河成。今堙廢。

**柳浦**，在府城東南五里候潮門外。江干有浙江亭，亭北有跨浦橋，六朝時謂之柳浦埭。劉宋泰始二年遣吴喜擊孔顗等於會稽，喜自柳浦渡，取西陵，擊斬庾業。齊永明二年富陽民唐寓之作亂，進至錢塘。錢塘令劉彪遣將張玗禦之，敗於小山。寓之進至柳浦，彪棄城走。唐書：「隋自餘杭移州治錢塘，又移治柳浦，倚山築州城。」是也。唐乾寧三年錢鏐討董昌於越州，昌求救於楊行密。行密將安仁義自潤州以舟師至湖州，欲自湖州舟行入柳浦渡西陵，以應董昌。鏐使顧全武守西陵，仁義不能渡。西陵，見紹興府蕭山縣。小山，或曰今赤山也。又城東北舊有范浦，今堙。

**西溪**，在靈隱山西北。志云：西溪有石人塢，蓋北高峰石人嶺之支也。塢口爲九沙，爲沿山路。宋南渡時車駕由此入餘杭，歷方井、法華、秦亭諸山凡十八里。而絡以小河，又北匯餘杭塘合於運河。○安溪，在府北五十里。苕溪自餘杭界來，經紫微、萬松、白鶴、方印諸山，凡三十餘里，羣山之水合流爲安溪，下流仍謂之苕溪，入德清縣界。

**九溪**，在赤山烟霞嶺西南。其北爲風篁嶺。衆山之泉環流於此，自徐村入於江。稍西爲十八澗，路通六和塔。○六井，在城中。杭瀕海，水泉鹹苦，唐刺史李泌鑿陰竇，引西湖入城，作六井以便民汲。後白居易及宋郡守沈遘、陳襄皆修浚之，民獲其利。

**清河堰**，舊在府城北。宋宣和三年賊方臘攻秀州，敗還，仍據杭州，官軍至清河堰，賊棄城遁去。或曰今城北三里清河閘即其處也。又北關門内有清河坊。元末徐壽輝將項普略陷杭州，董摶霄自德清擊之，進薄杭城，賊迎敵凡外河。

七戰，追殺至清河坊，賊奔接待寺，塞其門而焚之，遂復杭州。接待寺，在城東北五里。○永昌霸，在城東永昌門外。又艮山門外有會安壩，武林門外有豬圈、德勝二壩，俱洪武初置，以瀦上河之水，使東不得洩於江，北不得洩於外河。

北新關，府北十里，商旅輳集之道也。有户部分司駐此，榷商税。府城東南有南新關，則工部分司治焉，掌竹木之税。志云：府治東北二里舊有杭州税課司，城北九里有江漲橋税課司，城南有城南税課司，城東北八里有城北税課司，後俱廢。又横塘、臨平税課局，在府東北六十里，屬仁和縣。又安溪、奉口税課局，在府西北五十里；西溪税課局，在府西二十七里：俱屬錢塘縣。後又以安溪并入西溪。○臨平河泊所，在臨平鎮，屬仁和。又古蕩河泊所，在府西北九里，屬錢塘，洪武初置。

浙江驛，府南十里龍山閘，左濱江。宋有浙江亭置於候潮門外，亦曰樟亭，爲觀潮之所，紹興以後每宰相去位則待罪於浙江亭，明初改置今驛。又武林驛，在府北武林門外，吴山驛及遞運所亦置於此。今併於武林驛，輿程志：「驛去浙江驛三十里。」

湖州市，府城北五里。元伯顔自皐亭進屯此，旋入臨安。今自北新關至武林門，居民稠疊，謂之湖市。又塘棲鎮，在府東北五十里，舊有郡丞駐此。嘉靖三十四年督臣張經與倭戰於塘棲，敗績。○湯鎮，在府東北五十里，與海寧縣接界。有仁和鹽場。宋蘇軾嘗開湯村運鹽河是也。今由城東前後沙河皆可達湯鎮、赭山以接於海口。

通江橋，在城南。宋淳熙二年漕臣趙磻老議於此置版牐，以節宣江水。又北海家橋，在府治北。宋志：「隆興二年守臣吴芾請措置北海家橋、仁和倉、斜橋三所作壩，取西湖六處水口通流，灌入府河。又以望仙橋以南至都亭驛一帶地勢高峻，議於城外保安牐及竹車門諸處引水入保安門通流入城。」望仙橋，今亦在府治東。

諸橋。府西南二十餘里。富陽諸山之水由此入江。南征紀：「諸橋、萬村爲濱江要路，西則陸走富陽，東出赤山埠，北出西溪走黄山以達餘杭，東北則從西溪達於錢塘門。」○德勝橋，在府北五里。其處亦曰枯樹灣，本名堰橋，宋建炎中韓世忠大敗苗傅於此，因名。

海寧縣，府東百二十里。東北至嘉興府海鹽縣一百十里。漢海鹽縣地，屬會稽郡。吴王濞於此立鹽官，三國吴因置鹽官縣，屬吴郡。又置海昌都尉於此。晉亦爲鹽官縣，宋、齊因之，皆屬吴郡。隋屬杭州。唐武德四年屬東武州，七年併入錢塘。貞觀四年復置，仍屬杭州。宋因之。元元貞初升爲鹽官州，天曆二年更曰海寧。明初改州爲縣。縣城唐、宋以來舊址，明洪武二十年信國公湯和重築，〔三〕永樂以後屢經修治，周九里有奇。編户百八十四里。

海昌城，縣南二十里。志云：三國吴海昌都尉治此，晉、宋以後亦嘗爲都尉治，隋大業初廢。又縣西北四十一里有海安舊城。志云：隋大業中築縣蓋治於此，唐永徽中始遷今治。

石墩山，縣東五十里。稍東一里曰小尖山，上有烽堠。嘉靖三十五年倭據石墩爲巢，犯嘉興府境内，參將盧鏜擊之，久而後克。下有小港，外通大洋，賊舟每泊此。今有石墩山寨，西去縣四十里，皆築土城戍守。

赭山，縣西南五十里。土石皆赤，因名。其對岸相峙者曰龕山，屬紹興府蕭山縣界，横江截海謂之海門，西南去郡城六十里，爲控扼要害。宋乾道四年射獵於此。明嘉靖三十三年倭賊突犯赭山，郡境被其害。今爲汛守重地。海塘攷：「縣境治南即海，海之上即塘，距城百武而近，東抵海鹽，西距浙江，延袤百里。塘西南數十里有赭山，與龕山對峙，爲海門。潮水趨江，始猶廣衍，進入隘口，横流束而不得肆，輒怒而東返。東五十里又有石墩山，與赭山相望，若兩拳然。潮返而東爲石墩所障，仍鼓怒而西，東西蕩激，數十里間，日再往來，狂瀾駕風，若萬馬馳驟，銀山雪屋，排空而下，此海塘所以恒多隱憂也。」又海防説：「海門與乍浦相形援，乍浦海中有山，至下八山爲極遠，此外即茫洋無山。倭船之來，必至八山及陳錢、壁下山取水，候風流犯。先年兵船畏風濤危險，止分守八山内港，倭賊不時入劫。隆慶三年始議直哨壁下等洋，蓋賊於下八山可徑至鱉子門，鱉子門之險與下八山之哨首尾相應者也。」

硤石山，縣東北六十里。一名紫微山。其並峙者曰贊山。兩山相夾，中通河流，曰硤石湖。唐白居易嘗登此，因以其官名之。山之西爲硤石鎮，元置税務於此。明初改税課局，兼置河泊所。嘉靖三十四年倭犯硤石，明年復犯硤石，蓋登泊爲易也。〇妙果山，在縣東六十里。一名龍山。其相連者曰袁花山，亦名龍尾山，袁花塘經其下。嘉靖三十年倭據尖山，焚掠袁花市，官兵逐之，敗績。

尖山，縣東六十四里。高峰崛起，南臨大海，建烽堠於其巔。一名大尖山。嘉靖中倭嘗據此。〇黄灣山，在縣東六十五里。一名盈山，周九里。旁近大海，有黄灣浦，與海鹽縣澉浦所接界，北通硤石、袁花諸處。嘉靖中倭賊往往出没於此，設黄灣山寨，并築土城戍守。志云：寨在城東五十里。

金牛山，縣東八十三里。高三百丈，周十九里。山勢隆起，冠於境内。山側有洞，深不可測，相傳宋建炎初避亂者多居此。稍北爲廟山。廟山之西二里爲鳳凰山，下有烽堠、山寨。廟山東三里曰望夫山，亦烽堠處。通志：「廟山在縣東南六十八里，高百丈，周九里，與望夫山皆接海鹽縣界。」

**海**，縣南十里，東連海鹽，西接浙江，潮汐往來，衝激不常。舊有捍海塘，長百二十四里，唐開元九年修築。宋志：嘉定十二年臣僚言：『鹽官去海三十餘里，舊無海患，縣鹽竈頗盛，課利易登。去歲海水泛漲，湍激橫衝，沙岸潰裂不時，以致浸入鹵地，蘆洲港瀆，蕩爲一壑。今潮勢深入，逼近民居，乞下浙西諸司，亟爲修築捍禦之策。』十五年浙西提舉劉垕言：『縣南瀕大海，元有捍海古塘，亘二十餘里。今東西皆淪於海，海水侵入縣兩旁各三四里，止存中間古塘十餘里，萬一水勢衝激不已，不惟鹽官一縣有墊溺之憂而已。今古塘既衝損，鹽潮必盤越北注，宜築土塘以捍之。築塘基址，南北各有兩處：在縣東近南則爲六十里鹹塘，近北則爲袁花塘；在縣西近南亦曰鹹塘，近北則爲淡塘。嘗驗兩處土色虛實，則袁花塘、淡塘差勝於鹹塘，且各近裡，未至與海潮爲敵，勢當修築兩塘以禦鹹潮。其縣西一帶淡塘，連縣治左右共五十餘里，合先修築。而縣南去海一里，幸古塘尚存，縣治民居，賴以無恙，尤宜亟爲防護。其縣東且築六十里鹹塘，萬一復爲海潮衝損，則修築袁花塘以禦之，庶爲得宜。』從之。」元史：「鹽官州舊去海岸三十里，有捍海塘二，後又添築鹹塘。宋時亦嘗崩陷。大德二年塘岸崩，延祐六年陷地三十餘里，泰定四年衝捍海小塘，壞州郭四里，因建議修築石塘四十餘里。天曆初塘岸始就，海沙亦復湧起，傾圮可免，因改州名曰海寧。」海塘說：「縣境海塘之外，舊有沙場二十餘里，所以海潮不至衝嚙，石堤可以經久。今蕩入於海，渺茫無迹，欲恃數尺之塘，抗瀰天之浸，豈不危哉？明自永樂九年，歷成化、弘治、嘉靖以迄萬曆三年，海凡五變，塘凡五修築，而其害莫甚於永樂九年。朝命保定侯孟瑛等役蘇、松九郡民，費累鉅萬，積十有三年而患始息。蓋海昌地最高，境內諸水皆北流散入於嘉、湖、蘇、松之境，障海昌亦所以障列郡。塘之修廢，關於東南利害，安可不先事預防，而貽後時之悔哉？」

新江塘河，縣東北二十里。源自湖州府德清縣之大麻溪，支流由縣西北莊婆堰東抵縣城濠，透迤曲折，析爲衆流，東北入嘉興境。○洛塘河，在縣西北三十里。亦新江塘河之支流，東入硤石南湖。旁有支港通小河，迤北注嘉興界長水塘河。又袁花塘河，在袁花山下。自吴姚塘港分流，南通白彈港，西入縣城濠。志云：白彈港在縣東二十五里，袁花塘河之支流也，北流入於新江塘河。

塘河，一名二十五里塘河。自城内市河出城北拱辰水門，迤西南二十五里會於運河而達長安壩。志云：運塘自莊婆堰北接崇德縣界，經許村西至仁和縣界，長三十餘里。此即上塘河運路也。○淡塘河，在城西北。宋嘉定中海岸崩陷，於此築堤障潮。今堙塞過半。

硤石南湖，在硤石山下。稍西南爲茶湖。其上流接麻涇港、吴姚塘港諸水，迤西南流入於洛塘河，東達海鹽縣界黄道湖。志云：麻涇港在縣東北五十八里，吴姚塘港在縣東六十五里，皆新江塘河之支流也。又有硤石市河，爲洛塘河之支流，北注嘉興長水塘。○高湖，在縣東北十七里。南北一里，東西二十八里。又建興湖，在縣西北二十五里。東西十里，南北六里。吴建興中開，因名。又有月湖，舊在赭山西側，今爲潮沙壅塞。

赭山港，縣西四十五里。志云：縣西二十八里有天門港，又西二里曰褚家壩港，又西二里曰馬牧港，又西十三里曰赭山港，又有渾水港在縣東四十五里，五港皆分運塘河之支水南抵海塘岸。○莊婆堰，在縣西北三十里，接德清縣境之水繞流縣境，恒啓不閉，甚爲民利。嘉靖三十五年倭賊自海鹽而西，分二道，一趨長安鎮，一自硤石、莊婆堰與長安賊合，謀趨杭州，即此。

長安鎮，縣西北二十五里。舊爲運道所經。宋熙寧元年提舉河渠胡淮請修長安堰。紹聖中轉運使毛漸請起長安堰至鹽官，徹清水浦入海。淳熙二年漕臣趙磻老言臨安府長安牐至許村巡司一帶漕河淺澀，請開濬。嘉定十二年臣僚言：「長安牐上徹臨平，下接崇德，漕運往來，商旅絡繹。今海潮衝激，兩岸田畝恐有鹹水淹没之患，而裏河堤岸亦將有潰裂之憂。乞敕有司及時修治。」德祐二年元伯顔軍至長安鎮，進屯皁亭山而宋亡。今爲商旅聚集之地。元設税課務，并置驛於此。明朝改爲税課局，嘉靖中驛廢。

石墩鎮。縣東南六十里。有巡司，洪武二年置於硤石鎮，二十年徙近石墩山。嘉靖中築土城禦倭，爲戍守重地。又赭山鎮，在縣西南四十五里文堂山上。元置巡司，明洪武初徙司於縣西陳橋北，二十年徙於赭山，永樂六年海潮爲患徙於今所，嘉靖中亦設小城戍守以禦倭寇。又有赭山場税課局，明初亦設於此。○許村，在縣西四十五里，東北至長安鎮三十里，西南至臨平鎮二十里，有許村場鹽課司。又湯鎮，在縣西南四十五里，接仁和縣界。

富陽縣，府西九十里。西南至嚴州府桐廬縣九十里，北至餘杭縣五十里。本漢富春縣，屬會稽郡，哀帝封河間孝王子元爲侯邑。後漢屬吴郡。三國吴黄武四年置東安郡治焉。七年郡廢，縣仍屬吴郡。晉因之。咸安初以鄭太后諱春，改曰富陽。宋以後因之。隋屬杭州，唐仍舊。五代時吴越嘗復爲富春，尋復故。城邑攷：縣舊無城，吴越時以縣逼江隅，築城甃以磚石。明初嘗繕治，嘉靖三十五年復營磚城，周四里有奇。編户七十五里。

東安城，縣北十八里。志云：吴黄武中置東安郡，郡守全琮築城，此其故址也。

觀山，在縣治東。孤峰高聳，横截大江。三國吴建道觀於山上，因名。亦曰鶴山，亦曰石頭山。又胡鼻山，在縣東五里。山勢峭峻，下瞰大江，路狹而險，宋乾道中縣令陸楠甃石爲欄以護之，後屢修復。寶慶中令趙汝捍復甃石徑以避阻險。○赤松子山，在縣東九里。高百五十丈，周四十里。孤圓聳秀，江流其下，羣峰環拱，望如華蓋。亦名華蓋山，一名赤亭山，一名鷄籠山。俗傳赤松子嘗憩此。

陽平山，縣南十五里。廣二十里，南面大江。相傳孫鍾舊居此，今有鍾墓。鍾，堅之父也。又靈峰山，在縣東南四十里。其山高出衆峰，絶頂平衍，有田數畝，泉源不竭。旁有漁嶺，接蕭山縣界。縣東南五十里又有剡望山，峰巒迴合。下有泉池，流溉民田。○貝山，在縣西三十里。高三百丈，廣七十八里。頂有湖流爲步溪，南入浙江。山之西麓屬新城縣界。相接者曰草鞋嶺，亦路通新城。

胡洑山，縣西南五十里，胡洑水出焉。山高三百丈，廣百三十二里。上有石樓、石城，侯景、方臘之亂，里人嘗於此避兵。山下泉流曰錦溪，東流合胡洑水注富陽江。又西南二里有申屠山，峰巒重疊，湍石峭險。中有平田，如設萬席。以申屠蟠隱此而名。

篠嶺，縣北二十五里，又二十五里達餘杭縣。明初李文忠自嚴州下桐廬至富陽，遂北趣餘杭，張士誠將潘原明守杭州，以城降，蓋道出於此。○鵲嶺，在縣東南四十里，路通諸暨。又縣西南五十里有青草嶺，路出桐廬。又有金沙嶺，在縣南九十里，路通浦江。

富春江，在縣城東南，即錢塘江之上流也。江中有洲曰孫洲，在縣西南四十二里，以孫堅名。西南五十里有桐洲，以上接桐江而名，尾入孫洲，周二十三里。王氏云：「縣西南舊有狹中渡。」史記：「秦始皇臨浙江，水波惡，乃西百二十里從狹中渡。」水波惡處，今由錢塘渡西陵是也。狹中渡則在富陽、分水之間。

胡洑水，縣西南九十里。出胡洑山。又步橋水，在縣西南四十里，出貝山，下即步溪也。縣東南十里又有吴川水，東五里有新浦，與縣境諸川皆流入富春江。

陽陂湖，縣北十里。唐貞觀十二年縣令郝期因舊址開湖，并造水閘，湖周六十里，溉田萬餘畝。萬歲登封初令李濬築堤，貞元七年令鄭早增修。今多堙廢。○湧泉湖，在縣西二十五里。溉田可四百餘畝。又小謝湖，在縣南二十里大江之陰。溉田二千餘畝。

屠山村。縣西南五十里江南岸，有東梓巡司戍守。元置，明因之。○會江驛，在觀山東。宋初置，嘉定中徙於通濟橋，明初洪武三年復移於此。

餘杭縣，府西北六十里。西至臨安縣五十里，西北至湖州府安吉州百三十里，南至富陽縣五十里。本秦縣，屬會稽郡。漢因之。後漢屬吴郡。三國吴屬吴興郡，晉以後因之。隋屬杭州，唐仍舊。吴越時嘗號爲清平軍，宋復故。今編户七十一里。

餘杭城，在苕溪南。秦、漢故縣治此，後漢熹平中徙溪北，尋復還溪南。唐末錢鏐築縣城於溪北，周不及二里。尋又徙溪南，號爲清平軍。宋雍熙初復徙溪北，後因之。明初嘗因故址修築，嘉靖三十五年甃以磚石。今城周六里有奇。志云：溪南一里有舊城基，元至正十六年參政楊完者命部將築以守禦，亦名營盤城。今廢。又縣北三十里有周赧王城。晏殊類要云：「赧王南遊所築。」未知所據。

安樂山，縣東南二里。上有舊倉城，相傳亦舊縣城也。今圮。有塔在焉，吴越時所建。又稽亭山，在縣南九里，周七里。上有亭基，相傳秦始皇登此以望會稽。縣南十八里又有九龍山，周十五里。有九峰環抱，流泉遶注。又由拳山，在縣南二十六里。一名餘杭山，高三百八十丈，周十五里。志云：三國吴有暨猷者自由拳來隱此，故名。亦曰郭公山，以晉郭文隱此也。自臨安而東南，繇此可達富陽。○觀國山，在縣西北十五里。相傳宋建炎中兀术入寇，鄉民相率拒之於此。又西北十里有舟航山，亦高聳。俗傳禹治洪水維舟山下云。

大滌山，縣西南十八里。山周五十里，高六百九十丈，巖洞泉石，奇勝不窮。洞霄宫在焉，建於漢元封三年，歷代修之。宋天聖四年詳定天下名山洞府，凡二十四處，以此爲第五。其右爲天柱山，高六百六十丈，四隅陡絶，聳翠參天。道書以大滌爲第三十四洞天，天柱爲第五十七福地。○黄山，在縣西南二十五里，與大滌、天柱岡脉相連。圖經：「黄山亦名餘杭山，高千餘丈，超出雲表，百里外即望見之。」

徑山，縣西北五十里。南去臨安縣五十里。山周五十里，高三千餘丈。志云：徑山爲天目之東北峰，以徑通天目而名。有東西二徑，盤折而上，各高十里許。七峰羅列，内括一區，平林坦壑，最爲幽勝。七峰者，左曰宴坐，曰朝陽；右曰鵬搏，曰凌霄，曰御愛；北曰天顯；前曰堆珠。而凌霄最高秀，爲山之主峰。又高陸山，在縣西北七十五里。高三百丈，周五十里。南界臨安，北界安吉，雙溪之源出焉。

獨松嶺，縣西北九十里。高四十二丈。有關在其上，名獨松關，控據險阻，爲郡西北之噤要。詳見前重險獨松。

南湖，縣南二里。苕溪發源天目，乘高而下，縣地平衍，首當其衝，淫潦暴漲則泛溢爲患。漢熹平二年縣令陳渾始築兩湖以豬水。其並溪者曰南下湖，環三十里；並山者曰南上湖，環三十二里。於湖之西北爲石門函以納溪水，溪水得所豬，而暴流始殺。又於湖東南五畝塍設立滚壩，溪落則湖水仍由石門函還納於溪，湖漲則自五畝塍經縣東南五里之石櫺橋洩入於南渠河。其派别而北者爲黄母港，流十二里與苕溪會，於其會處節以石埭曰西函。西函在縣東十三里，溪水方漲則閉以固東鄉之田，俟其稍落則啓函以洩渠港之潦，歲旱則開函以資灌溉，爲利甚溥。其後堙廢，於是廬井時有漂没之患。唐寶曆中令歸珧因舊迹修築，宋崇寧中令楊時、宣和中令江袠、紹熙中轉運黄黼皆加修濬。繼而塘堰頹壞，湖沙日高。明初以來，屢議修復，而南上湖已爲豪民佃據無餘。嘉靖三十四年縣令吴應徵勘稱：「南湖故迹，惟下湖僅存，而奸民承佃不已。若不及今修築堰壩，囊蓄水勢，一遇淫潦，從五畝塍諸處潰入安樂等鄉，爲民田害，不惟餘杭境内而已。蓋湖蕩泥深土沃，壩堰不修則湖涸，而奸民獨擅膏腴之利，其奔騰瀰漫之害，則盡貽之下流居民矣。望亟爲修築，以利民生。」然奉行無實。今南湖一區周回約二十餘里，其苕溪分流之口在城西南二里，水漲時湖中一望瀰漫，秋冬水涸則洲渚參差，平沙瀰望。必盡復西函及滚壩之制，而南北岸及中隔諸塘以次修舉，下流田廬庶永無墊溺之患矣。通志：「上湖在縣南五里，下湖在縣西二里。又有北湖，在縣北五里。唐歸珧所開，分引苕溪諸水以灌民田，周六十里。縣北三十五里又有查湖，匯諸山之水溉田甚廣，周三十里。」今多堙廢。

苕溪，在城南。出天目山，自臨安縣流入境，經縣治前，又東流二十七里入錢塘縣界，東北流六十二里入湖州府德清縣界。輿地志：「苕溪在縣西，一名冷溪，乘舟至此，有御風冷然之意。」今自城而西連雨積潦則水勢奔騰，久晴則磷磷石澗，非舟行所宜也。

仇溪，縣東北二十里。有二源：一出縣西北高陸山，東流八十六里，至縣北十五里仇山北；一出縣西北獨松嶺，東流八十里，亦至仇山下而合流，又東十里入於苕溪。○雙溪，在縣西北三十五里。一源出天目山，一源亦出高陸山，合流而東入徑山港。志云：徑山港在縣西北三十里，源出徑山，受雙溪諸水東流三十餘里合於苕溪，可通舟楫。

餘杭塘河，在縣東。其上流爲南渠河，在縣東南二里，南湖之水洩入焉，經縣東四里之安樂橋而爲餘杭塘河，東流四十五里出杭州府北江漲橋而入於運河。今南湖漸堙，南渠之流不絕如綫矣。又五福渠，在縣東南二十六里。一名閑林河。其上源亦分南湖之水，經閑林鎮，又西出接於錢塘之西溪。○南蕩，在縣南，地近南湖。宋紹興三年置孳生馬監於餘杭南蕩諸鄉，乾道四年廢南蕩監，以田還民。

獨松關。在獨松嶺，見上。○閑林鎮，在縣東南十五里。元至元十九年鄧愈略臨安，進趨杭州，大破張士誠兵於閑林寨，即此。又雙溪鎮，在縣西北三十五里，即雙溪合流處也。自獨松而南此爲要路。又有長樂鎮，在縣西北二十里，亦當往來之道。

臨安縣，府西北百里。西南至嚴州府分水縣一百有三里，東南至富陽縣百里，北至湖州府安吉州孝豐縣六十里。本餘杭縣地，後漢末孫氏分置臨水縣，屬吴郡。晉改爲臨安縣，屬吴興郡。宋、齊仍舊，隋省。唐武德七年復置臨水縣，屬潛州，明年省入於潛縣。垂拱四年復置臨安縣，屬杭州。五代梁貞明初，吴越改爲安國縣，亦曰衣錦軍。宋太平興國四年改爲順化軍，尋廢軍，復爲臨安縣。城邑攷：「縣無城，五代時吴越增築，後廢。」今編户四十六里。

天目山，縣西五十里。亦曰東天目，巖壑稍遜於西天目，而高聳過之。志云：縣北五十里有大山，天目之東北峰也。山勢峭拔，高二千六百丈，周三百五十里，通安吉州，多事時亦爲嘯聚處。今詳見名山。

衣錦山，縣治南。本名石鏡山，以東峰有圓石如鏡也。錢鏐爲邑人，既貴，昭宗名其所居營爲衣錦營，又升爲衣錦城，山亦曰衣錦山。山東南有石鏡溪，亦曰錦溪。其相接者有功臣山，上有功臣塔，本名大官山，昭宗改名以寵錢鏐。又獨山在縣東四里，爲南溪、錦溪四合之處，俗謂之水口山，錢鏐號曰鎮水山。○臨安山，在縣西南十八里。本名安樂山。寰宇記：「縣蓋以山名，山周二十餘里。」縣西北十五里又有寶林山，泉石亦勝，周二十五里。今名雙林山。

井戈山，縣西六十里。高二千餘丈，周百五十里。蹊徑縈迴，深窈難行，路通安吉。又黄嶺山，在縣西南三十里；沈嶺山，在西南四十里，一名筍嶺：皆盤迴數十里，路出新城縣。○西徑山，在縣東北五十里，即餘杭之徑山也。又大滌山，在縣東四十里。山皆跨兩縣境内。

南溪，在縣西，即苕溪也。從天目發源，流四十五里至縣東獨山下合於錦溪。○錦溪，在縣南一里，即苕溪之支流也。東流至獨山合於南溪，流二十八里入餘杭縣界。溪廣處幾數十丈，盈涸無時，不通舟楫。

新溪，縣西十二里，即南溪之别名也。有新溪渡。元至正十二年徐壽輝將項普略之黨自昱嶺關而東寇於潛，董摶霄擊之，軍於臨安，新溪是爲入杭要路，既分兵守之，乃進兵至叫口及虎檻，遇賊皆大破之，遂復於潛，逐賊出境。叫口，或云在縣西四十里，又西爲虎檻云。

青山鎮，縣東十五里。唐天福元年楊行密遣李神福攻杭州，與顧全武相持。神福詐於夜中發兵引還，使别將設伏於青山路。全武追之，爲所擒，神福遂進攻臨安。九域志臨安有青山鎮，以旁有青山而名。元置桃源務，明初改青山税課局，正德中廢。

石鏡鎮。在縣東二里，以石鏡山名。唐乾符四年浙西以叛將王郢之亂，募兵討賊。臨安人董昌以土團討賊有功，補石鏡鎮將。同邑錢鏐以驍勇事昌，爲石鏡都知兵馬使。後昭宗賜名鏐所居鄉曰廣義鄉，里曰勳貴里。又安衆營，或曰即石鏡鎮也。唐光化三年改營曰衣錦營，天復四年曰衣錦城，天祐四年又升爲安國衣錦軍，鏐尋以名縣云。○西墅，在縣西四里。志云：縣本治此，明初徙東市，即今治也。舊有西墅税課局，正德中廢。

於潛縣，府西北百七十里，東至臨安縣六十里，東北至湖州府安吉州孝豐縣七十里，西北至南直寧國縣百六十里。漢縣，屬丹陽郡。三國吴屬吴興郡，晉、宋因之。陳屬錢塘郡，隋屬杭州。唐武德七年置潛州，八年州廢，縣還屬杭州。縣城吴越時築，後廢。今編户九里。

晉城，即今縣。吴越春秋：「秦徙大越鳥語人置之晉。」闞駰曰：「晉讀作潛。」漢武帝時縣始名於晉，東漢始加水焉。隋作「灊」，唐仍舊。又縣東七里有潛州城，唐武德初築，置州治此，尋廢。今其地名城嶺。

**紫溪城**，縣南三十里。唐垂拱二年析於潛置縣，萬歲通天初改曰武隆。尋析置武隆縣，縣仍曰紫溪。大曆三年縣省。

**天目山**，縣北四十五里，亦曰西天目。見前。

**石柱山**，縣東五里。高三百丈，周十五里，爲縣之主山。又阿頂山，在縣東十五里。上有越王城，相傳春秋時越之支庶封於此，亦名平越城。今山傍地亦曰平越村。又東爲皇甫巖。志云：後漢皇甫嵩嘗破妖賊許昭於此，故名。○岸嵜山，在縣西二里。峭聳清絶，下浸浮溪。溪旁絶壁高四千餘丈，上可坐千人。又西菩山，在縣西十三里。山周四十里，九嶺交陳，雙峰對峙，中有飛泉三疊，怪石萬狀。其相接者曰柱石山。志云：山在縣西十五里。又浪山，在縣西南三十五里。山有三池相接，在絶壁間奔流如瀑。山後又有柯侯潭，每陰翳潭中浪與山連。亦名波山，西去昌化縣三十里。

**馬頭山**，縣南四十五里，以形似名。高千二百丈，周四十五里。泉甘土肥，可以樹藝。縣南四十七里有武勇山，五十里有閶湖山，又三里爲白山，奇勝相亞，盤亘綿遠，凡百餘里。○良梅山，在縣南八十里。山周八十餘里。志云：馬頭之高半於天目，良梅之高半於馬頭，而廣亞於西天目云。

**千秋嶺**，縣北五十五里，高三百丈，即天目山西麓也。接南直寧國縣界。朱梁乾化三年淮南將李濤出千秋嶺攻吴越衣錦軍，嶺道險狹，錢傳瓘使人伐木斷淮南軍後而擊之，遂虜其軍。宋南渡後亦置戍守於此。有千秋關。元至正十二年董摶霄敗徐壽輝將項普略之兵，遂復於潛而守之。賊犯千秋關，引而南，摶霄擊却之，遂扼關以拒賊。今亦爲要隘。

楊嶺，縣北三十里。北抵天目，西北通南直寧國府驛路。又有楊嶺，在縣西南二十五里，路通昌化。志云：縣西三十里有蘆嶺，迤南曰金鷄嶺，北曰羅紋嶺，謂之「三嶺」，皆與昌化縣接界。一云羅紋嶺在縣西北五十里。又水凝嶺，在縣東北九十里。高三百丈，接安吉州界。浮雲嶺，在縣東南四十里。高二百五十丈，界接新城。

大鳴巖，在縣北三十里寨村之東。巖獨高峻，四圍甃石如小城，相傳錢氏嘗屯軍於此。巖頂平廣，可十餘畝。有池甚深，雖旱不涸。

浮溪，縣治西二里。源出天目山，一名錦江，闊五十二丈，深五尺，經縣南合衆流而爲紫溪。志云：紫溪在縣南三十里。天目上源有蛟龍池，又有上中下三池。池上有潭，形如仰箕，謂之箕潭。箕潭溢入上池，縣巖五十仞，出石壁間，環流而注中池。復垂巖三十餘仞，噴溢而注下池。其深莫測，溢於大徑口、小徑口，西南流過縣界，分流爲紫溪，闊四十五丈，深七尺，合昌化柳溪之水入分水縣界，又合桐廬之水以達於浙江。唐貞元十八年縣令杜詠開濬，溉田四千餘頃，又鑿渠三十餘里以通舟楫。溪下舊有燕尾灘，最險惡，宋紹興間縣令邵文炳鑿平之。○交溪，在縣西十五里。浪山、柳溪二水合流於柱石山，因名。下流入於紫溪。

虞溪，縣北十五里。源亦發於天目，有三溪同爲一流，至此經虞將軍廟曰虞溪，又南流五里經豐陵村曰豐陵溪，又南五里經零口村曰零口溪，南流七十餘里而達分水縣界。○藻溪，在縣東南二十里。源出縣東落雲山，南流六十里入分水縣界。

豪遷關，在縣西北。志云：天目西麓有豪遷關，路通孝豐及南直寧國縣。又有西關，在西天目東麓，路通安吉。東關，在西天目西麓，路出孝豐。

閱武寨。縣北五十里閱武山上。志云：山高三百丈，周四十里，吴越置寨於此以備淮南。

新城縣，府西南百二十里。東至富陽縣四十五里，南至嚴州府桐廬縣四十五里，西南至嚴州府分水縣九十五里。本富春縣地，吴置新城縣，屬東安郡，尋廢。晉太康末復置，屬吴郡，後又廢。咸和九年復置新城縣，宋、齊因之，仍屬吴郡。陳屬錢唐郡，隋省入富陽。唐永淳初復置，屬杭州。吴越時曰新登縣，宋復舊。舊有城，亦吴越時置，後廢。明嘉靖三十四年修築，周三里有奇。編户十二里。

杜稜城，在縣治東南。蕭梁時爲新城戍。太清三年侯景陷臺城，遣其黨宋子仙等東屯錢唐，新城戍主戴僧逷拒之。既而子仙急攻錢唐，僧逷降，蓋僧逷與賊相持於錢唐也。唐大順中錢鏐將杜稜因山築城，恃爲保障，因謂之杜稜城。宋天禧中嘗修築，後圮。明嘉靖中改築今城。

南新廢縣，縣西五十里，又西至於潛縣六十里。唐寶應二年置昭德縣，大曆六年省。宋乾德六年置場於此，淳化七年改爲南新縣，熙寧五年廢爲鎮。元至元十三年置巡司於此，明初廢。

百丈山，縣南五里。一名卓筆峰，龜江遶其北。又緑衣山，亦在縣南五里。舊名烏伊山，高三百餘丈，周八十五里。又縣西八里有大雷山，志云：縣之主山也。又�山，在縣西二十里。一名峭山，高二百五十丈，周七十里，有巖洞泉池之勝。

青牛山，縣西北七十里。一名寶福山，山分三支，透迤而南。有青牛嶺，通於潛大路。

鼉江，縣南二里。志云：舊時江流甚闊，元時水失故道，溪漲沙平。今縣南二十五里有深浦，闊二十丈，深淺無恒，潮水往來，溉田五千頃。又東南港口有將軍石，下臨大江。石壁周圍，相傳宋時觀兵處也。嘉靖間建墩堠於其上。

葛溪，縣西七里。其源有三：一出縣西六十五里之漁洲山，曰西溪；一出縣西七十里之回源池，曰釜源溪；一出縣西六十里之靈隱洞，曰盤石溪。至南新城而三水合流，謂之三溪口。至縣西三十五里之里仁橋合分水縣之佘源水，又東經縣南合松溪。至縣東南十里爲渌渚，又南二十里至峴口入於江。志云：自綠渚埠達江始通舟楫，谿渌渚而上至各溪港惟竹筏往來而已。明初張士誠侵嚴州，李文忠遣將何世明敗之於分水。既而復據分水、新城間之三溪，世明擊敗之，即此三溪口也。

松溪，縣東北五里。自臨安錦溪分流，合諸山谷之水，由西北三十里之依嶺而入縣界，過縣北八里之新堰，遶縣西南流至雙港口會於葛溪。○湘溪，出縣西四十里鄭家山，東南流至縣西張潤口合於葛溪。又佘溪，在縣西七十里。自分水縣境流入，至縣西三十里巖石嶺合於葛溪。

東安鎮。在縣東，近富陽縣界。唐光啓二年錢鏐爲杭州刺史，欲由海道討薛朗於潤州，發東安、浙江、静江三都將將其兵。又大順二年鏐將杜稜鎮東安，始營新城。胡氏曰：「鏐蓋置東安等都將分屯沿江一帶。」九域志新城縣有東安鎮。今縣東去富陽四十五里，富陽嘗置東安郡，故鏐以此名鎮云。

昌化縣，府西二百十里。東北至於潛縣五十里，西至南直徽州府百九十里。本於潛縣地，唐垂拱二年爲紫溪縣地，萬歲通天元年析置武龍縣，聖曆三年省入紫溪。長安四年復置，神龍元年改曰唐山，大曆三年廢。長慶初復置。五代梁時錢氏改曰金昌，後唐同光中復曰唐山，石晉天福七年改曰横山，尋又改曰吴昌縣。宋更名昌化，仍屬杭州。縣無城。今編户九里。

唐山，縣治北。延袤五里，爲縣治之障。又縣治前有青山，在雙溪南岸，延袤四里。其狀如屏，一名南屏山，亦曰官山。又武隆山，在治西北一里。高百餘丈，延袤二十里。唐武后以爲己讖，因以名縣。神龍初改曰唐山，亦因山名以黜武氏也。

柳相山，縣東南三十里。高千八十丈，延袤百三十里。柳溪經其麓，東接於潛紫溪，南入分水縣界。志云：縣南二十五里有仁山，山勢蟠迴，溪流九曲。又十里有石筍山。相接者曰金山。上有玉嶺，石壁峭立，高百餘丈。泉瀑飛流，下有石穴，曰龍孔泉，居民賴以灌溉。旁有金紫巖，峰巒甚秀。○福泉山，在縣西南五十里。高千丈，周四十五里。其最高峰曰銅坑，亦名銅坑山。東接分水，南帶淳安，西亘績溪，頂有龍池。

百丈山，縣西三十里。高千五百丈，延袤二十里。一名潛山，輿地志：「堯時洪水，此山潛而不没，高距水面百丈，因名。」上有太公潭，相傳以泰伯採藥名。今山多靈藥。北接大鵠山。山延袤五十里，高亦千丈。中平坦，有龍池三百畝。志云：大鵠山在縣西北六十里。又千頃山，亦在縣西北六十里，高六百丈，延袤六十里，巔有龍潭，廣數百畝；又西有洋丁山：皆接南直寧國縣界。其水北流入寧國縣之東溪。

昱嶺山，縣西七十里。高七十五丈。山勢險阻，介於徽、杭兩州間。其水南流爲順溪，北流爲遽溪，會於柳溪。嶺上置關。元至正中徽、饒寇入犯處也。今詳見重險昱嶺。○龍塘山，與昱嶺相接，怪石峙立，林谷幽邃。中有龍洞，深不可測。縣西八十里又有大明山，高千餘丈，延袤九十里。山巔平曠三千餘畝，中有龍池、瀑布。其南跨嚴州府界。

**車盤嶺**，縣西五十里，路出徽州。輿程記：「自車盤嶺而西三十里爲老竹嶺，嶺高二里，徑道崎嶇。又西十里爲王干巡司，屬徽州府績溪縣。又九十里而至徽州府。」又棧嶺，在縣西百里。一名分界嶺，亦與績溪縣分界處也。

**雙溪**，在縣治南。縣境之水西北自寧國，西自績溪，西南自淳安，支分爲數十溪，匯流於縣之西境，經縣西十里之晚山東而爲晚溪；又東經縣治前，溪中有洲，水分南北，因曰雙溪；過縣復合爲一，湍流崩湃，又東南匯縣境諸溪之水而注於柳溪。

**伽溪**，縣南二十里。又南十里有覽溪。縣南境諸水遠於雙溪者，皆附二溪以逕達於柳溪。志云：縣西三十里有百丈溪，出百丈山下，南流爲瀝溪，東流爲董溪，合流注於晚溪。又頰口溪，在縣西北五十里。其地有兩巖並峙，謂之石門水，循門而出謂之頰口，南流合雲溪而達雙溪。

**柳溪**，在柳相山下。縣境諸溪悉匯於此，上下三十里，巨石參錯，屹峙中流，湍激汹湧，東匯於於潛之紫溪。

**昱嶺關**，在昱嶺上。見前。又黄花嶺關，在縣西北三十里黄花嶺上，與南直寧國縣接界。

**手窜鎮**。在縣西九十里手窜嶺上。嶺甚平坦，舊置巡司於此。元末以徽寇犯境，移於縣西南株柳村。明朝移置於湛村，在縣西二十里，仍曰窜口巡司。○石路，在縣西二十五里，地名破山灣。南臨深溪，北抵絶壁，舊時行者必渡溪而南，迂行數里，復渡北岸。天順間鄉人開鑿此路，無復三渡之險。

附見

杭州前衛，在府城内，又有杭州右衛，俱洪武八年置。

海寧守禦千户所。〔四〕在縣治東。直隸都司。

嚴州府，東至杭州府二百七十里，南至金華府一百五十里，西至南直徽州府三百七十三里，西南至衢州府二百十里，自府治至布政司見上，至京師三千五百八十里。

禹貢揚州之域，春秋時屬吴，後屬越，戰國時屬楚。秦爲會稽、鄣二郡地，漢屬會稽、丹陽二郡，後漢屬吴郡及丹陽郡。建安十三年孫吴始置新都郡，晉改爲新安郡，治始新縣。宋、齊以後因之。隋平陳郡廢，分屬婺州、歙州。仁壽三年增置睦州，大業初改爲遂安郡。治雉山縣。唐武德四年復爲睦州，時又於桐廬縣别置嚴州，取嚴子陵爲名，兼領分水、建德二縣。七年嚴州廢而以睦州爲東睦州。八年復稱爲睦州。武后萬歲通天二年州移治建德縣，即今治也。天寶初曰新定郡，乾元初復爲睦州。五代時錢氏因之。宋仍曰睦州，亦曰新定郡、遂安軍節度，宣和初改曰建德軍節度。宣和三年改曰嚴州，咸淳元年又升州爲建德府。以高、度二宗皆嘗爲潛邸也。元曰建德路。明初改建安府，洪武八年曰嚴州府。領縣六。

府山川宏偉，水陸險巇，據臨安之上游，當衢、歙之衝要。宋方臘倡亂於睦州，而杭、歙諸郡皆不能固，長江以南，舉岌岌焉。元人既平江南，以董文炳駐守臨安。既而衢、婺諸州皆復起義兵應宋，文炳策之曰：「嚴州不守，臨安必危。」亟使唆都往鎮之，於是諸州之兵相繼敗散。明初規取浙右，先下嚴州，以重兵戍之。敵之喉吭既爲我得，由是拓土開疆，芟除桀黠，豈不以地利乎哉？

建德縣，附郭。東漢吴郡富春縣地，吴黄武四年析置今縣，仍屬吴郡。晉以後因之。梁屬東陽郡，隋省入金華縣。唐武德四年復置，屬嚴州，七年省。永壽二年復置，屬睦州，尋爲州治。今編户八十六里。

建德城，今府治。三國吴置縣，孫皓初封建德侯，即此。自隋以後廢置不一，唐萬歲通天中始爲州治。中和中刺史陳晟築城，周十九里。宋宣和三年平方臘，知州周格重築，縮爲十二里二步。紹興八年修治。元因之。明洪武二十年曹國公李文忠改築，縮東北二面，而拓南面，西南臨江，東北倚山，濬濠三面，環城接江。弘治四年、嘉靖三十七年、萬曆五年皆經修築。有門五，城周八里有奇。○神泉廢監，在府西七十里。宋熙寧中置，鑄錢於此，尋罷。慶元初復置，旋廢。

烏龍山，城北三里。圖經云：「山高六百丈，周百六十里，郡之鎮山也。巔有二池，旁有烏龍嶺。其水東注曰玉泉，流爲余浦，至城東三里入於新安江。」宋宣和初嘗改名仁安山。明初克嚴州，苗帥屯烏龍嶺，李文忠擊敗之，即此。○高峰山，在府東五里。有雙峰峭壁，新安江遶其西南，昔有浮圖峙其上。又東二里曰方門山，列嶂臨江，其狀若門。二山皆烏龍之支山也。又屯軍山，在府西北一里，相傳黄巢屯軍於此。府西二里又有建昌山，下瞰江流。

湫山，府東北四十里，與烏龍山及桐廬縣之清涼山相峙。高六百丈，周百里。上有石湫，歲旱不涸，因名。又龍門山，在府東二十七里。頂有浮圖，下臨江渚，石壁上有瀑布泉。○銅官山，在府西八十里。志云：秦時嘗於此置官採銅。又西五里有銅官嶺，路出淳安。又有銅關渡，在府西七十里，亦以銅官山而名，新安江渡口也。志云：銅官相接者有靈巖山，與淳安縣紫蓋峰相連，巖泉不竭。又有五寶山，五山一源，曰金，曰銀，曰銅，曰緑，〔五〕曰鐵，皆以色相似而名。

胥嶺，府東北四十里。胥水發源於此。今有胥村，在府北二十五里。宋嘗置驛，當杭郡通道。今廢。又午方嶺，府東北六十里，路出桐廬。志云：嶺當烏龍之南，因名。

鮑婆嶺，在府東北。明初張士誠寇嚴州，李文忠禦之於東門外，使别將出小北門間道過鮑婆嶺，由碧鷄塢遶出陣後，大破之是也。○井硎嶺，在府東南五十里，路通浦江。明初李文忠克嚴州，進兵下浦江，蓋取道於此。又將軍巖，在府南四十里，與蘭溪縣接界。

新安江，在城南。自徽州府歙縣流入府境，經淳安縣南，又東流至府城東南，而東陽江流合焉。一名徽港。胡氏云：「浙江有三源，其一爲徽港。」是也。又東胥口江流合焉，亦謂之建德江口。梁大寶末侯景將劉神茂復據東陽叛，遣其黨元頵等下據建德江口，景將謝答仁等攻建德，擒頵等殺之。胡氏曰：「建德江口在府城東十里。」

東陽江，府東南二里。婺、衢二港合流於金華府蘭溪縣而入府境，又東北流經府城南而與徽港合。止稱東陽者，以來自金華也。二江合流經城東十里爲大浪灘，又東五里爲烏石灘，又東二十五里而接桐廬縣之七里灘，爲府境之襟要。

西湖，在府城西南，廣袤四百五十二丈，唐刺史侯温所開，中有寶華洲；又聖湖，在府西七十里，廣袤亦數百丈，中有白沙洲；俱限隔不與江通。

胥口溪，府東二十五里。自胥嶺發源，三十里至胥口，逆流十里達於江。亦謂之胥口江，亦謂之建德江。明初張士誠來侵，至大浪灘，李文忠遣將何世明西出烏龍嶺，至胥口破走之，又追敗之於分水，賊始却。

白沙渡，縣西六十里，新安江渡口也。南征記：「自建德縣遶烏龍嶺背出白沙渡，入壽昌，自常山縣逕達於江西，爲陸行之徑道。」○三河潭，在府東南四十里。潭水逆流而入於東陽江，江水從兩傍順流回合焉，故曰三河。三河關因以名。又有朱池，在府西三十五里。相傳以朱買臣名。宋置朱池驛於此，當三衢大路。

烏石關。府東十五里，以烏石山而名。江流所經，下有烏石灘。又三河關，在府南四十里，有三河渡，即東陽江渡口也。唐置三河戍於此，宋爲三河驛，當金華大道。志云：三河驛在府南五十里，今廢。又府東三十里有管界巡司，明初置。○富春驛，在城東五里，前臨江滙。宋置東館務於此，明初改建嚴州驛，洪武九年改今名。

桐廬縣，府東北百里。東至杭州府富陽縣八十里，東北至杭州府新城縣七十里，北至分水縣八十里，南至金華府浦江縣九十里。漢爲富春縣之桐溪鄉，吴黄武四年分置今縣，屬吴郡。晉、宋以後因之。隋平陳縣廢，仁壽三年復置，屬睦州。唐初嘗置嚴州治此，州廢仍屬睦州。五代時吴越改屬杭州，宋太平興國三年還屬睦州。縣無城。編户五十三里。

桐廬故城，縣西二十五里。吴黄武中置縣治此，隋開皇中并入錢塘縣。又有城在縣西北十五里桐江西岸，地名桐溪，唐貞觀中所築桐廬城也。開元二十六年移鍾山，即今縣治。圖經云：「縣西十五里有嚴州城，本隋仁壽二年鴻臚寺丞蘇綸所築，唐武德四年置嚴州治此。」○唐寓之城，在縣東南二十五里。南齊永明中富陽民唐寓之作亂，營築城保據於此。今地名舒灣。

桐君山，縣東二里。一名桐廬山，縣以此名。山下有合江亭。西征記：「桐、睦二江會合亭下，有山巍然，直壓其首，如渴鯨入水之狀，即桐君山也。其相連者曰鳳凰山，下瞰横江，形如鳳翅。」○牛山，在縣西十里。山當驛道，俯瞰大江。宋孫紹遠云：「自桐廬取道而西，内薄山，外瞰江，高深殊絶，而窪凸屈曲，步步必戒，如是者十五六里。」建炎中金兀术入寇，歙人錢畮率民兵三千，因險設伏，大敗之於此。淳熙中邑令向演乃於沿江處所立扶欄七百，行者便之。元末劉真據縣，取石築城，扶欄遂廢。其中塢之左曰金鷄山，有巨石俯瞰大江，或曰即碧鷄塢也。李文忠大敗張士誠兵於此。又寨基山，在縣南十四里。相傳昔有避難者立寨其上，因名。

富春山，縣西三十里。一名嚴陵山，前臨大江。漢子陵釣處，人號嚴陵瀨。有東西二釣臺，各高數百丈。西征記：「自桐君而西，羣山蜿蜒，如兩蛇對走於平野之上。三江之水並流於巖下，驚波間馳，秀壁雙峙。上有子陵釣臺，孤峰特起，聳立千仞。下有泉，陸羽品爲第十九泉。其與釣臺相對者曰白雲原，一名蘆茨原，重巖蔽天，林麓茂盛，居民採薪爲炭，供數州烝爨之用。有蘆茨溪，北流合大江。唐方千隱於此。」○清冷山，在縣西北三十里。四面出泉，大旱不竭，溉田五十餘頃。志云：山高五十仞，周七十里，本名鍾山，唐天寶間改今名。其相接者曰龍洞山，山半有石峽嶺，有龍門池，引流可以灌田。志云：龍洞山，在縣北三十里。

九嶺，縣東北四十里，其相近有白峰嶺，俱路達新城縣。又桃嶺，在縣東南七十里。東去二十里又有野狐嶺，與浦江縣分界。又獅子嶺，在縣北四十七里，與分水縣分界。志云：縣西北二十里有娘嶺，爲驛道之要口。○老鷹巖，在縣西四十里。巖際有路，沿江險峻。縣西北四十里又有焦山巖，下瞰溪流，舟楫過此常虞險仄。

桐江，在縣治南，即浙江上源也。經桐君山下，因曰桐江。合衢、婺、歙三州之水，東北流九十里而至此，又東流入杭州府富陽縣界。亦曰睦江。兩岸山高，水深如黛。志云：縣東十五里有洋洲，可耕種；東二十五里有九里洲，桑麻甚盛，延袤九里；三十五里爲桐洲，延袤二十里；俱南臨大江。北有後港。

桐溪，縣東北三里。其上流即於潛縣之紫溪也。自分水縣南流入縣界，亦曰天目溪，入縣境爲桐溪，遶郭而東南出桐君山下入桐江。志云：縣分水至縣溪中有十八灘，錯立爲險。其旁小溪數十，皆匯流入焉。或謂之學溪，一名潰港，一名分水港。俗謂此爲桐江，誤也。

窄溪，縣東南三十里。有二源：一出桃嶺，西流三十餘里；一出縣西南西坑嶺，屆白雲原之東，東流六十里。至縣東南二十五里而會流爲甘溪，又引而東北流，凡十餘里而爲窄溪，又東流十三里入於江。溪口與新城港口正相對，地名窄溪埠。江流經此闊不過數丈，易於涉渡也。○清渚港，在縣西三十里。源出府東北四十里之雲岫山，東流十五里曰社息溪，東南遶富春山北，又東流二十里入於桐江。

白水湖，縣西北二十里。廣百三十餘畝，溉田甚博。志云：縣西北有上湖、下湖、鵝湖、高塘湖凡四湖，而總名曰白水湖。白水湖南有獨山，孤峰崛起，高倚江濆，東去縣二十二里。高塘湖亦曰太湖塘，在高山頂。其山自清泠山分脉而來，曠阜平岡，羣峰四擁，宛如一城垣。湖水當其中，朝夕盈縮，與錢塘潮汐相應。東去縣三十里。

七里瀨，縣西四十五里。志云：在富春山釣臺之西，亦曰七里灘。諺云「有風七里，無風七十里」，蓋舟行難於牽挽，惟視風爲遲速也。舊志云：七里瀨去建德四十餘里，與嚴陵瀨相接。梁大寶末劉神茂據東陽叛侯景，景遣謝荅仁攻之。神茂營於下淮，或謂之曰：「賊長於野戰，下淮地平，四面受敵，不如據七里瀨，賊必不能進。」神茂不從，戰敗，復降於侯景。今縣西北有一十九灘，俱在桐江上。

下淮，在縣東五十里，與富陽接境，舊爲江流扼要處。字說：「淮，圍也。」言江流四周圍合也。陳天嘉二年詔沈恪襲留異於東陽，異敗恪於下淮。恪退還錢塘，異以兵戍下淮及建德以備江路。又唐永徽四年，婺州刺史崔義玄敗妖賊陳碩真黨於下淮。

水關，縣東二里，當桐溪入江之口。合江巡司置於此，一名嚴、衢、婺三州巡捉私茶鹽司。志云：司舊在桐君山東，成化八年徙桐江口，十九年徙今所。又有桐江遞運所，舊亦在桐江口，今併於桐江驛。○浮橋關，在縣北五里桐溪上。又有柴埠關，在縣東南二十里柴埠灘，舊有兵戍守。

桐江驛。在縣城東潢港口。舊臨江，名州河驛，後移而北，改今名。又下航渡，在縣東南二里，往來津要也。

淳安縣，府西百六十六里。西南至遂安縣六十二里，西北至南直徽州府一百六十里，東北至分水縣百四十六里，北至杭州府昌化縣二百三十五里。漢丹陽郡歙縣葉鄉地，後漢建安十三年孫吴析置始新縣，爲新都郡治。晉爲新安郡治，宋、齊以後因之。隋廢郡，改縣曰新安，仁壽中又爲睦州治。大業初改縣曰雉山，爲遂安郡治。唐初爲睦州治，文明初縣復名新安，萬歲通天初郡改治建德，縣仍屬焉。開元二十年改曰還淳，永貞元年又改爲清溪縣。宋因之，宣和三年平方臘之亂，改曰淳化，紹興中始改今名。城邑記：〔六〕「縣舊城南枕清溪，北連岡阜，相傳後漢建安十三年孫權使賀齊平山越時所築，隋、唐因爲郡治。其子城周二里有奇，即今縣治也。西有故城址，則外城也。大都堙廢，未經改築。」今編戶六十有一里。

始新城，在縣西六十里威平鎮。吳賀齊本置縣於此，隋徙雉山下，在今縣南二里。唐神功初又移今治。縣西三十里普慈山上有太子城，或云孫吳太子和嘗避難於此。

雉山，在縣治西南，隔江。形如蹲雉，隋以此山名縣。又靈巖山，在縣東北六里。山周十二里。吳永安中有黃龍見，名曰龍山，唐元和中改今名。俯瞰清溪，與雉山對峙。又小金山，在縣西十里。屹立清溪中，擬於京口之金山。

都督山，縣西六十里。或曰吳賀齊督兵駐此。一云方儼，爲漢都督駐鎮處也。極高峻，臨江。山去威平鎮六里。今有永平巡司戍守。又並桃山，在縣西北六十里，高出衆山之上。登其嶺，杭、歙、衢、婺之境宛在目前。自下望之，如二桃然，因名。○雲濛山，在縣南三十里。志云：山高五百丈，周七十里，縣境之大山也。

蔗山，縣東北三十八里。志云：昔嘗種蔗於此，因名。山分八面，水流十派，上有平田數頃。又重坑山，在縣東八十里。山有二坑，或云即息坑也。宋宣和初方臘作亂，兩浙將蔡遵等討之，敗死於息坑，即此。

雙柏嶺，縣東二十里。其並峙者曰真塢嶺，當往來驛道，崎嶇連亘。又赤石嶺，在縣西六十里。一名河上嶺，石壁臨江。又西十里有方壺嶺，亦臨江爲險。○遼嶺，在縣南七十五里，分淳安、壽昌二縣之界。山高溪迅，懸巖絶壁，無路可通，舊惟水道往來，成化間鑿爲坦道。又白鶴嶺，在縣東北百里。有仙鶴泉。明初胡大海取徽州，元將胡納退保遂安。大海追敗之，納東走。大海復追之，戰於白鶴嶺，納敗死。

威平洞，縣西七十里。一名青溪洞，一名幫源洞。宋宣和二年賊方臘據此作亂，連陷州郡，三年韓世忠擊敗之。賊深據巖屋爲三窟，諸將莫知所入，世忠潛行溪洞間，挺身擣其穴，擒臘以出。賊平，改今名。相近爲梓桐洞，今曰梓桐鄉。宋史：「清溪縣境有梓桐、幫源諸洞，皆落山谷幽險處，方臘據以作亂。」

霖巖洞，縣東五十里。峰巒千仞，下多源泉，引流溉田，歲旱不涸。又有仙居洞，在縣東南五十里，有數洞相通。○保安巖，在縣東北六十里。五季末里人多避亂於此，因名。

新安江，縣南一里。一名清溪，自徽州府歙縣東流入境，遶縣治前，又東至府城南合於婺港。唐光化三年淮南宣州將康儒攻睦州，食盡自清溪遁歸，蓋繇水道出徽州還宣州也。今江流上下各有灘數十處。

遼溪，在縣南六十里芝山下。源出遼嶺，北流注於新安江。志云：環境之水，以溪名者凡數十處，皆流注於新安江。

栅源，縣東北四十里。吴賀齊與山越戰，樹栅於此，因名。又三潭，在縣西百里。崇岡僻嶠，潭豬其間。志云：源出昌化縣之昱嶺，匯流於此。

錦溪關，縣東六十里。其地有小溪巖，怪石巉巖，水陸皆險。嘉靖中置關於此，以禦礦寇，因改今名。下有小溪渡。○新安驛，在縣城西。舊名清溪驛，宋置，至明廢。

威平鎮。在縣西六十里威平洞口。宋平方臘，置巡司戍此。今曰永平巡司。又港口鎮，在縣東二十里。宋寶元二年置巡司於此，今因之。志云：港口司置此。縣南三十里又有港口鎮。又街口鎮，在縣西八十里，與徽州府分界，亦有巡司。○茶園鎮，在縣東五十里，下有茶園渡。又渡市鎮，在縣北二十五里，宋、元以來俱爲戍守處。

遂安縣，府西南百八十里。東北至淳安縣六十三里，西北至南直徽州府百七十里，西南至衢州府開化縣百三十里，南至衢州府百七十八里。本歙縣南鄉之安定里，後漢建安十三年孫氏析置新定縣，屬新都郡。晉改今名，屬新安郡。宋、齊因之。隋初縣廢，仁壽四年復置，屬睦州。唐、宋因之。舊無城，明正德八年築城以禦寇，萬曆二年復修築以禦礦賊，周四里有奇。編户六十四里。

霧山，縣東南二里。孤峰峭立，爲邑之望。或以爲婺山之訛也。又長垓山，在縣西五里。兩山壁立，道狹多阻，元末邑人嘗扼此以拒賊。又西二里曰石英山，山產白石英，唐時以供貢。又有洪銅山，在縣西南七十里。志云：唐時置場採銅於此。

武强山，縣西六十里。與歙之白漈諸嶺相錯，峰巒險阻。唐末鄉兵保聚於此，拒破黄巢。今山麓有黄巢坪。萬曆中嘗易爲靖武山。○高喬山，在縣西六十五里，近開化縣界。層峰疊嶂，溪谷迂回。正德八年流寇繇開化馬金嶺突犯，嘗築寨於此以遏其衝。又高峰山，在縣西南五十里，高峻爲羣山之冠。

黄連嶺，縣南八十里。巖石峻險，路達西安。又有猥嶺，在縣南五十里，開道可達常山縣。○積雪嶺，在縣西八十里，路出休寧。又縣西南八十里有馬金嶺，與開化縣分界。

武强溪，在縣城南。源出武强山，亦名靖武溪，東南流至三渡口與雙溪會，流闊數十丈，又遶流八十餘里達縣郭南，復東北流四十里入淳安縣界，又二十餘里注於清溪。

雙溪，在縣西。源出歙縣界之石嶺，分爲二流，既而復合，至縣西南五十八里之三渡合於武强溪。志云：三渡路出開、衢之通道也。○罟網溪，在縣東南五十里。源自衢州流入縣界，又東北入武强溪。又龍溪，在縣東一里。出淳安縣界，南流經此入武强溪。

鳳林鎮。縣東南四十里。罟網溪經此，亦曰鳳林溪。宋建炎初置巡司，紹興初廢。明初復置，今廢。○新定驛，在縣治東。宋置，今廢。

壽昌縣，府西南九十里。東南至金華府蘭溪縣七十里，西北至淳安縣百二十五里，西至遂安縣百四十五里，南至衢州府龍游縣百一十五里，西南至衢州府治百十里。漢富春縣地，吴置新昌縣，屬吴郡。晉改今名。梁屬新安郡，隋併入新安縣。唐永昌初復置，載初元年廢。神龍初復置，屬睦州。宋以後因之。舊有城，即唐神龍中置，後廢。今編户三十六里。

新昌城，在縣西永平鄉。孫吴時置縣於此，晉改曰壽昌。唐神龍初移縣於郭邑里，尋又移於縣西七里之白艾里，築城周一里有奇。後復還今治，故城遂廢。今其地名故城坂。

彭頭山，縣治西一里。唐景福中縣令戴筠開湖於山下，謂之西湖，以灌東郭之田，餘浸入於艾溪。又縣南三里有仙池山，一名南山。山巔有池，鄉民遇旱爲機以泄池水，溉山下之田。圖經：「城東一里有青龍山，脉自西來，臨繞扆。

艾溪。又東二里有金姑峰，峰頗峻削，下臨艾溪。」○巖山，在縣北六里。有三峰，高數百丈。頂上有石，圍抱如負

金臺山，縣南十五里。縣山之最高者。其南有冠山，壁立千仞，登之可盡龍遊、蘭溪諸勝。○硯山，在縣南三十里，爲金、衢、嚴三郡之界。又縣西南二十里有大慈巖，登之可覽金、衢二郡之勝。又巖峒山，在縣東南三十里。山有華蓋、羅帽、玉露、慶雲、景星凡五峰，而華蓋最高，南屬金華，北屬嚴州。

過浴山，縣北十八里。下有龍潭。潭上有洞穴，名曰龍門，深邃莫窮，泉流灌注，溢而爲溪，環遶縣北。○天湖山，在縣西二十里。山上有池，流下溉田，冬夏不竭。又縣東二十五里有高湖巖，頂平如掌，廣三十餘畝，四畔皆巉巖，惟一徑可通。

梅嶺，縣西南四十里，接龍游縣境。宋建都臨安時，此嶺最爲要道，凡閩、蜀、江西、荆湖、二廣、雲南、八番、海外諸國來者，皆經其下。亦曰梅峰。元時尚爲戍守處。今皆取道於蘭溪。○長嶺，在縣東南二十五里，路通金、衢、宣、歙四郡。嶺半有泉，下注爲池。志云：縣西七十五里爲黄連嶺，與遂安接境；西北五十里爲玳瑁嶺，與淳安縣接境。

壽昌溪，在縣西。源出西南六十里之鵝籠山，流至縣西二十里與交溪會，曰大同溪，又遶流至縣治西一里曰艾溪，歷郭南至縣東七里曰淤堨溪，又經縣東北十五里之湖神坂曰湖神溪，流長九十里出壽昌港口，又東北繞蒼山入新安江，縣境之水悉匯入焉。志云：由縣治東北至新安江凡三十五里，即建德縣境也。

常樂溪，在縣南三十里。源出龍游縣之天池山，入縣境會衆山之水，又東南流出蘭溪界入於東陽江。○交溪，在縣

西二十里。源出縣西四十里之魏馱山，東流合於壽昌溪而爲大同溪。又西溪，在縣西南四十里。源出梅嶺，下流入於艾溪。

西塢寨。在縣西南梅嶺，路出龍游，舊設上梅巡司於此。又大源口寨，在縣西四十里。舊置社田巡司於此，今廢。又硔巖寨，在縣東南二十里赤孤山。長嶺寨，在縣西南二十里桃平山，正德間爲戍守處。○壽昌驛在縣南，縣西又有白艾驛，俱宋置。今廢。

分水縣，府東北百五十五里。東至杭州府新城縣百有五里，東南至桐廬縣八十里，西至淳安縣百四十里，北至杭州府於潛縣六十二里。本桐廬縣西鄉地，唐武德四年析置今縣，取桐廬江水中分爲名。七年省，如意初復置，改曰武盛。神龍初復曰分水縣，屬睦州。縣無城。今編户十八里。

昭德城，在縣西北嘉德里。唐寶應二年中析分水置昭德縣，大曆六年省。宋爲昭德驛。

雙溪山，在縣治北，縣之主山也。又北二里曰黄潭山，天目諸溪遶其下。又天禄山，在縣北十里。溪流環遶其下，曰印渚溪，爲邑之勝。一名甑山。○峭山，在縣東四十里。其最高處曰赤巖尖，登之可見數百里。

桐嶺，縣東六十里；又羅嶺，在縣東二十里；皆路達新城。又白沙嶺，在縣東南二里，通桐廬界。又歌舞嶺，在縣南五十里，達建德縣界。縣西五十里又有塔嶺，通淳安縣界。志云：縣西北六十里有湯安嶺，嘉靖中倭寇由黄潭而西踰此嶺，遂犯淳安。又設方嶺，在縣南三里，爲達府之間道。○百勝巖，在縣東十五里，最高聳。縣西北二十五里有紫峰巖，四面如削，一峰宛在雲中。縣西北四十里又有楊山洞，可容數百人。

天目溪，在縣治東二里，即於潛縣之紫溪也。合昌化之柳溪流入縣境，回繞於天禄、黄潭諸山之下，又南達桐廬。此爲桐溪之上游，中有灘凡七。

前溪，縣東南二里。自淳安縣分流入境，入縣南之白沙潭，回繞縣治，而東合於天目溪。○廣陵溪，在縣東六十里，源出新城縣廣陵鄉；又有印渚溪，在縣北十里，有渡通於潛；錦溪，在縣東十里，有渡通桐廬；下流皆匯於天目溪。

吴村。縣東十里。舊置巡司，今廢。又昭延驛，在縣東五十里；柳相驛，在縣西四十里；俱宋置，今廢。

附見

嚴州守禦千户所。在府治東南。洪武二十年建，直隸都司。

# 校勘記

〔一〕請復萬松嶺旁古渠　「萬」，底本原作「多」，今據職本改。

〔二〕政和六年至及鹽田鹽地　「六年」、「鹽田鹽地」，宋史卷九六河渠志作「二年」、「鹽亭、監地」。

〔三〕信國公湯和重築　「湯」，底本原作「楊」，今據職本、鄒本改。

〔四〕海寧守禦千户所　「海寧」，底本原作「寧海」，今據職本乙正。

〔五〕日緑　「緑」，底本原作「錫」，敷本同，鄒本作「鉛」，職本作「緑」。緑者，緑青也，乃礦物名，或作石緑、扁青，凡出銅處大都有此物。此建德縣出銅，故有緑青。今從職本作「緑」，鄒本作「鉛」非。

〔六〕城邑記　「記」，當作「考」。城邑考本書引用甚多。

# 讀史方輿紀要卷九十一

## 浙江三

嘉興府，東至南直松江府百二十里，南至海八十三里，西至湖州府百八十里，北至南直蘇州府百五十里，自府治至布政司百九十五里，至京師三千一百里。

禹貢揚州之域，春秋時爲吴、越之疆，後爲越地，戰國時又爲楚地。秦爲會稽郡地，漢因之。後漢永建中分屬吴郡，三國吴以後因之。隋爲蘇州地，唐初屬蘇州。五代初屬杭州，石晉天福三年錢氏始奏置秀州。治嘉興縣。郡志：後唐同光二年，錢鏐置開元府，治嘉興，兼領華亭、海鹽二縣。長興三年府罷。按唐制非京尹不得稱府，鏐不敢置府於杭州，何由置府於嘉興乎？開元蓋軍府之名，志悮。宋因之。政和七年賜名嘉禾郡，慶元初升爲嘉興府。以孝宗誕於此也。嘉定初又升爲嘉興軍節度。元曰嘉興路，明曰嘉興府。今領縣七。

府負海控山，川原沃衍，自春秋時已爲吴、越爭衡之地，豈非以三江、五湖相爲襟帶，圖志：「吴、越多山，而湖澤漸其下，崇德居山澤之介，孔道四出。」且濱於海澨，可以出奇制敵哉？拊錢唐之肩背，掣吴、越之肘腋，海防説：「府逼近海口，與杭州同患。海寧一衛，尤爲要害。」魚鹽饒給，商旅四通，亦江東之雄郡也。

嘉興縣，附郭，在府城東偏。春秋時地名檇李，秦由拳縣地，屬會稽郡。漢因之。後漢屬吴郡。三國吴黄龍四年嘉禾生，改置禾興縣。孫皓以父名和，改今名。晉、宋以後因之，皆屬吴郡。隋省入吴縣。唐武德七年復置，明年又廢。貞觀八年復置，屬蘇州。五代初屬杭州，尋爲秀州治。今編户三百八十一里。

秀水縣，附郭。本嘉興縣地，明宣德四年於府城内西北隅置今縣。編户二百三十二里。

檇李城，舊志云：在府西南四十五里夾谷中。左傳定十四年：「吴伐越，越禦吴於檇李。闔閭傷，還卒於陘，去檇李七里。」秦始皇三十五年，於檇李置長水縣。三十七年東遊過長水，望氣者言有天子氣，因發囚十萬鑿之，改縣曰由拳。干寶曰：「始皇以江東有天子氣，令囚徒掘汙其地，表以惡名也。」漢因之。孫權改置禾興縣，而由拳之名隱。闞駰曰：「由拳故城在嘉興縣南。今謂之柴辟，辟讀曰壁，即古檇李也。」東晉咸和中蘇峻作亂，顧衆監吴郡軍討之，爲峻將張健所敗，退屯柴壁。或勸衆度浙江，衆曰：「保固柴壁，可得全錢唐以南五縣。若越他境，便爲寓軍，控引無所，非長計也。」臨平人范明亦謂衆曰：「此地險要，可以制寇，不可委也。」衆因與明合軍復進，健敗走。或作「紫壁」，悮矣。自唐乾寧三年鎮將曹信改城嘉興，而故迹益堙。五代晉天福四年錢元瓘拓秀州羅城，周十二里。宋宣和七年及德祐元年皆嘗修繕。元至元十三年墮其城。至正十六年張士誠復營築，久之未就。明初始竟其役，嘉靖三十九年增修。城周九里，有水陸門各四。運河經城西、北二面。

新城，府西北二十七里。志云：唐會昌初嘗壘土爲城，謂之新城。今曰新市，有新城税課局。其北爲新城塘。○

射襄城，在府東北三十里。志云：古戰争地。又府境有東顧、西新、南於、北主四城。舊志云：吴、越戰争時築。

胥山，府東二十七里。高十五丈，周不過二里。本名張山，相傳吴使子胥伐越，經營於此，因改今名。又有殳山，在府西南五十七里。高二十餘丈，周三里。山之西麓爲桐鄉縣境。

運河，在城西。由杭州府達崇德、桐鄉縣界，東流經府西二十七里之檇李亭，又東流十八里經學繡塔，又東五里經白龍潭，又轉而北遶府城下爲月河，與秀水合乃出杉青閘受穆溪水爲北漕渠，又北二十五里爲王江涇，又東三里爲聞家湖，又東北十里接蘇州府吴江縣界。秀水，在城北，即南湖、彪湖之下流也。志云：府西南四里有白龍潭。相傳有白龍穴此，風濤間作，居人因作三塔以鎮之。運河經此曰三塔灣。

鴛鴦湖，城南一里。一名南湖，長水塘諸水所匯也。宋聞人滋云：「檇李，澤國也。東南皆陂湖，而南湖尤大，計百有二十頃，以兩湖相麗而名。鴛湖之水與其支流至城東南二里會於彪湖，亦名馬腸河，又循城而北與秀水合，會於運河。」○天星湖，在府治東北。一名天心湖，相傳即秦始皇發囚所掘處。又有相湖，俗名相家湖，在府東北九里，幽湖，在府西南四十里：參差匯流，皆達運河。

聞家湖，府東北三十三里。湖周千頃。志云：鴛湖以北諸水匯流於府東北二十里間，有天荒、許家、毛頭、菜花及祥符諸蕩，回環連繞，聞家湖又其委流處也，合於運河，注於吴江。○祥符湖，在府東北二十里。周二十餘里，與嘉善縣接境。又和尚蕩，在府西北二十八里，水通太湖。

長水塘，府南六里。長五十餘里。縣舊名長水以此。志云：長水塘之水源自杭州海寧諸山，出峽口東北流入嘉興縣境，東通練塘，東南通横塘，其支流注於幽湖，正流三十里至城南瀦爲鴛鴦湖。○横塘，在府東南五里，其流匯爲彪湖。舊志：自彪湖轉馬塘堰而上，南至海鹽縣，通謂之横塘。又練浦塘，在府南二十五里，與横塘、長水塘相通。相傳春秋時吴王練兵處也。其西北十里許有槀壤，圍環八里，廣萬畝，相傳爲吴、越戰場。

穆溪，府東北四里。水接海鹽縣之上谷湖，西北出吴江縣界入于鶯脰湖。又茜溪，在府北十二里。自鶯湖分流，東北出曰茜溪，又北十二里曰斜塘，又北二十里入吴江縣界。○雙溪，在府東十里。松江漕舟由嘉善縣達於雙溪，又西北合於運河。志云：府城東有鳳凰洲，中流突起，洲南之水曰漢塘，入平湖界，北曰華亭塘，入嘉善界。又韭溪，在城内，舊引南湖支流入城中而北達運河。府西北三十里又有麻溪，北入吴江縣界，亦注於運河。

王江涇，府北三十里。相傳以王、江二姓居此而名。今爲運河所經，曰王江涇市，有巡司。嘉靖三十三年倭豯松江府柘林突犯王江涇，轉略平望、烏鎮諸處。又三十四年按臣胡宗憲大敗倭賊於此。

杉青堰，府東北五里。舊有杉青牐官舍。宋熙寧元年提舉河渠胡淮請修秀州杉青堰。建炎元年孝宗生於此。寰宇記：「朱買臣妻改嫁杉青閘吏。」今城西四里有死亭灣，即買臣妻自溺處。堰爲運河所經，旁有閘，置巡司。閘後有嘉禾墩，相傳即孫吴時産嘉禾處。○馬塘堰，府南七里。相傳秦始皇東遊至此，遏水爲堰，堰成斬馬以祭，因名。又孟宗堰，或云在府東南。嘉靖三十三年倭賊來犯，官軍敗之於此。

嘉禾屯，在府界。唐志：「廣德中浙西有三屯，而嘉禾爲大。」李瀚嘉興屯田紀績頌有云：「全吴在揚州之域最大，嘉興在全吴之壤最腴。嘉禾穰，江、淮爲之康；嘉禾歉，江、淮爲之儉。」○杉青閘鎮，在府北杉青堰；又王江鎮在府北王江涇；俱明初置。見上。又西水驛，在縣城西。元置，明因之。

**驛亭埭**。在府西。唐乾寧四年楊行密將田頵攻嘉興，屯於此，爲吴越將顧全武所敗，自湖州奔還宣州。○王店，在府南七十里。嘉靖三十四年倭賊將犯杭州，不果，還至王店，分兵一出海鹽塘，一出嘉興長水塘，即此。亦謂之王市。

**嘉善縣**，府東三十六里。東至南直松江府七十二里，東南至平湖縣三十六里，西北至蘇州府吴江縣七十六里。本嘉興縣之魏塘鎮，宣德五年析置今縣。嘉靖三十二年以倭變始議築城，三十四年城就，外環以濠。萬曆二十年增修。城周八里有奇。編户一百八十六里。

**東顧城**，縣北三十八里。相傳春秋時闔閭使伍員築以備越，即檇李四城之一也。志云：城在蘆墟東北二里。

**西山**，縣南十二里，即府東之西山也，爲接境處。

**魏塘河**，縣東十二里。自縣西華亭塘分流，東北出遶縣治後，又東合太平河，又南仍入華亭塘。志云：華亭塘自府城東北行三十餘里經縣治南，至縣南十二里合白水塘諸水，又東八里合大雲塘，又東三十四里入華亭縣界。俗謂之官塘。

**東郭湖**，縣西十五里。來自府城東，有長堤横亘三十里，俗謂之下塘，繞城北而東南會於華亭塘。又鶴湖，在縣西北三十里。又西北六里即分湖也，亦曰汾湖。汾湖之水，上承平望鶯脰湖諸流匯爲巨浸，分而北入吴江縣界，分而南入縣境，東入華亭縣之澱山湖。俗訛分曰「汾」。

清風涇，縣東北二十四里。其上流曰菖蒲涇。志云：菖蒲涇在縣東北三里，北經胡塍塘、葉塘，又東經縣東十二里之張涇匯，又東六里之蓮花涇，又北會於清風涇，亦曰白牛塘，又東爲秀州塘，折而北達於華亭之泖橋。

查家蕩，縣東北三十六里。志云：府東境之水匯流入縣界，至縣西十三里爲運涇港口，分流東北出，皆北會於分湖。分湖之南有蘆墟塘，長約三十里，繇分湖東出即查家蕩也，又北而東入章練塘。志云：蘆墟塘，在縣北三十六里；又許家蕩，在縣西北三十六里，傍多良田，遇旱民資以灌溉；其下流皆會於章練塘。○三白蕩，在縣西北五十里，入吳江縣界。三蕩相接，廣十二里。又西北六十里而達蘇州之盤門。

章練塘，縣東北四十五里。寰宇記：「吳主權造戰艦於此，張纛以練水軍。」後訛張爲章也。縣北出之水繇查家蕩經此，東流十里入南直青浦、長洲二縣界入於泖湖。又長春塘，亦自縣西受東郭湖之水，引流北出，與縣西北十餘里之江涇塘及蘆墟塘之水交流互注，下流出白牛塘入於泖湖。袁氏曰：「縣境之水參錯不一。大抵上流南受嘉興，西受秀水，北受吳江，下流入於三泖也。」

魏塘鎮，縣西二里。以宋里人魏武居此，商民成市而名。尋置巡司，元因之，明仍舊。又有魏塘稅課局，在縣東。元爲魏塘務，明洪武三年改局，今移東關外。○風涇鎮，在縣東北十八里。舊名白牛村市，元改爲鎮，置巡司，并設白牛務。洪武初罷巡司，改務爲稅課局，萬曆中廢。又斜塘鎮，在縣北二十里。一名西塘，又名平川，縣西北諸川皆匯流於此。正統十二年徙陶莊稅課局於斜塘，尋廢。

陶莊鎮。縣西北二十里。西南去府城五十四里。本名柳溪，宋紹興中易今名，因陶姓者居此也。元置巡司，并置陶莊務。洪武初罷巡司，改務爲局。正統二年廢。十二年改置於斜塘，仍因舊名。萬曆初廢。又千家窰鎮，在縣西北十二里。民皆業陶。縣東南十里又有玉帶鎮，元時亦爲商旅輳集處，後兵廢。

崇德縣，府西南九十里。西南至杭州府百十里，西至湖州府德清縣一百有八里。本嘉興縣地，五代時天福三年吳越析嘉興縣之義和市及崇德七鄉爲縣，屬秀州。宋熙寧十年又割桐鄉縣五鄉益之。元元貞初升崇德州，明洪武二年復爲縣。縣無城，嘉靖三十四年創築磚城，周六里有奇。編户二百七里。

何城，縣西三里，又縣東北二十里有晏城，東南三十里有萱城，南境又有管城，接杭州府海寧縣界，四城相傳皆春秋時吳所築以禦越者。又縣東北十二里有紀目坡，斷碑云吳王夫差募兵教養於此。曰紀目者，立綱紀而有條目也。坡高十尋，周三百步。今置堠亭於其上。其相接者又有千乘鄉，斷碑云夫差閱兵於此，車凡千乘。又東有千步路，西北七里曰遊長逕，俱春秋時吳屯兵處云。

涵山，縣西北三十六里，爲嘉、湖兩府分界處。縣境之水遶其下。頂有浮圖。志云：縣西北三十里有陳山，高十有三丈。○走馬岡，在縣東北四十九里。志云：此爲吳、越分疆處。下有洗馬池。

運河，在縣城西北。由湖州府德清縣界流入境，穿縣濠北出，受左右諸涇之水，經石門塘與桐鄉縣分界。

語溪，在縣治東南一里。孔氏曰：「嘉興縣南七十里有語兒鄉，臨官道，越北鄙也。」語本作「禦」。國語：「勾踐之地，北至禦兒。」又文種曰：「吾用禦兒臨之。」孟康曰：「今吳南亭是也。」漢元封初平東越，封轅終古爲禦兒侯，溪名蓋本於此。一統志：「今名語兒中涇，一名沙渚塘，運河由此流入桐鄉境内。」○車溪，在縣東北三十六里，南北相距二十餘里，接於桐鄉之爛溪。

石門塘，縣東北二十里。亦曰石門涇。水折而東，灣環如帶，曰玉帶灣。其西北去桐鄉二十五里爲接界處。春秋時吳拒越壘石爲門，即此處也。或謂之石夷門。唐有石門驛。上元二年劉展作亂，據江、淮諸州。遣其將張景超攻杭州，敗李藏用將李疆於石夷門。宋紹興中車駕往還，即驛基建行幄殿，又置榷酒庫務於此。今運河所經亦曰石塘灣，嘉靖三十四年官軍敗倭於此。繇石門而北三十里達湖州之烏鎮，路出吳江之經道也。

洲錢市。縣西北二十七里。地形如錢，週遭皆水，因名。又石門鎮，在縣東北石門塘。元置巡司。明初分鎮之東半屬桐鄉縣。志云：縣有皂林驛，舊屬桐鄉縣，嘉靖中徙於縣南。又縣城東北有橫浦場鹽課司。○三里橋，在縣南三里。嘉靖三十五年倭賊自湖州烏鎮南犯杭州至此，官軍擊之，敗績。

桐鄉縣，府西六十里。西北至湖州府百二十里。本崇德縣地，宣德五年割崇德之梧桐八鄉置縣，治鳳鳴市。嘉靖三十四年築城，周四里有奇。編户一百七十八里。

殳山，縣東南三十五里，與嘉興縣接界，昔有殳基隱此而名。山有兩峰，其東峰一名史山。又縣北十七里有甑山，山形如甑，爛溪繞其下。

運河，縣北八里。由崇德縣石門塘西北流二十里而經皂林鋪，漸折而東，二十里爲斗門，又北二十里而至嘉興府。志云：縣東南三里有橫湖，舊爲陂，引流入運河，今僅存一線矣。

爛溪，縣北二十里。崇德縣車溪之水，合縣境康涇、永新溪諸水，遶流於甑山下，又引而北，自青鎮以東橫亘十餘里，東達於秀水，北達鶯脰湖，而出吴江之平望鎮。其西自青鎮下湖州之潯溪，以達於震澤者，則謂之西溪。

**皂林鎮**，縣北八里。亦曰皂林市，有元將路成營壘。志云：鎮本在崇德市南，有寨，宋建炎中徙於此，元燬。明初攻湖州，張士誠遣兵趣救，常遇春擊之於皂林，俘其兵六萬。嘉靖三十五年倭賊徐海圍撫臣阮鶚於此，官兵力戰始却。舊設皂林巡司及皂林驛，今移驛於崇德縣，而巡司如故。○石門鎮，在縣西北二十五里，與崇德縣接界。洪武六年置税課局於此，本屬崇德縣，宣德五年改今屬。

**青墩鎮**。縣北二十八里。古有青墩，唐置鎮遏使於此，與湖州之烏鎮止隔一水，梁昭明太子讀書臺在焉。○南長營，在縣東南二十五里，其旁有千人坡、范蠡塢。志云：即越之北境，時屯營壘於此以備吴。

**平湖縣**，府東五十四里。西南至海鹽縣三十六里，東北至南直松江府八十里。本海鹽縣之東北境，宣德五年析海鹽之武原等鄉置今縣。嘉靖三十三年始築磚城，周五里有奇。編户百二十一里。

**故邑城**，縣東南二十七里故邑山下。漢順帝時海鹽縣淪陷爲湖，移治於此，後復徙於馬嗥城，以此嘗爲邑治，故曰故邑，西南去海鹽縣三十六里。晉隆安二年海賊孫恩北趣海鹽，劉裕隨而拒之，築城於海鹽故治，孫恩來攻，爲裕所敗，即此城矣。

**雅山**，縣東南十七里。或訛爲瓦山，嘉靖三十五年官軍敗倭於潘港，又追敗之瓦山，即雅山也。山多怪石，俗呼惹山。有惹山舖。南涇塘繞其下。又故邑山，以故邑城而名。或曰顧邑，謂足以顧眄城邑。邑志：山高八十丈，周二十里，西南去海鹽縣三十六里。

陳山，縣東三十里，西南至海鹽縣五十里。高八十餘丈，周十五里。山有龍湫，一名龍湫山。舊置烽堠於山上。又觀山，在縣東南二十八里。一名官山。其南一里曰高公山，山周八里；稍北又有蒲山、萊薺等山；皆瀕於海。

當湖，縣治東。周四十餘里。吳地記：「王莽改海鹽爲展武。縣陷，爲柘湖。」今華亭柘湖也。因徙治武原鄉。後漢永建二年又陷爲當湖。宋志：「當湖之水，自月河南浦口、澉浦口以達於海。」

市西河，在縣治西。源自府城東之漢塘，東流五十餘里經此，又東入於當湖，又東三十里入於東泖。志云：市西河之水，自縣西分流而南出者，則經雅山而東南合南涇諸塘水，至乍浦以入海；自縣治西分流而北出者，則繞縣治後，合縣北諸塘水，又東北合蘆瀝浦而入華亭縣界之泖湖。

乍浦，縣東南二十里，與海鹽縣接界。縣南境諸水悉匯於此。志云：乍浦之水，舊自官河入海，元至正間番舶皆萃於此。明洪武中築城浦上，以爲備禦，今海鹽之乍浦所是也。嘉靖三十二年倭據乍浦犯杭州，官軍敗却之。又潘港，在縣東南，與乍浦相接。嘉靖中指揮劉岱敗倭於此。○蘆瀝浦，在縣東北三十八里。舊志：在海鹽縣東北七十里是也。縣北境之水悉匯於此。有蘆瀝鹽場。

東泖，縣東北三十里，界於松江之華亭陸道。吳地記：「海鹽東北二百里有長泖，即谷泖也。」今縣界有華亭鄉，鄉之南即當湖。湖之東北有泖港，蜿蜒至於横泖，爲三泖之上流。其上中下三泖則自屬松江府華亭縣界。其名雖殊，寔皆一泖流通也。

乍浦鎮，縣東南三十六里。志云：鎮舊在縣西南二十七里，元置市舶司於此。又有顧邑巡司，宋、元時置於故邑城內。洪武十四年置乍浦鎮，改今名。十九年移而東南，即今司也。又白沙灣巡司，在縣東二十七里。元置蘆瀝巡司於廣陳鎮，洪武十九年移置白沙灣，改今名。二司舊皆有屯堡，嘉靖中改築小城，爲戍守處。○蘆瀝市，在縣東北三十九里。宋、元時俱置鹽場於此。明初吴元年并鹽場於縣東南十五里之獨山鹽場，改置嘉興鹽運分司於此。洪武元年復置蘆瀝場鹽課司。又乍浦河泊所，在縣東南二十七里。舊爲市舶司，洪武十四年改置。

**廣陳墅**。縣東南二十七里。元曰廣陳鎮，蘆瀝巡司置於此。自市而東南十二里爲新倉，又陸行五十里即松江府之金山衛也。○沈家莊，在縣東十里。亦曰沈塘，與乍浦相近。東西二莊中縮河爲塹。嘉靖三十五年官軍殲賊酋徐海於此。

**海鹽縣**，府東南八十里。西南至杭州府海寧縣百十里，東北至平湖縣三十六里。古名武原鄉，秦爲海鹽縣，屬會稽郡。漢因之。後漢屬吴郡，晉以後因之。梁屬信義郡，陳省入鹽官縣。唐景雲二年復置，先天初又廢。開元五年又置，屬蘇州。五代時屬秀州，宋因之。元元貞初升爲海鹽州，明洪武二年復爲縣。編户百六十里。

**馬嘷城**，今縣治東南。越記：「吴兵至此忽有大風，兵敗馬驚，因名。」漢吴王濞於此置司鹽校尉。晉咸康七年移縣治此，後廢。劉昫云「開元五年復置海鹽縣，治吴禦城」，即馬嘷城矣。今縣城相傳即開元中築。吴越時增修。至明洪武十九年重築，甃以磚石。永樂十六年增修。嘉靖三十二年復築外城，明年增築子城。萬曆二十一年復繕治，周六里有奇。又舊志：縣東北有武原城，秦始皇三十七年置武原縣蓋治此。按吴記：「海鹽本名武原鄉，秦爲海鹽縣，武原未嘗置縣也。」恐悮。

此以爲瞭望之所。

**鰍城**，縣西北十八里。晉將軍袁山松築此以禦孫恩。今爲鰍城寨。又有望海城，在縣南三十五里。唐開元五年築此以爲瞭望之所。

**秦駐山**，縣南十八里，濱海。高百六十丈，周二十里。下有秦駐塢，相傳始皇東遊登此。一名秦逕山。嘉靖三十四年官軍敗倭賊於秦駐山是也。有秦駐山寨。又豐山，在縣西南十八里。高三十餘丈，周十八里。相傳秦始皇嘗屯兵其上。白塔山，在縣東南二十里海中。山有白塔。山下舊有港通魯浦，曰白塔潭，海舟多泊於此。今故道已湮。又望虞山，在縣東南二十二里。高九十丈，周十二里，以隔海望會稽上虞縣而名。

**長墻山**，縣南三十五里，西去澉浦鎮三里。山高八十丈，周十九里，横截海濤，若堵墻然。下有石巖臨海，名穿山洞。嘉靖中設東西諸寨於山上以防倭寇。南有黄道山，宋有水軍寨、造船場，立烽燧於山頂。志云：縣西南三十五里有青山，亦在澉浦鎮東三里。舊有烽堠，與青山寨相近。有金粟山，周回六里，亦名六里山，下臨澉浦。○葫蘆山，在縣西南三十五里海中，東北去澉浦鎮四里。潮汐消長如葫蘆出没，故名。語曰「潮生潮落，葫蘆自若。」下有葫蘆寨，西有西山寨。又澉浦城南三里有石帆山，屹立海中，如張帆然。志云：縣南三十五里有泊櫓山，在澉浦鎮西北三里，高百五十丈，周四里。輿地志：「始皇東遊，候潮渡海，泊櫓於此。」

**湯山**，縣東北三十六里。高七十丈，周五里。上有烽堠，與乍浦所相接。嘉靖三十二年參將湯克寬破倭賊於此。又獨山，在縣東北五十四里。高五十丈，周六里，孤立不與諸山接。上置烽堠，以防海寇。舊置鹽場於此下。有獨山塘，經平湖縣東南二十三里流合於乍浦。

茶磨山，縣西南三十七里。舊志云：山側有黄巢衖，又有港周回山下，港外爲城塹，昔人結寨避兵處。今山周不過三里。相接者曰石屋山，上有石壘成屋，相傳唐末居民避兵處。旁又有紫雲山及邵灣山，皆高七八十丈，周八九里。又金牛山，在縣西南五十里。周四十里，高百三十六丈，與金粟山相對。中有夾山，周七里。志云：夾山在縣西南三十五里金粟山後，俗謂之龔墳山也。○鳳凰山，在縣西南三十九里，澉浦鎮西南二里。高四十丈，周五里。海防志：「山南臨大海，倭每犯此，最爲衝要。有鳳凰山寨。其與鳳凰山環列於海濱，爲郡隄障者凡數十計，俱錯峙於澉浦所之四旁，而鳳凰山爲之冠。」又馬鞍山，在澉浦所西北五里。嘉靖三十四年參將盧鏜敗倭賊於馬鞍山及新林一帶是也。縣西南四十五里又有廟山，上有烽堠。

沈山，縣西南六十里，周七里，以劉宋沈景葬此而名。唐大順中割屬杭州。今與海寧縣接界，即海寧硤石鎮之東山也。又有談家嶺，在西南四十二里，亦與海寧縣分界。

衢山，在縣東南海中。亦曰大衢山。其相望者爲小衢山。又有茶山，亦在縣東南海中。嘉靖三十七年總兵俞大猷敗倭賊於茶山洋是也。爲南、浙汛兵會哨處。○羊山，在縣東北乍浦所之東。山峙海中，衛所官兵與金山衛官兵並汛守於此。胡宗憲曰：「乍浦海灘淺闊，無山嶴避風之處，不若海中羊山有嶴可以泊舟。若分番乍浦之船以守羊山，未爲非策也。」又許山，亦在縣東大海中，爲南、浙官兵會哨之所。今亦見南直華亭縣。

海，在城東。舊去城二里，今不及一里，而南去海四十里。有東海口、南海口、西海口諸處，皆爲郡境衝要，因設海寧衛於城中，以司守禦。海防攷：「東海口在縣東北三十里。海灘沙汙，船艦難泊，迤北與乍浦相連。內有白馬、廟團圩諸處，居民叢集。嘉靖中倭賊突犯，必先入此觀望虚實，然後四出剽掠。此爲嘉興、嘉善、平湖諸邑要口。有巡簡司，明初所置。其南海口，在縣南，去海止半里，操備廠在焉。稍東南爲黄道廟港，濱海與南岸臨、觀二衛相峙，倭寇最易登犯。其西海口在縣東北五十里，南通大洋，北近平湖，不特平湖之門户，亦浙西之咽喉也。海塗高硬，湖水長涸不一，倭每乘潮突至。宜開濬海口，建立水閘以備之。南匯、許山、金山、青村一帶，與吴淞水哨互相聯絡，庶爲有濟。」圖經：「縣南海岸與寧、紹二府相對，深夜籟寂，往往鷄犬之聲相聞。有防海塘，宋所置也。」宋志：「縣東南五十里舊有貯水陂，南三里有藍田浦，東三里有横浦，又有三十六沙、九塗、十八岡及黄盤七峰，布列海壖。漂蕩日久，舊時陂蕩杳不復存。紹興中設塘以備泛溢，亦曰太平塘，長一百七十餘里。」元至正間復修築，易之以石，南北計四千八百餘丈。明洪武初復修治，自是屢修屢圮。萬曆五年海波横潰，邑患最劇，於是大興工役，開内河以受潮流，疏支委以殺水勢，築土塘以堅内護，植列木以散衝波，營斜堤以排激浪，海塘既復，邑民始保聚，利賴至今云。今亦謂之石塘。

**賁湖**，縣西三十里。一名宋陂湖。周四十里，東接縣西九里之天仙湖，西連横湖，南通黄道、彭墩諸湖。志云：横湖在縣西三十五里，周六里，湖之東南即黄道、彭墩二湖也。又鸕鷀湖在縣西南四十里，周四十餘里。縣西六十里又有上谷湖，亦名長湖。諸湖之水皆互相灌注以達海。○永安湖，在縣西南四十五里。湖周十二里，溉田甚博。湖中之税均之於田，田税頗重，而無旱患。久雨瀰漫，則東南洩入於海。湖旁有麃山、荆山等數山，皆臨湖爲勝。

**澉浦**，縣南三十六里。縣西南境之水由此入海。水經：澉浦之水通於巨海。宋開禧初置澉浦水軍。元時居民漸集，海商往來，遂成聚落。洪武中築城浦上，置澉浦所及巡司於此。志云：澉浦鎮山灣潮峻，爲南面之衝是也。○藍田浦，在縣南三里。浦口有藍田寨，因名。宋咸平六年縣令魯宗道重開以通海潮，由白塔港入運河以灌民田，因名魯公浦，亦曰魯浦。紹熙三年縣令李直養重濬，自藍田開十八里南抵鮑郎鹽場，以通鹽運、灌民田。今多堙淤。又横浦，舊在縣東二里，東北通故邑，西通貢湖，南入海。今亦廢。

**横塘**，縣西北二十五里。縣西南澉浦諸山之水匯爲宋陂諸湖，引流而北，與秦溪諸水俱匯爲横塘入嘉興縣境。志云：縣西南二十五里有招寶塘。宋淳化初開隄路，長四十里。縣西北又有漢塘，唐大和七年所開也。今曰漢塘港，引天仙湖諸水過歟城而北入於横塘。又有陶涇塘在縣北十里，自北關北流入平湖縣界，長十二里。宋淳熙九年、明成化二年皆嘗修濬。○秦溪，在縣西南三十六里。秦駐山、豐山諸水所匯也，下流匯於横塘。一名鹽塘河。

**吕港**，在縣東北。有海場。嘉靖三十五年倭賊徐海自吕港新場移屯乍浦城南，官軍擊滅之。○唐灣，亦在縣東北。宋嘉熙中增置水軍寨，澉浦、唐灣並爲要地。或云海塘自東北折而西南即塘灣也，訛塘爲唐耳。嘉靖三十五年指揮使徐行健禦倭賊於唐灣，敗没。今有唐家灣寨。又長沙灣，在乍浦所南。嘉靖三十一年倭賊破乍浦，官軍與戰於長沙灣，敗績。又有金家灣，在西海口南。潮深沙僻，倭賊往往泊此，内犯則直抵平湖，沿海則侵乍浦抵海鹽。舊撥西海口水軍哨守，又置金家灣寨於此。

**常豐牐**，在縣西南。宋志：「淳熙九年命秀州守臣趙善修海鹽縣常豐牐及八十一堰壩，務令高牢，以固護水勢，遇旱可以瀦積。」今堙廢。又古涇，舊在縣西境者凡三百餘所，唐長慶中令李諤開以禦水旱。今皆堙。

澉浦鎮，縣東南十八里。有巡司，本宋置，明初因之，置於縣南澉浦上。十九年改爲所，移司於秦駐山，仍曰澉浦鎮巡司，置堡於此爲戍守處。又海口巡司，在縣東北十八里。唐時於縣東一里置海寧鎮，元置海沙巡司，明初因之，在縣東門外。十九年徙於沙腰村，仍曰海口巡司，即今所也。亦置堡，設兵於此。志云：縣城西舊有海沙場鹽課司，本宋、元時置，明正統元年移置沙腰村，仍舊名。

鮑郎市，縣西南二十里。晉隆安中孫恩作亂，縣令鮑陋遣其子嗣之禦之，追賊被殺處。其地舊有鮑郎浦。今澉浦西門外曰鮑郎鹽場，置鹽課司於此，蓋宋、元時舊制也。○梁庄寨，在縣東北。嘉靖中倭賊每於此登犯。又縣東南有獨樹林及毛竹等寨，縣西北有東轉塘、朱公亭等砦，縣南有南石山等寨，皆嘉靖中置。今廢。又演武場，在城東南，北枕海。嘉靖初有陸路廠，三十五年倭賊泊犯，據爲巢。賊平廠毁，設軍戍守。

龍王堂。在東關外。外即大洋，直對浙東、臨、觀等衛。迤南半洋即白塔山，賊每泊此，若登岸而南則侵澉浦。西則有天寧寺，爲水陸通衢，直抵嘉興。此縣城之咽喉，沿海之首衝也。

附見

海寧衛。在海鹽縣治西。洪武十七年建，轄左、右、中、前四所及澉、乍二所。又東轉塘、朱公亭、頭寨、第二、南寨、北寨、龍王塘、閘口、落塘、大寨、小寨、寨頭等凡十二寨，皆在境内，屬衛軍戍守。

守禦澉浦千户所，在海鹽縣南三十六里。志云：唐開元五年吴郡刺史張廷珪奏置海鹽縣澉浦鎮，天寶十載太守趙居貞奏置海鹽縣寧海鎮。吴越時澉浦、乍浦皆設鎮遏使。宋開禧元年置澉浦水軍，淳祐中復調許浦卒歲百人更番守澉浦。咸淳末以蒙古南下，益增沿海戍守，於乍浦亦置水軍，設統制領之。及蒙古帥董文炳帥兵自海道至，二鎮軍相繼降下。元亦設兵於澉浦鎮。尋以澉浦盜起，遣將鎮守。至元十八年遣兵侵倭，留後兵分戍澉浦海口。明始置所。邑志云：宋置澉浦鎮，并置榷務於此。元亦爲澉浦務。明初置巡司，并置税課局於此。洪武十九年建所。有城，永樂十六年甃以磚石，正統四年增修，嘉靖中復營繕，周八里有奇。有南石山、秦駐山、東鹽團、西鹽團、青山、東海、青山鹽場、東中墻山、平漾墻山、東墻山、西南門水閘、混水閘、〔一〕葫蘆灣、南湖灣凡十四寨，皆撥所軍戍守。許浦，見南直常熟縣。

守禦乍浦千户所，在海鹽縣東北三十六里。北至平湖縣十八里。洪武十七年建，嘉靖初改屬平湖縣。所城周九里，亦洪武中築，正統中增修，嘉靖中營繕。有獨樹東、獨樹西、蒲山外、蒲山西、蒲山、大東山、東山嘴、唐家灣、鹽山、聖妃宫、金家灣、周西、海口等十三寨，皆所軍戍守其處。

守禦嘉興千户所。在府治北。洪武九年建，隸蘇州衛。

湖州府，東至南直蘇州府二百十里，東南至嘉興府百八十里，南至杭州府亦百八十里，西南至南直寧國府三百九十里，西至南直廣德州一百六十里，西北至南直宜興縣一百四十四里，自府治至布政司見上，至京師三千二百里。

禹貢揚州之域，春秋時屬吴，後屬越，戰國時屬楚。通典：「古防風國也。」史記曰：「汪罔氏之君，守封禺之山。」汪罔即防風。罔讀曰忙。〔二〕秦爲會稽、鄣郡地，漢爲會稽、丹陽二郡地，後漢屬吴郡及丹陽郡。三國吴寶鼎元年始置吴興郡，治烏程縣。晉、宋、齊因之。梁末兼置震州，以震澤名，王僧辯所置。陳罷州而郡如故。隋開皇九年郡廢，以其地屬蘇、杭二州。仁壽二年析置湖州，取太湖爲名。大業初復廢，以其地屬吴郡、餘杭郡。唐復置湖州，天寶初曰吴興郡，乾元初復曰湖州。乾寧三年升忠國軍節度，寵刺史李師悦也。五代時吴越因之。周顯德四年吴越改忠國軍爲宣德軍。宋仍曰湖州，亦曰吴興郡，景祐元年又改軍名曰昭慶軍。寶慶初改州爲安吉州。元曰湖州路，明初改爲湖州府。領州一，縣六。

府山澤逶迤，川陸交會，南國之奥，雄於楚、越。自三國置郡以來，恒爲江表之望，建國東南，此尤稱腹心要地。吴越時恃爲北面重鎮，淮南來攻，由宣州出廣德必道吴興之郊，而後及於餘杭。餘杭之安危，吴興寔操之也。蓋山藪環錯，敵之伺我常易，而震澤之浸，尤出奇者所必資。明初有事姑蘇，以湖州形援相接，羽翼未剪，因遣奇兵從義興出太湖，次洞庭，進薄州城，及州拔而姑蘇在掌中矣。夫湖州南衛臨安，北鞏吴郡，勢如左右手，顧可忽乎哉？

烏程縣，附郭，在府治西一里。秦置縣，屬會稽郡，因烏氏、程氏善釀而名。後漢屬吴郡，中平末孫堅封烏程侯。三國時孫皓亦封烏程侯，皓立，因置吴興郡治此。晉以後因之。隋郡廢，縣屬蘇州，尋復爲湖州治。今編户二百六十七里。

歸安縣，附郭，在子城東一里。本烏程縣地，宋太平興國七年析東南十五鄉置縣，以錢俶納土來歸，因曰歸安。今編户三百九里。

菰城，府南二十五里。楚春申君黄歇立菰城，起樓連延十里。秦因之，置烏程縣。志云：縣初治此，後移治今之子城。自漢及隋，唯有子城而無羅城。唐武德四年趙郡王孝恭始創築羅城，周二十四里，闢門有九。元至正十六年張士誠竊其地。明年士誠黨潘原明以城廣而不固，縮東西二里，更築新城。城小其半，門去其三。明初因之。嘉靖三十二年以倭患修築，三十五年復繕治完固。郡志：府治之子城，相傳項王築，成化九年修。羅城，潘原明築，嘉靖中修。有門六，城周十三里有奇。

東遷城，府東四十里。晉太康三年分烏程東鄉置東遷縣，宋元徽四年更名東安，昇明元年復曰東遷，齊、梁因之，皆屬吳興郡。隋平陳并入烏程縣。唐開元二十九年刺史張景遵置太湖館於此，大曆九年顔真卿改曰東遷館，今爲東遷鎮。明初攻湖州，張士誠遣援兵屯舊館，徐達等分兵營於東遷鎮南姑嫂橋，連營十壘，〔三〕以絶舊館之援是也。○永縣城，在府西北。漢興平初吴郡太守許貢奏分烏程置，三國時廢。志云：縣西十九里有古户城，吴孫皓爲其父和置陵户於此，因築城以居。又有丘城在縣北十八里，近太湖。本里民丘氏所居，吴越築城，屯戍於此以拒南唐。

昆山，府東北五里。昆，近也，以近府城而名。明初徐達等攻湖州，自太湖次洞庭進至昆山，張士信時軍何山，望風遁，進至州東三里橋，敗其兵是也。又何山，在府南十四里。舊名金蓋山，晉太守何階嘗居於此，〔四〕因名。近郭諸山，何山最爲高峻，亦曰何山嶺，即張士信屯兵處。其相連者曰道場山。志云：道場山在府南十二里，亦近郊之勝。○峴山，在府南五里。本名顯山，唐改今名。又南二里曰浮玉山，以在玉湖中而名。

衡山，府南十八里。左傳襄三年：「楚子重伐吴，克鳩兹，至於衡山。」杜預以爲此山也。今亦曰横山。山形横亘，古謂横曰衡。

卞山，府北十八里。高百丈，周百四十里，爲郡主山。張玄之云：「卞山非晴天爽月不見其頂。山有石似玉，因名。」亦曰弁山。下有金井洞，吴越時黄龍見此，改曰黄龍洞。又有别峰曰西陵，孫皓葬其父和於此，謂之明陵，故烏程有陵陽之稱。郡志：西陵山在府北三十一里。

昇山，府東二十一里。亦名烏山，古烏巾氏所居。一名歐餘山，昔越王無彊之子蹄封於歐餘山之陽，爲歐陽亭侯，子孫因以爲氏。漢志注：「烏程有歐陽亭。」是也。亦曰歐亭山，王羲之爲郡守，與客昇此，因改今名。山當東出之道。元張羽云：「昇仙横道旁也。」明初張士誠屯兵於此，爲湖州聲援，徐達等攻烏鎮，敗之，追至昇山，破其六砦，既而復破其昇山水砦，敵勢益窘，即此。○湖趺山，在縣東南二十五里，一名長超山。山側有湖，廣二百頃，名湖趺漾。

石城山，府西三十里。高九十六丈，廣四十五里。山平衍，可城可耕。頂有池曰洗馬池。張玄之山墟名曰：「昔邑人嚴白虎者於此壘石爲城，與吕蒙戰，〔五〕至今山上有弩臺、烽樓、走馬將臺遺址。」○杼山，在府西南三十里。陸羽志云：「夏后杼巡狩之所也。」亦名稽留山，上有避它城。説文：「它，蛇也。」蓋古昏墊時民避蛇於此。下有夏王村。又九乳山，在府西南三十一里。山有九峰，其形如乳。

小雷山，府北三十六里。志云：太湖中有大雷、小雷二山，相距六十里。小雷亦曰洞庭東山，屬烏程；大雷亦曰洞庭西山，屬長興。○白鶴山，在府西北二十六里，連亘長興縣東南。又西塞山，在府西二十五里，唐張志和遊釣處也。

銅山，府西南九十五里。一名銅峴山。括地志：「吴采鄣山之銅是也。」山高千三百丈，西屬安吉，南屬武康，前溪發源於此。又馬鞍山，在府西南七十六里，連屬武康北境。○莫干山，在府西南百五十里。上有鑄劍池，旁有磨石，相傳吴王鑄劍處，亦曰莫邪山。府境西南諸溪水皆環流其下。

太湖，府北二十八里，接長興、烏程二縣界。志云：府境諸水俱匯於府城東北毘山下，又東北趣大錢湖口入於太湖。其支流曰横涇港，在府北四里，趣小梅湖口以入太湖。今大錢湖口在府東北三十八里，小梅湖口在府北十八里。大錢以東瀉水之口凡二十八，小梅以東瀉水之口凡八，蓋遠近諸溪瀆俱以太湖爲壑，而大錢、小梅又其喉嗌也。又大錢湖口一名大全港，明初攻湖州，張士誠遣援兵屯舊館，出明師之背，既而常遇春統奇兵由大全港入，結營東遷，復出敵背，即大錢湖口矣。餘詳南直大川。

玉湖，府南三里。又有碧浪湖，與玉湖相接。趙孟頫云：「南來之水出天目之陽，至城南三里而近匯爲玉湖，汪汪且百頃，北流入城中，至城東北而合苕水，又東北入於太湖。」

運河，在城東。苕溪、餘不溪之水分流合注而爲運河，東北經南潯鎮，又東至南直吴江縣之震澤鎮，至平望鎮而合於嘉興之運河，亦曰荻塘。志云：荻本作「頔」，唐于頔刺湖州築此塘，因名。後訛爲荻。今城南一里亦曰荻塘，相傳晉太守殷康所築，溉田千頃。其支流東南出烏鎮東曰米蕩，合於桐鄉縣之爛溪，亦曰荻港。明初攻湖州，張士誠遣其將李伯昇赴救，由荻港潛入城，明師圍之是也。

苕溪，在城東北二里。今自天目山之陰經孝豐、安吉至府西，匯流爲塔渚匯，又繞城北至毘山下者，郡人謂之苕溪；其自天目山之陽經錢塘、德清至府南入城，匯流爲江渚匯，又東北合於苕溪者，郡人謂之餘不溪，又謂之霅溪。其實即東西二苕溪也。苕溪之正流從大錢湖口注於太湖，支流則爲横涇港，由小梅湖口以入太湖，而分流東出者則曰運河。詳見大川。

潯溪，府東六十里，即餘不溪之支流也。自德清縣界分流，經南潯鎮入於運河。又山塘溪，即餘不溪也。自德清縣沿山直北過峴山漾而至城南，曰山塘溪。唐志：「元和中刺史范傳正開官池於城東；又城東南有白蘋洲，洲北有芙蓉池，開成中刺史楊漢公所鑿；皆引餘不溪灌注之。」

漊涇，在府西南。志云：郡有七十三漊，在烏程者三十有九，在長興者三十有四，導苕、霅之流注於太湖。舊時皆有壩堰，遇風潮漲溢則塞以捍之，大雨積潦則啓以洩之，蓋節宣所資也。後多堙廢。明弘治中工部侍郎徐貫嘗濬之，復作石隄七十里以防泛溢之患，尋復廢。○黄浦，在府西南十八里。源出府西南三十五里之黄蘗山，一名黄蘗澗，一名康浦，又東北入於苕溪。志云：府東北二十六里有項浦，亦曰掩浦。秦始皇東遊會稽，項梁與籍私往觀之，籍曰：「彼可取而代也。」梁掩其口曰：「毋妄言，族矣。」蓋即此處。又今城北奉勝門，俗名霸王門，亦以項籍得名云。

凌波塘，府東南二十五里。唐寶曆中刺史崔玄亮所開。今府東南四十二里有菱湖，又有菱湖鎮，即凌波之訛矣。

又連雲塘，在府東南七十五里。一名練溪，亦崔玄亮築塘以溉田處。今溪上有璉市鎮。其水皆散入嘉興府界，下流仍合太湖。○柳塘，在府北三里，孫吳時所開。本名青塘，梁太守柳惲重浚，因易今名。又謝塘，在府西四里，晉謝安所築；蒲帆塘，在府北二里，唐開成中刺史楊漢公所開；皆苕溪灌注處也。

思安塘，府西南三十里，又西三十五里至三汊河，自三汊河至思安鎮四十一里，由此登陸趣廣德州，爲往來之要道。志云：府由水路至金陵八百有十里，由陸路出廣德至金陵四百八十里而近耳。○宜堰，或曰在府北太湖口。明初克宜興，遣楊國興出太湖，破張士信於舊館，又平宜堰口三十六寨，乃還築宜興城而守之。蓋先入敵境以震動之，使無暇撓我之營築也。

烏鎮，府東南九十里。唐元和初鎮海節度使李錡反，有將軍烏姓者力抗於此而死，鎮因以名。乾寧二年楊行密發兵救董昌，昌亦遣兵會之，共圍嘉興。錢鏐遣顧全武救嘉興，破行密烏墩、光福二寨兵。烏墩即烏鎮也。明初攻湖州，張士誠遣兵屯城東之舊館，又遣兵頓烏鎮爲舊館聲援，明師擊却之。嘉靖十年添設郡丞駐此。既而倭賊侵軼，鎮每當其衝。隆慶初裁郡丞。萬曆二年議者以鎮當浙、直之交，與南直之吳江、嘉興之桐鄉界壤相接，湖澤通連，姦宄藪聚，宜添設同知就近防察。今自桐鄉縣皂林而西不過二十餘里，爲往來之捷徑。光福，見南直蘇州府。

南潯鎮，府東七十二里，以潯溪所經而名。元至正十三年張士誠築城於此。明初由湖州攻平江，自南潯至吳江，守將以城降。洪武二年城廢，十八年置官澤税課局於此。又東十二里爲吳江縣之震澤鎮，亦通塗所經也。○菱湖鎮，在府東南三十六里，以近菱湖而名。洪武中置千金税課局於此。又雙林鎮，在府東南五十四里，嘉靖中倭賊嘗突犯此。又窑墩，亦在府東南。嘉靖中撫臣李天寵合諸將兵與倭賊戰於窑墩，不利，即此。

**舊館**，府東三十里。舊置館驛於此。明初師克宜興，遣楊國興出太湖口與諸將趣湖州，破張士信於舊館。既而大兵攻湖州，張士誠遣兵屯舊館，築五砦以自固。徐達等分軍營於舊館之東，數敗敵兵之援舊館者，又進敗敵兵於昇山。餘軍奔入舊館之東壁，旋以東壁來降，達率師據之。舊館兵出戰，大敗。舊館亦降，湖州遂下。

**後潘村**，府東五十里。元置巡司於此，後廢。明初洪武三年復置後潘巡司，今移於南潯税課局。又大錢河口巡司，在縣東北十五里。亦元時舊址，洪武十四年復置，并設河泊所於此。今所廢而司仍舊。又璉市巡司，在縣東南八十里，洪武中置。縣西南三十餘里又有上沃阜巡司，洪武二年置，旋廢。○苕溪驛，在府城南。明初置，嘉靖三十一年遷於城内。又有苕溪遞運所，以驛兼領。志云：府東三十五里有思溪河泊所，明初置，尋廢。

**南亭**。在府治西南，下臨苕溪。劉宋泰始二年會稽内史孔覬等舉兵應晉安王子勛，使孔璪屯於吴興南亭以拒吴喜之兵。既而喜自義興引軍至義鄉，璪棄軍走錢唐。○飛英寺，在府東北二里。唐咸通中建寺。西有舍利石塔，高九層，登之則川原城郭瞭如指掌。

**長興縣**，府西北七十里。西南至安吉州百里，西至南直廣德州百三十里，北至南直宜興縣四十里。秦爲鄣縣地，兩漢爲烏程、故鄣二縣地，晉太康三年分置長城縣，屬吴興郡，宋、齊以後因之。隋平陳省入烏程，仁壽二年復置，屬湖州，大業初屬吴郡。唐初沈法興置長州於此，武德四年改爲綏州，又改爲雉州，七年州廢，縣仍屬湖州。五代時吴越改今名，宋因之。元元貞初升爲長興州。明初爲長安縣，洪武二年復曰長興。舊有城，相傳唐武德七年築，吴越時嘗修繕。元至正十七年明師取長興，元帥耿炳文甃磚城爲守禦。後漸圮，嘉靖三十六年增修，萬曆元年復繕治。城周五里有奇。編户二百五十七里。

吴王城，在縣西戍山下。杜佑曰：「即今縣郭也。」夫差使弟夫槩築城於吴西，城狹而長，謂之長城，晉因以名縣。志云：晉置長城縣，其治在今縣東南十八里富陂村，後移今治。三城、三圻，在縣東北，旁臨太湖，爲春秋時吴王屯戍之地。郡志云：三城、三圻者，吴城與斯圻連，彭城與石圻連，丘城與蘆圻連，步騎列於三城，水軍列於三圻，城與圻相接畛也。

故鄣城，縣西南八十里。秦滅楚置鄣縣，爲鄣郡治。漢爲故鄣縣，屬丹陽郡。吴屬吴興郡，晉以後因之。隋廢。杜佑曰：「今土人謂故鄣城爲府頭，蓋以秦鄣郡治此也。」又有晏子城，在縣西南百二十里。或曰晏子送女於吴所築，或曰晏子嘗娶於吴。未知所據。

義鄉城，在縣北義鄉山。晉惠帝永興元年分吴興之長城立義鄉縣，屬義興郡。劉宋泰始二年吴喜擊東軍之應子勛者，克義興，進至義鄉是也。隋廢。

戍山，縣西三里。一名夫槩山，吴王使夫槩於此築戍城，故名。梁吴興太守張嵊等亦於此築城，捍侯景。明初耿炳文點軍山上，俗因呼爲點軍山。又雉山，在縣北五里。梁武帝時童謡曰「鳥山出天子」，故江左以鳥名山者皆鑿之，惟此山得免。縣西南六里又有餘干山。梁陳故事：「梁武帝時童謡曰『王氣在三餘』」，乃於餘干、餘姚、餘杭爲厭勝法，不知此有餘干山，縣南二十三里有餘毘溪，東北四十二里有餘吾浦，陳武帝果起於此，應鳥山、三餘之讖。」餘吾一作「餘魚」，周處曰：「吴、越音轉也。」

呂山，縣東南二十里。吴將呂蒙、程普討山賊，屯營於此，亦名程山。下有呂山塘，罨畫溪之水分流經此入於苕溪。又夏駕山，在縣東南三十六里，亦以夏后杼南巡經此而名。上有石鼓，晉隆安中嘗鳴，兆孫恩之亂。堯市山，在縣西北四十里，相傳洪水時民避難成市處。山高三百四十丈，上有池方一畝。又西北五里曰斫射山。志云：唐貞元間將軍錢景秀平賊郎景於此。

西顧山，縣西北四十七里。志云：山一名吴望山，吴王闔閭嘗登姑蘇臺望見此山。一名顧渚山，吴夫槩顧瞻渚次，以其原隰平衍，可爲都邑，因名。傍又有二山相對，號明月峽。絶壁峭立，大澗中流，産茶絶佳。唐時以顧渚茶供貢。其南爲大官山、小官山。山北十餘里有啄木嶺，唐時吴興、毘陵二郡守造茶宴會於此。志云：顧渚之西曰圓翠嶺路，達宜興。又有溪曰顧渚溪，經縣北三十里之水口鎮東入太湖。○烏瞻山，在縣北五十里。志云：其地迥絶，五峰突出，若群烏之瞻視於雲表，故名。

義鄉山，縣北六十里。晉太守周玘舉義兵，平石冰、陳敏諸賊，〔六〕立義鄉縣於山下，山因以名。其相近者曰蒼雲嶺，一名懸脚嶺，爲北出義興之道。有泉出嶺北，至山半分兩派而下，遠流而南復爲一，曰合溪。今有合溪鎮，在縣西二十五里。

四安山，縣西南八十里。四面平廣，水流會於苕溪，亦名四安溪，又名周瀆。○龍目山，在縣西百里。山嶺高五百餘丈，與南直廣德州接界。又有九龍山，在縣西南百二十里。山隴回繞如龍，晏子城在焉，東南去安吉州三十里。

太湖，縣東北二十五里，與南直宜興縣分中流爲界。○西湖，在縣西南十五里。一名吴城湖。舊記：吴王築城聳土於此，遂成湖，周七十里，溉田三千頃，後堙廢。唐貞元中刺史于頔復浚之，歲獲秔稻蒲魚萬計，民賴其利，號爲于公塘。又忻湖，舊在縣北七里，今塞。又北八里曰包洋湖，東西十五里，入於太湖。

罨畫溪，縣西八里。一名西溪。縣西北諸山之水匯流爲楊店、梓方二澗，經縣西北二十里合流，謂之合溪，又東南爲罨畫溪，經城西謂之箬溪。志云：溪多箭箬也。溪南岸曰上箬，北岸曰下箬，繞城而東注，又東流爲趙溪，入於太湖。附近諸溪澗悉流合焉。

荆溪，在縣西南四十里。源出南直宜興縣之荆南山，合諸山溪之水流經縣境，又東南注於苕溪。又四安溪，在縣南三十里。自四安山引流而東南，廣德州境之水亦流合焉，下流注於苕溪。附近諸溪塘，以荆溪、四安爲委輸也。

蠡塘，縣西南三十五里。相傳范蠡所築。又皐塘，在縣西北二十里。其在縣南境者又有孫塘、方塘、胥塘、官塘、荆塘，皆昔時瀦水灌田處，今多堙塞。○金沙泉，在顧渚山下。泉出不常，唐時惟造紫筍茶供貢則取給此水。元至元間水溢可溉田千頃，因名瑞應泉。又常豐澗，在義鄉山下，别爲南北二川，合縣北黄沱潭入於太湖。舊常引流溉田，因名。

筋竹關，縣南六十五里，武康、歸安徑道也。又有司馬關，在縣南六十里，路出烏程縣。

四安鎮。在縣西南四安山下。東去府城一百二十里，西去廣德州六十里。志云：鎮隋所置也。大業九年置鷹揚府并築城於此，城有四門。今故址猶存。宋亦曰四安鎮，設官以監商税。德祐元年以元兵漸迫臨安，遣徐垓等分戍四安鎮。既而元兵陷四安，遂趣獨松關。元亦設税務於此，明初改置巡司，嘉靖中設公館，爲往來衝要。又臯塘鎮，在縣東北三十里，傍臨太湖，亦有巡司。○和平鎮，在縣南五十里。宋置税務於此，元改巡司，明初廢。

**德清縣**，府南九十里。東至嘉興府崇德縣百有八里，東南至杭州府海寧縣百二十五里，南至杭州府九十里，西至武康縣二十六里。本烏程縣地，晉以後爲武康縣之東境。唐天授二年析置武源縣，屬湖州。景雲二年改曰臨溪，天寶初又改今名。城邑考：「縣初置於下蘭山，天寶間徙百寮山南，即今治也。宋德祐中始築石城，明初廢。嘉靖三十二年修築，周五里有奇。」編户二百十里。

**奉國城**，縣治西南一里吴憾山。亦曰城山。城冢記：「昔吴王夫差憾越王傷其父，進軍伐之，築壘於此。唐李光弼將卒孜又於此築城，擊平朱覃、姚廷諸賊，名將軍城。吴越復築此城屯戍，名曰奉國城。」

**吴羌山**，縣治東南一里。漢王莽之亂，高士吴羌隱此。上有廢城，或曰即羌所築。一名乾元山，以山北有乾元寺也。又東主山，在縣東北四里。梁沈恪居此，侯景圍臺城，恪以力戰功，封東興侯，里人因名此山曰東主。一名百寮山。稍北曰石壁山，山有靈泉，亦名半月泉。

**德清山**，縣東四里。本名烏山，秦時善釀者烏巾所居，天寶中改今名。又上、下蘭山，在縣北五里，南臨餘不溪。志云：天授初置縣於此。○金鵝山，縣西南五里，下枕溪流。舊有金鵝城，廣德初巨盜袁晁陷浙右，刺史獨孤問俗率將築城禦於此。方山，縣西北十二里。山形方整，志以爲邑境羣山之宗。

**敢山**，縣東北二十一里。本名闞山，吴丞相闞澤所居，後訛爲敢。有三峰，中敢山，左龍山，右鳳山。餘不溪經其下，曰敢山漾。○齊眉山，在縣北三十里。山高千丈，周四十五里，舊名囚女山。餘不溪經其下，曰囚女漾。

運河，縣東南三十里。自杭州府流入界，又北入嘉興府崇德縣境。志云：五林渡去縣三十里，其南即杭州官塘也。又北五里即唐棲鎮。繇湖州出東遷，經敢山漾趨五林港，爲往來之通道。

餘不溪，縣治東南。一名清溪，即苕溪下流。自杭州府安溪、奉口流入縣西南境，會武康縣前溪水，逶迤而北，經百寮、吴匡兩山間，至下蘭山東益折而東北爲苧溪漾，至縣東北十八里爲武承塘，謂之石塘，東岸爲東石塘，西岸爲西石塘，連接數里入郡界，北至峴山漾與北流水合爲霅溪。圖經：「溪名餘不者，以溪水清澈，餘流則否。亦曰霅溪者，以衆水合流，互相盪激，霅然有聲。」○北流水，在縣治南。自城南餘不溪分流，入城出西水門，北流至沙村與武康縣前溪水合，繞流至府城南，合餘不水而爲霅溪。志云：城西有馬厄河。其地本赤土山，後岡鑿之成河。錢鏐嘗墮馬於此，因名。流合北流水。

深溪，在縣西南三十五里。杭州府於潛縣東北境之水流出於此，又東注於餘不溪。志云：縣西南有鳥山港、戴灣、楊灣諸水，俱匯於餘不溪。

新市鎮。縣東北四十五里。宋、元時有鎮將守此，并置杜家堡。今爲商民環聚處。洪武初置巡司，并置河泊所於此。嘉靖中倭賊嘗突犯其地。今河泊所廢而巡司如故。又塘棲市，在縣東三十五里，與仁和縣接界。水南屬仁和，水北屬德清，有橋跨踞，爲舟車之衝。又下塘巡司，在縣東三十里，亦與仁和縣接界。宋紹興中兩浙安撫使奏設寨官巡戍，曰下塘柵巡司。明因之。隆慶三年以五陵港口地當衝要，鹽盜出没，因置五陵關，徙巡司戍守，仍曰下塘巡司。○荷葉舖寨，在縣東北二十七里。宋嘉定間置設巡司於此，明初省。又縣西有牧馬寨，南宋時爲牧苑，元廢。

武康縣，府南百七十里。東至德清縣二十六里，南至杭州府餘杭縣百十里，西至安吉州八十五里。漢烏程縣餘不鄉之地，後漢初平中孫氏析置永安縣，吴寶鼎初屬吴興郡。晉太康初改永康，又改今名，仍屬吴興郡。宋以後因之。隋平陳縣廢，仁壽二年復置，屬湖州，大業三年改屬餘杭郡。唐初李子通於此置安州，又改武州。唐武德七年州廢，仍屬湖州。五代時屬杭州，宋還屬湖州。縣無城。今編户六十五里。

石城山，縣西南三里。漢末赤眉之亂，邑人壘石城以禦寇，因名。志云：山峰巖旁出，四面如一，頂平坦，有洗馬池。縣北五里有鳳凰山。山北有牙門城，相傳梁侯景之亂，邑人牙門將軍沈子春築城以禦寇，因名。又西南里許曰石嶠山，山頂石橋甚峻，亦名七里嶠。又永安山，在縣西五里，孫吴以此名縣。亦名銀山。○雲岫山，在縣東十里。有烟霞塢、林麓之勝，冠於境内。

封山，縣東十八里。魯語：仲尼曰：「汪芒氏之君，守封禺之山。」今縣境即古防風氏封守之地也。唐時改此爲防風山。又禺山，在封山東南二里，相傳防風氏都此。韋昭曰：「封、禺，二山名。」或以封山爲封禺山，悮矣。吴興志：「禹十二代孫帝禺巡狩時駐此，故曰禺山。」○沈壁山，在縣東北十五里。山有九峰，迤邐相接。昔有沈氏壁於此，因名。又東北三里曰仙臺山。山頂有臺，望杭、湖之境，如在目前。

銅官山，縣西北十五里。唐改名武康山。世傳吴王濞採銅於此，〔七〕山下有二坎曰銅井。又許峴山，在縣西北二十五里。張玄之云：「范蠡師計然所居也。」山與烏程縣分界，亦曰界峴山。又縣東南二十五里有計籌山，亦以計然而名。其東南與錢塘縣接界，亦名界頭山。

覆舟山，縣西南二十五里。志云：山高二百三十丈，廣二十八里。上有巨石横絶，狀如覆舟。一名馬頭塢。晉咸和七年石勒將韓雍浮海寇吴興，遣中郎將趙引敗之於馬頭塢，即此。○天泉山，在縣西北三十五里。山有長流水，謂之天泉，傍多沃壤。又西北十五里爲銅峴山，高六百五十丈，前溪之水出焉，與安吉、烏程接界。

高塢嶺，縣西七十里，與安吉州分界。又姚塢嶺，在縣北三十五里，與歸安縣分界。○箬嶺，在縣西南三十五里。志云：山多箬竹，亦曰箬峴山。

前溪，在縣治南。源出銅峴山，流經縣西二十一里曰阮公溪，至治前曰前溪，東流至縣東十三里之汊港分爲二：其一東北出，經縣東北二十五里黄隴山，東至沙村號沙溪，合德清縣之北流水；其一東南流，過湛星港，又東流十二里會湘溪入風渚湖。○後溪，在縣治東北。自縣北三里烏回山下匯衆山之水，東流出新溪注於前溪。志云：新溪在縣東北三里，其北又有新溪。宋淳熙中令蔡霦以後溪沙磧漲塞，廢舊港，徙水道東北注五里會於縣東北十二里之長安溪，又東注沙村溪而合前溪以通舟檝，公私便之，號曰蔡公溪。

餘英溪，縣西十三里。源出銅官山，東南流合於前溪。邑志：前溪即餘英溪，蓋異源而同流也。又湘溪，在縣南十八里。西接龍口山泉，經上陌埠，東至罨畫溪入風渚湖。又阜溪，在縣北七里。發源縣西北二十五里之莫干山，東流經三橋埠，又東合黄山溪入於沙溪。又有雙溪，亦出銅峴山，而東入前溪。

風渚湖，縣東南十七里。廣九里。亦名九里湖，亦曰巽湖，亦曰封渚湖，亦曰下渚湖。湖中多菱蓴。湖旁土粘埴，浙右陶器多出於此。志云：湖即古防風氏所居之地。洪武中設河泊所，景泰中廢。

馬頭關。縣南三十里，路出餘杭，爲往來之徑道。○三橋埠，在縣北七里，自城北至此歷三橋而至水埠，因名。稅課局置於此。又上陌埠，在縣南一十八里。其地有相溪，北流合前溪。岡阜高仰，因名。

安吉州，府西南百二十里。西至南直廣德州百二十里，西南至南直寧國縣九十里，東南至杭州府餘杭縣百三十里。

春秋時吴地，漢爲丹陽郡，後漢因之。晉屬吴興郡，宋、齊因之。梁、陳時屬陳留郡，郡治今廣德州。隋屬宣州。開皇九年以安吉縣省入綏安縣。綏安，今廣德州也。唐屬桃州，亦即今廣德州。麟德元年復屬湖州，宋以後因之。明正德二年始升爲安吉州。編户六十四里。領縣一。

州山溪糾錯，西通宣、歙，南衛臨安，用兵出奇之道也。杜伏威嘗由此以平李子通，淮南嘗由此以震吴越，蒙古嘗由此以亡宋，明初亦由此以襲張士誠。夫安吉之於浙也，猶頭目之不可不衛也。一或不慎，殞越隨之矣。

安吉廢縣，今州治。漢故鄣縣地，屬丹陽郡。後漢中平二年析置安吉縣，晉屬吴興郡，宋以後因之。隋平陳縣省入綏安縣，義寧二年沈法興復置。唐武德四年改屬桃州，七年省入長城縣，麟德元年復析置安吉縣，屬湖州。宋、元因之。明改置州，縣廢。城邑攷：「舊城在州西南三十里，今猶謂之舊縣。唐開元二十六年遷於玉磬山東南，後又徙治今城東南四里，元燬。至正十六年城歸於明，總管張俊德始築土城於今治。明年元帥費愚重甃以石，嘉靖三十年增修。有門四，城周六里有奇。」

**穆王城**，在州南四十里。宋建炎中岳飛拒寇於此，壘土結營，寇不能犯。飛謚武穆，土人因以穆王城呼之。志云：城在州之鳳亭鄉，有將臺遺址，西南至孝豐縣二十五里。州志：城西北十五里有故鄣城，又西有晏子城，本屬長興，弘治元年割入安吉境内。

**天目山**，在州西南七十五里。見前名山。

**玉磐山**，州東北十五里，唐開元中置縣處也。山高九十餘丈，周二里。又有東晉山，在州東北二里。吴均云：「東晉時嘗議置縣於此，因名。」今名青峴山。又落石山，在州西二里。高二百五十丈，周五里。○白楊山，在州東南二十二里。括地志：「山峻極。上有兩穴，舊嘗産錫，此其採錫處也。」又銅峴山，在州東三十里，與府境及武康縣接界。

**邸閣山**，州東北二十五里。山東南二里即爲廪山。郡志：吴大帝遣從弟夐修故鄣邸閣，即此。下有邸閣池，唐聖曆初縣令鉗耳知命開以灌田。山東北去長興縣七十里，舊爲接境處。○石虎山，在州西南十五里，路出孝豐，此爲徑道。

**梅溪山**，州東北三十里。立石高百餘丈，四面斗絶，不可登陟。下有梅溪水，北流入於苕溪。其西爲石門山，梁吴均所云「森壁争霞，孤峰限日」者。又浮雲山，在州東北四十里。上有七十二墩，旱久生雲即雨。苕水經其下，匯爲浮石潭。相接者爲長盤山。志云：山在州東北三十五里。又有九龍山，在州西北三十里，以九隴蜿蜒如龍也。

上有石城，西北有石竈。○三水山，在州東南六十里。一水東南入烏程，一水北入長興，一水北入州境，故名。

**翻車嶺**，州西南三十里，與南直寧國縣接界。又有五嶺，在州西北四十五里，與廣德州接界。

**苕溪**，在州城西。源出天目山之陰，經孝豐縣流至州南四十里之沿干渡，分爲二溪，東曰龍溪，西曰旱溪，至石虎山南而復合；又北經城西分爲二，經州東三里之馬家瀆而復合，流至東北三十里之烏山曰外溪；西折而合於寺前港口埭諸溪，復經州東北四十里之浮石山潭曰裏溪；又東匯衆流爲渾水瀆，歷荆溪相見灣至府西而爲塔渚匯，又東北注於太湖。詳見大川。

**龍溪**，在州治東南，即苕溪之支流也。自州城西繞流經此，合於馬家瀆，溢爲外溪，分爲裏溪，遠近諸水悉附入焉。

**楊子湖**，在州北二十里。諸溪澗之水匯流而成湖，又東會邸閣水合於苕溪。志云：州東二里有四龍湖，東南七里有五龍湖，又州南九里有姚湖，西南三里有獲湖，北二里又有西畝湖，共謂之五湖，皆苕溪諸水之匯流處也。

**石鼓堰**，在州西南。引天目山水溉田百餘頃，唐聖曆中縣令鉗耳知命置。

**獨松關**。州東南四十五里，路出餘杭之要道也。有獨松水北流匯於苕溪。宋、元以來置兵戍守，明洪武六年置巡司，隆慶四年革。詳見前重險。○孔夫關，在州西六十里，路出寧國。又州東北三十里有梅溪鎮，路出長興。志云：明初於城東關置批驗所，洪武三年徙於梅溪鎮，六年改爲税課局；又河泊所亦置於此；今皆廢。又州東南二十里曰地舖灘鎮，當南、浙往來之陸道，舊嘗置巡司。

**孝豐縣**，州南六十五里。東至武康縣百二十里，東南至杭州府餘杭縣百十里，西北至南直廣德州七十里，西至南直寧國縣百二十里。本漢故鄣縣地，後漢中平二年分置原鄉縣，屬丹陽郡。晉屬吳興郡，宋以後因之。隋廢。唐武德四年復置，屬雉州。七年州廢，縣省入長城縣。明成化二十三年郡守王珣言：「安吉地險遠，而孝豐、太平等九鄉爲里五十餘，中有漢縣廢城存焉，請析置一縣以閑民之不逞者。」從之，因鄉名以名縣，曰孝豐。正德二年安吉升爲州，遂以縣屬焉。縣舊有土城，萬曆四年改築石城，周不及四里。編户五十四里。

**原鄉城**，在縣東。漢中平中置，以縣在山中高原而名。唐因故址復置，尋廢。明因置今縣。

**天目山**，縣西南六十五里。頂有二泉，池遇旱不竭，東南流爲瀑布，下注數里，成十二潭，層級如梯，次第奔落，俗名險潭。山間有田畝池塘，皆可耕種。志云：縣境諸山，回環連亙，皆天目也。○浮玉山，在縣東南十五里。山海經：「浮玉諸山，苕水出其陰，注於具區。」説者曰：浮玉即天目矣。杭、湖諸山，其脉皆本於天目，故亦得以浮玉之名被之。吳興志：「浮玉山有二，在歸安峴山漾者爲小浮玉，此爲大浮玉也。」又南嶼山，在縣東南十七里，與浮玉相接。一名白水山，一名泉石山。志云：山高三百六十丈。上有湖。下有南嶼水，流合於苕溪。

**廣苕山**，縣南三十里，天目正陰，苕水發源處也。又南五里曰大溪山。山高八百五十丈，周四十五里。又金石山，在縣西南三十里。志云：高千八百丈，長三十里，蓋皆天目之項背云。

**苦峴山**，在縣西四十里。一名苦山，以登涉峻阻也，與江南直廣德州接境。志云：山高三千丈，周三十里。又師高山，在縣北五十里，勢接天目。山中積雪，炎月不消。○菱湖嶺，在縣東三十里，路達武康縣。縣西北又有金鷄嶺，路出廣德州。

**苕溪**，縣西南三十五里。自天目山北出，南嶼諸山之水悉流匯焉，引而北經縣東，又東北二十五里爲沿干渡，入州界。○深溪，在縣西南四十里。於潛山之水流出此，合苕溪。

**董嶺水**，出縣西三十九里之董嶺，分爲兩流，西流入寧國縣界，東流自縣西引而北，至州西南會諸溪澗水謂之東溪，入於苕溪。

**幽嶺關**，縣東南三十里，與餘杭縣接界，獨松三關之一也。有幽嶺水流爲碧溪，東北入於苕溪。又烏山關，在縣南五十里，與臨安縣接界；又郎採關，在縣西南三十里，與於潛縣接界；皆爲設險之處。邑志：縣西七十里有唐舍關，西南六十里有孔夫關，皆接寧國。縣北四十里有苦嶺，西北五十里有五嶺關，皆接廣德州。

**松坑口**。縣西五十里，山溪錯雜處也，有巡司戍守；又縣南二十里有天目山巡司；皆洪武中置。今松坑司廢。又沿干鎮，在縣東北四十里，與州分境。

**附見**

**守禦湖州千户所**。在府治東。開天志：「宋龍鳳四年，元至正十八年也。時明師克長興，置永興翼元帥府，以禦張氏。明年改爲興武衛親軍指揮使司，尋又改長興衛指揮使司。龍鳳十三年張氏亡，改爲千户所。洪武八年移所於府城内，曰湖州守禦千户所。」

## 校勘記

〔一〕混水閘　底本原脱此三字，今據職本補。

〔二〕罔讀曰忙　「忙」，底本原作「壯」，今據職本、鄒本改。

〔三〕連營十壘　「連」，底本原作「運」，今據職本、鄒本改。

〔四〕何階　「階」，敷本、鄒本與底本同，職本作「偕」，寰宇記卷九四引括地志又作「楷」。

〔五〕吕蒙　「吕」，底本原作「石」，今據職本、鄒本改。

〔六〕晉太守周玘舉義兵平石冰陳敏諸賊　「玘」，底本原作「圯」。晉書卷五八周玘傳載周玘平石冰、陳敏事，並云：「玘三定江南，開復王略，帝嘉其勳，以玘行建威將軍、吴興太守，封烏程縣侯。」晉書卷一〇〇陳敏傳、通鑑卷八五晉紀七均作「周玘」，本書訛「玘」爲「圯」，今據改。

〔七〕吴王濞　「濞」，底本原作「澤」，今據職本、鄒本改。